有机社会构筑之道

社会力量参与基层治理的顺德路径

傅昌波 等 著

北京时代华文书局

序

发展社区慈善 推进基层善治

王杰秀

我国慈善事业历史源远流长，慈善的内容和形式随着社会发展日渐丰富。在以中国式现代化全面推进强国建设、民族复兴的新发展阶段，慈善事业在社会建设和社会治理中的重要性更加凸显，慈善事业已成为中国特色社会主义事业的重要组成部分，包括志愿服务在内的大慈善，活动领域涉及扶贫、济困、扶老、救孤、恤病、助残、救灾以及教科文卫体和生态保护等经济社会的方方面面，其功能定位也从社会保障的重要补充升级为更好发挥第三次分配作用、促进共同富裕、推动社会进步的重要途径。

近年来，慈善在基层治理中扮演的重要角色越来越受到人们关注，基层治理的"五社联动"模式中，有一"社"指的就是社区公益慈善资源。党中央、国务院关于加强基层治理现代化建设的文件明确强调，要发挥慈善在基层治理中的作用。基层治理视角下的慈善功能作用，可以从多个维度来看：从慈善受助者角度看，慈善既能帮受助对象解决困难，又能将爱心善意传递给受助对象，有助于增强其对社会和社区的归属感和认同感。从慈善捐助者角度看，"予人玫瑰，手留余香"，参与慈善捐助活动能够提升捐赠人和志愿者的幸福体验和社会责任感。研究表明，有志愿服务经历的青少年的社会责任感和同理心显著高于无类似经历的同龄人。从社会角度看，公益慈善能解决一些市场和政府无法单独解决或解决不好的问题，实现仅靠市场或行政手段解决问题难以达到的更好社会效果。尤其在城乡基层社区，慈善力量在党政引领下参与社会建设和社会治理，有利于增强社会认同、协调社会关系、强化社会资本、促进社会团结，有助于形成共建共治共享的基层治理共同体，促进实现基层善治。

顺德是改革开放浪潮中县域经济社会发展的典范，在基层治理工作中也有许多很有影响力的创新探索，以慈善促善治是其中非常亮眼的内容，慈善也因此成为顺德继制造业、美食之后的第三张名片。顺德社会力量参与基层治理的经验，主要有以下几个方面：一是党委政府高度重视并扎实部署。顺德区委、区政府将慈善工作作为推进基层善治的重要抓手，以开放包容的理念，主动引领并鼓励包括慈善组织在内的社会力量参与基层治理，采取将社会参与程度纳入镇街工作考核标准等硬性措施，推动慈善工作落实落地。二是加强制度创新和组织建设。顺德通过建立慈善捐赠制度、社会荣誉制度等政策，落实资金扶持、税收优惠等激励措施，推进慈善组织发展。顺德全区共有慈善组织65家、冠名基金538个，资金规模达到4.8亿元。2023年顺德区慈善组织募集款项达到12.84亿元，慈善支出达到11.92亿元。其慈善组织数量、慈善资产体量及慈善资金收支等在全国县区层级遥遥领先，甚至超过中西部地区多数地级市的体量。三是充分挖掘和弘扬传统文化。推动将本地慎终追远的宗族文化、丰富多样的民俗文化、多元共存的民间信仰以及源远流长的劝善文化，转化为新时代慈善事业发展的强大动力。四是推动企业向善、商业向善。通过完善激励政策、加强嘉许表彰、开展扬善传播等方式，引导海内外企业家积极回报乡梓，特别是推动当地企业和中小企业主为所在镇街、社区奉献爱心，助力实现共建共治共享。五是注重项目带动。为统筹推进基层善治，顺德区相关党政部门和区慈善会联合发起"众创共善"计划，筹资约2.5亿元，扶持开展了1506个基层治理项目，为各类社会力量参与基层治理提供了结构性支撑。总体上看，在顺德区委、区政府的大力推动，实力雄厚的本地企业积极支持和星罗棋布的慈善组织的协同行动下，顺德区建成了错落有致的公益丛林，形成了生机盎然的慈善生态，构筑了良性互动的政社关系，为实现基层善治积累了宝贵经验。

傅昌波教授和他的团队深入顺德城乡基层社区，开展了扎实的调查研究，通过实地考察、深度访谈、专题研讨等方式，获取了丰富翔实的一手资料，并在此基础上对顺德基层治理模式进行了全面分析，形成了《有机社会构筑之道：社会力量参与基层治理的顺德路径》一书。该书全景式地呈现了顺德在构筑基层治理共同体方面所作出的努力，着重探讨了社会力量参与基层治理特别是以慈善促善治的路径方法，为完善我国新时代城乡基层治理体系、走中国式现代化基层善治之路提供了重要借鉴。

（作者系中国社会治理研究会会长，浙江工商大学社会政策研究院院长、教授）

目 录

第一章 绪言 ··· 1
第一节 研究背景 ······································ 1
第二节 研究意义 ······································ 3
第三节 有机社会图景 ································· 3
第四节 主要概念界定 ································· 9
第五节 研究内容 ······································ 13

第二章 完善体制 确立理念 ·························· 15
第一节 综合改革破除障碍 ··························· 15
第二节 社区营造形成规模 ··························· 24
第三节 持续进化确立理念 ··························· 33

第三章 优化政策 激发活力 ·························· 43
第一节 社会力量培育 ································ 43
第二节 人才队伍建设 ································ 57
第三节 社会企业探索 ································ 66

第四章 凝聚资源 长久支撑 ·························· 83
第一节 自觉履责，体量庞大 ························ 83
第二节 枢纽联结，建设生态 ························ 97
第三节 慈善信托，永续供给 ························ 107

第五章　建设行会　引领发展 ……………115

第一节　慈善行业组织高效履职 …………115

第二节　社工行业组织促进发展 …………132

第三节　筹款平台赋能基层治理 …………139

第六章　引领陪伴　推动共建 ……………143

第一节　科学规划定位 ……………………144

第二节　政社平等协商 ……………………152

第三节　高效依法治理 ……………………158

第四节　构筑公益生态 ……………………167

第七章　广泛参与　成效卓著 ……………179

第一节　促进基层协商民主 ………………179

第二节　补充基层公共服务 ………………184

第三节　响应基层应急救援 ………………201

第四节　促进基层社区发展 ………………204

第五节　推动基层社会治理创新 …………207

第八章　创设机制　良性互动 ……………213

第一节　突破常规的政社互动 ……………213

第二节　高效协同的部门联动 ……………217

第三节　分工协作的社社互动 ……………225

第九章　依托智库　持续赋能 ……239

　　第一节　组织研究，提供指导 …… 240
　　第二节　设置议题，形成倡导 …… 242
　　第三节　开展培训，提高能力 …… 245
　　第四节　协调行动，提升效能 …… 252

第十章　根植沃土　依靠主体 ……259

　　第一节　激发城乡社区活力 …… 259
　　第二节　基层自组织齐助力 …… 265
　　第三节　居民主体参与共建 …… 275
　　第四节　文化底蕴支撑善治 …… 282

第十一章　拓宽善道　走向善治 ……301

　　第一节　提升认知　明确功能 …… 302
　　第二节　更新理念　明晰边界 …… 311
　　第三节　深化改革　走向善治 …… 315

后　记 …… 331

附　录 …… 335

第一章
绪　言

一个现代化的社会，应该既充满活力又拥有良好秩序，呈现出活力和秩序有机统一的样貌。建设现代化的社会，需要"完善共建共治共享的社会治理制度，实现政府治理同社会调节、居民自治良性互动，建设人人有责、人人尽责、人人享有的社会治理共同体。"[①]基层治理是社会治理和国家治理的基础，推动社会力量积极参与基层治理，不仅是建设富有活力又秩序井然有机社会的题中应有之义，也是实现中国特色公民政治、社会、文化权利的重要途径，更是发展全过程人民民主、以中国式现代化推进中华民族伟大复兴的必然要求。

第一节　研究背景

党的十八大以来，以习近平同志为核心的党中央对加强和创新社会治理，特别是推进基层治理体系和治理能力现代化建设，作出了一系列重要部署。党的十八大报告提出，要"围绕构建中国特色社会主义社会管理体系，加快形成党委领导、政府负责、社会协同、公众参与、法治保障的社会管理体制"；党的十八届三中全会首次提出"社会治理"概念，并对创新社会治理体制作出明确部署；党的十九大明确提出，要"打造共建共治共享的社会治理格局"；党的十九届四中全会首次提出，要"建设人人有责、人人尽责、人人享有的社会治理共同

---

① 《习近平在经济社会领域专家座谈会上的讲话》，《人民日报》2020年8月25日，02版。

体";党的二十大进一步强调,健全共建共治共享的社会治理制度,提升社会治理效能;党的二十届三中全会通过的《中共中央关于进一步全面深化改革 推进中国式现代化的决定》再次重申,要"创新社会治理体制机制和手段""健全党组织领导的自治、法治、德治相结合的城乡基层治理体系,完善共建共治共享的社会治理制度""健全社会工作体制机制,加强党建引领基层治理,加强社会工作者队伍建设,推动志愿服务体系建设"。

从改革开放初期强调"社会治安"到党的十六大提出加强"社会管理",再到党的十八大以来系统部署"社会治理",其本质是对"无限责任政府"和"政府全能主义"的修正,其核心是如何让党委政府以外的社会力量有序有效地参与公共事务,包括公共服务、社会建设、社会保障和平安建设等。

2021年发布的《中共中央 国务院关于加强基层治理体系和治理能力现代化建设的意见》强调,要"以改革创新和制度建设、能力建设为抓手,建立健全基层治理体制机制,推动政府治理同社会调节、居民自治良性互动",并提出"力争用5年左右时间,建立起党组织统一领导、政府依法履责、各类组织积极协同、群众广泛参与,自治、法治、德治相结合的基层治理体系"。社会力量参与基层治理,不仅可以弥补乡镇、街道及农村社区、城市社区在治理资源和社会服务方面的不足,还有助于扩大社会参与,激发社会活力,完善基层党委政府与人民团体、自治组织、社会组织的协商民主体系,丰富基层社会全过程人民民主的实践场景,增强社会的凝聚力和向心力。

近年来,全国各地积极探索基层治理创新道路,在引导社会力量参与基层治理方面展现出不少亮点,涌现出不少优秀案例。但从整体看,社会力量参与基层治理仍然面临着诸多障碍和困难,基层社会共建共治共享的理想状态远未实现。如何发挥党委政府的引领作用,广泛汇聚社会各界的智慧和力量,推动社会治理范式从控制性治理向合作式治理、包容性治理转变,打造共建共治共享的基层社会治理新格局,是具有现实意义和长远价值的重大课题。

第二节 研究意义

纵观全国基层治理创新实践，广东省佛山市顺德区堪称独树一帜。一方面，顺德社会力量发育良好，其中慈善组织数量、慈善资产体量在全国县区层级长期遥遥领先，慈善已成为顺德继制造业、美食之后的第三张名片；另一方面，顺德不仅在社会体制改革方面有十多年的探索，也是全国首个全面推广"社区营造"的县域，在引导社会力量参与基层治理方面有长时间、系统性的探索。

改革开放以来，顺德作为中国改革开放浪潮中县域发展的典范，吸引了众多专家学者的深入研究。其中，既有概述政府与企业如何在日益成熟的市场环境中携手并进，实现持续创新与变革的专著，又有聚焦于改革开放以来顺德的发展历程与宝贵经验，探索顺德实践逻辑与中国实践逻辑关联的力作。此外，还有丰富的案例集，生动展示顺德系统推进行政体制改革、社会体制改革的成果。

进入新发展阶段，站在推进中国式现代化和构建人类文明新形态的战略高度，在中央组建社会工作部、传统社会工作向"大社会工作"转型的大背景下，重新审视顺德党政引领社会力量深度参与基层治理的实践路径，深入剖析顺德打造共建共治共享的基层社会治理共同体的探索经验，不仅可以对党的十八大以来社会治理、市域治理、基层治理先锋探索的经验进行系统总结，为新时代社会力量参与基层治理提供模式参考和方法借鉴，也能够为贯彻落实党的二十届三中全会精神、进一步全面深化我国社会体制改革，为健全社会工作体制机制、健全城乡基层治理体系、完善共建共治共享的社会治理制度提供重要启示。

第三节 有机社会图景

按照党的十八大以来中央的要求和部署，在行政体制改革和社会体制改革取得成果的基础上，一个活力与秩序和谐统一的有机社会在顺德已经初具规模并仍在蓬勃发展，这一社会图景由有为政府、良善市场和活力社会共同绘就。

广东省佛山市顺德区地处珠三角的核心区域，北邻广州，南近港澳，面积806平方千米，现辖大良、容桂、伦教、勒流4个街道和陈村、均安、杏坛、龙江、乐从、北滘6个镇，共206个村（社区）。截至2023年末，顺德常住人口数约为323.78万人。

作为中国改革开放的排头兵，顺德经济发达，商业繁荣，与东莞、中山、南海并称"广东四小虎"。顺德连续12年蝉联全国综合实力百强区榜首，位列2023年全国工业百强区第3名。与此同时，顺德在社会领域保持了良好发展态势，卫生事业、环保事业、教育事业、平安建设、慈善事业等均取得长足进展，赢得广泛认可。2018年，顺德荣获"国家生态文明建设示范区"称号。在2019年首届全国党刊基层党建创新案例征集活动中，顺德"党群先锋队创新基层治理"模式荣获广东省基层党建最佳创新案例奖；顺德"慈善+社会救助"模式被评为2021年度广东省社会救助领域创新实践优秀案例；顺德"警访调一体化对接联动 打造'枫桥经验'顺德样本"位列2022年佛山市十大基层社会治理典型案例之首；顺德"家门口医养结合服务模式"入选2023年佛山市首届十大改革创新案例。

在顺德有机社会图景中，党委政府积极作为，持续推进行政改革，高效履行公共管理和公共服务职责，同时以开放理念引领社会力量参与基层治理；商业繁荣发达，市场主体拥有雄厚的经济实力，同时积极履行社会责任，持续供给资源用于社会治理；社会充满活力，品类丰富、依法自治的社会主体在党政引领下积极参与基层公共事务，充分彰显独特作用，共同推动顺德社会的繁荣与进步。

从2023年10月15日在顺德北滘镇林头社区举办的"水乡桥韵·龙狮呈祥"水乡文化节中，我们能深刻感受到顺德基层有机社会的模样：活动以林头社区党委和居委会为主办单位，彰显社区党组织和群众性自治组织的引领地位；顺德知名社工机构一心社工为承办方，以专业能力和创新思维具体设计和组织实施文化节；枢纽型慈善组织佛山市顺德区慈善会（以下简称"顺德慈善会"）为文化节提供资金保障；北滘镇党建办、综治办、宣文办等则从政策指导、安全保障、宣传推广等多个维度对文化节给予支持；顺德职业技术学院的酒店与旅游管理学院则以其专业资源为文化节提升品位；13个林头社区本土社团是文化节的主力，包括醒狮团、龙舟协会、美食队、曲艺社、妙手生花学社等，展现了基层社区的蓬勃生机与强大凝聚力。

2024年7月设立的北滘慈善会·北滘健康小城慈善基金，让我们能更深切地

第一章 绪 言

体察到顺德社会力量参与基层治理的力度和深度。北滘慈善会·北滘健康小城慈善基金由顺德区北滘镇人民政府、北滘慈善会联合发起设立,慈善基金初始规模为1000万元,由和风仁心健康公益慈善信托、北滘慈善会共同支持,其目的是搭建北滘镇"预防—筛查—治疗—康复"全过程健康保障联合服务体系,减轻群众的医疗负担。慈善基金与顺德区政府的卫健部门、医疗机构、社区居委会、医养机构、社工机构等力量联动,形成"预防—筛查—治疗—康复"的闭环,同时支持由公立医院牵头整合社区卫生服务站点、社会办医疗机构,组建北滘健康共同体,建立起23个"专家—专科—家庭医生团队",让优质医疗服务前移到群众"家门口"。健康小城慈善基金的成立,不仅是对社会医疗援助体系的有效补充,也是公益慈善与医疗服务深度融合的新探索。

以上两个场景,是顺德社会力量参与基层治理的生动写照,是顺德有机社会图景的缩影。顺德基层治理的创新实践较好地展现了政府治理、社会调节与居民自治之间的良性互动。政府不仅仅扮演管理者的角色,更以开放和包容的姿态充当支持者、服务者和协调者,积极推动并引领社会治理的创新。同时,市场力量主动担当社会责任,各类社会组织和广大公众广泛参与,共同绘就了一个既富有活力又秩序井然的社会图景。

顺德区委、区政府通过一系列深入的改革实践,不仅在转变自身职能方面取得显著进展,更在理顺政社关系上成效斐然。比如,顺德首创建立"顺德区政府·和的慈善基金会"联席会议制度;将"培育自组织,努力创造条件成立社会组织"作为整村社区营造的评价标准……从中,我们可以深刻感受到党委政府的积极变革。党政机关以开放、包容的理念,主动引领并鼓励社会力量参与基层治理,推动政社协同合作;顺德区将社会参与程度纳入镇(街道)工作考核标准,不仅彰显了党委政府对社会力量的高度重视和充分认可,更表明了其对构建政社良性互动关系的坚定决心。在此过程中,政府做到了真正的转变,从传统的管理者转变为引领者、服务者;真正的培育,通过政策引导、资源投入,培育和壮大各类社会主体;真正的让渡,赋予社会力量更多的自主权和参与权,使其能够在社会事务中发挥更大的作用;真正的扶持,通过资金扶持、税收优惠等措施,为社会组织的发展提供了有力的保障。

顺德是广东民营经济发展最活跃的地区，不仅以其庞大的市场主体数量和强大的经济实力引人注目，更以其积极履行社会责任而备受赞誉。顺德企业家大都怀有浓厚的反哺情结，秉承参与社会治理、回馈家乡的优良传统，通过设立基金会、捐资助学、扶贫济困、参与基础设施建设等多种方式，以实际行动造福桑梓，推动社区进步。顺德拥有两家千亿级企业、世界500强企业，八家百亿级企业。顺德的民营企业占比高达90%，创造了当地超过70%的国内生产总值。以顺德区两家世界500强企业为例，碧桂园创始人杨国强先生创立的国强公益基金会自2013年成立以来，已累计向社会捐赠超过105亿元。美的控股有限公司董事长何享健先生发起的广东省和的慈善基金会发展至今，已建立一个体量超过200亿元的慈善体系。顺德众多民营企业是慈善捐赠的主要力量，顺德区慈善组织联合会编制发布的"顺德慈善捐赠榜"显示，自2018年以来，顺德年度捐赠款物超过10万元的企业有424家，累计捐赠金额高达143172.7万元。

顺德的社会主体十分活跃，以基金会、民办非企业单位和社会团体为主的三类社会组织，在社会治理中发挥着举足轻重的作用。截至2023年底，顺德全区共有各类社会组织1610家，其中慈善组织高达65家，包括8家省级登记基金会、41家区级登记基金会、11家区和镇（街道）慈善会、5家经过慈善组织认定的民办非企业单位或社会团体。全区慈善组织共有冠名基金538个，资金规模达到4.8亿元。近三年来，顺德各级慈善组织累计开展慈善项目超700个，服务人数超105万人次，并打造出"安心善居""顺德善食"等系列品牌慈善服务项目。仅2023年，顺德区慈善组织募集款项就达12.84亿元，慈善支出达到11.92亿元。无论从社会组织总量、慈善组织数量、慈善捐赠收入及慈善活动支出看，顺德区的慈善体量均大体等同或超过我国多数地级市的慈善体量。

部分顺德捐赠人通过成立慈善基金会或设立慈善信托，创新性地开展慈善事业。以广东省德胜社区慈善基金会（以下简称"德胜社区基金会"）为例，该基金会由何享健先生的美的控股有限公司捐赠4.92亿元现金设立"顺德社区慈善信托"提供稳定的资金支持。截至2024年6月，顺德社区慈善信托已累计分配17119.69万元至德胜社区基金会。德胜社区基金会精准聚焦社区问题与居民需求，通过实施"和美社区计划"，聚焦教育发展、社区照顾、社区营造、公益创新四大核心板块，实现了对顺德全区10个镇（街道）、206个村居的广泛支持，覆盖了全区86%的城乡基层社区，慈善项目直接受惠人数超过11.5万人。德胜社区基金会的资助规模在全国社区基金会中排名第一，为社会力量有效参与基层治理、促进基层善治探索了新路。

在顺德，无论是在繁华的镇街还是宁静的村居，专业社工的身影随处可见。截至2023年底，顺德全区持有社会工作者职业水平证书人数达4124人，从业社工有1004人，全区在册的社会工作服务机构共36家，社工服务实现10个镇（街道）全覆盖。据统计，截至2023年底，顺德区慈善组织秘书处共有专兼职从业人员345人，i志愿系统注册志愿者人数48.9万人，占常住人口的14.9%。这些专业社工或志愿者运用专业知识和技能，积极投身基层治理，补充政府在基层公共服务领域的不足，提升基层社会治理的精细化和专业化水平；同时，建筑师、规划师、高校教师等领域的专业人才通过参与式规划、参与式设计等方式，共同为顺德的社区发展添砖加瓦，形成了强大的合力；以当地商协会为主体的组织和团体，基于共同的地域认同和文化情感纽带，积极投身镇（街道）村（社区）的社会事务，形成顺德特有的"乡情"治理特色。这些专业社工和志愿者深入基层，密切联系群众，及时反馈需求，使顺德的基层治理更加有人气、接地气。

村委会和居委会作为群众自治组织，不仅是基层群众与政府之间的桥梁和纽带，更是实现基层民主、促进社区和谐稳定的重要力量。顺德不少村居能够秉承民主、公开、透明的原则，吸引社会各界积极参与村居公共事务的决策和管理，共同为村居的发展贡献力量。龙江镇文华社区邀请社区党员、居民、物业公司、业主委员会等多方会商，共同完成社区游乐场建设；北滘镇北滘社区通过组织社区居民开展"天台议事厅"系列活动，共同解决楼栋难题……通过搭建议事协商平台，提升居民议事协商能力，让社区事务的决策更加民主透明。推动居民对社区事务全方位参与，让社区成为居民共同管理、共同发展的美好家园。

顺德各镇（街道）及村居有丰富多彩的各类民间自组织。这些自组织采取与政府管理不同的运行方式，遵循自治逻辑，依靠自发奉献，共同构成顺德生机盎然的活力社会。顺德区均安镇的"关帝侯王出游"是拥有百年历史的民间传统习俗，不仅是均安镇男女老少的节日，更是联系周边友邻、海外乡亲的情感纽带。

一次成功的民俗活动，其背后是有广泛群众基础的自治力量的精心组织和高效运作。五股庙理事会（俗称"五股会"）就是该活动的组织方，理事会由各个村的代表组成，具备深厚的群众基础。每年的出游活动筹备和组织，都是经五股会决策做出具体安排，得到均安镇各村的广泛认同和自觉执行。每个村都自觉遵照五股会的决策部署，精心准备自己的巡游活动。

总体看，顺德社会力量能够高质量参与基层治理，其前提是在党政有力引领、市场积极支持和头部社会组织、慈善机构组织带动下，顺德区形成了生机盎然的公益丛林。在这个丛林中，资助型机构、执行类机构、研究型机构、赋能类机构等都能找到自己的位置，如同大树、苔藓、灌木、小草和小花一样，共同构成了丰富多彩、协调发展的慈善生态。头部慈善组织如顺德慈善会、广东省和的慈善基金会、广东省国强公益基金会、广东省德胜社区慈善基金会等，在社会力量参与基层治理中发挥着举足轻重的作用。工会、共青团、妇联及残联、侨联等人民团体发挥独特优势，积极参与基层治理。比如，顺德区妇联2014年发起的以服务妇女儿童及家庭为核心的"3861"公益创投大赛，截至2024年6月累计筹募资金2765万元，资助开展了535个公益项目，服务全区妇女儿童超过120万人次，成为顺德乃至佛山知名的妇儿工作品牌。顺德的青年企业家协会、女企业家协会等社会组织都在各自擅长的领域发挥助力基层治理的独特作用，并与其他社会组织形成有序依存的竞合关系。即便是小如顺德区高尔夫球协会这样的社团组织，也能以灵活的方式参与基层治理。

更为重要的是，在顺德有一批认同社会治理理念、熟悉共建共治路径、尊重社会主体意愿的党委政府职能部门负责人，有众多自觉承担社会责任、自愿奉献回报乡梓、希望赋能美好社区的民营企业家，有大批信仰政社良性互动、了解协同合作方法、具备社会工作技能、熟悉基层治理事务的社会力量负责人，他们携手并行，共同推动社会力量深度参与基层治理，合力构筑了顺德既充满活力又和谐有序的有机社会。

第四节 主要概念界定

社会力量参与基层治理的顺德路径，能取得成功的关键在于有机社会的构筑。这里的"有机"意味着各个社会组成部分之间的和谐共生与协同发展。顺德通过整合党政、社会、企业、居民等多方资源，形成了一个多元化、协同化的基层社会治理体系。顺德路径的成功，还在于其充分激发了社会力量的活力，为新时代引领社会力量参与基层治理提供了有益的借鉴。在启动本课题的研究工作之前，首要任务是清晰界定研究议题中的核心概念，划定研究范围。

一、社会力量

本课题界定的社会力量，是指以社会组织为主体的非党政力量，具有非政府性、非营利性和志愿性等特征，具体包括各类社会团体、基金会、民办非企业单位（社会服务机构）、企业社会责任部门、志愿组织、社会企业等，也包括群团组织（如工会、共青团、妇联等）、居民自治组织（如村委会、居委会）、社区社会组织、草根社会组织、自治组织以及城乡居民。

二、基层治理

按照我国行政区划，基层，在农村是指乡、民族乡、镇一级及以下的行政村、自然村；在城市是指市辖区、不设区的市所属的街道一级及以下的居民社区、居民小组。鉴于"基层"一词很多时候是被使用在国家治理语境之中，有必要结合国家政策文本加以理解。中共中央、国务院印发的《中共中央 国务院关于加强基层治理体系和治理能力现代化建设的意见》中指出："基层治理是国家治理的基石，统筹推进乡镇（街道）和城乡社区治理，是实现国家治理体系和治理能力现代化的基础工程。"这里的基层限定在乡镇（街道）以及城乡社区的范围。综上所述，本课题所研究的基层，侧重在地理空间意义上和行政区划意义上的"基层"，指的是"乡镇（街道）和城乡社区"。

自2013年党的十八届三中全会提出"社会治理"以来，社会治理作为在反思社会管理的基础上提出并扩散开来的新概念，引发学者们的广泛关注和深入思考。其中比较有代表性的观点，如龚维斌认为，"社会治理是指：立足公平正义，以维护和实现群众合法权益为核心，协调社会关系，处理社会问题，化解社会矛盾，防范社会风险，促进社会认同，保障公共安全，维护社会和谐稳定"。①田瑞华认为，"社会治理是以治理理念为指导的社会管理，就是指在党委领导下，政府、社会组织、企事业单位、社区及个人等多元主体，依法通过多种途径对社会事务、社会组织和社会生活进行规范和管理，最终实现公共利益最大化的过程"。②郁建兴从多个角度对社会治理做了全面界定：在主体上，政府发挥主导作用，并致力于形成多方参与社会事务的治理格局；在手段上，治理手段多样化，并向多种手段综合运用转变；在过程上，治理过程本身不在于控制，而是协调，并且注重运用"法治思维"解决社会问题；在内容上，重在利益表达、增强社会自我调节、推动社会自治秩序等一系列体制机制的构建等；在治理目标上，促进社会公平正义，培育社会力量，并形成一系列制度化推动多元主体共同参与的社会治理新机制。③尽管研究的视角各异，但在多元化的治理主体、以社会领域为治理空间、以公共利益最大化为治理价值等方面，学者们已达成共识。

有学者认为，基层社会治理就是指对县区以下社会领域问题的治理，这里既包括政法系统理解的社会治理，也包括民政系统理解的社会治理。其治理主体包括县区、乡镇政府及政府的派出机构，政法部门，还包括城乡基层自治组织、社会组织和居民等社会力量④。还有学者认为，基层社会治理，就是指以党和政府为主导的基层社会多元主体以基层社会公共利益为旨归，通过引导、协商、沟通等渠道，依法对城乡基层社会公共事务进行规范和疏导的过程⑤。

---

① 龚维斌：《改革开放以来社会治理体制改革的基本特点》，《中国特色社会主义研究》2016第03期第70页。
② 田瑞华：《从社会管理到社会治理：中国共产党治理社会的战略选择》，《领导科学》2016年第32期，第27页。
③ 郁建兴，关爽：《从社会管控到社会治理——当代中国国家与社会关系的新进展》，《探索与争鸣》2014年第12期，第10页。
④ 王思斌：《新中国70年国家治理格局下的社会治理和基层社会治理》，《青海社会科学》2019年第6期，第3页。
⑤ 王宗礼，李连军：《新中国70年来基层社会治理的演进逻辑与主要启示》，《青海社会科学》2019年第6期，第9页。

本课题所指的基层治理，是指党委政府、市场主体、社会组织在政策法规框架内，为促进乡镇（街道）和城乡社区公共利益、完善社会保障、优化公共服务、提升社会文明所做的共同努力。基层治理的目标不仅涵盖协调社会关系、规范社会行为、解决社会问题、化解社会矛盾、促进社会公正、应对社会风险、保持社会稳定，还包括构建更加包容、公正、高效的治理体系，深入践行全过程人民民主、充分保障公民充分参与公共事务权利等。总体而言，新时代的基层治理的领域和内容紧密围绕着人民对美好生活的向往，首先体现在"学有所教、劳有所得、病有所医、老有所养、住有所居、弱有所扶、残有所助"七个关键领域，其次体现在推进环境建设与生态保护，响应国家"双碳"（碳达峰、碳中和）战略决策，促进基层社区可持续发展等工作，再次体现在完善应急救援体系、推进平安建设等领域。

三、有机社会

有机社会概念的理论基础源自社会有机论。对社会有机论的探索，始于德国古典哲学的初步思考，经由马克思科学社会有机体理论的丰富和发展，再到具有中国特色的有机社会思想的形成与实践，构成了一个完整的发展链条。

德国古典哲学中的莱布尼兹、康德和黑格尔等人运用"隐喻"手法引入"有机体"这一概念，并各自构建了相应的社会有机体理论。莱布尼兹强调理性与秩序，视社会为一个由理性个体构成的有机整体，主张通过理性思维来理解和改造社会，将社会秩序视为理性的产物。之后康德提出了表现为目的论的社会有机体思想，认为社会有机体是由具有目的的个体所构成的，这些个体在追求自身目的的过程中相互关联、相互作用。黑格尔则在批判继承康德思想的基础上，进一步发展了社会有机体理论，强调社会是一个具有内在联系的有机整体，其中各个部分相互依存、相互作用。[①]然而，这些理论忽视了"人"在社会发展中的重要角色，社会发展被看作是社会自身"自我净化"的结果，而"人"则被描绘为理性的、概念化的、理念性的存在，缺乏应有的生机与活力。这些理论为我们理解社

---

① 崔丽娜：《德国古典哲学思辨社会有机体思想研究》，《山东青年政治学院学报》2015年02期。

会现象、分析社会问题提供了独特的视角和方法。

将社会"有机体"这一比喻生动描绘并进行系统论述的，始于法国的圣西门、孔德，特别是英国的斯宾塞。斯宾塞认为社会如同生物一样，社会的分工类似于动物机体各个器官的分工。动物机体的各种器官的机能是相互配合的、均衡的，正是由于各种器官机能的均衡，才使生物机体处于一种稳定的、均衡的状态，使动物机体能够正常地生存、进化，社会也是如此。动物有机体中包含了营养、循环分配和调节三个系统，它们各司其职。社会有机体中也具有相应的三个系统，即生产物质资料的支持系统、在分工基础上加强社会有机体各个部分联系的分配系统、以国家为首保证各个部门服从于整体的调节系统，这三个系统分别由工人阶级、商业阶级和工业资本家担任，发挥不同的社会职能。显然这种推论带有为资本主义社会的现存状况与永恒合理性辩护的意味，但是在当时以自然科学的原理来解释社会仍然具有反神学、反教权的积极意义。①

真正使社会有机论研究成为科学社会学历史观组成部分的是马克思。马克思最初是在《哲学的贫困》中提出"社会有机体"这个概念的，他在为《资本论》（第一版）写的序言中进一步指出："社会不是坚实的结晶体，而是一个能够变化并且经常处于变化过程中的有机体。"②在马克思看来，社会有机体是囊括全部社会生活及其关系的总体性范畴，人类社会是以生产方式为基础的各种社会因素相互制约、有机联系所构成的整体。实践在社会有机体理论中占据着核心地位。③马克思从社会要素、社会交往、社会矛盾和社会发展等方面，全面、系统地阐释了一个社会有机体的构成、运行机制以及达到和谐的条件。

在推进马克思主义中国化时代化的进程中，中国共产党领导人民进行了广泛而深入的社会实践，将马克思有机社会理论与中国实际相结合，在社会治理领域加以应用和发展，从初步的"社会管控"过渡到更为规范的"社会管理"，再发

---

① 刘京希：《有机社会:国家与社会关系生态化建构的基石》，《烟台大学学报（哲学社会科学版）》2014年03期。
② 李雄舟：《马克思的社会有机论及其现实意义》，《郑州航空工业管理学院学报（社会科学版）》2009年04期。
③ 徐安玉：《马克思社会有机体理论演进探赜》，《福州党校学报》2019年06期。

展为更为全面和协同的"社会治理"。这一转变深刻映射出我们对社会本质认知的深化——社会是一个多元互动且不断发展的有机整体。

党的十八大以来，以习近平新时代中国特色社会主义思想为指导，我们对何为有机社会以及如何建设有机社会有了更为完整的认识，鲜明地提出要深化社会体制改革，构建政府治理与社会协同、居民自治良性互动的政社关系。概括来说，有机社会首先是坚持以人民为中心，以实现人的全面发展和全体人民共同富裕，持续提升人民群众获得感、幸福感和安全感为目标的社会；其次是公权机关以外的社会各界活力充沛、社会创新源泉能够充分涌流的社会；第三是社会各组成部分各安其位、各司其职，能够和谐共生、顺畅互动的社会；第四是人民群众心情舒畅、主体地位得到充分尊重、公民参与权得到良好保障的社会。

建设有机社会的根本路径，就是按照党的十九届四中全会指出的：完善党委领导、政府负责、民主协商、社会协同、公众参与、法治保障、科技支撑的社会治理体系，建设人人有责、人人尽责、人人享有的社会治理共同体。在有机社会建设体系中，坚持党委领导是根本，完善政府负责是前提，开展民主协商是渠道，实行社会协同是依托，动员公众参与是基础，搞好法治保障是条件，提供科技支撑是手段。有机社会建设的各类主体和关键要素有机联系、不可分割。

第五节 研究内容

本课题的主要目的是，全景呈现顺德构筑有机社会的历程，生动展示顺德优化党委领导和政府主导，鼓励和促进市场主体履行社会责任，推动和赋能社会力量积极参与基层治理的典型案例，总结顺德有机社会建设的宝贵经验，剖析当前制约推进社会共建共治共享的主要障碍，并就落实党的二十大精神及党的二十届三中全会关于"完善社会治理体系，健全共建共治共享的社会治理制度，提升社会治理效能""建设人人有责、人人尽责、人人享有的社会治理共同体"等重大部署提出政策建议，推动建设符合中国式现代化道路的新时代基层社会治理共同体。

基于上述目的，本课题主要研究内容为以下几个方面：

一是党政引领的原则与实践。探究顺德在构筑有机社会过程中,党委和政府如何发挥引领作用,制定有效政策,充分动员和保障社会力量深入参与基层治理。

二是资源支撑的政策与机制。分析顺德如何通过完善准入和强化激励,培育社会力量主体,释放民间慈善潜能,并通过慈善信托等方式实现可持续支持。

三是互动机制的构建与运行。研究顺德党建有力引领、政社良性互动的机制,包括政社互动、部门联动、社政互动、社社协同等,以及这些机制如何有效运行。

四是支撑平台的创建与运营。考察顺德如何构建支撑基层治理的平台及智库,发挥其设置公共议题、提供培训赋能、促进政社协同、提升治理效能等功能。

五是社会主体的尊重与激发。聚焦顺德如何尊重和激发各类基层社会组织和城乡居民的积极性和创造力,建设多元主体共建共治共享的基层治理共同体。

第二章
完善体制 确立理念

从上世纪90年代开始，作为敢为人先的改革尖兵，顺德率先开展的以行政体制改革和社会体制改革为重点的系列综合改革试验就颇受社会各界关注。党的十八大以来，特别是党的十八届三中全会提出"加快形成科学有效的社会治理体制"以来，顺德区在大部制改革和社会体制改革取得成果的基础上，以获批率先建设广东省高质量发展体制机制改革创新实验区和推进市域社会治理现代化试点建设为工作契机，推动重心下移、资源下沉，推动党建引领社会力量参与基层治理走深走实，以政治引领、法治保障、德治教化、自治为基、智治支撑为纲领，加强和创新社会治理，积极构建富有活力的基层治理新格局。

第一节 综合改革破除障碍

早在上世纪80年代，顺德便勇立潮头，率先创办了国内首批"三来一补"企业，乡镇企业蓬勃兴起，成功跻身"广东四小虎"行列，实现了从传统的桑基鱼塘农业模式向现代化工业城市的壮丽蜕变。邓小平、江泽民、胡锦涛、习近平等党和国家领导人曾先后莅临顺德视察，他们对顺德的改革发展给予亲切关怀并寄予厚望。1992年，顺德被省委、省政府确定为综合改革试验县（市），在全国率先推进以产权制度改革为核心的综合配套改革，改革经验获全国推广。1999年，顺德再次被赋予重任，作为率先基本实现现代化试点市，为广东省乃至全国的现代化进程探路示范。至2009年,顺德又被广东省委、省政府确定为落实科学发展观试点区,率先开展了以行政体制改革、社会体制改革和基层治理改革为重点的一系列综合改革试验,持续引领改革创新浪潮。

改革开放以来,顺德先后经历两轮主要的改革,第一轮是20世纪90年代围绕"产权改革"开展的政(府)、经(济)互动的改革,第二轮是2009年以来的以"治权改革"为核心进行的政(府)、经(济)、社(会)三方联动的尝试。从改革的历史来看,顺德第二轮综合改革既是20世纪90年代产权改革的逻辑延续,也是回应顺德经济和社会转型现实需要的产物。就改革的驱动力而言,顺德改革的动力机制在于"上下联动、内部激活",既来自上级党政系统的推动,也来自地方经济社会发展的压力,最终来自上下两个方向的驱动力激发了顺德党政系统改革的热情和决心。在改革的思路上,从变革治理主体入手逐步扩展到调整治理关系,创新地方治理格局,为顺德有机社会建设破除了体制性障碍。[1]

一、深化行政体制改革,推动政府职能转变

2008年起,国务院启动了以建立服务型政府为目标、以合并相关职能部门为特点的新一轮行政制度改革,顺德先后启动涵盖行政管理体制、经济领域、社会建设和社会管理等方面的综合改革。2008年9月,顺德被列为全省第一批深入学习实践科学发展观唯一的县级试点单位。同年11月,顺德作为唯一的区县级单位,和深圳、珠海、汕头、广州、湛江等一起被列入行政体制改革试点区域。

2009年8月17日,广东省委、省政府正式批复顺德继续开展以落实科学发展观为核心的综合改革试验工作,同意在维持顺德区目前建制不变的前提下,"除党委、纪检、监察、法院、检察院系统及需要全市统一协调管理的事务外,其他所有经济、社会、文化等方面的事务,赋予顺德区行使地级市管理权限。"[2]顺德先通过大部制改革,将政府形态压缩,然后通过放权式改革,将部分公共权力

---

[1] 肖滨、郭明:《以"治权改革"创新地方治理模式——2009年以来顺德综合改革的理论分析》,《公共行政评论》2013年第4期,第2页。
[2] 《中共广东省委、广东省人民政府关于佛山市顺德区开展综合改革试验工作的批复》(粤委〔2009〕35号)。

交给社会，培育社会组织，由此形成大社会、小政府共治局面，从而促进当地经济社会健康发展。

大部制，是市场化程度比较高的国家为发挥市场在资源配置中的基础作用、减少政府干预而普遍实行的一种政府管理模式。2009年，顺德展现出了前瞻性的行政改革魄力，率先对其区级党政机构进行了大刀阔斧的优化与精简。基于"大规划、大经济、大建设、大监管、大保障"的理念，顺德按照管理业务"同类项合并""行政权力分权制衡"思路，将区级党政机构从41个精简为16个（见图2-1，详见附录一），对各部门管理职能进行重组。其中，整合区委统战部、农村工作部、区民政局、外事侨务局以及工、青、妇、工商联、残联等群团组织的职能，组建区委社会工作部和区民政宗教和外事侨务局，合署办公，集中统一处理社会事务。对比8年后中央和国家层面推出的机构改革方案，顺德当年的机构改革方案竟然与之有诸多相似性和一致性。

同时，为了防止权力高度集中而产生的副作用，顺德创新决策、执行、监督机制，推行决策民主化和扁平化、执行集中化、监督外部化和独立化的改革，如区党政联席会议对全局性、战略性的重大问题进行决策；各大部门负责执行，并将执行权尽可能依法委托镇政府（街道办事处）以及其他社会组织行使；纪委、监察机关（政务监察和审计局）负责检查和监督，人大监督、政协监督、新闻媒体监督和社会监督也协同开展，并且健全以党政领导为重点对象的问责制。这样就有效打破政府部门自定规则、自己执行、自我监督形成的"权力垄断"的问题。[1]

---

[1] 《广东省行政体制改革40年的主要做法、经验总结和改革展望》，2019年10月2日，https://www.163.com/dy/article/EQH28EOM0518KCLG.html，访问日期：2024年7月25日。

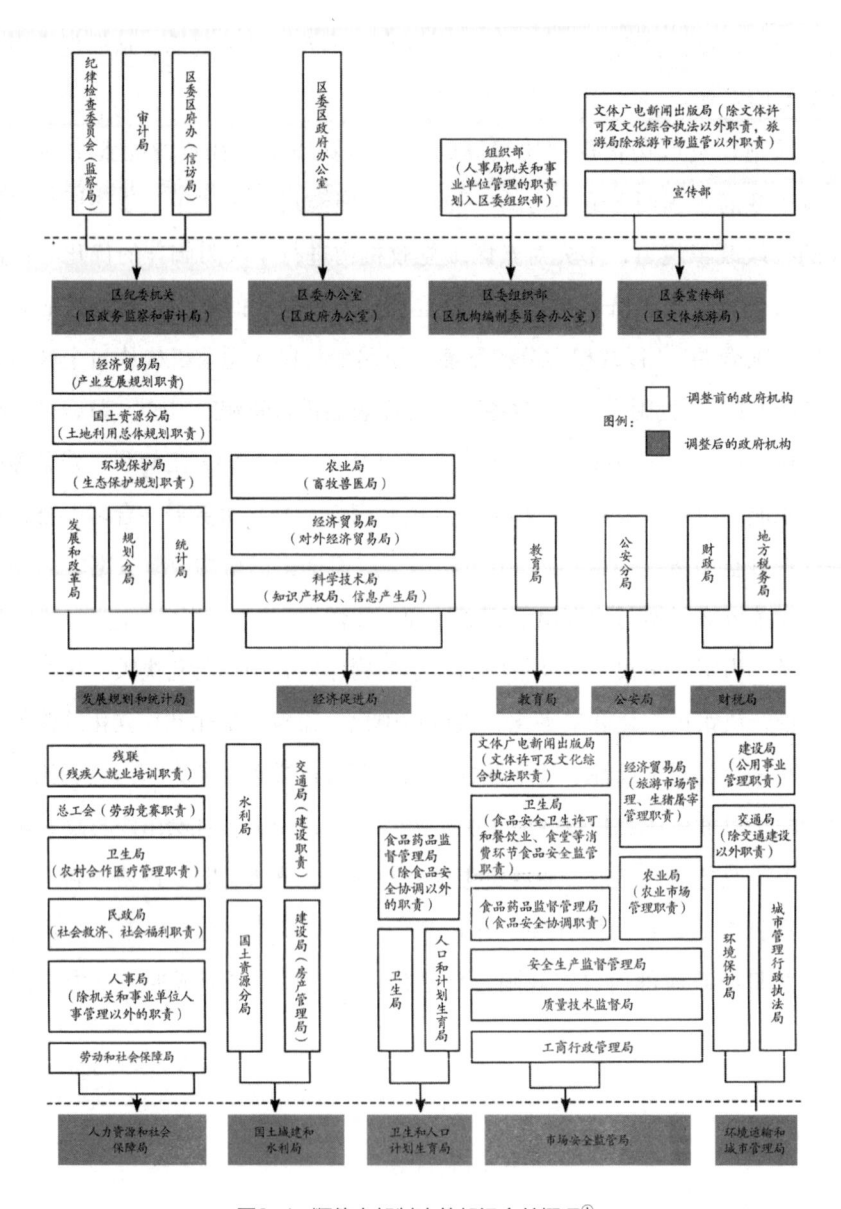

图2-1 顺德大部制改革部门合并概况①

"简政强镇"改革是大部制改革的重要配套改革，政府转变职能，按照"宏观决策权上移、微观决策权下移"的原则，理顺区镇（街道）权责关系，强化区

---

① 资料来源：顺德区政府内部资料《佛山市顺德区党政机构改革示意图》。

级统筹协调发展的能力,以及镇(街道)面向基层和市民的社会管理和公共服务能力,打造扁平化的纵向权力结构。2009年11月,顺德向容桂街道下放316项管理权限,开展"简政强镇"事权改革试点工作,为广东省深化镇级行政管理体制改革、建设服务型政府探索经验和提供示范。2010年7月,在总结容桂街道试点经验的基础上,顺德出台《关于简政强镇事权改革的实施意见》,全面推进全区简政强镇事权改革。其中,区级主要负责宏观层面的发展规划、政策制定和实施以及统筹重点区域和项目发展等,镇级则主要负责微观层面的管理和服务,职责集中在面向社区、企业和群众的市场监管、公共服务和社会管理等方面。在划分区与镇(街道)职责权限的基础上,顺德于2010年9月正式把3197项行政管理事权下放给镇/街行使,并且赋予容桂、大良、乐从等10个特大镇(街道)部分县一级管理权限。在事权下放的同时,在镇(街道)建立行政服务中心,既使得镇(街道)更加权责一致,又促进窗口服务更加便捷高效。

在理顺政府与基层自治组织的关系方面,顺德启动了城乡基层治理体制改革,以健全社会协同治理机制为突破口,突出社会参与和共治的理念。2011年9月,顺德下发了《关于深化农村改革统筹城乡发展的意见》,其核心内容指向了创新基层管理模式,实行政务、村(居)务分离,建立村(社区)党组织、村(居)委会和其他各类组织多方参与的社区建设和管理体制,实行政府向社会组织购买服务,推动村(居)事务协同共建共治,创新社区建设和服务。在政府逐渐脱离对经济与社会事务具体管理的同时,如何实现政府治理与基层自治的良性互动和有效衔接,既保证"政社分离、政经分离",又保持政府和社会的联动机制有效运转,成为顺德城乡基层治理改革的关键。

顺德深化行政体制系列改革,加快转变政府职能,使政府职能转到经济调节、市场监管、社会管理和公共服务上来,致力打造全国"行政审批项目最少、行政效率最高、行政成本最低、行政过程最透明"的先行区。这为提升政府效能、构建良性互动的政社关系、推动社会力量参与基层治理提供了基础条件。

二、探索社会体制改革,促进社会力量壮大

社会体制综合改革,是顺德继行政审批制度改革、农村体制改革之后三大改革中最具分量和龙头作用的一项重要改革，目的是把政府从繁重的行政事务中解放出来，改变政府大包大揽的形象，借此提高政府的引领能力，形成"大部门—小政府—大社会"的顺德模式，以社会建设的总目标统领三大改革，逐步从"万能政府"转变为"有限政府"。①

2011年11月12日，中共顺德区委、顺德区人民政府发布《关于推进社会体制综合改革加强社会建设的意见》，指出此次社会体制改革的目标是以转变政府职能为先导，以实行党领导下的协同共治为核心，以创新社会管理机制和服务方式为手段，全面推进和深化重点领域改革，加强社会主义民主和法治建设，扩大社会和公众参与，激发全社会的能动性和创造力，共建共享安居乐业、公平正义、文明有序、充满活力的幸福顺德；到2016年底，奠定党委领导、政府负责、社会协同、公众参与的社会管理格局。

推进社会综合体制改革就是通过在重点领域和关键环节开展探索，一方面进一步完善党政运行机制，合理界定政府职能，提升行政效能，增强大部制改革的化学作用，建设公共治理型的责任政府；另一方面在社会管理和公共服务方面更大范围和程度地引入社会力量参与，构建在党领导下的协同共治新格局，培育发展充满活力和创造力的大社会。改革分为三大部分：推进重点领域改革，提高公共治理水平；完善社会参与机制，建立党领导下的协同共治格局；创新社会管理方式，增强社会自治功能。

《意见》提出了加快政府职能转变、推进法定机构试点和事业单位改革、大力扶持社会组织发展、拓宽群团组织社会职能、构建互助合作的社区管理服务格局、鼓励支持社会各界参与公共服务等18项措施，具体包括：

推进法定机构试点和事业单位改革。借鉴新加坡和我国香港地区经验，按照职责法定、运作独立、决策民主、执行高效、监管到位的原则，探索在专业性、行业性强的领域开展法定机构试点工作。借鉴法定机构的理念和运作模式，推进事业单位改革，构建依法独立运作、自我管理和承担责任、各利益相关方共同参

---

① 《社会体制综合改革 建设幸福顺德的必然选择》，2011年10月25日，https://www.shundecity.com/view-76257-1.html，访问日期：2024年7月29日。

与的管理机制。通过法定机构试点和事业单位改革,推进政府决策和执行职能相对分离,促进政策执行和公共服务的多元化、专业化、精细化。顺德区社会创新中心(简称"社创中心")成为顺德首个法定机构,代表政府联系市场和社会,履行推动社会创新的公共职能。

大力扶持社会组织发展。完善社会组织管理和监督体制,确保社会组织发展有制度保障、有资金扶持、有项目带动、有场地支撑、有舆论支持。降低准入门槛,简化登记办法,对公益慈善类、社会服务类、工商经济类等社会组织实行直接申请登记制。建立社会服务创新中心和社会组织孵化基地,积极引进新型社会组织,构建公益生态链,拓展社会服务范围和类别。拓宽社会组织融资渠道,建立健全公益慈善类社会组织向社会筹款或接受社会捐助制度。制定扶持行业协会(商会)发展政策,充分发挥其在宣传政策、提供服务、反映诉求、维护权益、加强自律等方面的作用。在政协设立新社会组织界别。

拓宽群团组织社会职能。增强群团组织提供社会援助、增加社会福利、反映服务对象诉求、维护群众合法权益等社会服务职责,推动群团组织服务向社区延伸。支持群团组织发挥枢纽作用,带动相关领域的社会组织积极参与社会管理和公共服务。重点探索工会体制改革,强化工会代表职工开展劳资谈判等职责,进一步完善独立运作机制。

构建互助合作的社区管理服务格局。构建以基层党组织为核心、村(居)民自治组织为基础、社会组织和企业为补充、村(居)民广泛参与的社区工作合作机制。加强基层党组织建设,村(社区)党组织依托行政服务站强化先进性建设和为民服务能力,发挥在基层党组织中的领导核心作用。强化村(居)委会的自治职能,完善各方参与的民主提事、议事、理事和监事机制。加大社区居委会对社区业主委员会、物业管理公司等指导监督力度。支持符合条件及有需求的住宅小区组建业主委员会,切实维护业主合法权益。大力培育社区社会组织,推动社区公益事业发展。强化辖区内单位的社区建设责任,推动公共设施和场所向社区居民开放,鼓励和支持各单位开展公益慈善活动。健全区、镇(街道)领导干部挂点联系村(社区)制度,下移工作重心,广泛听取民意,及早解决群众反映的热点、难点问题。

鼓励支持社会各界参与公共服务。建立政府与企业的社会服务合作关系，引导和支持企业履行社会责任，成立慈善基金会。设立"种子基金"，扶持社会企业创办。开展社会公益创意大赛，支持公益创业和公益创投。鼓励和支持市民参与志愿服务，建立公职人员及在校学生参与社会服务制度，充分发挥人的社会价值。做好宗教信教群众工作，发挥其在公益慈善等方面的积极作用。做好港澳台乡亲和海外侨胞工作，广泛利用海内外各种资源促进社会建设。建立社会荣誉制度，表彰在社会服务方面有突出贡献的机构和人士。

顺德在推动协同共治改革的过程中，采取了双管齐下的策略：一方面全力推动政府向社会放权，另一方面大力促进社会组织的发展与壮大，旨在激发和汇聚全社会的热情与创造力，鼓励社会各界广泛参与基层治理，共同构建一个多元主体协同参与、共治共享的社会治理新格局。在大力扶持社会组织成长方面，顺德出台多份配套文件，在登记、资金、项目、场地和服务等方面加大对社会组织、行业商会的扶持力度，促进各类社会组织逐步成长。如《关于规范社会组织管理加快社会组织发展的实施意见》提出，以推进社会体制综合改革为核心，以培育和发展新型社会组织为重点，以提升社会组织能力为主线，坚持"培育扶持、健全机制、规范管理、提升能力、发挥作用"的方针，先行先试，推动各类社会组织规范、健康、有序发展，充分发挥社会组织在推动经济社会发展和构建和谐社会中的重要作用，力争在社会管理创新领域引领全省。目标任务是构建党委领导、政府负责、社会协同、组织自律、公众监督的社会组织管理格局，形成规范、有序、高效、透明的社会组织运行机制，逐步建立起政社分开、定位准确、功能齐全、运作规范、作用显著的社会组织发展体系。力争通过3到5年时间，培育一批综合能力强、社会公信力高的社会组织；提升一批具有顺德特色、与国际运行规则接轨的社会组织；创建一个政社互动、协同共治的合作平台，探索出一条新型社会组织发展道路。其中的重要举措包括：

一是建立政府购买服务机制。将确定转移的公共服务及事务性政府职能事项，采取公开招标、项目发包、项目申请、委托管理等方式，向社会购买服务。政府确定购买服务模式和制定具体实施细则，把所需经费纳入年度预算。财税部门、政务监察和审计部门要加强对购买服务资金的监管，确保资金合法、合规和合理使用。

二是建立社会组织直接登记制度。除民办教育机构和医疗机构等法律法规、政策文件规定须由政府有关部门进行前置审批外，其他社会组织的申请人可直接向登记管理机关申请登记为独立法人机构；其他政府部门不再担任社会组织的业务主管部门，其主要职责是依照各自职能对社会组织的业务活动实施指导和监督，实现由行政管理向业务指导监督转变，为社会组织发展创造宽松的环境。将以镇（街道）和村（社区）为活动范围的社会组织的登记和管理权限移交给各镇（街道）行使。探索建立以村（社区）为活动范围的社会组织备案管理制度。

三是明确重点培育和扶持的社会组织。在大力培育发展各类社会组织的基础上，结合顺德经济社会发展实际需要，重点培育和优先发展行业协会商会、公益及慈善类社会组织和社区社会组织三类社会组织。

四是建立社会组织发展专项资金。加大财政支持力度，支持社会组织的培育和发展，落实国家规定的税收优惠政策。将社会组织发展专项资金列入财政预算，并建立相应的发展专项资金竞争性分配制度。探索建立社会组织发展定向捐赠制度，通过顺德慈善会或其他经依法授权的机构等平台，实现公益性捐赠税前扣除，鼓励市民、企业向公益慈善类社会组织定向捐赠，促进慈善事业更好发展。

五是建立社会组织激励机制。建立社会荣誉制度，对贡献突出的社会组织给予表彰奖励，激励社会组织进行社会创新试验，引导社会组织履行社会责任。对在维护市场公平公正、保护环境、捐助公益和慈善事业等方面成果显著的社会组织，政府在职能转移、购买项目立项和资金资助等方面给予优先和政策优惠。

六是建立联席会议制度。建立由区委社会工作部召集，区纪委、区委、区政府办公室、区委组织部、宣传部、政法委、区发展规划和统计局、经济促进局、教育局、公安局、财税局、人力资源和社会保障局、国土城建和水利局、卫生和人口计划生育局、市场安全监管局、环境运输和城市管理局等单位和各群团组织组成的联席会议制度，定期召开联席会议，研究协调推进社会组织发展改革中碰到的重大问题和社会组织发展专项资金的使用问题。

由此可见，顺德在促进社会组织发展方面采取了切实有效的措施，从设立社会组织专项发展资金，到深入研究并制定一系列符合社会组织特性的政策措施，包括人员流动、工资福利等方面的优惠政策，旨在打破不合理制约因素，全力培育与扶持社会组织的成长与发展。

政府将部分公共服务事项向社会承接转移，不仅节约了行政成本，还激发了社会活力，促进更广泛的社会参与。2012年9月，顺德出台《政府职能向社会转移暂行办法》，明确了可承接政府转移职能事项的社会组织、企业法人和其他法定机构的资质条件，包括组织完善、功能完备、运作规范、社会信誉良好，3年内没有违法行为，并具备承接政府职能事项所必需的设备和专业技术资质、人员。

一系列社会体制改革，特别是直接登记制度和政府购买服务的探索，给社会组织的发展吹来了一股东风，极大地促进了顺德社会组织的繁荣发展，数量实现了显著的跨越式增长。从2007年的346家起步，经历快速增长到2009年的543家，增长势头持续强劲，到了2012年跃升至804家，这一系列数据清晰地展示了社会组织领域的蓬勃发展和持续壮大的趋势。

第二节 社区营造形成规模

作为全国改革开放前沿地，顺德率先发展，但也率先遇到"经济建设长腿、社会建设短腿"的问题，工业化和城市化的迅猛发展给基层治理带来了新形势和新挑战。过去，顺德面临治理主体单一、社群力量薄弱、社会参与度低的问题，同时社区人口众多、企业商户云集，使得治理压力大大增加。尽管社区资源丰富，但整合利用能力有待提高。

为应对这些基层治理难题，顺德自2014年开始，以社区营造理念和方法、通过项目化方式加强和创新基层治理。经过多年的实践，各级党委政府、基层自治组织和社会各界积极探索出"1+4+X"模式与6大路径的顺德经验（见图2-2），在增强基层党组织领导力、居民参与能力、社区矛盾解决能力、社区可持续发展动力等方面取得较大成效，涌现一批耕耘于基层善治的村居。"1"即以基层党组织为领导核心，"4"即以焦点议题、核心团队、议事协商和多元参与为必备要素，"X"即以社区组织和居民骨干带动、重点人群服务开展、环境空间规划建设、地方文化保育发展、特色产业经济赋能和社区居民教育引导等路径导入。顺德通过持续且深入的社区营造实践，逐步建立起党委统一领导、政府依法履责、社会组织积极协同、群众广泛参与，自治、法治、德治相结合的基层治理体系，人人有责、人人尽责、人人享有的基层治理共同体建设成效显著。

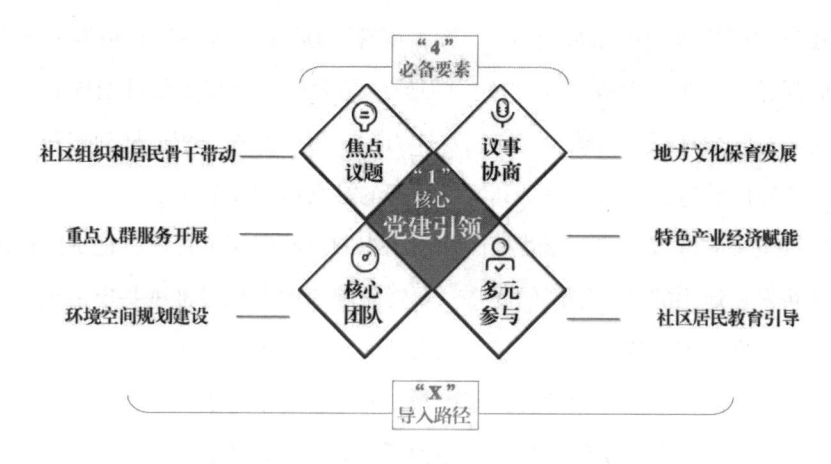

图2-2 顺德区社区营造"1+4+X"模式

一、引入社区营造理念，分阶段推进社区建设

"社区营造"这一概念源自日本，其背景可追溯至上世纪90年代初的泡沫经济崩溃时期，一批日本城市青年选择返回乡村，他们积极投身于社区营造活动，通过一系列的努力与创新，成功地将这些地区改造成环境优雅的美丽新城乡。随后，这一成功经验在1994年被我国台湾地区引入并广泛推广，台湾地区开始借鉴并实践日本的社区营造模式，取得了显著成效。顺德区赴台湾考察时接触到了"社区营造"理念，敏锐地认识到其对于推动地方社会经济的全面发展可发挥的积极作用。2014年，顺德正式将"社区营造"从理论概念转化为具体实践项目，作为其推动社会体制综合改革的重要组成部分。

时任顺德区社会创新中心副总干事的黎仁刚曾经在媒体采访中解读过顺德引进社区营造理念的背景与目的。他指出，顺德在快速推进工业化与城市化进程中，面临着一系列与日本、我国台湾地区在发展过程中极其相像的问题，如逐渐暴露出的收入差距拉大、环境恶化、个体原子化、社区观念淡薄等社会问题。通过社区营造，让大家愿意走出家门，愿意参与社区公共事务的治理，然后在长期的参与中逐步增强互信感，这些都是顺德引入社区营造的目标。①

顺德社区营造能够成功"落地"，得益于其多方面的坚实基础和有利条件。在时任顺德区社工委副主任的吴力看来，首先，顺德在人才方面拥有显著优势。"相较于中国广大的中西部地区，顺德的农村和城市社区并没有遭遇人才严重流失的问题，而是一个吸引人才流入的地区。"顺德本土有大量可挖掘的人才资源，他们对顺德有深厚的感情，愿意身体力行、参与其中、积极推动实践，这些都是推动社区营造有力的支撑。其次，顺德的社会组织蓬勃发展，也为开展社区营造提供坚实的组织支撑。随着社区社会组织的不断繁荣，社区营造中的社区参与能够获得在地化的社会组织的支持。再者，随着顺德积极推进基层治理改革，基层社区社会治理格局已初步形成，也为社区营造的推进提供了良好的治理机制保障。此外，顺德推行社会综合改革以来，着力打造了一系列社会建设和社会治理领域的枢纽型平台和组织，如区社会创新中心、伦教社区发展创新中心等，也为推进社区营造提供了多元的资源链接平台，有效链接了外部资源和智力支持，推动社区营造的创新与实践。这些因素相互作用、共同发力，为顺德社区营造的深入发展奠定了坚实基础。②

顺德社区营造过去十年的发展历程大体划分为以下三个阶段。

第一阶段是2014年—2016年，启动社区营造试点探索，部署社区营造示范点创建工作，为"试点先行"阶段。2014年，顺德区人民政府办公室印发《顺德区社会体制综合改革2014年工作要点》，当中提出要"推动社区营造，挖掘社区资源、培育社区组织、促进社区参与、发展社区经济，打造社区发展共同体，为促进社区全面发展探索经验"，这是"社区营造"首次出现在顺德区的政府工作文件中。从该文件的表述来看，当时理解的社区营造，已经较为注重社区人的公共

---

① 《多一点信任与付出，社区营造才会走得好》，2014年6月3日，https://mp.weixin.qq.com/s/FC3d0HTh5J8i67speG9T6w，访问日期：2024年7月29日。

② 同上。

精神、社区组织及社区经济等方面的综合建设，超越了政府主导的行政服务和社会福利的狭窄视野。2015年，顺德区人民政府办公室再次把社区营造列入《顺德区社会体制综合改革2015—2016年工作要点》，表明"深化扩展社区营造试点工作，开展阶段性总结，探索研究支持社区营造的政策性意见建议"。

2016年，区社工委正式印发《顺德区社区营造示范点建设指导意见》，明确了社区营造示范点建设的工作目标、基本原则、工作内容、实施步骤和保障措施，这是迄今我国县级区域关于社区营造所印发的第一个指导性文件。自此，社区营造从初步探索走向优化和深化，进入2017—2020年"深化完善"第二阶段，逐步扩大实践范围，提供资金支持、专业指导、人才培养等，推动更多村（社区）开展社区营造实践，制定《顺德区深化拓展社区营造工作方案》《顺德区社区营造示范点建设指导意见》。

第三阶段从2021年发展至今，顺德区制定了《顺德区深化推广社区营造 促进党建引领基层治理现代化工作方案（2021—2025年）》《顺德区全面推广社区营造"1+4+X"模式 加强基层治理现代化建设实施方案》（顺委办函〔2022〕41号），明确用3年时间，实现206个村居社区营造全覆盖，推进社区营造理念手法在党政职能部门基层业务及村（社区）工作普遍应用；在基层党组织统一领导下，各种社会资源力量得到充分组织调动，社区活力和创造力持续激发，顺德成为新时代基层治理创新发展的标杆和样板。

截至2023年12月，顺德全区累计有180个村（社区）开展社区营造项目化实践，全区整体覆盖进度为65%（见图2-3）。全区10个镇（街道）均设立项目配资机制、5个镇（街道）联合辖区慈善会举办镇级微创投、16个村（社区）引入专业社工团队开展实践。据统计，2023年社区营造合计撬动"众创共善""和美社区"计划等资金超4000万元，新增扶持318个项目落地实施，覆盖约147个村（社区）；累计161个村（社区）成立社区基金，募集资金超1亿元。社区营造充分调动起人才、组织、物产、人文等多元资源，建立起能增强互信、整合资源、扩大参与、回应需求的基层治理闭环机制，形成"政府出一点、集体筹一点、社会投一点、乡贤捐一点"的多元化共建机制。①

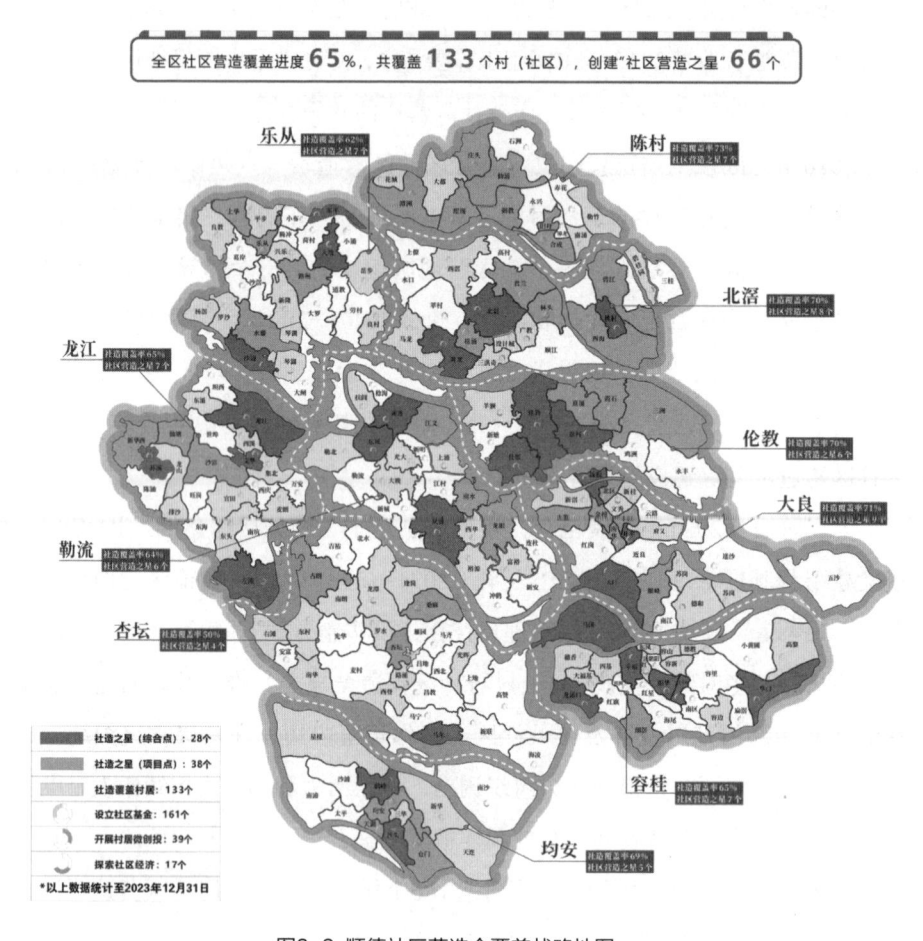

图2-3 顺德社区营造全覆盖战略地图

二、强化基层治理，多举措提升基层治理成效

据统计，截至2023年，顺德区各镇（街道）、村（社区）和社会投入累计超9440万元，发掘社区各类人才2137人，培育和转化社区组织674个，超过88.7万人次参与社区活动和服务，在增强基层党组织战斗力、社区矛盾解决能力、居民

---

① 《齐头并进，顺德区召开2024年社区营造工作部署会》，2024年4月20日，https://mp.weixin.qq.com/s/x0llBl9zBUPJ5ptG_kVfcA，访问日期：2024年7月30日。

参与能力和社区可持续发展动力等方面取得显著成效，涌现出一批耕耘于基层善治的村居，党建引领社区营造成为顺德加强和创新基层治理的有力手段和有效方法。①

从群众急难愁盼的实际问题出发，满足群众美好生活需求，最终培育在地村（居）民自主、自发提出问题、自行解决问题，是顺德通过社区营造构建良性循环的基层治理"生态系统"的缩影。

（一）以项目化方式，增强基层党组织领导力、凝聚力

通过项目投放实施、人才培养、榜样带动，为基层党组织创造"干事创业"平台，推进基层党组织和群团组织工作实务化，使得干群信任关系得以重建、党群沟通更加顺畅、干部班子干劲持续激发。勒流街道众涌村充分调动党群协同参与村务治理，党组织从"软弱涣散"进步到荣获"顺德区优秀党群先锋队"称号；均安镇鹤峰社区打造"文武鹤峰"社区品牌，引入文化传承相关议题，增强居民交流互动，不断优化社区人际关系。

（二）以矛盾化解为导向，强化社区矛盾纠纷解决能力

在矛盾预防层面，通过社区教育提升社区居民的道德素养水平，有效预防恶性矛盾纠纷产生，夯实基层治理基础。在矛盾化解层面，为社区重点人群提供服务，提升他们的社区认同感并带动其参与公共事务，淡化矛盾焦点，推动基层柔性治理和矛盾软性消化。均安镇天湖社区通过多渠道提倡新时代家风家教，良好家风氛围外延塑造和谐社区风气，成为基层社会治理的"稳定器"；曾因历史遗留问题受群众误解的容桂街道华口社区，积极开展社区养老服务，引导长者主动服务他人，推动意见人群转化和舆论导向转变，促进社区和谐稳定发展。

（三）议事机制、组织培育并重，提升居民参与能力

一是建立从意识培养到行动倡导的议事机制链条，提升居民协同共治能力，让社区事务"议而能决、决而能行、行而有效"。二是建立以组织骨干为核心的互助服务网络，提升居民自我服务能力。左滩村已成立20个议事团队自行议事解

---

① 《基层治理创新，协同共治实现"自己家园自己建"｜改革开放谱新篇·顺德实践③》，2024年7月16日，https://www.163.com/dy/article/J77U0SA10514A1CA.html，访问日期：2024年7月30日。

决问题，为困扰多年的股份社提留资金难题找到了可行解决方案；伦教街道常教社区培育社区组织18家，2020年累计服务超过3万人次。

（四）以社区资源禀赋为支点，增强社区可持续发展动力

一是激活社区文化根脉。依托文化节等品牌活动，构建社区治理共同体，有效将顺德丰富的文化资源转化为治理资源。勒流街道黄连社区联系广绣非遗传承人开办培训班等社区课堂，打造龙狮展览馆、画家艺术村等文化阵地，以文化参与平台激活社区网络；活化古旧建筑、打造全国"扫黄打非"进基层工作站，为社区综合治理注入文化内涵。二是地方特色产业赋能社区发展。依托特色农耕与生态资源探索社区产业发展模式，为公共事务共建共治共享提供资源支撑。勒流街道江义村依托扎实的集体经济基础，成立长者福利基金、住院报销、奖教奖学、弱势帮扶等福利制度，出资购买社工服务，还联动各级资源建设完善综合文化发展阵地和人居环境，让村民安居乐业，在家家富裕中和睦邻里。

在2023年的全国社区营造大会上，来自全国各地130多位社区营造实践者、专家学者齐聚顺德，开展在地参访、交流讨论、"社造学园"颁奖等活动。专家评价认为：顺德在全国区县级层面系统性推进社区营造最好、社会各界协同参与最蓬勃、本土力量给力；文化性强，有深厚历史文化底蕴；全民性强，政府搭台，企业、商协会、居民等多元主体参与；创新性强，项目资助领域细分程度高、项目策划执行形式创新。在顺德区党委政府领导下，政策机制持续推动、区镇村高效联动、政社企协同行动、持续开展培育课程是"顺德社造"红红火火的燃料；源远流长的慈善文化、实力雄厚的本地产业、乐于"五出"（出心、出钱、出力、出谋、出息）的公益精神、星罗棋布的社会组织、各具文化特色和基层治理特点的村（社区）网络是顺德社造持续行进的源头活水。①

三、以评促优争先，全面深化社区营造

为贯彻落实《顺德区全面推广社区营造"1+4+X"模式加强基层治理现代化

---

① 《顺德党建引领社区营造"三最好""三特色"，社造专家为顺德建言献策》，2024年1月17日，https://mp.weixin.qq.com/s/WQepEwVs5q7LkIZLkyfkDQ，访问日期：2024年7月30日。

建设实施方案》要求，总结工作经验成效，顺德区委政法委联合社创中心持续开展社区营造建设评价工作，通过全覆盖评价、创示范树榜样、社区营造示范点"回头看"评价等，将典型带动与全面覆盖相结合，定期跟进工作成效，挖掘成功经验，发挥优秀案例引领作用，确保社区营造工作得以稳步推进并不断深化发展。

（一）持续开展社区营造建设评价

根据《实施方案》以及《镇（街道）全面推广社区营造"1+4+X"模式工作评价表》的说明，对镇（街道）评价考核工作采取日常监督、季度评价、年度总评相结合的方式进行，内容包括完成目标任务和具体工作落实两大部分，要求各镇（街道）除了推动社区营造全覆盖外，还要继续创建先进典型和指导已评点持续深化实践，实现社区营造工作质与量双提升；而工作落实方面，则需要各镇（街道）做好规划布局，从组织架构、机制建设、资源投入与竞争、人员培训、宣传总结等方面落实整体谋划，加强分类指导和扶持，协助村（社区）在6大模式中选取合适的路径开展社区营造，或进行消化吸收再创新运用，拓展出更多具有本土特色的模式路径。

2023年12月，顺德区委政法委联合区社创中心通过实地走访、资料查阅等方式对10个镇（街道）、29个村（社区）开展社区营造实践情况进行评价。一是镇（街道）全面推广社区营造工作评价，10个镇（街道）能结合本辖区的规划布局以及村（社区）的治理基础、工作能力、资源状况等现实条件，通过促进党政各部门之间、政社各组织之间的沟通联动和项目合作，联动专业支持力量、组织各类专题学习和人才培育活动等赋能陪伴及指导，为完成目标任务提供全面且有力保障。二是"社区营造之星"评价，共11个村（社区）参评，重点围绕党建引领、基础工作、亮点品牌等共24项指标考量村（社区）社区营造工作成效，大部分村（社区）能将社区营造理念及手法与基层事务有机结合，在化解基层矛盾、激发社区自治活力、探索可持续发展模式等方面有明显成效；三是对18个村（社区）进行社区营造全覆盖评价，大部分村（社区）能以项目化形式带动多元参与，在村（居）民参与、培育社区骨干及自组织等方面取得一定成效，但也有村（社区）难以协调资源或人力、尚未能找到利于调动群众参与的公共议题开展实践探索，工作理念及方法仍有待改进。①

（二）探索开展镇域"社区营造力"评价②

为了更客观全面地衡量镇域开展社区营造的综合能力与成效，促进先进镇（街道）、村（社区）的经验在全区流动和落地，为社区营造的深化提升提供分析建议，顺德区社创中心在区委政法委支持和指导下，自2022年起通过日常跟进指导、专家走访调研、定期会议研讨、客观数据收集分析，探索建立起镇域"社区营造力"衡量指标体系，旨在通过定性和定量的方式，总结分析社区营造整体情况、呈现优秀镇街亮点做法，为指导社区营造实践，明确下阶段基层治理推进方向，提供数据支持和决策参考。

基于党和国家关于基层治理现代化建设的要求，镇域"社区营造力"是指镇（街道）及其下辖村（社区）推进以社区营造理念方法加强和创新基层治理工作中，在统筹引领、创新服务、持续深化发展、创建治理品牌等四个方面主体能动性的发挥程度及成效。镇域"社区营造力"指标体系设定4个一级指标（见图2-4）、14个二级指标、24个三级指标，总分共100分。其中，统筹引领力、创新服务力为过程性指标，持续发展力和品牌影响力为成效性指标。

统筹引领力
统筹社造重点工作规划
推动跨部门、政社协调联动
配置及提升核心队伍

坚持基层治理"党建引领"
守护基层治理"民生底本"

创新服务力
主动通过动员、配置和整合资源，
以多样化、优质高效服务为牵引，
培育群众参与意识和能力

注重基层治理"示范推广"
推进基层治理"持续深化"

品牌影响力
打造、宣传、推广融合在地特色、
符合发展需要的基层治理品牌

持续发展力
基于焦点议题，推动扩大社造实践
覆盖、标杆打造、深化提升，
发展壮大共建资源池

图2-4 顺德区镇域"社区营造力"衡量指标体系构成

通过对镇域"社区营造力"评价结果的分析总结，发现优秀镇街在社区营造方面具有以下共性经验：一是重视统筹规划、资源联动和人才培育。初步建立党

---

① 资料来源：顺德社会创新中心公众号，《区社会创新中心工作动态（2023年12月）》。
② 资料来源：顺德社会创新中心公众号，《重磅｜顺德镇域"社区营造力"榜单发布》。

建办、公服办、综治办、镇街慈善会、基金会等多部门问题共商、资源共投机制，重视村居干部特别是社区专干、基层治理讲师团培养，积极动员村居党组织书记参加清华班等区级基层治理培训，除完成"通识课"指定动作外，还会主动根据辖区实际需求扩大人才培养范围，夯实社造人才基础。二是社区服务与社区经济双推进。面对基层治理对财政资金依赖强、社区服务造血能力弱的共同困境，先行镇（街道）、村（社区）积极改善基于群众参与的社区服务，探索公共空间、文化资源、闲置人力等"变活变现"的路径；利用福利会转型社区基金之机，拓展公益慈善资源使用范围和受惠群体。三是善于造人造势造品牌。积极借助区级专业资源，培育本土基层治理讲师、打磨本土课程，形成本土特色基层治理品牌。聚焦治理难点，通过总结提炼及选送优秀案例评先评优、推广优秀村居典型做法，推动经验扩散和品牌影响力提升。

案例：位居2023年度镇域"社区营造力"榜单第二位的北滘镇，在"统筹引领力""品牌影响力"方面表现优异，均位于单项榜首。北滘镇除统筹多部门、单位资源投入社区营造外，还积极组织开展各类基层治理人才培训，如"魅力'滘'才"项目，围绕4大模块10个主题，持续半年开展培训并匹配种子项目资金，培养83名村居干部、推动20个项目落地；坚持以村居文化特色和社区发展需求为核心，打造一批市民感知度高、参与度强的基层治理品牌。

第三节 持续进化确立理念

推进国家治理体系和治理能力现代化，是中央顶层设计与地方探索实践相结合的过程。基层强则国家强，基层安则天下安，党的十八大以来，顺德区委、区政府按照中央要求，贯彻"简政放权、协同共治"的改革核心理念，不断加大简政放权力度，持续推进"放管服"改革向纵深发展，将具体的管理和服务职能转移给市场和社会组织，实现政府职能从"划船"向"掌舵"转变，公共服务供给模式也发生了深刻变革，从以政府单一提供为主、粗放刚性管理向多元参与、依法治理、精细服务和柔性疏导转变，其本质在于政府向社会放权，释放社会自我调节、自我约束的活力。顺德通过不断深化改革，迭代优化政策，并持续发挥引领作用，努力将共建共治共享的社会治理制度真正落到实处。

《人民日报》于2015年3月发表的文章《凤凰涅槃——顺德全面深化改革与发展转型探秘（下）》中，详尽阐述了顺德地区在深化改革道路上的不懈努力，并作出积极评价：顺德理顺"政社分治、强党善治、规范自治、协同共治、民主法治"五位一体的治理路径……通过全面深化改革，顺德开创协同治理新格局——市民广泛参与，决策治理透明，社会矛盾减少，市场活力增强，向"小政府、大社会、好市场"目标逼近。①

在"2020年度中国社会治理百佳示范县市"榜单中，顺德区荣登榜首，这一榜单全面呈现了中国社会治理发展的缩影，涵盖了在全国范围内表现卓越的百佳示范县市。2022年5月10日，《法治日报》大篇幅深入报道了顺德在社会治理方面的创新做法与显著成效，对顺德在共建、共治、共享社会治理理念上的深入实践给予高度评价。顺德通过精准把握"共"字诀，打好政治引领、法治保障、德治教化、自治为基、智治支撑"五治"牌，加强和创新社会治理，积极构建党领导下富有活力的多元协同共治格局，着力打造粤港澳大湾区品质生活新高地，为建设高质量发展先行示范区提供有力保障。②

一、党政引领，锚定治理航向

推进基层治理现代化是一项综合性的社会系统工程，加强和创新社会治理，实现基层治理现代化，必须强化党政引领，积极统筹谋划，加快推进社会治理共同体建设，团结各方力量开展合作治理，促进基层治理的良性发展与社会的和谐稳定。随着基层治理事务的日益复杂化，顺德区积极响应时代需求，凭借其作为广东省高质量发展体制机制改革创新实验区和市域社会治理现代化试点的双重优势，加强社会建设统筹，不断深化社会治理体系的改革步伐与创新实践，整合多元治理主体，通过积极推动基层治理理念、制度、机制与方法的全面创新，不断

---

① 刘泰山：《凤凰涅槃——顺德全面深化改革与发展转型探秘（下）》，2015年3月24日，https://news.ifeng.com/a/20150324/43401622_0.shtml，访问日期：2024年7月3日。
② 《佛山顺德加强和创新社会治理推动城市高质量发展》，《法治日报》2022年5月10日，12版。

夯实基层治理的根基。同时，广泛激发并汇聚社会各界的参与热情与力量，携手共建一个包容高效的基层治理共同体，共同推动基层治理迈向现代化新高度。

顺德坚持高位统筹、深化改革，积极推动社会建设工作，这一努力在梳理党的十八大后区出台的一系列政策中得以充分体现。2013年，《顺德区深化综合改革规划纲要（2013—2015年）》出台，提出在完善顶层设计的基础上，更加系统、全面地推进顺德综合改革，力求在重点领域和关键环节取得突破，构建地区核心竞争力，促进经济社会综合转型升级。顺德提出了"城市升级引领转型发展，共建共享幸福顺德"的战略目标，遵循"大部制—小政府—大社会—好市场"的路径，从四个方面进行顶层设计：以行政体制改革为龙头，加快转变政府职能；以社会体制改革为重点，提升和凝聚社会活力；以城乡基层治理改革为基础，完善基层治理结构；以社会主义民主建设为保障，重点规范权力行使。[①]

2014年，顺德就陆续出台了《顺德区扶持公益创新种子资金管理暂行办法》《顺德区社会工作委员会工作制度（试行）》《顺德区构建小政府大社会综合改革规划纲要（2012—2015年）（征求意见稿）》《顺德区社会服务标准》《顺德区政府购买社工服务项目规范指引》等一系列政策文件，这些举措充分展示了顺德区委、区政府对于深化社会治理体系改革、促进社会组织发展、激发社会活力、提升公共服务质量的坚定决心和务实行动。顺德《深化综合改革试验领跑全国县域发展行动纲要（2011—2015年）》提出，要以民主法治为支撑、以社会参与为方向、以多元供给为途径，建设中国特色、国际水平的政府治理新模式，为全国县级区域行政体制改革继续探索经验、提供示范。在健全多元供给的公共服务体制方面，各职能部门要按成熟程度每年转出一批向社会购买服务的事项，到2015年基本实现"凡是社会能服务得好的事项都下放给社会"的目标。[②]

2018年9月，顺德率先获批成为广东省高质量发展体制机制改革创新实验区。2019年12月31日，广东省委全面深化改革委员会第六次会议提出"把顺德

[①] 叶林，张光明：《城乡基层协同治理的难题与化解：顺德改革的探索》，《公共行政评论》2014年第2期，第26页。

[②] 《中共佛山市顺德区委 佛山市顺德区人民政府深化综合改革试验领跑全国县域发展行动纲要（2011—2015年）》（顺发〔2010〕12号）。

建设成为新时代广东省贯彻落实新发展理念实验区"的更新更高要求。面对这一历史机遇，顺德被激励着要加速步伐，在体制机制创新、县域治理体系及治理能力现代化等方面进行深入探索与实践，力求改革不断深化，成效显著。以镇街体制改革为例，顺德所辖十大镇街一口气下放事权4204项，被称为顺德历次改革中下放事权最多、力度最大、含金量最高的一次，核心就是"镇街所需，应放尽放，提高效能"。改革的核心目的是要更有利于社会基层治理深入探索、有利于优化提升行政审批效率、有利于就近高效服务企业服务群众的目标，将相关事权下放镇街，通过放权让执法、审批贴近工作一线，让镇街基层提高办事效率、高效推动发展，第一时间发现问题、解决问题。

为贯彻落实习近平总书记关于广东要"在营造共建共治共享社会治理格局上走在全国前列"的重要指示，结合工作实践，顺德于2019年3月出台了《顺德区党建引领社区治理创新工作实施方案》，实施"强化党建夯实治理核心""培育组织促进协同善治""健全机构提升社区法治水平""活化阵地筑牢红基石"和"丰富活动传播正能量"5大工程20项措施，实行党群共建固本强基、协同共治联企活社、服务共创惠民乐众的"三共"模式，推进社区治理现代化。2020年4月，顺德围绕创新、协调、绿色、开放、共享的新发展理念，发布党建引领社会治理创新"520工程"，涵盖了创新党建群建全覆盖路径、加强社会综合协调治理、构建绿色文明家园、打造多元开放的"善治"格局和推进"有温度"服务为群众共享五大领域。

如果说2019年党建引领社会治理创新工作是构建顺德社会治理能力现代化建设的整体布局，那么2020年开始的以践行新发展理念为宗旨的新"520工程"，则是顺德社会治理创新战略战术的进一步具体推进，体现了市域社会治理能力现代化建设的创新发展。①

党的二十大报告提出，在建设现代化强国的新阶段，"必须坚持系统观念"，顺德区坚持用系统思维指导开展基层社会治理，从系统性、整体性、协同性角度

---

① 《为全国县域治理现代化探路，顺德实施党建引领社会治理创新520工程》，2020年4月10日，https://static.nfapp.southcn.com/content/202004/10/c3386874.html，访问日期：2024年7月31日。

加强城乡基层社会治理改革工作的政策支持和思路引导。按照"完善党委领导、政府负责、民主协商、社会协同、公众参与、法治保障、科技支撑的社会治理体系"的要求，在持续主导有机社会建设、激发社会活力等方面取得了长足进展。

顺德在各级党组织领导下，有效统筹各类管理和服务资源，调动各种社会力量，积极回应群众最关心、对群众最直接的利益问题，实现系统治理、依法治理、综合治理、源头治理有机结合。建立以村（社区）党组织书记为召集人的党建联席会议制度，启动公益创投和社区营造项目，给予村（社区）"两委"在资金、项目、人才等方面的实质性支持，进一步提高党组织领导、调动和整合社区资源的能力。同时，启动社区治理创新人才培育计划，落实党员领岗服务和学习制度，解决其服务意识不强等问题；推进政府向社会组织购买服务，实现社区减负增效，推动村（居）委会回归自治职能，加强群众工作；推进村企结对共建、议事协商和参与式规划，引导村居干部充分听取各方意见建议，提高社区管理和服务水平；将村（社区）闲置公共空间打造成集社会服务、休闲娱乐、议事决事于一体的党群服务中心和居民活动阵地，不断拓展社会服务领域，有效解决社区服务阵地不足、党群关系不密切等问题。

二、强化扶持，激发社会活力

顺德秉承"政府指导扶持，社会广泛参与"的发展理念，紧密结合本地实际，合理调配并整合体制内外资源，大力扶持社会组织发展，推动社会组织在深化改革的过程中实现更加充分、健康的发展。

（一）推出"众创共善"计划

为激励政社各界积极探索社会治理和公共服务创新，有针对性、系统化地破解社会治理难题，统筹推进全区协同善治，提升社会治理现代化水平，助力顺德社会领域高质量发展，早在2017年顺德就开始启动社会建设"众创共善"计划（2017年又名"众创共享"计划），积极探索基层党建、基层治理、人群服务、新市民融合等领域的有效服务方式和机制，打造资源整合、多元共建、协同发展的社会力量参与基层治理平台，成为全国县级地区打造共建共治共享社会治理格局的生动实践。"众创共善"计划由顺德区委政法委、顺德区民政和人力资源和社会保障局、顺德区妇女联合会、顺德区社会创新中心、顺德慈善会联合发起，在整合原有各自为政、分散开展的公益创投的基础上发展而来。以2019年为例，该计划扶持资金扩大到4400万元，通过竞争性分配的方式，引导申报单位围绕基层党建、养老、残疾人服务、矛盾纠纷预防化解以及社区发展等重点领域开展创新，成功入选2019年全国创新社会治理优秀案例。

"众创共善"计划以党建为引领，围绕顺德社会治理、民生服务领域的主要问题开展探索与创新，充分发挥政府资金的杠杆作用，引导社会资源投入。譬如，广东省和的慈善基金会通过顺德慈善会·和的爱心基金每年提供500万元扶持资金，参与和支持"众创共善"计划，扶持社会组织开展贫困家庭服务帮扶项目，在物质扶贫之外弥补政府公共服务短板。发挥企业与民间资源丰富的独特优势，撬动各方力量参与协同共治，每年有超过100个社会组织围绕党委政府中心工作，策划和实施创新项目，并在不断改进和完善中，以项目带动系统地解决社会问题，很好地体现了"党委领导、政府负责、民主协商、社会协同、公众参与、法治保障、科技支撑"的社会治理体系建设。[1]据顺德区政府相关部门统计，2017年至2023年，"众创共善"计划共资助2.54亿元资金，扶持项目1506个，覆盖全区10个镇（街道）184个村（社区），涉及基层治理（社区营造）、精神健康、社会心理、养老服务、助残服务、妇女公益、乡村文化、精准帮扶、行业支持等领域。

（二）培育各类社会主体

随着社会组织直接登记制度的实施，顺德区的社会组织数量在短时间内显著增长，至2018年已突破1800家（见表2-1）。这一变化不仅催生了一批表现卓越的社会组织，还极大地激发了社会活力，使得社会力量参与基层治理不再仅仅是纸面上的概念，而是成为群众能够切身感受到的温暖实践，赢得了广泛的社会认同。此外，配资和竞争性分配的方式，也逐渐获得了更为普遍的接受与认可，这进一步体现了制度创新与优化资源配置对于推动社会组织健康、可持续发展的重

---

[1] 《顺德区"众创共善"计划入选全国创新社会治理优秀案例！》，2019年12月17日，https://www.sohu.com/a/360959922_120214184，访问日期：2024年7月31日。

要作用。

然而，在数量快速增长的同时，也暴露出社会组织质量参差不齐的问题。鉴于此，政府相关职能部门及时调整策略，将社会组织的培育与管理重点从单纯追求数量增长转向更加注重质量的提升。针对那些运营效率低下、缺乏活力的社会组织，采取了及时清退和优化的措施，以确保社会组织的整体健康发展和有效参与社会治理。同时，受政策调整以及经济与社会环境变化等诸多因素影响，2022年至2023年，顺德区社会组织的数量有所减少，截至2023年12月，顺德区社会组织数量为1610家。

表2-1 顺德区社会组织统计数据（2007-2023年）

年份	社团	民非	基金会	总数	数量变化
2007	162	184	0	346	
2008	187	201	0	388	+42
2009	304	239	0	543	+155
2010	354	263	0	617	+74
2011	368	266	0	634	+17
2012	453	351	0	804	+170
2013	478	412	0	890	+86
2014	551	490	1	1042	+152
2015	681	661	4	1346	+304
2016	741	780	5	1526	+180
2017	816	875	8	1699	+173
2018	864	967	14	1845	+146
2019	883	950	20	1853	+8
2020	886	916	21	1823	-30
2021	871	965	30	1866	+43
2022	846	883	41	1770	-96
2023	744	866	41	1651	-119

2017年9月5日，顺德成立了国内为数不多的县级慈善组织行业协会——顺德慈善组织联合会（以下简称"顺德慈联"），它是由顺德区域内致力于慈善事业的基金会、社会团体、社会服务机构等自愿结成的行业性、联合性、枢纽型的社会组织，为慈善组织整合资源、抱团发展、良性互动搭建平台，获得2022年广东先进社会组织称号。成立以来，顺德慈联实施"标准化、信息化、专业化、规

范化、品牌化"发展战略,以弘扬慈善文化、参与政策制定、维护会员权益、推动跨界合作、开展评估表彰、开展专业培训、促进合作交流、推动行业自律为主要业务,成立功能型党委,注册4个集体商标,编制6个慈善行业标准(其中2个还在制定中),打造10个慈善综合体,集成1个慈善信息平台,会员单位党支部21个、慈善资金总额超过230亿元、慈善信托财产总规模5.5亿元、慈善超市12个、社会捐助站点100个、获得区级以上荣誉奖项累计270个。

(三)力行政府购买服务

政府购买社会服务是顺德区政府顺应社会治理创新和社会服务需求多元化趋势的重要举措。随着经济社会的发展和人民群众生活水平的提高,对公共服务的需求日益多样化、个性化,传统的政府直接提供服务模式已难以满足这些需求。因此,顺德区政府较早地通过购买社会服务的方式,引入社会力量参与公共服务提供,以提高服务效率和质量,满足人民群众多样化的服务需求。随着政府职能转变和社会治理创新的深入推进,顺德区政府购买社会服务的力度不断加大,服务范围不断拓展,服务内容不断丰富。

顺德区政府主动作为,率先出台了一系列详尽的政策文件,明确了政府购买社会服务的范围、方式、程序及标准,为这一实践奠定了坚实的制度基础。依据社会实际需求与政府职能定位,顺德编制了政府购买社会服务目录,明确了哪些服务可以通过购买方式提供。此外,还引入了竞争机制,通过公开招标、邀请招标、竞争性谈判等多种形式,吸引众多社会服务机构参与竞争,提高服务质量和效率。同时,建立健全政府购买社会服务的监管评估机制,对服务机构的资质、服务质量、服务效果等进行全面评估和监督,有力促进了顺德区社会服务的专业化、高效化进程。

据不完全统计,2021年顺德区政府向社会力量购买服务的规模为10988.21万元,加上当地慈善组织资助的购买服务1622万元,整体由社会力量组织实施的购买服务规模为12610.21万元,其中政法类购买服务约3514万元,民生服务类购买服务为9096.21万元[①]。承接购买服务的社会力量涵盖社工机构、社区及居家养老

---

① 资料来源:《2021年顺德区政府向社会力量购买服务调研项目报告》。

服务机构、残疾人康复及就业服务机构、律师事务所、调解组织等。

三、秉承传统，形成社会共识

2021年初，时任顺德区代区长王勇接受采访时表示，"社会治理尤其是社会服务方面投入大、见效慢，最大问题是可持续性，还有我们政府系统限于编制导致的人手不足问题，需要向社会借力。本土企业家既是顺德经济的擎天柱，也是社会治理创新的重要力量，他们有情怀、有大爱，热心回馈社会；为数众多的海外乡亲长期关心家乡发展，这是顺德推动政社企协同共治的特有优势。我们要多依靠群众力量，走好新时代的群众路线，进一步强化政社企协同。"[①]

顺德凭借其经济发达、企业众多及民风淳朴、乡情浓厚的显著优势，积极搭建起企业、协会、商会、社会组织、专业机构及村（居）民等广泛参与基层治理的平台和网络，营造出多元主体协同合作、共同治理的良好社会生态。顺德深入挖掘传统文化和乡土情感的治理价值，有效转化区域经济的强大优势为社会治理的效能与持续发展的动能。顺德拥有众多热心公益慈善和公共事务的企业、社会贤达、市民和海外乡亲，他们成为推动社区治理的重要力量。顺德政府顺势而为，通过搭平台、建机制、促开放，鼓励和支持各方力量广泛参与扶贫济困、民生服务、社区管理、乡村振兴、矛盾调解等基层治理工作，实现了大量社会资源向社区发展的有力反哺，极大地激发了社区治理的创造力和凝聚力。

顺德毗邻港澳，很早就具备开阔的视野，当年的自梳女群体以独特的方式为家乡的发展作出贡献，早期的一批企业家更是将这份慈善精神发扬光大，他们中的佼佼者通过捐赠教育、医疗等公益事业，为顺德的社会发展注入了强大动力。时至今日，以何享健、杨国强等为代表的企业家，正因为受到这样深厚的慈善传统熏陶，不仅继承了先贤乐善好施的慈善理念，更将其发扬光大，以更加宏大的视野和更加有力的行动推动顺德慈善事业迈向新的高度。

总体上看，经过长期的社会体制改革和党的十八大以来的持续探索，党委政

---

① 刘建华：《"2020年度中国社会治理百佳示范县市"榜单发布 社会治理都有哪些地方经验》，《小康》2021年03期。

府应当为社会力量参与基层治理创造条件、财富人士应该为社区发展提供重要支持、各类社会组织应当成为基层社会建设的重要补充等理念，已经成为顺德社会各界的共识，人人有责、人人尽责、人人享有的社会治理共同体具备良好基础。

德胜社区基金会副理事长郭祺认为，在何享健先生创立"和的慈善体系"之前，顺德的公益慈善氛围已颇为浓厚，但主要还停留在传统的公益慈善领域，如扶贫济困、助老助残、教育支持、医疗救助等。"和的慈善体系"的建立，对推动顺德社会力量深度参与基层治理起到了关键性作用。该体系通过精心规划，分设不同的基金会，创造性地引入慈善信托，设立多个专项基金等，促使社会力量开始深入城乡社区，开启了社会力量参与基层治理的全新篇章。①

顺德区社会创新中心总干事李允冠在访谈中提到，"顺德具有深厚的自下而上的慈善传统，这一传统的核心力量包括乡贤、企业家、知识分子、退休官员等社会精英，顺德还拥有规模庞大的各类兴趣团体、众筹组织以及社区自组织，它们根植于几千年的历史文化中，承载着地方文化的精髓与民众的情感纽带。"②这种社会巨大能量和基层无限活力，是顺德深化基层治理创新的基石。

2024年5月，顺德区委社会工作部正式挂牌成立，统筹推进党建引领基层治理和基层政权建设。顺德区委社会工作部副部长林伟雄表示，居民首先要有参与感，才会有获得感。在推动基层治理的过程中，应首要强调群众自治的重要性，即自治、法治、德治三者之中，自治置于首位。这意味着我们需要遵循自治的规则，鼓励群众提出解决方案，让群众成为基层治理的主体，让村和社区的事务回归到自治的逻辑轨道上，从而激发其内在的活力与有机性。自治能够有效链接各类社会力量，包括社会组织和乡贤等宝贵资源，促进这些力量与社区需求的精准对接，形成合力。而政府要做好引导者和支持者的角色，鼓励利益相关方参与协商讨论，提供必要的配套服务和支持，为自治的顺利推进保驾护航。③

---

① 顺德社会组织访谈资料，2024年7月9日，录音整理。
② 顺德社会组织访谈资料，2024年7月9日，录音整理。
③ 顺德社会组织访谈资料，2024年7月9日，录音整理。

第三章

优化政策 激发活力

　　党的十九届四中全会明确要求，要完善党委领导、政府负责、民主协商、社会协同、公众参与、法治保障、科技支撑的社会治理体系。对于习惯于以科层制逻辑推动经济社会建设的多数地方党委政府来说，做到引领培育而不是包办代替，承担基层治理体系中"元治理"职责，是普遍欠缺的能力。在这方面，顺德有许多值得借鉴的地方。顺德区委、区政府对社会力量进行了大力引导与培育，搭建社会组织、社会企业等参与基层治理的平台和网络，充分激发各类社会主体的活力，同时注重加强人才队伍建设，从而使这些被激活的社会力量汇聚成推动"活力顺德"建设的强大合力，持续提升基层社会治理效能。

第一节 社会力量培育

　　社会力量全面发育形成的网状结构，以及由此产生的内生动力，是党委和政府与社会力量建立联结、良性互动的重要基础。顺德在数轮综合改革中，尝试通过多种方式将社会力量纳入社会治理体系，发挥社会力量作为重要社会治理主体的作用，包括孵化和培育各类社会组织和慈善组织、积极推动政府购买社会服务、发展完善社会工作相关制度等。顺德的社会力量培育取得了较为明显的效果，社会组织数量众多，政府购买社会服务成为惯例，社会工作发展机制较为完善，各类社会主体成为创新基层治理的重要参与者。

一、探索社会组织直接登记

社会组织的繁荣是强化社会自治的基础,由于中国长期以来对社会组织实行"双重管理"体制,社会组织成立时很难找到"业务主管单位",在实际操作中面临着"登记难"局面。广东省在改革开放之初,便注重引领和发挥社会组织在参与社会治理中的重要作用,动员社会组织等各方面力量参与基层治理。

(一)推动政策实践创新

随着改革逐渐步入"深水区",2004年,广东开始着手破题社会组织管理体制,2012年4月,印发《中共广东省委、广东省人民政府印发〈关于进一步培育发展和规范管理社会组织的方案〉的通知》,提出要放宽社会组织准入门槛,简化登记程序,为社会组织"松绑"。同时在培育社会组织、转移政府职能、购买社会组织服务等方面开展配套改革。这极大程度上激发了社会力量的活力,增强了社会功能。

顺德探索社会组织直接登记在广东省乃至全国都走在前列。2011年11月,顺德区启动社会体制综合改革,明确除民办教育机构和医疗机构等法律法规、政策文件规定须由政府有关部门进行前置审批外,其他社会组织的申请人可直接向登记管理机关申请登记为独立法人机构;其他政府部门不再担任社会组织的业务主管部门,其主要职责是依照职能对社会组织的业务活动实施指导和监督,实现由行政管理向业务指导监督转变,为社会组织发展创造宽松的环境。同时,将以镇(街道)和村(社区)为活动范围的社会组织的登记和管理权限移交给各镇(街道)行使,探索建立以村(社区)为活动范围的社会组织备案管理制度。

案例:顺德区民政宗教和外事侨务局于2013年4月发布《顺德区民政宗教和外事侨务局关于明确区级社会组织业务主管(指导)单位的通知》,提出"社会组织实行直接登记制度,社会组织的业务主管单位均改为业务指导单位,根据各自职能对社会组织的业务活动实行指导和扶持"。

随着顺德区社会组织数量的不断增加和类型的多样化,顺德区继续深化和拓展社会组织直接登记政策。一方面,顺德区继续放宽社会组织登记的限制,降低社会组织成立的门槛;另一方面,顺德区还积极引导和培育社会组织的发展,推动社会组织在公益慈善、社会福利、社会服务等领域发挥更大作用。同时，顺德区还加强了对社会组织的培训和教育，提高社会组织人员的素质和能力。

党的十八大以来，顺德区积极响应国家关于深化社会组织管理体制改革的工作部署，对社会组织的登记和管理政策进行及时更新与优化，进一步激发了社会组织活力，促进其健康有序发展，从而更好地服务于地方经济社会发展大局。

（二）社会组织蓬勃发展

2013年3月10日，十二届全国人大一次会议期间发布的《关于国务院机构改革和职能转变方案的说明》，正式确认了四类社会组织直接登记的政策。事实上，从2012年7月开始，顺德即开始探索对工商经济类、公益慈善类、社会服务类、基层城乡群众生活类等四类社会组织实行直接登记。2012年至2021年，顺德社会组织的总数持续增长，在2021年达到顶峰，多达1866家。2022年至2023年，顺德区社会组织的数量有所减少，截至2023年12月，顺德区社会组织数量为1610家，其中慈善组织的数量达到65家，社会组织数量在广东省县区中排名前列。同时，这些社会组织的服务范围涵盖教育卫生、文化体育、社会服务、公共事务等领域，实现了从"数量增长"向"质量提升"的转变。从总体上看，顺德已经初步构建了"党委领导、政府负责、社会协同、公众参与"的基层治理新格局。

（三）基金会发挥重要作用

在顺德区社会组织蓬勃发展的过程中，基金会数量也在逐渐增加，其中有41家是顺德区区级登记的基金会。这些区级基金会的业务领域覆盖基层治理的各个方面，涵盖教育、扶贫、助残、养老等多个领域。作为慈善事业的重要力量，这些基金会通过不同的方式筹集善款和物资，在实施帮扶救助、提供养老服务、宣传慈善理念、提升公益意识、培训公益人才等方面发挥着积极作用，为构建和谐顺德贡献力量。

案例：顺德区教育基金会成立于1994年，是广东省级基金会，由原顺德市政府动员海内外同胞、社会各界热心人士筹募资金发起成立，具有公益性捐赠税前扣除资格、公开募捐资格、非营利组织免税资格。基金会始终秉承"汇八方涓流，兴顺德教育"的宗旨，开展奖教奖学、教育创新、校园建设、师生关爱等多个板块的业务,覆盖顺德区10镇街、586所高中、职中、初中、小学、幼儿园以及培智学校,服务1.8万教师,32万学生[①]。

表3-1 顺德65家慈善组织名单[②]

序号	单位名称	类别
1	佛山市顺德区广意昊爱慈善基金会	(区)基金会
2	佛山市顺德区和创公益基金会	(区)基金会
3	佛山市顺德区星公益慈善基金会	(区)基金会
4	佛山市顺德区伦教陆柒捌文化发展基金会	(区)基金会
5	佛山市顺德区伦教教育基金会	(区)基金会
6	佛山市顺德区凤城智善教育基金会	(区)基金会
7	佛山市顺德区顺峰山保育基金会	(区)基金会
8	佛山市顺德区乐从镇教育基金会	(区)基金会
9	佛山市顺德区德隽公益慈善基金会	(区)基金会
10	佛山市顺德区禁毒基金会	(区)基金会
11	佛山市顺德区陈村教育基金会	(区)基金会
12	佛山市顺德区容桂教育基金会	(区)基金会
13	佛山市顺德区北滘中学教育发展基金会	(区)基金会
14	佛山市顺德区城市安全发展公益基金会	(区)基金会
15	佛山市顺德区伍时就公益基金会	(区)基金会
16	佛山市顺德区勒流教育发展基金会	(区)基金会
17	佛山市顺德区第一中学教育发展基金会	(区)基金会
18	佛山市顺德区罗定邦中学教育基金会	(区)基金会
19	佛山市顺德区青云中学教育基金会	(区)基金会
20	佛山市顺德区桂洲中学教育发展基金会	(区)基金会
21	佛山市顺德区勒流中学教育发展基金会	(区)基金会
22	佛山市顺德区容山中学教育发展基金会	(区)基金会
23	佛山市顺德区龙江教育基金会	(区)基金会
24	佛山市顺德区龙江一埠乡村保育基金会	(区)基金会
25	佛山市顺德区时煖公益基金会	(区)基金会
26	佛山市顺德区北滘镇教育基金会	(区)基金会
27	佛山市顺德区华慧公益基金会	(区)基金会
28	佛山市顺德区莘村中学教育发展基金会	(区)基金会
29	佛山市顺德区均安教育发展基金会	(区)基金会
30	佛山市顺德区梁銶琚职业技术学校教育发展基金会	(区)基金会
31	佛山市顺德区第一中学外国语学校教育发展基金会	(区)基金会
32	佛山市顺德区第一中学西南学校基金会	(区)基金会
33	佛山市顺德区李兆基中学教育发展基金会	(区)基金会
34	佛山市顺德区和康高尔夫体育发展基金会	(区)基金会

① 资料来源:佛山市顺德区教育基金会官网"机构简介""项目架构"栏。
② 资料来源:课题组内部资料。

续表3-1

序号	单位名称	类别
35	佛山市顺德区乐从中学教育发展基金会	（区）基金会
36	佛山市顺德区京师励耘教育基金会	（区）基金会
37	佛山市顺德区蒲公英启明教育基金会	（区）基金会
38	佛山市顺德区德威慈善基金会	（区）基金会
39	佛山市顺德区榕树头村居保育公益基金会	（区）基金会
40	佛山市顺德区广东碧桂园学校教育基金会	（区）基金会
41	佛山市顺德区胡锦超职业技术学校胡锦超教育基金会	（区）基金会
42	佛山市顺德区德隽残障综合服务中心	民非
43	佛山市顺德区融爱心智障碍者家庭支持中心	民非
44	佛山市顺德区碧桂园志愿者协会	社团
45	佛山市顺德区慈善会	社团（慈善会）
46	佛山市顺德区乡村发展协会	社团
47	佛山市顺德区美城义工协会	社团
48	广东省国强公益基金会	（省）基金会
49	广东省顺商公益基金会	（省）基金会
50	广东省和的慈善基金会	（省）基金会
51	广东省德胜社区慈善基金会	（省）基金会
52	佛山市顺德区教育基金会	（省）基金会
53	广东省德耆慈善基金会	（省）基金会
54	佛山市顺德区职工解困基金会	（省）基金会
55	广东省顺德职业技术学院教育发展基金会	（省）基金会
56	佛山市顺德区大良慈善会	社团（慈善会）
57	佛山市顺德区容桂慈善会	社团（慈善会）
58	佛山市顺德区龙江慈善会	社团（慈善会）
59	佛山市顺德区伦教慈善会	社团（慈善会）
60	佛山市顺德区勒流慈善会	社团（慈善会）
61	佛山市顺德区陈村慈善会	社团（慈善会）
62	佛山市顺德区北滘慈善会	社团（慈善会）
63	佛山市顺德区乐从慈善会	社团（慈善会）
64	佛山市顺德区杏坛慈善会	社团（慈善会）
65	佛山市顺德区均安慈善会	社团（慈善会）

二、出台社会组织扶持措施

从2011年开始，顺德发布的系列政策文件明确要大力扶持社会组织发展，着重培育一批综合能力强、社会公信力高的社会组织，提升一批具有顺德特色、与国际运行规则接轨的社会组织。创建政社互动、协同共治的合作平台，探索新型社会组织发展道路。构建党委领导、政府负责、社会协同、组织自律、公众监督的社会组织管理格局，形成规范、有序、高效、透明的社会组织运行机制，建立起政社分开、定位准确、功能齐全、运作规范、作用显著的社会组织发展体系。

（一）明确重点培育和扶持的社会组织

民政部于2017年发布《民政部关于大力培育发展社区社会组织的意见》，对社区社会组织的具体作用、如何培育和管理社区社会组织提出了指导性意见。

2020年进一步印发《培育发展社区社会组织专项行动方案（2021—2023年）》，提出开展培育发展社区社会组织专项行动，推动社区社会组织在建设人人有责、人人尽责、人人享有的社会治理共同体中更好发挥作用。

顺德明确在大力培育发展各类社会组织的基础上，结合顺德经济社会发展实际需要，重点培育和优先发展行业协会商会、公益及慈善类社会组织、社区社会组织三类社会组织[①]。第一类是行业协会商会，以民间化、市场化为方向，以充分发挥职能作用为目标，以体制创新为突破口，大力培育和发展新型行业协会、商会；第二类是公益及慈善类社会组织，拓宽社会公益及福利事业的资金筹集渠道，充分发挥公益及慈善类社会组织在救助灾害、劳动就业、教育培训、科学技术、文体事业和公益捐赠等方面的作用；第三类是社区社会组织，重点培育和发展以镇（街道）或村（社区）为活动范围，从事不以营利为目的，满足群众不同需求的社区社会组织，形成现代社区治理机制。

案例：社创中心在顺德区委政法委、区民政和人力资源社会保障局的指导下，于2019年启动顺德区党建引领社会治理创新人才培养计划，致力于推动社区治理创新。在开设相关课程的基础上，结合顺德本地实践经验编制《社区自组织培育操作手册》，将2019年顺德区党建引领社区治理创新人才培养计划的课程精华与学员共创成果汇聚成册。从背景、路径、核心理念与工作策略等方面进行梳理，包括理论知识、实操工具、案例展示等内容，为社区工作者提供自组织培育的操作指引，互享地方自组织培育经验。

经过多年的实践积累，顺德社会组织重点培育的三类社会组织开始在社会治理中发挥积极的作用。广东省佛山市民政局于2023年5月举办"佛山市社会组织成果展"，在社会组织优秀服务案例评选中，顺德区高新技术企业协会的《全

[①] 《关于规范社会组织管理加快社会组织发展的实施意见》（顺办发〔2011〕50号）。

方位服务高新技术企业创新发展》、区燃气具商会的《创科技 制标准 抢市场，助推产业经济高质量发展》、龙江总商会的《党建引领 双融双促 打造先锋力量》、区女企业家协会的《向善而行"睿兰赋力行动"为特殊困境家庭扶志赋能》、区惠妍社会工作服务中心的《专业服务 深耕多维，教育公益谋长远》等五个优秀服务案例成功入选。在社会组织"风尚人物"评选中，顺德区特种设备协会会长黄擎津、区慈善组织联合会副秘书长毕可杰、区一心社会工作服务中心总干事徐遇安等三名社会组织从业者荣获"风尚人物"称号。此外，顺德区预制菜产业发展联合会、大良街道工业互联网协会等两家社会组织入选全市第一批授牌的"佛山社会组织大讲堂"合作实训基地。

图3-1 2023年"佛山市社会组织成果展"评选的"社会组织风尚人物"①

正是因为顺德区在社会组织培育与扶持方面，以深厚的实践积累与前瞻性的战略眼光推动相关工作，铸就了顺德社会组织发展的新篇章，不仅极大地丰富了社会治理的内涵，更为区域经济的蓬勃发展注入了强劲动力。

---

① 图片来源：顺德社会组织公众号《顺德区助力佛山社会组织高质量发展——2023年佛山市社会组织发展成果展示会》。

（二）建立社会组织发展专项资金及孵化基地

在社会组织的培育和发展方面，顺德区加大财政支持力度，将社会组织发展专项资金列入财政预算，同步完善发展专项资金竞争性分配制度等相关管理制度，积极推动落实国家规定的税收优惠政策。探索建立社会组织发展定向捐赠制度，通过顺德慈善会或其他经依法授权的机构等平台，实现公益性捐赠税前扣除，鼓励热心市民、企业向公益及慈善类社会组织定向捐赠，营造良好的公益慈善氛围，促进社会慈善事业更好发展。重视社会组织孵化培育工作，着力打造社会组织孵化基地，以民间力量为主体，建设顺德区社会服务创新中心，积极引进新型社会组织，为进驻社会组织提供办公场地和人员培训、技术支持、管理咨询等赋能服务，在此基础上，优先支持公益类及慈善类等重点扶持的社会组织。以孵化基地为依托，探索组建社会组织合作联盟，拓展社会服务范围和类别，鼓励多元参与公益事业，构建和完善顺德公益生态链。

为推动顺德社会组织发展、促进社会组织党建工作，在顺德区委组织部和区民政和人力资源社会保障局的共同指导下，顺德区社会组织发展基地与顺德区社会组织党建促进中心于2018年11月28日正式成立。顺德区委组织部、区民政和人力资源社会保障局、区社会组织党委、区各行业部门、各镇（街道）"两新"组织党工委、各镇（街道）社会组织党委（总支）、区社会组织党建监测点、社会工作平台机构，以及区齐心社会组织促进中心理事会、友好合作单位等代表出席揭牌仪式。"发展基地"和"党促中心"致力于扎实推进党建工作，发挥枢纽型机构优势，探索"党建+社建"双向互建的新模式，推动社会组织党建工作水平全面提升。

由顺德区枢纽型社会组织自发组成的"顺德区社会组织发展基地"主要面向非初创型社会组织，通过创新基地运营模式、创新社会组织党建模式、创新社会组织发展平台等方式，积极发挥社会组织在社会治理中的作用，因地制宜探索慈善创新模式，积极发挥优势促进社会资源整合，辐射全区社会组织，促进区内组织发展，提升顺德的品牌形象。入驻基地的单位覆盖市、区两级单位，涵盖党组织、社会团体、民办非企业单位、基金会、社会企业等。

案例：顺德区镇街层面也积极探索建设社会组织孵化基地，顺德杏坛镇

2012年7月成立了广东省首个青年坊，致力于孵化青年社会组织，以顺德杏坛镇、北滘镇为试点，以青年坊作为新型服务载体，吸引青年社会组织进驻，提供办公场地、项目策划、培训交流等赋能服务。青年坊首批就引入了13家本土青年社会组织，通过搭建引导青年及青年组织参与公共服务的良好平台，引导社会组织参与开展各类服务活动，丰富社区青年业余生活，促进和谐社区建设，共青团广东省委授予其"亲青家园"称号。

顺德区通过建立社会组织发展专项资金及孵化基地，展现出了对社会组织发展的高度重视与坚定支持，这一举措不仅为区域内社会组织提供了坚实的资金保障和成长空间，更在社会治理创新与经济发展中发挥了不可替代的作用。

（三）配套完善社会组织扶持相关政策

顺德区委、区政府高度重视规范社会组织管理和扶持社会组织发展工作，将社会组织改革发展与深化行政体制改革有机结合起来，积极推动配套完善社会组织扶持相关政策，指导和促进各类社会组织合理布局和有序发展。相关政策文件提出，要建立社会组织激励机制及社会荣誉制度，表彰奖励具有突出贡献的社会组织，激励社会组织进行社会创新试验，引导社会组织履行社会责任；对成果显著的社会组织，政府在职能转移、购买项目立项和资金资助等方面给予优先安排和政策优惠；鼓励社会组织根据顺德区经济社会发展需要，积极与境内外社会组织建立友好合作关系，支持有实力的社会组织在外地建立分支机构，支持外地社会组织依法在顺德区开展社会公共服务。

同时明确要完善社会组织管理和监督体制，确保社会组织发展有制度保障、有资金扶持、有项目带动、有场地支撑、有舆论支持；拓宽社会组织融资渠道，建立健全公益慈善类社会组织向社会筹款或接受社会捐助制度；在政协设立新社会组织界别，制定扶持行业协会（商会）发展政策，充分发挥其作用；推动构建以基层党组织为核心、村（居）民自治组织为基础、社会组织和企业为补充、村（居）民广泛参与的社区工作合作机制；积极营造有利于转变政府职能、发展社会组织的舆论氛围，焕发社会活力，开创基层社会治理新局面。

> 案例：顺德区民政宗教和外事侨务局、顺德区财税局印发了《顺德区扶持社会组织发展专项资金管理试行办法》，提出社会组织专项资金的扶持包

括社会组织开办扶持、竞争性择优扶持和等级评估奖励三种扶持形式。在扶持标准方面，对于工商经济类、公益慈善类、社会服务类社会组织每家每年资助10万元，社区社会组织每家每年5万元专项资金由社会组织统筹用于办公场地费用、社会服务项目成本费用以及能力建设费用等支出。[①]

顺德区在配套完善社会组织扶持相关政策方面，展现出了务实的执行力，为区域内社会组织的健康发展提供了坚实的政策保障与支持。促进了社会组织的快速成长与规范化发展，为社会组织的拓展与升级创造了有利的外部环境。

三、积极推动公益创新

顺德区围绕"城市升级引领转型发展，共建共享幸福顺德"的战略目标，鼓励、引导和支持社会各界参与公益创新，提升社会管理和公共服务的能力和水平，促进公益事业创新发展。2012年6月，《顺德区推动公益创新发展实施方案》发布，明确为各类社会力量提供以下支持措施。

（一）完善政策支持

发挥社会体制综合改革优势，充分利用社创中心等支柱平台和资源，争取更多扶持政策支持，包括税收优惠、放宽准入条件、审批绿色通道等，为公益创新提供更多便利。坚持解放思想，敢为人先，深化改革，确立公益创新在社会管理创新领域的重要位置。

案例：顺德区对通过公益创新大赛评选确定扶持的公益创新项目，由社创中心负责研究制定项目实施综合扶持指导方案，确立扶持和资助关系，实施包括资金、技术、培训、服务等多方面的系统帮扶。邀请公益研究机构、知名企业、公益团队等到本地开班授课，为项目负责人和相关工作人员开展系统培训，重点提供实务性指导。

（二）提供资金扶持

顺德区政府出资设立"种子资金"，专项用于扶持公益创新发展。探索和推

[①] 顺德区民政宗教和外事侨务局、顺德区财税局：关于印发《顺德区扶持社会组织发展专项资金管理试行办法》的通知。

动慈善机构、福利彩票公益金等慈善公益资源参与公益创新的机制建立。广泛动员企业、慈善机构、基金会或个人对公益创新项目进行投资和资助鼓励企业、个人以各种形式投资和捐助公益创业、公益创投和社会企业等公益创新实体。社会资金严格按照资助人意愿使用，做好配套服务，专项用于公益创新项目的发展和运作。通过赋予公益创新项目冠名权，提高社会各界参与投资和捐助的积极性。

案例："种子资金"对在公益创新大赛入选的公益创新项目提供资金支持或股权投资，期限原则上为一年，特殊情况可放宽至二年，单个项目最高可获资助或投资50万元。鼓励项目实施主体积极寻求社会投资和资助，在项目明确获得一定数额的社会资金基础上，由"种子资金"根据实际给予配套支持资金或股权投资。具体资助方式及标准由每年公益创新大赛具体实施方案确定。

（三）加强服务支持

举办公益创新大赛，征集优秀项目方案，开展多方面服务扶持，推动公益创新形成氛围，发挥效益，不断丰富公共服务实现形式，促使公益服务优先惠及弱势群体，解决社会难题。积极联动工会、共青团、妇联、残联、工商联等群团组织，发挥互补优势，争取更多社会资源和活动平台，助推公益创新项目扎根本土。支持公益组织争取政府购买服务，举办公益创新项目推广活动，向社会推广公益创意和服务项目。建立公益创新门户网站和信息数据库，强化信息公开，树立品牌形象。充分利用媒体资源，制作专题报道和公益节目，提升公益创新的知名度。

案例：举办公益创新大赛成果展及公益创新项目推介会，向社会展示获奖项目和优秀创意，支持公益产业，开发公益市场，创造公益岗位，为公益创新建立长效发展机制。建立和推广公益创新门户网站，充分利用互联网和短信平台，开发宣传资源，普及公益创新理念，建立公益品牌形象，及时全面向社会公布公益创新项目的发展动态、资金运作、实施进度和效果评价，建立和提升公众对公益创新的认知和信心。

四、推动志愿服务发展

志愿服务是社会文明进步的重要标志,是推进基层社会治理的重要力量,也是个人参与社会治理和公益慈善的重要方式。顺德区坚持围绕党政工作大局,以深化"志愿之城"建设为立足点,从完善相关政策支持、推动志愿服务阵地建设、加强多元主体协同联动、重视志愿服务嘉许激励等方面着手,深入推进志愿服务制度化、常态化、专业化发展,持续擦亮"志愿顺德"品牌,吸引顺德志愿者在各自的服务领域贡献力量,为顺德建设高质量发展先行示范区作出重要贡献。

(一)完善"志愿顺德"政策支持

2023年5月,顺德区文明委印发《关于加快建设"志愿顺德"推进志愿服务事业高质量发展的实施方案》,以坚持统筹兼顾、坚持服务大局、突出顺德特色为原则,提出了建设"志愿顺德"的发展目标,明确到2024年底,全区注册志愿者人数占常住人口总数的14%以上,有志愿服务时间记录的志愿者占注册志愿者总人数的50%以上;培育50个具有顺德特色、行业特点的志愿服务品牌;建成20个制度完善、运作成熟、常态服务的"志愿V站",致力于打造"15分钟志愿服务圈"。实施方案围绕夯实志愿服务发展基础、提升志愿服务大局贡献度、健全志愿服务统筹保障机制三大方面的核心工作,推出了志愿专才培育行动、服务阵地提质行动、志愿者礼遇行动等10项行动。

共青团顺德区委员会于2023年2月发布《关于开展 2023年顺德区青年益创行动项目申报工作的通知》,围绕区委、区政府的核心工作,高度重视强化基层团组织建设,发动社会各方力量支持青少年公益和志愿服务事业,致力于打造具有顺德特色的青少年公益和志愿服务高质量品牌。鼓励重点开展创建文明新风尚、巡河护河与节水护水、社区治理、法律服务与普法宣传、新市民融合服务等志愿服务类项目。出台相应的扶持政策,对于青年实践类、志愿服务类项目,采用"政府配资+公开募捐"扶持方式,由团区委财政专项资金根据项目公开募捐的筹款金额,以1:2的比例进行配资扶持。

共青团顺德区委员会积极联动各慈善组织、爱心企业及个人等社会力量筹集慈善资金，定向支持各镇街志愿服务工作和优秀志愿服务项目，仅2023年就联动社会力量投入超300万元资金支持志愿服务事业，扶持200余个项目。顺德区志愿服务各项工作取得良好进展，截至2023年12月，全区共有注册志愿者47.6万人，占常住人口比重达15%，[①]平均每7个人中就有一名注册志愿者，服务范围覆盖乡村振兴、社区服务、应急救援、养老助残等各个领域。

（二）推动志愿服务阵地建设

共青团顺德区委员会于2022年初发布《顺德区共青团推动志愿服务发展提升两年行动方案（2022—2023年）》，提出用两年时间新增升级一批志愿服务阵地，其中最具代表性的志愿服务阵地是2022年6月落地的顺德区志愿者学院。顺德区志愿者学院以"多元化整合资源""专业化构建师资""系统化设置课程"的运营方式建设，探索构建区、镇、村三级培训体系。以每年开展志愿服务专题培训不少于20场，每年培训志愿者不少于2000人次为目标，致力于打造志愿者素质能力提升加油站，优秀志愿者骨干培养基地，努力建设成共青团联系、服务、引导志愿者的重要平台。

2022年3月，顺德区志愿者（义务工作者）联合会发起成立"顺德慈善会·志善顺德—志愿服务发展行动基金"，由顺德慈善会·惠妍教育助学基金捐赠30万元作为成立资金，主要资助的范围包括顺德品牌志愿服务项目和队伍的打造、志愿服务培育成长平台建设与运作、困难志愿者的帮扶与慰问。该基金旨在为志愿服务提供稳定、持久的资金支持，得到社会各界的广泛关注和反响，对顺德志愿服务事业的未来发展产生重要影响。

时任顺德区委常委、宣传部部长张红兵强调："要以顺德区志愿者学院成立为契机，提高思想认识，把践行初心使命责任担起来；搭建培养平台，把志愿服务育才阵地用起来；凝聚向善力量，把新时代志愿服务精神扬起来，再接再厉、开拓创新，努力把全区志愿服务事业提高到一个新的水平"。顺德区志愿者学院依托"顺德慈善会·志善顺德—志愿服务发展行动基金"的支持，积极联动整合社会资源，构建一套可推广的"3+3+N"（三类培训对象、三种课程类别、N个课

---

① 羊城派：《顺德新时代文明实践志愿文化节开幕 平均每7人就有1名注册志愿者》。

程主题）分层分类模块化志愿服务特色培训体系课程。首批师资力量聘请广东省志愿服务领域专家学者担任"顾问团"成员，并组建由顺德区志愿服务领域专家、优秀志愿者、优秀志愿服务组织负责人构成的"讲师团"。

（三）加强多元主体协同联动

顺德区委、区政府重视加强对志愿服务组织的支持引导和管理，及时调整政策和措施，以便更好地促进志愿服务组织参与基层社会治理。通过建立社区志愿服务孵化平台和社区志愿服务信息平台等措施，为志愿服务组织提供政策支持、活动指导、资源对接等服务。鼓励志愿服务组织与政府部门、企业和其他社会组织建立合作关系，共同开展社会服务项目，帮助志愿服务组织快速成长。

案例：大良街道基层志愿服务队伍面临特色品牌志愿活动较少、影响力较小、活动较为单一、碎片化且缺乏创新性，可持续性不强等问题。大良街道志愿者（义务工作者）联合会组织开展"凤城·微公益"大良街道志愿服务微创投行动。项目赋能志愿服务队伍，主要从三个方面进行赋能扶持：一是以不同主题的微创投促进队伍提升；二是挖掘服务需求，打造大良街道志愿服务组织品牌活动；三是搭建微创投舞台，培育孵化更多志愿服务公益项目。

2022年7月26日，"顺志+"——顺德区志愿服务发展提升计划顺利签约，该计划是顺德区民政和人力资源社会保障局及共青团顺德区委员会两部门合力推动"奉献、友爱、互助、进步"的志愿服务精神落地生根的重要举措。该项目获得2022年顺德区社会治理"众创共善"计划扶持，共青团顺德区委员会副书记简嘉琪表示，团区委将全面做好督促和指导工作，为项目运行链接资源，推动顺德志愿服务工作沿着制度化、精细化、常态化、品牌化的道路不断前进。区志愿者联合会将在团区委指导下，广泛撬动社会资源持续推进"顺志+"项目建设，助力推动顺德志愿服务事业高质量发展。

2023年7月，共青团佛山市委员会、顺德区新时代文明实践中心指导，顺德团区委、区文明办、区志愿者联合会主办"志愿顺德 有你有我"——顺德区志愿服务事业高质量发展大会。区属各部门、各镇街党（工）委、团（工）委，区、镇（街道）慈善会、志愿者联合会代表，区内外有关高校代表、区级特色"志愿V站"专业志愿服务队代表、志愿者代表等近500人参加大会。大会发布了《关于加快建设"志愿顺德"推进志愿服务事业高质量发展的实施方案》，同步颁发了顺德区镇（街道）十大特色志愿服务品牌项目，这些特色品牌均结合所在镇街实际，聚焦重点民生领域。

2024年"凤城·微公益"大良街道志愿服务微创投行动获得德胜社区基金会和大良慈善会资助，有14个扶持项目获得扶持。自项目启动以来，大良团工委、大良志愿者联合会联动街道14个社区（村）共开展了28场活动，发动志愿者840人次，覆盖受惠群众超3000人次。其中，粤食悦成长——新滘社区儿童关爱计划，由大良街道新滘社区与顺德职业技术学院烹饪学院"百千万工程"青年突击队深度合作。面向社区青少年开展"粤菜小厨神"体验课堂活动、广式糕点制作体验课堂等活动，促进青少年与社区的情感联结，用志愿服务行动营造社区关爱儿童的友好氛围。

乐从镇志愿者（义务工作者）联合会推出多项协会治理的创新做法，以"力量整合、资源共享、奉献他人、服务社会"为宗旨，以"4维度+4形式+4目标+N举措"模式提升志愿服务品质，营造"乐志愿·志愿乐"氛围。乐从镇志愿者（义务工作者）联合会主办"乐益行动"乐从镇志愿服务项目大赛，培育优秀本土志愿服务项目，向佛山市输送区级优质项目如"向日葵禁毒宣传"等项目[①]。

第二节 人才队伍建设

顺德高度重视基层社会治理人才队伍建设工作，不断完善人才队伍分级培训制度，健全教育培训体系。设立各种培训项目，建立培训师资库和资源库，灵活运用案例教学、现场教学、技术传授、实践锻炼、总结反思、网络学习等培训方法，鼓励社会力量参与人才队伍培训工作，为顺德基层党建、社区治理、民主法治村居建设、乡村振兴等提供人才保障。

---

① 乐从志愿者微信公众号：《顺德优秀社会治理与服务项目，乐从镇志愿者联合会榜上有名!》。

一、推动社区营造人才培养

社区营造作为基层治理的创新模式,其基础在"造人",特别是社区人才的挖掘和培养。顺德区通过梯次优化学历和能力结构等措施,以村(居)"两委"干部、党员队伍、居民骨干、普通居民、专业人士和社会贤达为重点对象,着力培养理论水平高、实践能力强的社区营造人才队伍,主要开展了如下的工作。

(一)抓好"两委"干部能力培训

顺德区委组织部2021年出台《顺德区村(社区)"两委"干部学历提升方案》,针对村(社区)"两委"干部在实际工作中的需要,开设社会工作、工商企业管理、工商管理等专业,采取"线上网络课堂+线下面授辅导"的方式开展课程,设置高中升大专、大专升本科、本科升研究生三个学历提升班。时任顺德区委常委、组织部部长练凌东表示,大专班侧重于"补短板"、本科班则侧重于"壮腰",研究生班则侧重培养农村"头雁"骨干。该文件要求,到2026年村(社区)"两委"换届前,全区村(社区)"两委"干部有大专及以上学历人数占比达到90%以上,本科及以上学历占比达到60%以上,有一批研究生学历的农村干部。文件明确要建立学历提升补贴机制,对完成学业、取得毕业证书且符合一定条件的村(社区)"两委"干部补贴部分学费。

案例:均安镇太平村党委书记陈荣德是学员之一,他于2021年12月成功通过全国硕士研究生考试,进入仲恺农业学院农村发展专业的研究生班继续深造。陈荣德表示,将会利用好这个平台和机会,将理论和实践融会贯通,让专业知识转化为基层治理的动力,当好太平村的"领头雁"。勒流街道江村村党委书记康兆祥参加了2022年的本科升研究生学历提升班,他说:"提升班是锻造过硬乡村治理干部的'指航灯',也充分体现了区委、区政府对村(社区)'两委'干部的重视。"

顺德区还出台了多项相关文件推动"两委"干部能力培养:2020年,顺德区委组织部发布《顺德区加强农村干部"选育管用储"全链条管理办法》,强调要抓好村(社区)书记管理的关键环节,为村(社区)"两委"班子成员提供增强政治领导能力、提升群众工作本领、防范基层治理风险能力等精准培训;2021年

5月,《顺德区村(社区)"两委"干部"我为群众办实事"能力提升十项措施》提出,要从落实联系服务群众制度、做实做细三级党建网格、推行提级述职评议等十个方面,进一步提升新一届村(社区)"两委"干部为群众办实事的能力。

(二)提高党员骨干水平

顺德区注重加强对基层党组织和自治组织的人才培养,为基层党员干部、社区工作人员创造干事创业平台,发挥他们在实践中的先锋引领作用。通过黄龙书院、甘竹滩党员教育基地、"105党员红色教育走廊""先锋云课堂"、农民夜校、大巴党校等教育平台,开展常态化教育,创新党员群众教育培训方式,形成党群同心共推高质量发展的良好局面。

顺德区于2018年5月挂牌成立黄龙书院作为党员学习的重要阵地,以农村"两委"干部和党员为培训教育主体,量身定制党建、政策、人文、实践四大类课程,既有党的理论知识、形势政策分析,也有务实的参观考察,探索形成激发党员群众内生动力推动乡村振兴的"黄龙模式"。把村(社区)经济组织、群团组织、自治组织、社会组织等各类组织的骨干同时纳入培训学习范围,重点培训村(居)民小组长、村(居)民代表、股东代表、工青妇群团骨干、新型职业农民等,分期分批轮训206个村(社区)的农村骨干。截至2021年7月,黄龙书院共举办各类培训班480期,培训人数21233人。其中村(社区)"两委"干部和党员10382人,农村青年骨干3547人,共接待参观团体1361场次,参观人数达52078人[①]。

创新探索"大巴党校·德情教育"专题培训党员群众教育形式。顺德区委组织部按照"党建与基层治理、集体经济发展、文明村居建设"等类别,结合基层治理工作存在的问题,以需求为导向,编排12条党史学习教育现场教学线路,线路涵盖10个镇(街道)的历史文物、革命遗址、工业制造、知名企业等50个考察学习点,串联中国共产党顺德县支部展示馆等15个党员教育基地,16个有特色红色资源的村居,10个乡村振兴示范点,顺德工业发展馆等8个反映新时代发展成

---

① 中共佛山市委宣传部官网:《顺德创新党员群众教育培训方式,提升全民素质,党群同心共推高质量发展》。

就的学习基地。村（社区）党组织书记带领党员群众上大巴到党建强村、经济强村、美丽文明村找差距、谋发展，通过软弱涣散村看党建强村，集体经济发展薄弱村看经济强村，环境落后村看美丽文明新村的做法，让村民更深入地理解党委政府的决策部署，支持配合村（社区）党组织工作，解决基层治理方面存在的问题。截至2021年8月，已开展超过527期活动，组织31000多名农村党员群众到先进村（社区）和优秀企业学习交流①。

（三）培育社区群众骨干

顺德区高度重视社区群众骨干的培育工作，通过构建多层次、多维度的培训体系，引入专业力量与实战经验，培养一批具备创新思维、扎实技能和高度责任感的群众领袖。这些人才不仅是社区治理的中坚力量，更是推动社区文化繁荣、促进邻里和谐、实现社区高质量发展的关键要素。

《顺德区深化推广社区营造促进党建引领基层治理现代化工作方案（2021—2025年）》《顺德区加强群众教育为"百县千镇万村高质量发展工程"提供思想武装支持的实施方案》等文件均强调，要广泛发掘本地有识之士和积极分子，通过提供平台、项目实践、孵化组织和学习培训、表彰激励等方式，凝聚和培育一批热心参与公共事务、主动推动社区发展的榜样骨干，将辖区企业家和管理人员等群众骨干纳入重点培训对象范围。推动区、镇、村三级联动办好群众教育，让群众骨干在学习中看到发展差距、学到发展经验、找到发展路径，学以致用推动高质量发展。

案例：2024年3月，顺德区群众教育工作推进会暨首期群众骨干培训班在龙江镇甘竹滩党员教育基地召开，并通过网络直播的形式覆盖全区206个村居的万名群众骨干。顺德区委常委、组织部部长潘伟华出席推进会并作动员讲话，2024年顺德区将着力推动建设113个群众教育现场教学点、206个党群服务中心和遍布全区的党群服务站，选拔300名优秀讲师，统筹区镇两级超400万元培训经费，开展超过500期培训班等重点工作，将全区约3万名群众骨干轮训一遍。

---

① 中共佛山市委宣传部官网：《"大巴党校"让党史学习教育"活起来"》。

（四）引领带动居民参与

顺德区通过创新机制与多元策略，有效引领并带动广大居民的深度参与。通过提供政策引导和支持，组织各类社区活动，搭建居民参与平台，激发居民的参与热情。居民通过参与社区规划、环境美化、文化活动等活动，提升能力和素质，促进邻里和谐互助，共同塑造充满生机与活力的社区空间。

以与本地村（居）民切身利益密切相关的公共议题或民生服务为切入点，发动村（居）民参与需求调查、愿景规划、方案设计、协商讨论、推动实施、效果评估等全过程，增强村（居）民的主人翁意识和归属感；结合社区需求，充分运用本地资源开展党情国情、民主法治、心理疏导、志愿服务等通识教育和技能教育，推动村（居）民积极参与公共生活，提升其发现问题、分析问题、解决问题的能力；鼓励和支持村（居）民积极参与志愿活动，完善志愿服务队伍建设，增强其能力和活力。增强社区的凝聚力和向心力，探索推动社区治理现代化，实现可持续发展的可行路径。

案例：勒流街道众涌村曹家组面临"公共球场缺少使用水"的问题，曹家组党支部牵头组建了党群护卫先锋队，在前期调研的基础上，确定了6个环境议题，在社工的协助下组织"露天议事厅"，激发村民参与的积极性，很多村民提出了自己的想法，还有村民表示愿意以各种形式参与进来，先锋队现场调整敲定了行动方案。先锋队按照"议题调研—协商行动方案—方案公示—公开扩大再协商—行动实施"的行动过程，在行动前再次组织"露天议事厅"，倡导村民参与施工现场的工作。最终缩短了环境整治的行动过程，用6天时间解决了困扰曹家组长达10年的公共球场用水问题。

（五）引入专业人士和社会贤达

坚持内部挖掘培育与外部链接和导入相结合，以"乡情"为纽带推动乡贤、侨胞、企业家、大学生等群体，参与和支持家乡建设发展；立足社区具体问题和需求，引入规划师、社会工作师、心理咨询师、律师、文化工作者等各类人才，为他们提供实践平台，拓宽参与渠道，让他们在村居发展规划、资源挖掘和链接、矛盾纠纷化解、议事协商、心理健康教育和服务、人才和组织培育、文化保育等方面发挥作用，并激发带动本地村（居）民参与活力。

顺德区在全省率先启动村企结对共建的举措，专门出台"村企结对共建乡村三年行动计划"，推进村企结对，吸引大批本地社会贤达、企业家、港澳台和海外乡亲等社会力量参与和支持乡村振兴事业。美的、碧桂园、格兰仕、联塑、万和、申菱等一批企业纷纷积极参与村企结对共建，通过多种形式探索村企共建新路径，建立富有活力的结对模式，致力于实现"共谋经济发展、共建基础设施、共育文明新风"的目标。截至2019年7月，顺德乡村振兴促进会实现205个村（社区）全覆盖，结对企业832家，结对达成项目740个，项目资金超7亿元[①]。时任杏坛镇党委书记柯宇威表示："通过开展村企结对共建项目，越来越多企业家认识到乡村振兴和企业发展相辅相成。乡村有良好的环境、乡风、文化和秩序，能够提升地区的凝聚力，同时也更容易吸引和留住人才。"

二、建设社工人才队伍

社会工作的发展离不开人才队伍的建设，顺德区不断完善社会工作人才相关政策，吸引和培育社会工作人才，优化社会工作人才队伍结构，提升社会工作人才专业能力，推动社会工作专业发展，促进行业服务水平整体提升，显示出顺德区政府推动社会工作发展的决心。

（一）出台相关支持政策

2011年9月5日，根据《中共佛山市顺德区委 佛山市顺德区人民政府关于建立现代社会工作制度的意见》相关精神，顺德区委、区政府推出社会工作"1+6支持政策"，其中的"6"项政策包括《顺德区公共财政支持社会工作发展实施方案（试行）》《顺德区社会工作人才教育培训方案（试行）》《顺德区社会工作人才专业技术职位设置及薪酬待遇方案（试行）》《顺德区社会工作者职业水平评价实施方案（试行）》《顺德区社会工作者职业水平证书登记管理实施办法（试行）》《顺德区社会工作专业岗位设置方案（试行）》，从财政支持、人才培育、岗位设置、职业水平评价等方面作出相关规定和重要工作部署，旨在规范社会工

[①] 中共佛山市委农村工作领导小组办公室：《打造乡村振兴"顺德样板"：顺德多措并举推动农业农村高质量发展》。

作行业，促进社会工作发展。

2011年11月出台的文件提出，要加强顺德区社会工作人才队伍建设，建立大专院校学历教育、专业培训、知识普及有机结合的社会工作人才培养体系，建设一支结构合理、素质优良、充满活力的社会工作人才队伍。完善社工的薪酬福利、专业培训和职业发展体系，推行"社工+义工"的社会服务模式，加强社会组织从业人员职业化和专业化建设。

（二）重视社工能力培养

顺德区重视社会工作人才队伍的能力建设，除了相关部门发起的社会工作人才培训，还包括德胜社区基金会等资助的相关培训。培训对象覆盖社会工作督导、助理社会工作师、社会工作师、高级社会工作师等不同层次的社会工作人才，也包括禁毒社会工作者培训等不同领域的社会工作人才培训，通过这些培训项目，有力地促进了社工行业发展。

其中，"顺德区社会工作督导人才培育计划"旨在为顺德本土资深社工提供系统的督导培训，采用专业理论课程、督导技巧工作坊、资深督导导师综合辅导、实务技能运用等形式，培育了一批熟练掌握专业督导方法与技术、具有丰富实务经验、能带动社会工作服务人才成长和推动专业实务发展的本土督导人才[①]。

案例："2018年度顺德区社会工作中级督导培育计划"由顺德区民政和人力资源社会保障局主办，顺德区齐心社会组织促进中心承办，佛山市顺德区社会工作联合会（原顺德区社会工作者协会）协办，旨在持续提升顺德区督导人才的项目管理和实务督导能力。课程设置为三个阶段，采用"实操+理论+工作坊+朋辈督导+集体督导+线上督导"的督导培育模式进行，学员的学费由顺德区民政和人力资源社会保障局的社会工作培训经费全额资助。

由德胜社区基金会"和美社区计划"资助的"社工展翅"顺德区社工人才培养支援发展计划2.0项目，聚焦顺德区社工人员队伍中存在的骨干人才缺乏，专业化程度不足，机构培训资源有限等问题开发课程，主要为顺德区内的资深社工

---

① 顺德社会工作联合会公众号：《众创共善·喜报｜顺德社会工作督导人才培育计划获评"优秀"》。

讲师及初阶社工四大群体提供培训及支持性活动。项目课程包括新入职社工通识培训，初阶社工提升培训，社会工作者职业水平考试初级、中级考前培训三个模块，通过建立顺德社工讲师团及链接区外讲师资源提供师资支持，搭建行业协会、社工机构、社工讲师与社工多方交流、学习的共促共进平台，有效地提升了社会服务水平，促进社会治理创新的参与，助力顺德本土社会工作行业的高质量发展。

案例：2024年7月17日，顺德区禁毒办联合市强制隔离戒毒所在区保安服务公司举办"六位一体"多元禁毒工作模式——社会工作者能力提升培训班。培训以沙盘游戏心理治疗实务为主要内容，市强制隔离戒毒所、区禁毒办有关领导以及各镇（街）禁毒专干、禁毒社工共50多人参加了培训活动。通过开展培训，社区康复工作站全面增强"六位一体"多元禁毒工作的效能，更好服务于全区禁毒工作大局。

图3-2 "六位一体"模式社会工作者能力提升培训班授课现场[①]

---

① 图片来源：佛山市顺德区禁毒协会公众号，《顺德区举办"六位一体"多元禁毒工作模式——社会工作者能力提升培训班》。

（三）推动社工专业发展

在专业设置方面，顺德职业技术学院文学院专门开设社会工作专业，人才培养着眼于学生的长远发展，将理论学习和社会实践活动相结合，坚持立德树人，以培养学生专业能力、社会能力、方法能力、创新能力为目标，为顺德基层社会治理发展提供专业化服务人才队伍。

顺德积极构建社区治理人才培养体系，拥有区内外社区治理、社区营造及社会工作专家及师资团队，自主培育一批具有较高理论水平和丰富实务经验的本土督导员及讲师。打造社区营造理念与实务技巧、议事协商、社区动员、组织培育、参与式规划设计、社区经济、项目策划与管理等内容课程，合作网络覆盖社区营造实践村（社区）以及执行机构。

在人才评定方面，积极贯彻人才强区战略，吸引和留住高层次产业人才，为产业转型升级提供人才保障。《顺德区民政和人力资源社会保障局 顺德区人才工作领导小组办公室关于印发〈佛山市顺德区高层次社会工作人才确认办法〉的通知》于2021年3月发布，提出高层次社会工作人才的认定标准，旨在发挥高层次人才对社会工作行业的引领作用，从而提高社会工作整体服务质量。

在激励政策方面，顺德区民政宗教和外事侨务局于2014年出台奖励政策，考取社工证可以享受一次性奖励，其中助理社会工作师奖励1000元，社会工作师奖励2000元。该奖励政策旨在充分调动全区社会人员参加全国社会工作者职业水平考试的积极性，加快推进社会工作人才队伍建设。各镇（街道）也出台激励政策，加快社工岗位开发设置，鼓励吸纳社工专业人才。截至2023年底，顺德区持有社会工作者职业水平证书人数达4124人，助理社工师3282人，中级社工师841人，高级社工师1人。此外，顺德区700多个商住小区有300多个成立了业委会，这些业主自治组织是小区治理创新的重要力量；还有在册登记的数万名义工，他们能够在村（社区）干部、社工机构的指导下，参与社区志愿服务。

三、开展多元化人才培训

从2018年开始，顺德区以"拓宽工作视野，把握治理脉络"为主题，连续推出了一系列的项目和计划，推动人才培育工作，树立行业标杆。除了社区营造人才和社会工作人才队伍的培养，顺德区政府还根据实际情况，引导动员多方力量开展多元化的人才培训项目。

顺德区委政法委、区民政和人力资源社会保障局、区妇女联合会、社创中心、顺德慈善会共同举办顺德区社会治理"众创共善"计划，扶持范围分别为基层治理创新、社会服务及社会建设行业支持、社会服务设施建设、"3861"妇儿公益、同行善·慈善服务等板块。顺德区民政和人力资源社会保障局指导顺德慈联倾力打造"和善计划·福彩特约"顺德区慈善人才培养项目，设计面向不同细分群体的培训计划，对区内公益慈善人才精准施教，以人才培育带动区内慈善组织专业化、科学化发展。由顺德慈善会·和的爱心基金及顺德慈善会·顺德福彩慈善基金为项目实施提供资金资助。

顺德区社工委举办"基层社会建设专题培训班"和"社会工作与社区营造专题培训班"，对村（社区）干部进行社区营造相关理念知识、经验介绍和案例分析等培训。顺德区社工委采取统筹购买服务，由社创中心通过"汇贤50人才培养计划"将社区营造人才纳入重点培养对象，支持社区营造试点地方的村（社区）干部、社会组织、社工机构进行社区营造交流和学习活动。顺德区人才发展服务中心积极推动网格化人才服务体系的建设，通过区镇联动、政企联动，实现人才服务体系"横到边，竖到底"的全方位覆盖，增加区级人才服务对基层的渗透速度和深度，同时让各镇街、村级工业园区人才的多样化、个性化需求能快速向区里反馈，擦亮"人才顺德"品牌，打通人才服务的"最后一公里"[①]。

第三节 社会企业探索

在国际上，很多国家正在发展社会企业，以积极回应联合国2030可持续发展目标（SDGS）。中国的"社会企业"事业也在蓬勃发展，北京、上海、成都等地相继开启了社会企业认证探索，顺德是中国最早探索社会企业认证、推动社会企业发展的地区。2014年，社创中心出台了全国首个社会企业标准和扶持政策，

---

① 澎湃新闻：《顺德人才服务下沉一线，攻坚村改"智力"十足》。

并于2015年开始了首次社会企业认证评定。多年来，顺德持续赋能社会企业发展，积极培育社会创业家、企业家，引导社会资本创办社会企业，推动探索通过商业力量协助解决社会问题。

一、率先探索社会企业认证

2013年6月，顺德区社会工作委员会和社创中心联合组成工作小组，通过资料收集与分析、问卷调查、专题咨询会、专家论证会、利益相关者座谈会等多种方式，对顺德区社会企业发展进行了全面深入调研，探索国内首创、具有"顺德特色"的社会企业标准与扶持政策。经过长达一年多的调研论证，2014年9月，顺德正式发布《顺德区社会创新中心关于印发〈顺德区社会企业培育孵化支援计划〉的通知》，主要包括社会企业概念、业务范围、认定标准、扶持措施、评价与监管等内容，对颇具争议的利润分配问题明确量化指标，顺德也成为全国首个以正式文件制定地方社会企业标准的城市。

为发挥顺德社会企业在推动社会治理、乡村振兴、公共服务中的作用，顺德区于2015年、2016年、2018年先后开展了三届社会企业认证工作。2015年5月，顺德社会创新中心组织社企认定评审委员会的专家评委和观察员，开展了首批社会企业认定。2016年发布《顺德区社会企业培育孵化支援计划（修订稿）》，修订内容集中在降低社会企业门槛、给社会企业分级和增加扶持社会企业措施方面，以鼓励和包容多元化社会企业发展。截至2020年，顺德共认证了16家社会企业，服务范围涵盖残疾人就业、养老服务、文化教育等领域，社会企业逐步在顺德形成一股新的力量，这是顺德本土化社会商业集群初步形成的一个标志，对全国的社会企业实践具有重要借鉴意义。

图3-3 顺德区第二届社会企业认定和扶持工作流程①

（一）出台认定基本条件

《顺德区社会企业培育孵化支援计划》对顺德社会企业的概念进行了界定：是指顺德区内注册，以通过商业运作解决社会问题或赚取利润以回馈社会为设立宗旨和目标的企业。其组织类型包括股份有限公司、有限责任公司、个人独资企业、合伙企业，业务类型可包括促进就业、提供社会服务、扶贫、教育提升、环境保护等。社会企业的认定需要满足如下基本条件。

1.组织类型：包括股份有限公司、有限责任公司、个人独资企业、合伙企业和个体工商户。

2.企业有明确的社会使命和社会目标，能够创造出普通商业企业社会责任之外的附加社会价值，本计划认可的社会使命和社会目标需满足以下两个条件中的一个：

（1）企业章程载明清晰的社会使命和社会目标，包括但不限于促进特殊群体就业、扶贫、教育、医疗、养老、环境保护等特定社会问题的解决；

---

① 顺德社会创新官网：《顺德区第二届社会企业认定和扶持工作方案》。

（2）企业作为普通商业企业存在，但长期（不少于2年）投入资金或捐赠资金支持社会组织或个人去解决特定社会问题，每年投入的款项不应少于当年企业净利润的50%。

3.企业有稳定的经营收入来源，并在企业经营过程或利润分配中体现了所关注社会问题的解决和社会使命的达成。

（二）分类认定社会企业

《顺德区社会企业培育孵化支援计划》还规定了在满足申请条件基础上，如满足了以下对应条款规定，可以相应申请不同类型的社会企业。

1.A级社会企业（简称"A级社企"）

认定A级社会企业需要同时满足申请认定社会企业的三个基本条件。

在实践中，顺德涌现出一批优秀的A级社会企业，积极推动地区社会创新，主动承担企业社会责任，创造区域性共享价值。

案例：广东创业工场通过商业化运作方式，利用创客空间和孵化器平台，致力于为高校学生群体、初创项目、二次创业人群、社会弱势群体打造创业孵化的温床，营造完整的项目孵化环境；提供大量创业社会活动，对接政府政策、企业资源、社会媒体、行业协会、金融力量、公益机构、大专院校等资源，降低创业项目运营成本，实现社会资源互助与合作；与顺德职业技术学院、顺德中等专业学校、胡锦超职业技术学校、梁銶琚职业技术学校、李伟强职业技术学校等院校共建"创新创业培育基地""创新创业实践基地"，为准创业群体、社会初创群体和二次创业群体提供系列软性服务，助推区域营造良好创新创业氛围和创业生态。

截至2018年9月，广东创业工场已与26所高校建立了战略合作关系，为超过1.1万名在校生提供创业扶持服务，开展人社SYB就业培训课程18场，为540多名社会就业人士提供创业培训。荣获2018年中国慈展会"中国好社企""顺德区A级社会企业"认证，此外，还获得"国家级众创空间""广东省青创板顺德陈村运营中心""佛山市市级创业孵化基地"、"佛山市市级科技企业孵化基地""佛山市市级众创空间""顺德区融创100"等荣誉称号。

图3-4 广东创业工场荣获"顺德区A级社会企业"认证①

2.AA级社会企业(简称"AA级社企")

(1)同时满足申请认定社会企业的三个基本条件;

(2)在利润分配上,每年用于股东分红的经营利润不超过50%,其余经营利润投入《中华人民共和国慈善法》第三条中规定的公益事业或用于机构自身发展;

(3)在资产处置上,企业解散时将不少于50%的剩余财产捐献给社会企业、公益基金或其他公益性社会组织;

(4)在顺德区内有1年以上纳税记录。

3.AAA级社会企业(简称"AAA级社企")

(1)同时满足申请认定社会企业的三个基本条件;

(2)能够提供有效文件证明企业章程中的社会目标正在实现或拟解决的社会问题正在好转且取得了社会认可,具有较大的社会影响力;

(3)企业的治理水平和财务披露达到较高水平,且已经形成制度保障,其

---

① 图片来源:搜狐网,《广东创业工场荣获中国慈展会"中国好社企""顺德区A级社会企业"认证》。

中：①为所有员工购买社会保险，建立完备的员工和服务对象参与决策机制，形成了良好的员工激励机制；②在利润分配上，每年用于股东分红的经营利润不超过三分之一，其余经营利润投入《中华人民共和国慈善法》第三条中规定的公益事业或用于机构自身发展；③在资产处置上，企业解散时将全部剩余财产捐献给社会企业、公益基金或其他公益性社会组织；④每年用于特定社会目标的资金所对应的财务报告在公司网站或者区社创中心网站上向社会公开。

（4）在顺德区内有两年以上纳税记录[①]。

分类认定社会企业有助于明确其在社会经济发展中的角色和目标，确保它们能够获得适当的政策支持和资源配置。这不仅增强了社会企业的公信力和市场竞争力，而且促进了创新和可持续发展，同时为政府监管和社会评价提供了标准和依据。此外，分类认定还有助于社会企业更好地理解和满足市场需求，提升其在解决社会问题上的影响力，并促进多元交流与合作。

（三）持续更新认定标准

在顺德区委政法委的指导下，社创中心与多元主体联动发展有顺德特色的社会企业，于2020年11月发布《顺德区社会企业发展支持计划》，并同步启动第四届顺德区社会企业认证。

《顺德区社会企业发展支持计划》更新了对社会企业的定义：社会企业是指以协助解决社会问题、改进社会治理，服务于弱势及特殊群体或者社区利益为宗旨和首要目标，以创新商业模式、市场化运作为主要手段，所得盈余主要用于或逐步加大再投入用于其社会目标、所在社区、公益事业的特定法人单位。文件指出社创中心每两年开展顺德区社会企业认证工作，并对社会企业的认证标准进行了更新，强调社会企业需要具备可持续发展的创新与商业能力。

顺德区参照国际上成熟的社会企业认证体系，结合社会企业服务平台（CSESC）开展社会企业认证的实践经验，并参考北京、成都、深圳等地的社会企业认证实践，在参考《中国社会企业认证之路》专题指南的基础上，不断完善社会企业认证流程和标准。

---

① 社创星公众号：《社会企业通识（第十六集）|政策篇：佛山市区级政策——顺德区（上）》。

表3-2 第四届顺德区社会企业认证社会企业领域说明（部分）[①]

序号	领域	定义	形式	社会价值实现	受众群体
1	文化教育	传承、保护、发展、普及、弘扬各民族文化、艺术、非物质文化遗产、建筑、技艺等；扶持老、少、边、穷地区文化体育艺术事业；开展健康生活方式服务。不包括传统的以升学、考试为目标的文化、艺术、体育等教育服务，亦不包括以盈利为主要目标的文化、艺术、体育、健身等经济主体	培养各民族传统文化、艺术、非物质文化遗产传承人；保护与传承非物质文化遗产；扶持老、少、边、穷地区及具有文化特色社区的文化艺术事业；开展全民健身活动，推广健康生活方式。	保护传承优秀文化艺术，推动当代艺术发展，实现艺术教育普及。推动健康生活方式落地。	主要群体包括低收入的各民族传统文化、艺术、非遗传承人（机构）；老少边穷地区贫困或低收入群众；部分学生群体与部分社区居民等。
2	无障碍服务	通过无障碍服务帮助身心障碍者、部分老人及儿童，提供康复、教育、培训、就业和辅助器具开发等各方面工作。不包括非以上述社会目标为主要使命的经济组织与服务机构等。	推广普及无障碍文化，推进无障碍全纳教育，完善无障碍标准与评估，开展信息无障碍服务，建设与改造无障碍设施、空间、道路、建筑，推行交通道路无障碍方案，提供无障碍教辅具产品与服务，培育无障碍产业人才等。	倡导每个人都能平等地参与社会生活的价值理念，在日常生活中着力为儿童、老人、身心障碍者等营造开放包容的人文生活环境。注：中国现有约8500万残障人士。	残疾人，心理疾病人群。
3	社区经济	社区经济服务模式包括：一般家居生活服务；社区环境综合治理服务；社区医疗卫生服务；社区少年儿童服务；面向社区老人和弱势群体的服务；社区综合治理服务等七大类社区生活服务。或以支持社区可持续发展为目标的社区农业、文旅等经济形态。	通过线上与线下服务为社区居民提供如日间照料中心、儿童空间、社区市场、社区物业、餐饮门店、便利店、理发美容院、健身中心、康复中心等必要设施都是社区经济的组成。通过发展社区特色农业、文化等增加社区收入并用于社区基础设施完善、公共服务、公共利益等提升。	服务社区居民；以社区居民和社区利益为核心目标；支持人民对美好幸福生活的追求；以多元视角参与社会发展治理的共建共治共享工作，支持社区可持续发展。	社区企业，社会组织，社区及其居民。
4	养老服务	为老年群体（60岁及以上）提供普惠性的养老、护理与其他专业服务，保障老年人健康与生活质量，提升老年人幸福感。不包括面向中高端消费客群的老年人养老照护、养老地产、旅居、医疗与健康服务等	提供普惠性的养老、护理等专业服务。	缓解、减轻相关老年人群体特别是低收入老年人及其家庭负担，提升其生活质量与幸福感，确保老年人拥有健康的生活方式、促进老年人群福祉。	老年群体。
5	心理辅导	心理健康辅导是情感导师与受辅导者之间建立一种具有咨询功能的融洽关系，以帮助来访者正确认识自己，接纳自己，进而欣赏自己，并克服成长中的障碍，改变自己的不良意识和倾向，充分发挥个人潜能，迈向自我现实的过程。不包括以盈利为主要目标的且面向城市中高端消费客群的经济组织与服务机构等。	培训、辅导、咨询等。	建立和健全心理保健体系，维护来访者积极向上的心理状态。	社会大众。

[①] 资料来源：《第四届顺德社会企业认证手册（2020）》。

表3-3 第四届顺德社会企业认证评审指标构成[①]

一级指标	二级指标	三级指标
		基本指标（申报机构必须满足）
（一）机构资质	注册信息	1.在中国范围内，依照《中华人民共和国公司法》以及其他企业法相关规定发起设立的企业，包括股份有限公司、有限责任公司、个人独资企业、合伙企业和个体工商户；依照《中华人民共和国农民专业合作社法》及《农民专业合作社登记管理条例》登记注册，取得法人资格的农民专业合作社； 2.截至申报日期前机构成立并运营时间满1年； 3.为鼓励社会组织转型为社会企业，凡在顺德区登记注册的社会组织作为主要的成立、举办者发起成立的企业，成立时间截至申报日期不少于6个月的企业，其社会组织运营时间不少于2年的，可申请认证。
	全职人数	全职受薪人数3人及以上。
（二）信用状况	信用记录良好	申请机构与法人代表（个体工商户为负责人）均有良好的信用记录，至申报之日前的三年内无正在执行的法院强制执行信息及各类违法失信行为（如法院起诉、偷税漏税、不按规定缴纳社保、污染环境、工商失信等足以影响社会企业资格认定的情况）。

二、完善社会企业扶持政策

顺德区充分利用顺德市场机制完善、商业资源丰富、企业家社会责任心强等优势，根据顺德区的实际情况，深化社会企业支持体系建设，出台了系列政策和措施，为社会企业的培育和发展提供保障，发挥社会企业在创新社会治理、参与乡村振兴、改善公共服务、增进社会福利等方面的作用。

（一）出台社会企业孵化扶持政策

《顺德区社会企业培育孵化支援计划》出台了一系列社会企业扶持措施，包括如下九个方面：

一是对接政策扶持。为社会企业提供顺德区扶持公益创新种子资金、区企业

[①] 资料来源：《第四届顺德社会企业认证手册（2020）》。

创新扶持资金、残疾人就业保障金和政策性融资担保等资金支持。二是推动社会投资。引导企业、基金会、公益慈善组织和社会精英等参与社会企业项目，为社会企业提供资金支持。三是促进社会购买。引导各界优先采购社会企业的产品、服务，提倡公共服务购买政策向社会企业倾斜。四是开展结对帮扶。为社会企业配对义务导师，结对帮扶初创期社会企业，提供政策讲解、风险评估等咨询和顾问服务。五是建立人才培训机制。系统提升社会企业经营者和业务骨干管理能力，辅助社会企业开展各类创业培训和专业技术、岗位技能培训。六是搭建项目、人才、资本、载体的资源对接平台。孵化社会企业支持型机构，推动社会企业与政府、社会组织、商业企业之间的沟通和协作。七是制定社会企业发展规划。根据顺德区社企发展情况，明确社会企业发展规划和目标，营造社会企业发展的有利环境和氛围。八是加强宣传推广。设立社会企业项目展示平台、举办社企论坛、向国内外推介顺德社会企业，倡导区内各类公益事业、企业荣誉表彰制度向社会企业开放。九是鼓励开展理论研究。与高校、科研单位合作设立与社会企业相关的研究基地、培训课程和专业方向，开展社会企业理论研究。

（二）优化社会企业成长赋能政策

《顺德区社会企业发展支持计划》提出新的社会企业扶持措施包括五个方面：

一是资源对接支持。经认定的社会企业可申请顺德区社会治理"众创共善"计划专项资金使用、德胜社区基金会可持续社区发展基金等顺德区级资金支持。二是拓展资源渠道。把社会企业的业务及产品服务类型、解决方案，与区级政府部门、镇（街道）、村（社区）以及其他商协会、企业、慈善组织等的需求进行匹配，积极推进多方资源与社会企业之间的沟通合作。三是能力建设支持。针对社会企业发展领域，提供相关政策解读和行业信息服务，鼓励和支持社会企业参与政府采购；引导符合条件的社会企业申报小微企业、农业创新型企业或合作社等政府扶持政策；邀请专业导师或专业机构开展主题和能力培训，提升社会企业运营发展能力。四是搭建沟通交流平台。为认证社会企业、准社会企业、具有商业运营的公益机构等提供资讯交流、辅导、对接等服务，为行业发展提供后方支持；五是加强宣传推广。开展社会企业及项目宣传，倡导社会企业价值，宣传社会企业成功做法、案例、产品和服务，推荐参与国内社会企业奖项评选，提升社会企业公众认知度和社会影响力。六是社会企业标识使用。获得认定的社会企业，认定证书有效期内可在办公场地、经营服务场所等使用实物标识、电子Logo，供客户及公众识别。

（三）强化社会企业培育及社群建设

顺德区积极构建社会商业知识体系，通过打造社会企业发展基础通识课程、举办"益起社创"顺德社会创业家研修班、总结提炼社会创业经验等方式，推动行业共识及专业提升。打造"社会商业社群"，涵盖社会企业、有商业运营的社会组织、社会创业机构、企业社会责任项目等主体，推动多元力量参与，开展信息分享、专业建设、行业交流、资源链接等社群活动，加强外引内联，构建社会商业互助支持生态。研发并运营"社创益品"小程序，抢占"公益消费"新风口，为条件成熟的残疾人服务项目产品，可持续公益、乡村振兴、社会企业等商业和公益结合的项目产品，提供展示和销售渠道。

为鼓励和引导社会组织、企业单位等多元探索社会企业发展模式，扩大行业影响力。2020年初，顺德区社创中心与顺德区双创公益基金会达成合作意向，每年共同出资200万，在顺德区社会治理"众创共善"计划中增设"可持续公益（社区创新创业）"板块，加强对社企模式运作项目的孵化支持和配套支持，开展探索资助具有可持续运营效益的公益创业项目。这一举措成为顺德推动社会企业发展的一个重要转向。截至2023年8月，"可持续公益（社区创新创业）"板块共扶持了25个项目，涵盖领域包括社区/乡村经济、教育培训、文化发展、养老服务、心理辅导、就业促进、科技创新等7个方向。顺德区社创中心总干事李允冠表示："顺德社会创新中心将和区双创公益基金会一起，将开展企业社会责任项目和社会投资的企业，已探索出商业运作路径的社会组织、社会企业及可持续公益项目聚集在一起，建立一个可持续公益社群。"

图3-5 2022年可持续公益（社区创新创业）板块项目授牌

三、开展社会企业实践探索

顺德区在培育和壮大社会企业方面的积极探索推动了社会企业的蓬勃发展，涌现出一批具有创新精神和社会责任感的社会企业。社会企业的培育、"众创共善"计划可持续公益（社区创新创业）板块项目的扶持等措施，促进了社会企业实践探索。这些企业通过商业模式解决社会问题，促进了社会资源的有效配置和高效利用，在社区服务、公益慈善、环境保护、促进就业等领域发挥着重要作用，为当地经济社会的可持续发展作出了积极贡献。

（一）全面赋能社会企业发展

自2018年起，国强基金会通过影响力投资设立社会企业，引导企业做有利于社会发展的事业。通过各种措施对社会企业进行"扶上马送一程"，赋能其发挥作用，创造社会价值。国强公益基金会旗下设立五家社会企业，以解决社会问题为使命，采用商业手段解决社会问题。社会企业采用市场化经营手段发挥作用，既产生了积极的社会效益，也取得了合理的财务回报，支持基金会可持续发展。

图3-6 国强公益基金会旗下设立的社会企业①

1.碧乡公司聚焦"三农",针对较落后地区农副产品推广及销售难的问题,发展乡村振兴规划与咨询、产业运营与服务、富农产品研发与销售三大板块业务,依托碧桂园集团、国强公益基金会,提供全方面帮扶与服务,为社会提供质优、健康、安全的产品。

2.国华文旅以打造城市IP为核心,通过文化互娱、数字文旅、城市微改造三位一体的业务矩阵,交叉赋能城市IP的打造、建设与运营,呈现城市特质与文化竞争力;打造优质IP引导青少年群体向上、向善,践行社会企业责任。

3.惠众小贷是广东省首家准公益性质的小贷公司,立足兴学助农,为致力于乡村振兴的小微企业及困难个体提供低息甚至是免息贷款,通过联农带农、拉动就业等可持续方式,助力乡村困难群体通过自身劳动过上幸福生活。

4.万木齐从生态化、标准化、机械化、品种化、容器化、基质化六个方面进行技术和管理创新,采用"基金会+自有基地+万木齐"模式,以自有基地为示范,联动农户推广庭院经济,为乡村振兴和美好生活建设贡献力量。

---

① 图片来源:国强公益基金会官网。

5.贵州省千鲟生物科技有限公司以鲟鱼产业为发力点,利用贵州的高山冷水,养殖培育优质鲟鱼为产业赋能,打造以养殖生产、加工、观光、科普、营销五位一体的鲟鱼产业格局,为国家乡村振兴注入新动力。

(二)开展社会企业项目探索

顺德区通过理念倡导和行动实践,探索让公益更有效率、商业更有温度的运营方式,为社会问题的解决提供更多路径。聚焦推动特殊人群职业技能提升及岗位对接服务、应对人口老龄化的养老服务、普惠性教育培训服务等重点领域开展项目,以实在的成效体现社会创新的可行性,在解决社会问题方面发挥重要作用。

1."政+社+企"多方联动赋能融入社会

顺德区乐从慈善会持续发挥慈善组织的枢纽作用,通过"政+社+企"多方联动,带动一批热心公益的民营企业秉承强烈的社会责任感,先后成立慈佑残友阳光家园、星晴儿童康复中心、乐为慈善发展中心、乐从喜憨儿洗车中心和乐膳长者饭堂等五个慈善服务实体。从筹建项目、捐资捐物、助残共融等方面联动政府各有关部门和社会资源,协同慈善会构建品牌化、专业化、精准化的慈善救助网络,有效补充政府民生保障,切实解决群众实际生活困难,帮助各类弱势群体更好地融入社会。

案例:乐从喜憨儿洗车中心(以下简称"洗车中心")是乐从慈善会为解决乐从镇内心智障碍人员就业困难问题创办的首个社企项目,体现了政企、社会力量的爱心接力和良好互动,推动了乐从精准助残工作的开展。洗车中心的发展得到镇党委镇政府和社会各界的持续关注与大力支持,乐从镇政府除了无偿提供地块供洗车中心总店和分店使用,还通过多项帮扶政策予以资金支持。如:通过认定中心为残疾人辅助性就业基地给予一次性运营补助,通过创投项目为人员培训、场地升级等提供专项资金,通过残疾人就业保障金给予残疾人社保返还等支持。

第三章 优化政策 激发活力

图3-7 乐从喜憨儿洗车中心开业典礼暨乐喜儿职业训练中心启用仪式[①]

除了政府层面的支持,社会力量也积极参与赋能洗车中心的发展。洗车中心总店在2020年成立时,由广东乐从钢铁世界有限公司等热心企业、社会各界投入善款超200万元建成。洗车中心分店筹建过程中也获得德胜社区基金会、乐从慈善会中华集团慈善基金、乐从个体私营企业协会等多家单位及爱心基金的支持,共捐赠超过50万元善款。截至2024年9月,洗车中心累计服务超1.9万台车辆,会员人数近700名,开拓助残就业岗位9个,推送残疾人成功就业15人,提供残疾人洗车技能培训56场超1180人次。

图3-8 喜憨儿洗车中心员工正在进行汽车清洗[②]

---

① 图片来源:顺德区乐从慈善会提供。
② 图片来源:顺德区乐从慈善会提供。

2.探索"农疗+工疗"助残服务新模式

得米咖啡坐落在容桂街道穗香村委会旁,是容桂伍威权庇护工场旗下社企咖啡店,由容桂伍威权庇护工场及其主理人胡晓晴于2023年9月发起成立。"得米的名字取自'顺遂得米',遂字与穗香村的穗字同音,得米寓意吉祥安乐的到来。"得米咖啡是容桂伍威权庇护工场穗香农疗科普基地打造的残疾人(含精神障碍患者)就业实践平台,通过社企化运营模式,创造出社区融合的工作训练岗位,促进服务对象发挥潜能,助力他们融入社会。

图3-9 得米咖啡店铺实景①

在技能培训方面,在得米咖啡成立前的筹备阶段就聘用国家级咖啡赛事评委进行咖啡制作入门培训。成立以来保持与希尔顿酒店、瑞幸、喜茶等本土知名餐饮服务单位交流,其中希尔顿酒店多次邀请组织残疾人到酒店进行实地餐饮服务培训。两名咖啡培训师为健全人,根据营业情况(繁忙时段/一般时段)开展日常训练。由1名咖啡培训师带1—2名残疾人,或者2名咖啡培训师带3—4名残疾

---

① 图片来源:容桂发布公众号,《得米咖啡:因光而遇,沐光而行! 在乡村中构建善意与温暖》。

人进行上岗实训。开展残疾人周期性轮岗培训，对于评估优秀的学员，采取直接聘用或由就业辅导员跟进推荐到企业用人单位应聘的激励办法，自2023年9月20日至今已培训并推荐10名残疾人就业。

在资源联动方面，吸引所在地人大、政协等相关的机关部门到访指导，不断完善项目。开展与企业、行业协会等相关资源的联动，吸引行业协会组织其会员企业前来团建交流并消费。在咖啡餐饮服务的基础上，还依托农疗基地，积极为来消费的客户提供多元化服务。挖掘农疗基地具备的园艺治疗元素，提供手作工作坊等体验服务设施，提升营运服务收入，加强自我造血功能。

在可持续发展方面，项目将在得米咖啡的经验基础上继续发展农疗基地2期，秉持生态农业、朴门永续理念，规划香草种植、生态教育、园艺疗法等多功能区域，强调科学种植与环境保护，通过社区共建推动可持续发展。同时，采取农地租赁、产品销售、课程服务等多元收入模式运营，调动心理、园艺等多领域专家参与共建。通过企业公益捐赠的形式，以促进社区参与和残疾人就业为重心，推动形成"生态体验—社区发展—社会公益"的良性循环，展现社会企业在推动可持续发展方面的积极作用。

第四章
凝聚资源 长久支撑

社会力量参与基层治理，其前提是基金会、社会团体、社会服务机构等社会主体有充足的资源保障。从全球看，社会参与主体获得资金支持有两大来源，一是社会捐赠，二是政府购买服务经费或政府专项支持资金，两者的比例结构因不同国家或地区的政社关系定位差异而有所区别。顺德全区十个镇（街道）能初步形成政府、市场和社会良性合作的有机社会，一个重要前提是众多民营企业家乐于回馈、踊跃捐赠，头部民营企业家及其实控企业通过成立慈善基金会、设立专项基金或巨额慈善信托，能够为多元主体参与基层治理提供长期稳定的支持。

第一节 自觉履责，体量庞大

发达的经济是顺德慈善事业高质量发展的重要前提。作为佛山市五大行政辖区之一，顺德拥有美的集团、碧桂园、格兰仕、中国联塑、顺德农村商业银行等全国500强企业，涌现出一批产业巨子，形成了以千亿、百亿企业为龙头的集群效应。这些企业通过与政府合作联动、商协会共同推动等方式，采取设立基金会、专项（冠名）基金或直接捐赠等形式参与基层治理，并采用多元化路径履行社会责任，积极参与慈善事业，推动顺德基层治理创新。

一、慈善捐赠基础雄厚

顺德区是广东省民营经济发展最活跃的地区之一，顺德90%的工商企业为民营企业，民营企业创造全区70%以上的国内生产总值。经历2020—2022年三年特殊时期考验，尽管经济增速有所放缓、部分产业剧烈波动，但总体上顺德经济仍表现不俗——千亿级企业加速领跑，百亿级企业持续扩容，"专精特新"企业不断涌现。

2023年9月发布的"2023广东省民营企业100强"榜单，入围门槛为123.13亿元，顺德的美的集团股份有限公司、美的置业集团有限公司、广东联塑科技实业有限公司、广东格兰仕集团有限公司、广东万和集团有限公司、盈峰集团有限公司、广东新宝电器股份有限公司等榜上有名，这七家企业总体创收能力超过了不少地级市的百强企业。

表4-1 顺德区入围"2023广东省民营企业100强"名单①

2023广东省民营企业100强		
排名	企业名称	所属行业
5	美的集团股份有限公司	电气机械和器材制造业
20	美的置业集团有限公司	房地产业
46	广东联塑科技实业有限公司	橡胶和塑料制品业
51	广东格兰仕集团有限公司	电气机械和器材制造业
88	广东万和集团有限公司	电气机械和器材制造业
90	盈峰集团有限公司	其他金融业
92	广东新宝电器股份有限公司	电气机械和器材制造业

2023年，顺德生产总值增长4.5%，成功入选广东省"百千万工程"典型区，连续12年位居全国综合实力百强区榜首。根据顺德区企业联合会、顺德区企业家协会2023年10月发布的2023顺德企业100强、民营制造业100强榜单，2023顺德企业100强上榜企业营业收入总额约1.35万亿元，入榜门槛为7.94亿元。在规模分级上，千亿级企业为2家，分别是碧桂园和美的集团，百亿级企业14家。顺德民营制造业100强榜单显示，2022年民营制造业总营业收入约6000亿元，超

---

① 顺德发布公众号：《7家顺企，上榜这个百强榜单！》

千亿级企业1家，百亿级企业7家，充分凸显了顺德"制造强区"本色。同时，顺德有上市企业21家，营收占总榜单的75.83%[①]。

顺德雄厚的经济为当地慈善事业发展和社会力量发育奠定了坚实的基础，也是顺德社会力量深度参与社会治理的重要前提和独特优势。

二、企业家自觉承担社会责任

富而不忘乡梓，达则兼济天下，顺德民营企业家群体深知企业的发展离不开社会的支持，事业有成后积极回馈家乡，通过捐赠慈善款项助力家乡的发展。这些款项被用于支持顺德教育、医疗、扶贫等公益事业发展，例如，设立教育基金支持家乡教育事业，捐赠医疗设备提升医疗水平，参与精准扶贫项目帮助困难群众等，顺德企业家用实际行动诠释对社会责任的应有担当。

（一）美的集团创始人践行慈善战略

美的集团是中国起步最早的民营家电企业之一，是中国家电行业的龙头企业。作为顺德本土企业家，美的集团创始人何享健先生长期致力于投身基础教育、养老健康等多个领域的慈善公益事业，资助重点项目10余个，直接受益人群超100万人次，持续回馈国家和社会。何享健家族建立的广东省和的慈善基金会2013年12月17日在广东省民政厅注册，注册资金为5000万元。基金会定位为资助型、支持性的慈善组织。截至2022年12月，基金会对外资助金额近22亿元。资金来源主要有何享健家族捐赠、美的控股有限公司捐赠等，如美的控股有限公司将其所持有的1亿股美的集团股票用于设立"和的慈善信托"，其收益分红等用于基金会。基金会先后荣获中华慈善奖、全国脱贫攻坚奉献奖、广东扶贫济困日活动10周年突出贡献社会组织奖、广东扶贫济困红棉杯金杯等荣誉奖项。

何享健认为，个人财富"得益于改革开放，得益于国家政策、各级政府的支持"，得益于美的人的共同努力。从早期的捐赠，到建立专业化的平台，到可持续的慈善基金会运营，再到宣布60亿元的永续慈善规划，何享健及其家人对慈善事业的投入引人瞩目，其个人也连续9次登上"中国捐赠百杰榜"。

---

① 南方都市报：《顺德双百强榜单发布，制造业企业占比达78%》。

图4-1 和的慈善基金会捐赠仪式[①]

2017年7月25日,何享健在顺德公布60亿元的家族慈善捐赠计划,包含1亿股美的集团股票捐赠和20亿元现金捐赠,通过何享健家族创办的广东省和的慈善基金会及其系列慈善基金会、社会服务机构等,支持在顺德本地乃至全国精准扶贫、教育、医疗、养老、创新创业、文化传承等多个领域的公益慈善事业发展。该基金会由美的控股董事长、美的集团创始人何享健担任荣誉主席,美的控股总裁、盈峰集团董事长何剑锋担任主席。经过多年的发展,广东省和的慈善基金会从资产体量、资助规模、社会影响等维度看,都已经是国内数一数二的民营企业家族慈善基金会。

案例:广东省和的慈善基金会于2017年向北滘慈善会捐赠了1亿元善款,设立北滘慈善会·和的爱心基金,旨在支持镇内医疗养老、教育文化、社区发展等领域的公益慈善事业。北滘慈善会·和的爱心基金在北滘镇政府的指引和支持下,从小慈善迈向大公益,从传统救助发展到精准帮扶,有力地推动了北滘经济社会发展。该爱心基金未来将重点投放"精准帮扶""养老提升""社区营造""文化保育""行业发展"五大板块的项目,赋能慈善

[①] 图片来源:珠江商报,《顺德人的骄傲!何享健一口气拿出60亿做慈善!》

可持续发展。

在医疗养老方面，广东省和的慈善基金会支持顺德区第三人民医院（北滘医院）、北滘社区卫生服务中心全面提升医疗综合竞争力及服务能力。通过提升居家养老、社区养老和机构养老条件，让长者享受更优质的养老服务，从而在北滘实现安养晚年的愿景。

在教育文化方面，广东省和的慈善基金会累计投入超896万元用于奖教奖学，受益师生达4万人次。大力支持镇内15所园舍进行硬件升级改造，助力黄涌幼儿园成为省一级幼儿园。资助培育青少年队伍发展，2023年和的科技模型队在省赛中斩获金奖2个、银奖4个、铜奖1个，在全国赛中获得冠军1个、季军1个。

在社区发展方面，广东省和的慈善基金会重点打造黄龙、西滘两个社区营造示范点。"和邻相伴"公益微创投计划在2022-2023年度支持各类创投项目16个，培育社区党群自组织54个，开展活动共计758场次，服务2.7万人次。

除支持顺德本土的公益慈善事业，何享健还积极推动全国范围的公益慈善事业发展，2023年5月21日，何享健在2023年大湾区科学论坛开幕式上宣布个人出资30亿元正式成立"何享健科学基金"。该基金旨在奖励对基础研究有突破性贡献的优秀科学家，推动原创性、前沿性的基础研究和相关成果转化。何享健希望家族做慈善可以作为家族文化价值观代代传承，充分展现了其作为新时代企业家的社会责任感和担当精神。

（二）碧桂园创始人持续回报社会

碧桂园集团的创始人杨国强长期热心参与慈善公益事业，带领碧桂园致力于践行"帮助更多人脱离贫困、让更多人过上美好生活"的企业社会责任。多年来，杨国强通过个人、碧桂园集团以及国强公益基金会等多种渠道进行捐赠，捐赠领域包括教育、扶贫、赈灾、科研、医疗、公共设施建设等多个方面。据统计，杨国强和碧桂园集团慈善捐赠资金累计超过87亿元，助力超49万人实现脱贫[①]，2021年，杨国强荣获"全国脱贫攻坚先进个人"称号。

---

① 新浪网：《致敬！全国脱贫攻坚总结表彰大会举行，佛山1个集体3名个人获表彰》。

杨国强长期关注教育扶贫，其二女儿杨惠妍接任碧桂园主席后持续支持慈善事业。杨国强父女先后捐资2.6亿元、7亿元和3亿元，设立了国华纪念中学、广东碧桂园职业学院和临夏国强职业技术学校等三所民办学校。

国华纪念中学创办于2002年9月，是国强公益基金会捐资2.6亿元兴办的全国第一所纯慈善、全免费的民办高级中学，面向全国招收家庭生活困难、学习成绩优异的初中毕业生，学生入读国华纪念中学后，高中阶段学习、生活、交通等一切费用全部由学校承担，考上大学本科，学校继续资助学费、生活费。

广东碧桂园职业学院由广东省国强公益基金会于2013年资助创办，是全国唯一一所全免费的大专院校，2021年脱贫攻坚胜利后，转型为"面向全体考生招生，合理收费，坚持资助有需要的家庭经济困难学生的非营利办学"。

甘肃临夏国强职业技术学校是国强公益基金会投资创办的一所非营利性、全日制、民办慈善普通中等职业技术学校。学校对家庭困难学生实施"德才兼备，一人成才，全家脱贫"的培养目标，截至2023年已累计培养1523人[①]。

除了捐资建校，国强公益基金会还设立了仲明大学生助学金、惠妍教育助学基金、国华杰出学者奖等二十多项教育助学基金；另外还捐赠了数十亿元支持清华大学、中山大学、北京师范大学等多所高校发展，助力国家科教兴国战略。除了扶贫和教育领域的公益事业，杨国强父女还积极参与赈灾、科研、医疗、公共设施建设等领域的资金捐助。

案例：武汉疫情期间，碧桂园基金会心系灾区群众，率先捐款2亿元，后追加1亿元，共计3亿元，帮助武汉人民解决生活问题。2021年郑州水灾期间，为了帮助灾区人民早日走出困境，碧桂园基金会先后捐款2000万元。2019年，国强公益基金会捐赠500万元，用以支持暨南大学人才培养以及学科建设发展，助力学校高水平大学建设和"双一流"建设。

（三）海外企业家桑梓情怀浓厚

顺德企业家遍布世界各地，致富不忘家乡的优良传统代代相传。20世纪20年代，一批外出闯荡的顺德人经过多年打拼，积财渐富，成为顺德最早的海外捐赠

---

① 广东省社会组织综合信息服务平台官网：《国强公益基金会：以公益力量助力社会更美好》。

人。1922年，旅美华侨陈廉孚捐款修建长塘岛上坊石路及新涌埠头，还为众多在港务工的顺德人提供庇护所。1927年，在新加坡经商多年的华侨岑叶良，在其家乡乐从镇葛岸村兴建明新小学，开启顺德华侨捐资建校的先河。从此，乐从华侨捐资建校的热潮不断，包括：良教沙庆源小学；危地马拉华侨捐建的平步义成小学；留尼汪华侨捐赠的藤冲小学、上华崇德学校、杨滘簿传小学、藤冲德良学堂、新隆明德小学、路洲乡中山民国小学等大量乡亲捐助学校，令众多受益的乡村少年在充满亲切感的乡情中奋发上进。正是因为有这一批热心的海外华侨，顺德早期的现代教育发展才能奠定坚实的基础。

时至今日，在顺德，以捐赠人名字命名的学校随处可见，包括香港知名实业家李兆基博士捐资8000万元建设的李兆基中学、香港知名企业家郑裕彤先生捐资8000万元建设的郑裕彤中学，以及旅港澳同胞捐资兴建的郑敬诒职业学校、胡锦超职业技术学校、李介甫小学等，捐资助学在海外顺德企业家群体中已成为一种深入人心的风尚。企业家们慷慨解囊，为顺德的教育事业注入了源源不断的动力，不仅推动了顺德教育的发展，更在全社会营造出了一种尊师重教、崇尚知识的良好氛围。捐资助学只是侨胞引领慈善风气之先的一个缩影，正是侨商慈善行为的积极引领和示范，不仅为顺德公益慈善事业的发展奠定了深厚的文化基础，更在全区营造出浓厚的慈善氛围。

案例：顺德乐从镇"黎时煖松柏大学"的名字源自捐资者黎时煖先生。作为香港四海绸缎有限公司的董事长，黎时煖先生一直怀有深厚的家乡情怀。1979年以来，他已累计捐资超过800万元用于家乡建设。2008年，乐从镇计划筹建一所老年大学，为社会提供综合服务。当时已经85岁高龄的黎时煖先生得知这一消息后，立刻召集亲属商议，并克服年老体弱行动不便的困难，多次携家人返回家乡考察。最终，他决定捐资100万港币支持这一重要的家乡福利工程。不仅如此，他还积极为大学的规划建设出谋划策，提供了许多具有实用价值的建议。为感谢黎时煖先生几十年来对家乡公益慈善事业的持续贡献和无私奉献，乐从镇人民政府决定以他的名字来命名这所老年大学，即"黎时煖松柏大学"。

三、法人机构积极支持社会事业

顺德拥有美的集团、碧桂园、格兰仕、中国联塑、顺德农村商业银行等全国500强企业，涌现出一批产业巨子，形成了以千亿、百亿企业为龙头的集群效应。这些企业通过与政府的合作联动、商协会共推的方式，自觉承担社会责任，积极参与慈善事业，推动顺德基层治理创新。顺德区连续多年稳居"全国综合实力百强区"第一梯队，连续多年入围"中国全面小康十大示范县市"。

（一）企业担当社会责任

企业承担社会责任是其作为社会成员的重要体现，包括提高员工福利、保障产品质量与安全、实施环保措施以及公开透明地进行企业经营等。通过这些自发行为，企业不仅能够为内部员工创造更优质的工作环境，还能为消费者提供更可靠、更安全的产品和服务。同时，企业热心公益事业，将企业与社会的共同发展实践于行，以实际行动回应社会对其责任的期待。

作为顺德人自己的银行，顺德农商银行一直以来秉承"源于社会、回报社会"的宗旨，践行社会责任、热心公益事业、支持地方发展。2023年12月27日，在金融时报社主办的"2023中国金融机构金牌榜·金龙奖"评选中，顺德农商银行荣获"年度最佳社会责任银行"奖项，这是唯一入选该奖项的农商银行。"年度最佳社会责任银行"奖项的获得，是对顺德农商银行多年来在履行社会责任方面的积极探索和实践，以及为社会作出的贡献的高度认可。

自改制以来，顺德农商银行支持地方公益和文化事业累计超亿元。顺德农商银行心系教育，大力支持顺德教育发展，2014年3月捐赠700万元支持顺德一中外国语学校焕新，支持全区教育基金5000万元、"北大、清华录取生培养优秀团队奖"150万元等，并连续18年独家冠名支持顺德教师节"农商银行之夜"晚会，充分彰显本地金融机构的社会担当。2022年顺德农商行正式发布"明德公益"子品牌，主要包括"4+6"公益系列："4"涵盖新年音乐会、粤剧巡演、财经论坛、教师节晚会四大公益活动；"6"即六大公益系列活动，包括扶贫帮扶、教育助学、敬老公益、绿色公益、社区慈善、志愿者服务。"明德公益"子品牌荣获金融业年度品牌案例大赛"社会责任年度案例奖"等奖项。

（二）商协会组织共建式慈善

商协会作为集结众多企业的平台，具有强大的号召力和影响力，由商协会引领，企业可以共同参与并支持慈善事业。通过商协会的引领和组织，企业可以集中力量通过捐款捐物、支持弱势群体等形式共同参与慈善活动。这种集体行动不仅可以增强企业的社会责任感，也可以提高社会对企业的认可度和信任度。

案例：顺德区女企业家协会主动履行社会责任，在德胜社区基金会设立"德胜顺德女企慈善基金"，帮扶顺德区内有特殊困难的妇女及其家庭。自2021年9月起合作开展"睿兰赋力行动"资助计划，德胜社区基金会、顺德女企协联合出资，社会服务机构负责具体项目实施，并带动区镇女企协会员参与。项目借助专业力量以个案管理手法赋能特殊群体，回应该群体面临的综合性困境，到2024年6月，两期项目共投入资金260.05万元，支持20个项目，其中第二期的10个项目覆盖10个镇街。

表4-2 "睿兰赋力行动二期"项目各镇街完成情况[1]

序号	镇街	结项评分	个案管理服务			就业帮扶服务			心理/家庭辅导服务			亲子服务		
			指标量	完成量	完成情况	指标量	完成量	完成情况	指标量	完成量	完成情况	指标量	完成量	完成情况
1	大良	77.35	13户	13户	100%	0	2次		195次	276次	141%	18次	23次	128%
2	容桂	82.64	15户	16户	107%	0	10次		230次	230次	100%	8次	8次	100%
3	伦教	83.93	15户	17户	113%	5次	5次	100%	50次	68次	136%	11次	11次	100%
4	勒流	83.14	15户	20户	133%	0	3次		120次	150次	125%	9次	9次	100%
5	陈村	85.93	15户	15户	100%	25次	42次	168%	150次	173次	115%	4次	4次	100%
6	北滘	85.86	15户	15户	100%	0	11次		75次	79次	105%	8次	8次	100%
7	乐从	76.71	12户	12户	100%	0	3次		90次	120次	133%	12次	12次	100%
8	龙江	82.29	15户	25户	167%	0	0		120次	151次	126%	6次	10次	167%
9	杏坛	81.79	15户	16户	107%	20次	21次	105%	150次	163次	109%	6次	6次	100%
10	均安	83.07	15户	16户	107%	0	4次		150次	194次	129%	6次	8次	133%

---

[1] 资料来源：德胜社区基金会秘书处资料，《关于德胜社区基金会顺德女企慈善基金"睿兰赋力行动二期"项目执行情况报告》。

四、慈善基金、专项冠名基金体量庞大

顺德区有大批企业、企业家、乡贤等通过在枢纽型慈善组织设立专项、冠名基金等方式支持和参与顺德慈善事业，设置了品类丰富的爱心基金，这些基金在支持为社会各界提供多样化公益服务，特别是在教育助学、特殊困难群体帮扶等方面发挥了重要作用。

（一）和的慈善基金会及爱心基金

广东省和的慈善基金会由美的集团创始人何享健先生发起，2013年12月在广东省民政厅登记注册，具有公益性社会组织捐赠税前扣除资格。基金会运作资金来源于何享健家族的巨额慈善捐赠及其家族设立的和的慈善信托（计划）。基金会定位为资助型、支持型的慈善组织，截至2022年12月，基金会对外资助金额近22亿元[1]，资助医养健康、文化艺术、社区发展、公益慈善等项目。和的基金会先后荣获"中华慈善奖""全国脱贫攻坚奉献奖""广东扶贫济困日活动10周年突出贡献社会组织奖"等荣誉奖项。

捐资成立四家慈善基金会：捐资2亿元成立广东省德耆慈善基金会，捐资5亿元设立"顺德社区慈善信托"及注册成立德胜社区基金会，捐资3亿元成立顺德区创新创业公益基金会（现已更名为"顺德区和创公益基金会"），捐赠2亿元成立韶关市乡村振兴公益基金会，支持其专业运作与发展。

案例：何享健先生于2012年8月捐资1亿元发起广东省德耆慈善基金会，以"凝聚爱心、关爱老人、专注公益、服务社会"为宗旨，着力构建各界践行社会责任的慈善公益平台，发展现代养老服务体系。德耆慈善基金会是广东省5A级社会组织、慈善组织，多次举办"爱心凳惠长者""养老专业人才培训"等全区性老年公益项目，并培育了一支超过500人的养老义工服务队，推动老龄公益慈善事业发展。

和的慈善基金会向广东省慈善会捐赠1亿元，用于支持慈善事业发展。面向佛山市、顺德区、北滘镇等三级慈善会各捐赠1亿元，向西滘村福利会捐赠4000万元，专门设立四支"和的爱心基金"。通过捐赠支持开展民生福利、精准扶贫

---

[1] 南方日报：《广东省和的慈善基金会：创新慈善实践，促进第三次分配》。

和乡村振兴项目。其中，顺德区慈善会·和的爱心基金是最具代表性的一支。

顺德慈善会·和的爱心基金重点支持精准帮扶、文化振兴、慈善生态建设、协调共建等领域项目，从2018年至2022年累计支出资金5692.53万元，撬动社会资源3341.35万元，开展慈善项目309个，服务覆盖面达到100万人次，直接受益人数达到10万人次[1]。

为顺德区内困难长者、残障人士解决用餐难问题。2013年，顺德慈善会开始推行长者爱心餐项目，试点为独居老人提供送餐上门服务，自2019年开始与德胜社区基金会联合推进"顺德善食"项目。顺德慈善会·和的爱心基金联合德胜社区基金会制定推行"顺德善食"资助标准，采用"慈善资助+使用者自付+多方支持"的模式，探索顺德社区养老助残服务的新模式，实现"1+1>2"的服务效应。引入助餐信息化智慧平台开展服务，投入资金532.04万元，服务2279位困难人士用餐75万次[2]。2018年，在顺德区社会治理"众创共善"计划中增设"同行善·慈善服务"版块，并由顺德慈善会·和的爱心基金资助开展，将慈善资源及服务整合至平台型慈善组织规范管理。

（二）国强基金会及助学基金

国强公益基金会成立于2013年，是由碧桂园集团创始人杨国强先生创立的非公募基金会，是广东省5A级社会组织。基金会以人的培养为中心，积极参与教育树人、文化育人、乡村振兴、社区发展、应急救援等公益慈善事业。国强公益基金会通过设立82个专项基金，帮扶困难学子超过133万人次，支持人才培养超过249万人次，推动社会和谐、国家富强、文明进步。

2017年，国强公益基金会荣誉会长杨国强及其女儿杨惠妍向顺德慈善会捐赠1亿元启动顺德慈善会·惠妍教育助学基金，支持顺德区教育助学事业发展。为促进教育助学项目精准化、专业化运作，顺德区惠妍社会工作服务中心于2020年3月正式成立，致力于以专业的、规范的工作手法，打造和完善"资金助学为基础、服务助学为核心、创新研究助学为依托"三位一体的助学体系，提升教育公

---

[1] 《顺德慈善会·和的爱心基金五周年纪念册（2018—2022）》。
[2] 同上。

益领域服务品质，打造慈善助学项目品牌。

国强公益基金会成立以来，始终坚持党建引领公益实践，2019年3月，中共广东省国强公益基金会支部成立。2022年1月，中共广东省国强公益基金会委员会、广东省社会组织第11号党建工作站成立，发挥联系和服务社会组织的枢纽功能，协助广东省社会组织党委开展党建工作，支持区内88家社会组织有序参与社会服务、承担社会责任。

国强公益基金会积极响应国家号召，积极参与"粤桂""粤黔"东西部协作，探索以党建为引领助力乡村产业、人才、文化、生态、组织五大振兴，搭配实施N类不同档次产业模块项目的"1+5+N"帮扶模式，探索打造具有碧桂园特色的乡村振兴之路，助力乡村振兴事业持续推进。国强公益基金会与21个帮扶村党支部开展结对共建，建设党建阵地及重点项目共89个；结合帮扶县资源禀赋，通过引进先进技术、打造提升品牌、开展技能培训、机械化示范推广等帮扶形式，构建"企业（合作社）+基地+致富带头人+农户"的联农带农产业模式，累计帮扶产业项目95个，转化帮扶产品超过1000款，销售额约5.3亿元，惠及超过20万人；在贵州省，国强公益基金会创新乡村治理模式，在台江县、雷山县投入资金建立11个乡风文明积分超市，开展新时代新乡贤等先进评选，积极搭建乡村振兴共同体，截至2023年7月，已联系超300家乡村振兴共同体伙伴[①]。

（三）广泛设立冠名基金

顺德区慈善会系统、德胜社区基金会等还按照捐赠人的愿望、根据不同领域的慈善服务需求设立了众多冠名基金，将资源和关爱投向教育、医疗、扶贫等多个领域。这些基金通过不同的方式和途径，为顺德基层治理创新提供了有力的支持。

顺德区慈善会积极发挥引领作用，大力推动设立冠名基金，汇聚了社会各界的爱心与力量，形成了体量巨大且稳定的资金支持体系。这些资金广泛用于顺德区基层治理，有效地推动了基层治理水平提升。截至2024年8月，顺德区、镇（街道）两级慈善会共管理慈善资金7亿7589万元。顺德区、镇（街道）两级慈

---

① 央广网，《国强公益基金会再捐5000万元支持扶贫济困事业》。

善会共有慈善冠名基金566个,慈善冠名基金资金体量约2亿6476万元。

德胜社区基金会在推动顺德区慈善事业发展中扮演着重要角色,其重点支持的冠名基金具有显著的社会影响力。通过项目配资、联合资助的方法,德胜社区基金会广泛发动商协会、企业、村居、社会组织等在基金会建立冠名基金,共同推动社会问题的解决。据统计,截至2024年6月,德胜社区基金会已设立冠名基金29个,德胜社区基金会为这些冠名基金的配资支持达418.35万元。

五、侨胞积极参与家乡公益事业

顺德是著名侨乡,以其深厚的文化底蕴、繁荣的经济和广泛的海外联系而闻名,港澳同胞及海外乡亲遍布全球。顺德区侨联提供相关政策支持,大力推动侨捐工作,扎实开展阵地建设。顺德海外侨胞积极参与家乡公益事业,主要体现在捐赠金额巨大、捐赠领域广泛、捐赠影响深远,充分展示了海外侨胞的社会责任和担当,为家乡的建设贡献力量。

(一)踊跃捐赠,支持家乡建设

改革开放以来,顺德旅外乡亲发扬爱国爱乡热忱,源源不断捐钱、捐物支持家乡各项福利事业的发展,捐赠资金和项目规模一直位于全省前列,极大地推动了顺德经济建设和社会的向前发展。

多年来,顺德区涌现出大量为家乡发展捐赠1000万港币以上的华侨,例如:郑裕彤1994年捐建郑裕彤中学8000万,1999年捐建华侨中学2000万,2000年捐建顺德大学5000万,2001年捐建郑何义夫人纪念医院1500万;李兆基 1994年捐建李兆基中学8000万,1999年捐建华侨中学2000万,2000年捐建顺德大学5000万;黎君刚1993年捐建龙山聚龙医院3300万,1995年捐资开发陈涌聚龙城大道2000万,1997年捐赠龙江陈涌康乐中心人工湖2000万;何杰文1997年捐赠龙江镇紫云公园1000万;陈登1997年捐赠陈登职业中学1000万元。

总体而言,顺德侨胞对家乡的累计捐赠金额巨大。据不完全统计,截至2017年底,顺德区接受侨捐总额为21.54亿元人民币,捐建项目超过1000个,涵盖教育、文化、体育、卫生、敬老慈幼等各个方面。据顺德区慈善组织联合会统计,2021年至2023年,顺德接收侨捐资金分别为396.76万元、1428.83万元、2430.63

万元人民币，资助的项目方向集中在助学教育、助老服务等福利事业。顺德侨胞对家乡公益事业的捐赠不仅总额巨大，单项捐赠金额也令人瞩目。

案例：顺德中西医结合医院是区属侨捐项目，1980年由旅港乡亲郑裕彤、李兆基各捐资310万港币首倡兴建。在筹建中，又得到港澳及海外乡亲的赞助共852.5万港币，以及顺德县人民政府的支持。顺德体育中心也是区属侨捐项目，得到顺德区荣誉市民李兆基、郑裕彤等众多旅居港澳海外乡亲鼎力捐助2071.8万港币，总投资6696.7万元人民币。大良街道侨捐项目顺德区李伟强职业技术学校由旅港乡亲、顺德区荣誉市民李伟强慷慨捐资1038万港币建成，每年还向学校捐赠25万元，奖励教育教学取得突出成绩的师生。

（二）建设阵地，参与基层治理

顺德高度重视侨联参与基层治理的阵地建设，依托阵地深度参与基层治理。2020年7月启动首个"侨胞之家"创建，并在各镇街铺开基层"侨胞之家"建设，不断完善为侨服务工作网络。通过"侨胞之家"的建设，传播中华文化，建立情感纽带，促进文化交流与传承，增强海外侨胞和归侨侨眷的归属感和认同感。"侨胞之家"可以为侨胞们提供更加便捷高效的服务。

案例：北滘首个、顺德第13个"侨胞之家"北滘镇碧江蓬莱书院"侨胞之家"由澄碧祠、丛兰苏公祠活化利用而来，为传统文化传承提供了载体。蓬莱书院设立侨胞同心角、联谊茶话室、"地方志"驿站、书画艺术廊、侨胞书舍、书画社，是服务海外华侨华人、归侨及侨眷侨属、台港澳乡亲的重要阵地，对充分发挥北滘镇侨联"桥梁"和"纽带"作用具有深远意义。

（三）领域广泛，发挥重要作用

顺德侨胞的捐赠覆盖家乡公益事业的多个领域，包括教育领域、医疗领域、文化领域、环保领域等，通过踊跃捐赠为当地先富起来的企业树立榜样，带动更多的企业和个人积极参与慈善事业，形成捐资回报社会的良性循环。顺德区侨联精细打造社区服务阵地，鼓励并引导海外侨胞和归侨侨眷积极参与基层治理。通过优化服务设施、引导侨胞参与等方式引导发动侨胞资源、经验和智慧为家乡的发展贡献力量，促进侨胞与本地居民的融合与发展，为社区的繁荣发展做出积极贡献。

  案例：顺德区委统战部、区侨联推出"同心向党送健康，惠侨普法进社区"活动，旨在统筹区统战团体以及侨务资源中的优质医疗及法律资源并下沉到村居一线，通过送医送药、义诊检查、健康教育、法律咨询、专题讲座等形式，助力提高基层群众的法律意识以及健康水平，提升基层群众的幸福感和获得感。

图4-2 "同心向党送健康，惠侨普法进社区"活动现场[①]

第二节 枢纽联结，建设生态

  如果说众多慈善基金会、专项基金、冠名基金为顺德社会力量有效参与基层治理提供了强大支持，顺德区的慈善会体系则为顺德社会力量参与基层治理提供了枢纽平台。近年来，顺德着力建设区、镇（街道）、村（社区）三级慈善会组

---

① 图片来源：佛山市顺德区委统一战线工作部（区民族宗教事务局）官网，《顺德区举办党派党外人士便民义诊暨惠侨服务进社区活动》。

织体系，构建了以区慈善会为龙头、镇（街道）慈善会为重点、村（社区）慈善基金为基础的全覆盖慈善网络，为动员和组织社会力量参与基层治理构筑了主渠道。

一、搭建独具特色的三级慈善体系

经过多年努力，顺德已完成区慈善会、镇（街道）慈善会、村（社区）福利会三级慈善体系的构建。全区10个镇（街道）均已成立慈善会，并成为顺德慈善会的团体会员，99%的村（居）委会成立了福利会（目前大部分已改为在镇、街慈善会下设的专项基金），慈善组织主渠道覆盖全区城乡社区。

顺德区在推动慈善事业加快发展、赋能三级慈善体系方面开展了如下工作：在运行机制方面，顺德区民政和人力资源社会保障局出台《关于加强和规范村（社区）福利会管理的指导意见》，加强对村居福利会的指导和监督；通过规范三级慈善组织的运作方式，使各组织形成既独立又合作的良性关系；推动社团化运作，激发日常运作活力。在基础建设方面，区、镇（街道）慈善会严格落实"三个一"建设要求，即建立一支3人以上专职人员队伍，有一个独立办公场地和一个门户网站。在专业发展方面，鼓励区、镇（街道）慈善会参加等级评估，推动实现区、镇（街道）慈善组织达到社会组织等级评估3A以上，全面提升慈善组织规范建设和管理水平；推动募捐方式创新，开展多元化募捐，实行科学化救助，探索现代慈善服务；全方位开展慈善宣传，打造阳光慈善形象，塑造慈善组织的品牌形象。在人才培养方面，通过举办专职人才培训班、邀请国内外专家开展专题讲座、组织人员外出参观学习等方式，提高慈善工作人员的理论和实务水平，推动顺德慈善组织从传统慈善向现代慈善迈进。

在顺德区的三级慈善体系中，尤其值得关注的是"村（社区）福利会"。现在我国部分省会城市或直辖市探索建立了一些社区慈善基金会，但在绝大多数城乡社区，尚难见到社区慈善基金会的身影。社区慈善基金会的发展关系到社区居民的切身利益，与基层治理紧密关联。如今，顺德的村居福利会已转型为镇（街）慈善会设立的专项基金或冠名基金，在提供社会救助支持、提升社区凝聚力、提升基层治理能力等方面持续发挥重要作用。

第四章　凝聚资源　长久支撑

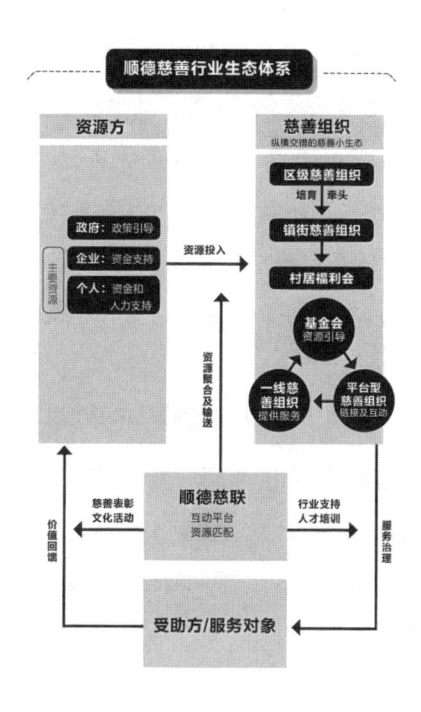

图4-3　顺德区慈善行业生态体系

《中华人民共和国慈善法》出台后，为了更好地贯彻落实法律规定并规范慈善组织体系，顺德区组织开展了村居福利会发展转型工作，具体转型途径包括转变为慈善基金会、在镇（街道）设立冠名基金、转型为互助会等，旨在使社区慈善基金会更加贴近基层，同时加强规范化管理和专业化运作。其中，德胜社区基金会自2020年以来共设立社区慈善基金15个，捐赠收入2050.90万元。每个社区慈善基金都有自己的管理委员会，共有186名委员（其中企业家占比63%，社区代表占37%）发挥自身优势积极履职。社区慈善基金已累计资助项目102个，资助总额1838万元，成为城乡社区社会力量参与基层治理的活水源头。

案例：在2018年至2021年期间，勒流街道东风村党委、村委、福利会积极争取社会公益资源支持社区建设与发展。东风村委会与德胜基金会建立公益合作伙伴关系，于2021年4月设立了德胜社区基金会东风村共建基金（简称"东风村共建基金"）。截至2024年8月30日，该社区慈善基金已累计接收社会捐赠865万元（其中不动产资本资金650万），接收捐赠次数1970

笔，其中个人捐赠1768笔（全村超90%的住户都有捐赠），单位捐赠202笔。

东风村共建基金管委会由9人组成，其中企业家或乡贤5人，村"两委"代表2人，德胜社区基金会代表2人。该基金实行"不动本"基金+灵活基金的运营方式，650万为"不动本"基金，收益定向用于东风恒常福利支出。灵活基金用于支持村民小组的慈善项目，社区基金按照1:1标准配资择优扶持。截至2024年8月，东风村共建基金已累计出资208.74万元，资助开展项目19个。

表4-3 东风村共建基金资助项目列表①

序号	立项日期	领域	项目名称
1	2021年5月	社区营造	深水村小组塘边公园参与式改造项目
2	2022年12月	社区营造	东风村爱松公园参与式共建项目（一期）
3	2023年3月	社区营造	东风村爱松公园参与式共建项目（二期）
4	2023年8月	社区照顾	东风村社区厨房建设项目
5	2023年9月	教育发展	东风村2023年奖学激励项目
6	2023年12月	教育发展	勒流东风小学跳绳队2023年参加全国联赛竞赛项目
7	2024年1月	社区营造	合成社稷周边环境提升整治工程项目
8	2024年1月	社区营造	北东村小组埠头周边环境提升改造项目
9	2024年1月	社区营造	深水村小组蚕房公园参与式改造项目
10	2024年1月	社区照顾	东风村2024年春节敬老慰问项目
11	2024年3月	社区营造	东风村北西小组公园参与式改造项目
12	2024年3月	社区营造	东风村涌边公园参与式改造项目
13	2024年4月	教育发展	勒流东风小学跳绳队2024年参加全国联赛竞赛项目
14	2024年6月	社区营造	东风村爱松公园参与式共建项目（三期）
15	2024年8月	教育发展	东风小学教师办公室改造项目
16	2024年8月	社区照顾	东风村2024年中秋敬老慰问
17	2024年8月	社区照顾	东风村2024年特殊群体帮扶项目
18	2024年8月	教育发展	东风村2024年奖学激励项目
19	2024年8月	社区照顾	2024年东风村长者服务中心服务项目

---

① 资料来源：广东省德胜社区慈善基金会内部资料。

东风村共建基金的设立，有效地推动了敬老扶幼、文化体育、帮扶救助、奖教奖学等慈善公益事业的发展。共建基金管理委员会主任廖燕纯表示："这个共建基金不论捐款多少，村民都是共建方，希望能够在德胜基金会的大力支持下，进一步完善治理机制，让共建基金发挥最大效能。"德胜基金会副理事长郭祺认为："东风村共建基金的成立具有深远意义，对顺德乃至更广泛地区起到标杆示范作用。"其设立的"不动本"社区共建基金，是推动东风村可持续发展建设的大水池。在"'泽善至美，奋进兴城'2023年顺德慈善榜样致敬活动"中，东风村共建基金获评顺德区"紫玉兰慈善榜样"奖。

案例：德胜社区基金会江村社区发展慈善基金于2023年10月成立，是由勒流街道江村村委会与热心乡贤代表郑兆棠先生共同发起的。基金管委会由江村"两委"成员、热心乡贤、企业家、德胜基金会代表等9人组成，其中企业乡贤7人，村"两委"代表1人，基金会代表1人。截至2024年8月30日，该社区基金已累计接收捐赠115万元，资助开展基层治理项目5个。

图4-4 江村社区发展慈善基金成立仪式[①]

---

① 图片来源：顺德区勒流街道江村村党委、村委会内部资料。

有机社会构筑之道

表4-4 江村社区发展慈善基金资助项目列表①

序号	立项日期	领域	项目名称
1	2024年6月	社区营造	江村农艇文化营造计划
2	2024年6月	社区营造	江村社区营造骨干培养计划
3	2024年6月	社区营造	江村儿童成长计划
4	2024年6月	教育发展	江村2024年奖学激励项目
5	2024年6月	社区营造	社区动员参与微创投计划

案例："活力江村·社区动员参与计划"由勒流街道办事处、德胜社区基金会、江村股份社共同资助，采用"议事协商+微创投"的方式动员村民骨干参与江村基层服务与治理。首批入选的14个公益微创投项目涵盖道路修复、闲置地改造、羽毛球场建设、家庭教育、厨艺培训、暑假培训班，以及彩绘美化江村等内容。评审组由勒流街道公服办、综治办，德胜社区基金会以及江村社区发展慈善基金管委会等代表组成。江村社区发展慈善基金的成立和运作不仅为社区提供了必要的物质支持，更重要的是促进了居民积极参与和社区治理改善，增强了社区成员之间的合作与联系，提升了居民的生活质量和社区的凝聚力。

图4-5 "活力江村·社区动员参与计划"项目评审会②

① 资料来源：广东省德胜社区慈善基金会内部资料。
② 图片来源：顺德区勒流街道江村村党委、村委会内部资料。

二、强化顺德慈善会枢纽作用

顺德慈善会成立于1993年,是广东省首批具备公益性捐赠税前扣除资格,并获社会组织等级评估5A的慈善组织,具有公开募捐资格。作为一个区(县)级的慈善组织,顺德慈善会发挥枢纽型慈善组织优势,坚持因地制宜和创新务实的发展思路,大力发展现代慈善、全民慈善和阳光慈善,进一步扩大"顺德慈善名片"的号召力和影响力,用实际行动和先进理念为顺德社会建设和基层治理添砖加瓦。

(一)加强自身内部建设

顺德慈善会以"让慈善成为人人生活的一部分"为愿景,以"汇聚慈善力量,成就美好生活"为使命,努力担当政府的协助者、社会的实践者、行业的引领者,促进顺德慈善事业的可持续发展。积极发扬"慈善顺德、滴水真情"的慈善精神,把握时代发展的趋势,在社会有所需、政策有所向、资源有所好、慈善有所为等因素综合促进下,抢抓重大历史机遇,强所长、补所需,谋划更具系统性的发展方向,开启战略规划,谋求更长远持久的慈善事业发展。

聚焦"精准帮扶""教育公益""文化振兴""协同共建""慈善生态建设"五大板块,从综合的模块式结构,到系统的板块式建设,加速从传统慈善到现代慈善的发展。以"资源发展""慈善传播""专业服务"为推进战略发展的引擎,为五大板块提供源源不断的强劲动力。以"战略"部署、"技能"提升、"共同价值观"促进为成功指向,通过"结构"完善、"员工"发展、"制度"协同、"风格"传承为组织提供成长支持,形成完整的战略支撑系统。[1]成立港澳台侨及外事委员会,发挥投资顾问委员会功能,建设专家库,积极联动理事、监事、会员为项目发展建言献策,发动多元力量深度参与推动慈善事业发展。

(二)整合多方慈善资源

顺德慈善会充分发挥枢纽型组织的优势,积极整合政府、企业、社会组织和公众等多方资源。聚焦教育、医疗、养老、扶贫等关键领域,积极设定和引领慈善议题,明确慈善救助和帮扶的方向,针对性地调动资源,确保慈善活动的高效

---

[1] 《顺德慈善会2022年刊》,第6—8页。

和精准。探索多方共赢的联合筹募合作路径，通过共同出资、资源共享等方式，与镇街慈善会共同协作，推动慈善救助和帮扶项目的实施，提高慈善资源的利用效率，增强慈善活动的覆盖面和影响力。积极推动帮扶创新，实施"圆梦行动""顺德乡村文化编录计划"等特色项目，提高慈善帮扶效果和满意度。积极构建本土化的慈善帮扶体系，成功实现区镇村三级慈善帮扶体系的人员和资源联动，促进慈善资源的有效流动和合理配置，为顺德区的慈善事业发展提供了有力的支持。

（三）真切回应社会需求

顺德慈善会以党建为引领，积极回应社会需求，持续推进项目优化升级，多维度拓宽筹募渠道，传播向善向上的慈善价值。顺德慈善会项目的社会民生效益不断显现，其中慈善综合体、众扶乐享、安心善居、圆梦行动等项目获中央、省、市媒体广泛报道，实施的多个慈善项目助力顺德区民政和人力资源和社会保障局成功参评"全国社会救助工作先进单位"。顺德善食、顺德慈善会·惠妍教育助学基金项目获评2021年度"佛山公益慈善优秀项目"。在2022年的社会组织等级复评中，顺德慈善会再次获评"5A等级"，慈善工作得到广泛肯定，被顺德区委宣传部评为"顺德传播正能量致敬单位"。

数据显示，顺德慈善会2022年预算收入5496万元，实际收入5985万元，预算支出5849.61万元，实际支出5300万元，2022年度新增冠名基金3个，开展各类慈善项目280项，直接服务群众61.5万人次[①]。2023年，顺德慈善会共计开展253项慈善项目，其中，顺德善食项目年度投入超过230.8万元，另为1130名学子发放助学金305.31万元[②]。

顺德慈善会积极推动精准帮扶，发起"圆梦行动"，针对帮扶对象开展分类精准资助，根据不同类型困难群众的实际需求，实行分类个性化帮扶圆梦。开展"安心善居"项目，由慈善会自有资金提供主要的资金支持，顺德慈善会·和的爱心基金提供部分资金支持。项目聚合"政、社、企"力量做好困难家庭的安居

---

① 顺德慈善会官网：《服务群众61.5万人次！顺德慈善会2022年支出5300万元》。
② 腾讯网：《顺德慈善会2023年投入4512万元 开展253个项目覆盖医食学住行》。

民生工程，撬动社会资源，为困难家庭添置必要的居家生活设施。据统计，2023年，"安心善居"项目共帮助117户家庭实现安居梦。项目从2018年启动以来，截至2023年底，已累计为区内894户困难家庭进行了房屋改造，区、镇（街道）两级慈善会共投入资金超过3870万元，大大改善了区内困难家庭的居住条件。

顺德"大慈善"格局逐步彰显，慈善工作也从传统慈善走向现代慈善，现代慈善更强调解决根源性的问题。顺德慈善会致力于成为政府最值得期待的协作组织，社会最值得信赖的慈善平台，行业最值得尊敬的合作伙伴，通过可持续发展进行有效的社会筹募、资源管理、项目引导和公益慈善文化影响，进一步构建顺德"大慈善"格局，充分发挥社会慈善资源在"五社联动"过程中的资源优势，有效推进社会慈善资源融入基层社会治理，助推以人人慈善为内核的慈善事业蓬勃发展，为顺德建设高质量发展先行示范区贡献慈善力量[①]。

三、推动开展共建式慈善项目

顺德区致力于推动高质量发展先行示范区建设，立足浓厚的慈善文化根基，打造顺德慈善会、各类公益基金会等社会力量，构筑良好的慈善生态。

顺德区的慈善组织数量很多，公益慈善项目品类丰富，形成了覆盖不同公益类别的慈善组织。有综合服务性质的基金会，例如：顺德慈善会和各镇（街道）慈善会；有针对特定领域的基金会，如：顺德区教育基金会、顺峰山保育基金会等；还发展了许多顺德区内在生态、文化，乃至青年创业等方面发挥作用的社会组织。顺德10个镇（街）建立的"慈善综合体"，除募捐、救助等服务外，还开拓了慈善商品销售、便民服务、志愿服务、项目孵化、文化传播、产品开发等综合功能。其中，依托"顺德慈善"集体商标，独创"善+互联网""善+美食""善+设计"等"善+"系列品牌，购买产品即成捐赠，让慈善公益与企业营销实现"双赢"。

充分调动镇（街道）综治委的积极性，强化资源、力量、信息"三统筹"的龙头作用，从联动机制建立、专干专岗设立、专项经费投入等方面入手，为

---

① 南方日报：《"滴水真情"汇聚暖流，顺德慈善会构筑"大慈善"格局》。

多部门联动创造抓手和平台。据统计，2022年各镇（街道）合计撬动"众创共善""和美社区计划"等共6249.2万元资金，新增扶持395个项目落地实施，覆盖约152个村（社区），覆盖率达73.79%；同时，采取纵向申请创投经费、横向设立专项资金等方式筹措资源，各镇（街道）投入约3655万元扶持145个村（社区）开展项目实践。引导和培育一批有公心、心向党的组织和群众向党组织靠拢，成为村（社区）民代表、股东代表、自组织骨干的储备人才，逐步形成区、镇（街道）、村（社区）三级联动，党员、乡贤、商企、组织、群众多元参与的坚强后盾。

案例：2024年4月4日至4月6日，顺德慈善会举行清明节鲜花义卖活动，为区内困难家庭助医、助学项目筹集善款。顺德慈善会统筹设置了9个鲜花义卖摊位，准备了剑兰、向日葵、金菊等鲜花供前来祭扫的市民选购。顺德慈善会·善行者志愿者服务队、顺德安利志愿服务队、顺德农商银行志愿服务队、北京科技大学顺德创新学院志愿服务队等提供志愿服务。义卖活动共售出鲜花8000束（篮），筹集善款近30万元。义卖活动既能彰显孝心，又能奉献爱心，帮助区内的困难家庭（见图4-6）。

图4-6 市民朋友在鲜花义卖点选购鲜花[①]

---

① 图片来源：顺德慈善会内部资料。

第三节 慈善信托，永续供给

慈善信托属于公益信托，是我国借鉴海外慈善制度引进的新型慈善方式。相比大额捐赠、设立慈善基金会、设立专项基金等方式，慈善信托为拥有超高净值财富人群开展体系化、组织化的慈善提供了更为便捷、更能主导、更可持续的行善方式，也为慈善资金的自主捐助、高效捐助提供了新的路径。自2016年9月我国《中华人民共和国慈善法》颁布以来，慈善信托在我国有了长足发展。但从整体上看，慈善信托在我国的实践远未达到理想状态，截至2024年6月，全国仅有1800余单慈善信托，慈善信托备案金额仅75亿元人民币。其中，由何享健先生家族发起设立的慈善信托就有4单，这些慈善信托可以为特定的慈善目的提供长期稳定的慈善资金，助力社会力量可持续地深度参与基层社会治理。

一、构筑和的慈善体系

美的集团创始人何享健曾公开表示：我把慈善作为个人和家族传承的事业。2017年，何享健先生经过多方调研论证，决定采用家族基金会和慈善信托相结合的双轨模式，来架构家族慈善事业版图，目标就是系统持续地规范运营慈善资金，实现家族慈善的永续传承、慈善资金可持续支持公益事业两个目标。

2017年美的集团创始人何享健宣布了总额60亿元的重大慈善捐赠，包含股权捐赠和现金捐赠。其中，何享健捐出其持有的1亿股美的集团股票设立慈善信托计划，现金捐赠为20亿元人民币，主要以"慈善信托+基金会"形式实施捐赠，支持以广东省为重点的慈善组织和慈善项目，涵盖精准扶贫和乡村振兴、社区发展、养老健康、创新创业、文化艺术及公益慈善事业发展等多个领域。经过几年的运营，广东省和的慈善基金会已建立一个资产规模超百亿的慈善体系。

对于60亿元善款的管理和使用，何享健先生提出了三点建议：第一，妥善安排，能够有规划有次序地用好这笔资金；第二，规范管理，公开透明，按照法规有效地实施好慈善项目；第三要把资产保值增值，不能让资金闲置，要让资金创造更大价值，造福更多人。

二、设立"和的慈善信托（计划）"

用1亿股美的集团股票捐赠，拟设立一个永续的慈善信托"和的慈善信托（计划）"，慈善信托财产及收益将全部用于支持公益慈善事业的发展。2018年至2024年8月，"和的慈善信托（计划）"已累计捐赠12.9亿元。和的慈善信托通过信托的方式，为公益事业提供了稳定的资金来源，支持了多项具有社会影响力的项目。其运作经验不仅展示了慈善信托的独特作用和价值，也为其他企业和个人提供了有益的借鉴。

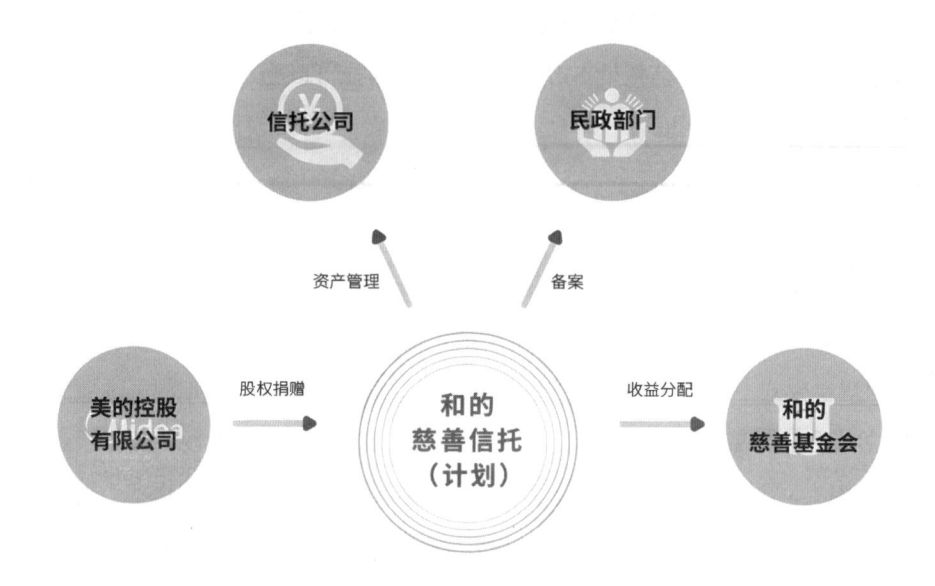

图4-7 和的慈善信托（计划）架构图[①]

三、顺德社区慈善信托

和的慈善基金会捐赠5亿元现金设立"顺德社区慈善信托"及注册成立德胜社区基金会，用于推动建设更具人文情怀和富有吸引力的顺德城乡社区。该慈善信托于2017年5月27日在广东省民政厅完成备案，为永续慈善信托，亦是2017年

---

① 图片来源：《广东省和的慈善基金会年刊》。

在全国规模最大的现金慈善信托。顺德社区慈善信托委托人为何享健家族持有的美的控股有限公司，受托人为广东省和的慈善基金会、中信信托，执行人为德胜社区基金会，2021年荣获民政部颁发的第十一届"中华慈善奖"。

（一）慈善信托+社区基金会模式

顺德社区慈善信托是目前国内单笔现金最大的双受托人慈善信托，中信信托与和的慈善基金会共同作为受托人承担职责，中信信托负责资产管理，和的慈善基金会负责项目管理，增强了慈善资产的保值增值能力和慈善项目的战略性及有效性。顺德社区慈善信托是永续慈善信托，采用不动本金、用投资收益支持公益慈善事业的模式，每年的投资收益分配至顺德社区慈善信托的执行人德胜社区基金会，使其资金可以持续支持社区公益慈善事业的发展。顺德社区慈善信托为顺德慈善力量参与社会治理创新注入新的活力，也为企业家行善提供了永续慈善的样本。

（二）巨额资金资助基层治理

截至2024年6月，顺德社区慈善信托已累计向德胜社区基金会分配收益17119.69万元，用于开展公益慈善项目。德胜社区基金会在"和美社区计划"四个领域共资助704个项目，签约资助金额共15339.81万元，项目覆盖10个镇街177个村居，占全区村居的86%，直接受惠人数超过11.5万人，实际撬动社会、政府资源超过8000万元，资助资金规模在全国社区慈善基金会中排第一。

德胜社区基金会致力于做好社区"一老一小"民生保障，支持了85个社区养老服务阵地建设，让长者享受到家门口的养老服务；支持了92所村居集体办幼儿园改造升级，其中56所开展了"厕所革命"，让幼儿在健康安全文明的环境中成长；填补公共服务的不足，率先资助顺德精神障碍人士的社区康复和社会融入服务，让4400多名精神障碍人士稳定病情，逐步回归社会，并且提炼总结出有效模式，为政府完善重症精神障碍患者管理政策提供了参照。

图4-8 何剑锋先生（左）出席"顺德社区慈善信托"成立仪式[①]

四、和园文化保育慈善信托

2018年，广东省和的慈善基金会、北滘慈善会共同出资3000万元发起设立"和园文化保育慈善信托"，由华润信托担任受托人，信托财产及收益永续分配给和园文化发展中心。和园文化保育慈善信托以促进岭南文化的传承、再造和发扬为出发点，致力于助力和园成为岭南传统文化承载平台。

[①] 图片来源：珠江商报，《顺德人的骄傲！何享健一口气拿出60亿做慈善！》。

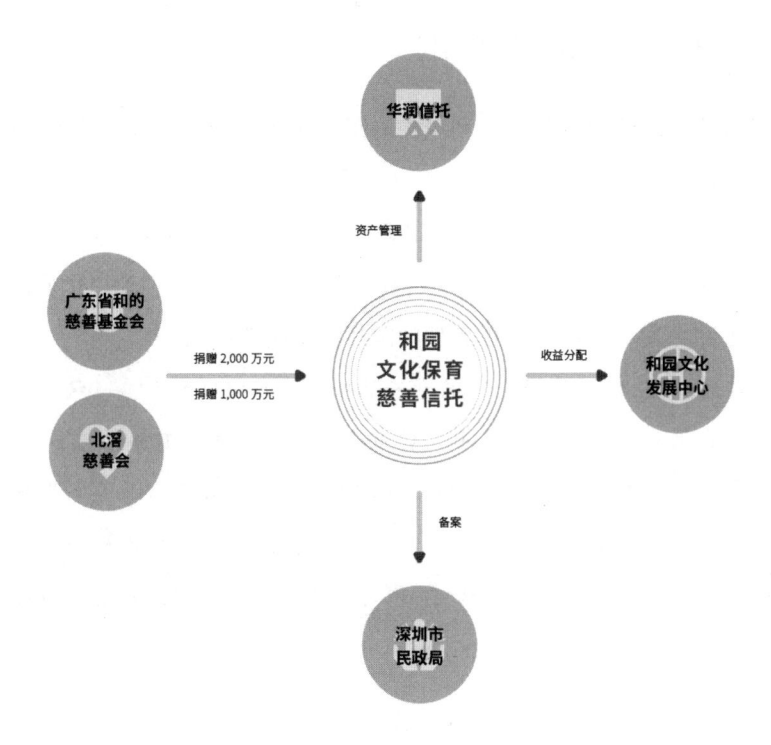

图4-9 顺德和园文化保育慈善信托架构图[①]

和园文化保育慈善信托致力于传承和弘扬本土优秀传统文化，促进地方特色文化的创新和发展，使传统文化在现代社会中焕发新的生机和活力。

案例：北滘"和·戏"粤剧文化节于2024年4月28日下午在佛山顺德岭南和园拉开帷幕。文化节活动由"和园文化保育慈善信托"支持，佛山粤剧传习所（佛山粤剧院）、佛山市文化馆、佛山市戏剧家协会及顺德区、北滘镇等多方力量参与。其目的是通过非遗文化展示，为群众幸福生活"加码"、为城市形象"添彩"，将岭南和园打造成为高质量文旅目的地，推动北滘镇文化高质量发展。为打造"和"文化品牌活动，粤剧文化节还推出了和研·粤剧文化研学活动、《和愿》小曲传唱活动，组织25所佛山市粤剧特色学校前来岭南和园参观研学。

---

① 图片来源：广东省和的慈善基金会官网。

五、和风仁心健康公益慈善信托

中信信托·和的慈善基金会和风仁心健康公益慈善信托于2024年4月7日设立，财产总规模为1亿元，委托人为广东省和的慈善基金会，受托人为广东省和的慈善基金会、中信信托。和风仁心健康公益慈善信托采用双受托人模式，致力于支持医疗慈善资助、医务社工发展及其他健康公益事业，期待以优质医疗为专业承载，通过"医社联动"，构建有效的医疗健康递送系统。

案例：2024年5月18日，和泰安养中心等单位联合举办"精准健康落地实践及案例分享"交流会，正式发布"和风仁心骨科健康公益计划"。该计划由和风仁心健康公益慈善信托提供支持，基于"早防早诊早治"的理念，积极探索医养结合创新形式，提供社区筛查、运动康复及社会支持等全方位"医社"联动服务，首期为500位有骨康复治疗需要的长者提供公益医疗支持。

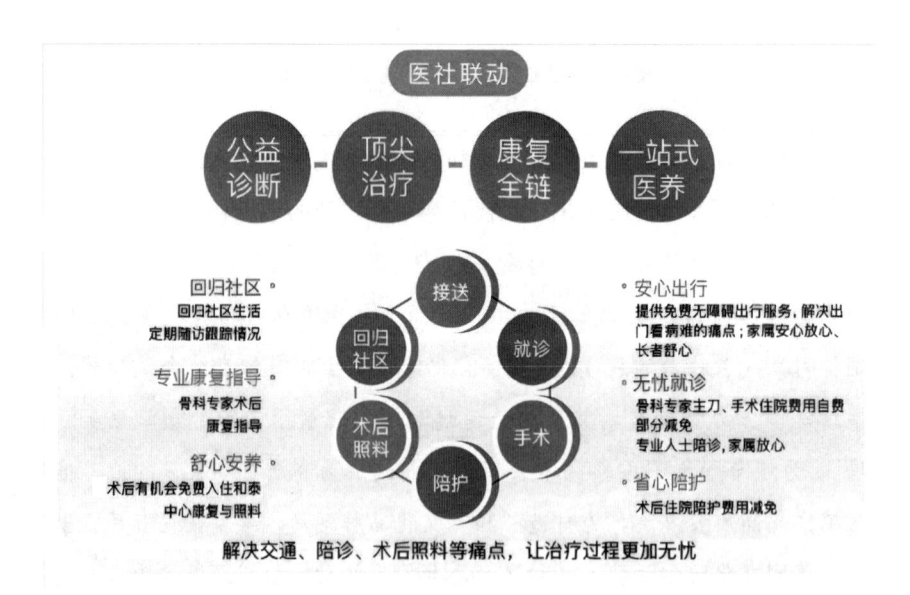

图4-10 "和风仁心骨科健康公益计划"医社联动示意图[①]

---

① 图片来源：和的慈善基金会公众号，《和风仁心骨科健康公益计划为长者提供医社联动服务》。

2024年7月,顺德区北滘镇人民政府、北滘慈善会联合发起并设立北滘慈善会·北滘镇"健康小城"慈善基金,由和风仁心健康公益慈善信托、北滘慈善会共同支持1000万元作为初始基金。通过系列项目开展,逐步搭建北滘镇"预防—筛查—治疗—康复"全过程健康保障联合服务体系。为进一步构建多层次医疗保障体系,切实减轻群众的医疗负担,该慈善基金重点支持两大项目:一是重点围绕肿瘤、血液透析等重大疾病开展医疗资助项目,为符合条件的患者在北滘镇治疗提供费用资助;二是链接相关专业资源,开展医疗普惠服务项目,提供健康知识普及、高发疾病筛查、基层医务人员培训等服务。

北滘健康小城慈善基金积极联动卫健部门、医疗机构、社区、医养机构、社工机构等力量,形成"预防—筛查—治疗—康复"公益闭环,构建"北滘镇健康保障联合服务体系"。该体系以顺德区第三人民医院(北滘医院)、北滘社区卫生服务中心、和祐国际医院集团、和泰安养中心、双百社工、一心社工为成员,形成北滘健康共同体,以社会力量助推提升基层社区医疗卫生服务水平。

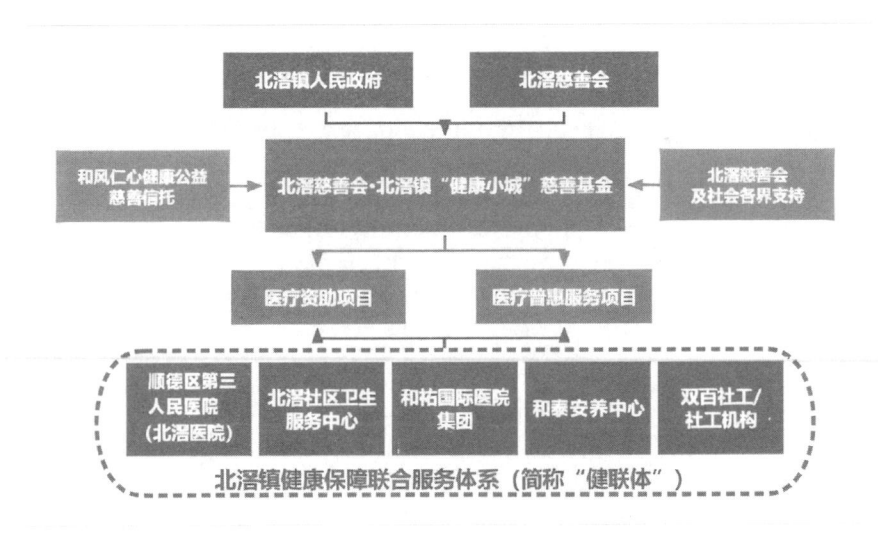

图4-11 北滘镇健康保障联合服务体系[1]

---

① 图片来源:和的慈善基金会公众号,《和风仁心共筑健康保障 顺德北滘成立健康小城慈善基金》。

第五章
建设行会 引领发展

如前所述，顺德社会力量整体发育比较完善，成立了规范的慈善组织行业协会，申请开办了全国唯一一家由区县级慈善行业协会建设、经民政部认证的互联网公开募捐平台。顺德也成立了为数不多的区县级社会工作行业协会。这些行业组织作为推动顺德区社会力量发展的重要载体，通过组织、协调、服务等多种方式，促进社会力量积极参与基层治理，为顺德有机社会建设作出了重要贡献。

第一节 慈善行业组织高效履职

佛山市顺德区慈善组织联合会（以下简称"顺德慈联"）成立于2017年9月5日，拥有会员单位80多家，是由顺德区域内致力于慈善事业的基金会、社会团体、社会服务机构等自愿结成的行业性、联合性、枢纽型社会组织。作为慈善组织整合资源、抱团发展、良性互动的综合平台，顺德区慈联旨在为政府与慈善组织、慈善组织之间、慈善组织与社会之间搭建政策、技术、项目的交流和互动平台，推动构筑政府、慈善组织、企事业单位等多元主体参与的社会治理共同体。

一、打造慈善资源汇集平台

顺德区慈联成立以来，以弘扬慈善文化、参与政策制定、维护会员权益、推动跨界合作、开展评估表彰、开展专业培训、促进合作交流、推动行业自律为主要任务，推动会员机构紧密合作，形成良好慈善生态圈。

（一）打造行业发展平台

注重党建引领，顺德区有1个慈善行业党委，21个慈善组织党支部。推动实体打造，顺德拥有慈善综合体10个，慈善超市12个，慈善主题场所14个，社会捐助站点100个。重视战略规划，顺德区慈联组织注册了4个集体商标，编制了6个慈善行业标准，开发建设了2个慈善信息平台。

为做好慈善空间运营和慈善筹款平台建设，顺德区慈联于2020年12月出资设立了佛山市善联管理咨询有限公司。该公司定位为社会企业，旨在通过商业化手段，将传统的救助型、补助型"输血慈善"提升为现代的产业型、发展型"造血慈善"。着力发展慈善产业特色项目和专业服务，打造"善+互联网""善+金融""善+文化""善+消费"等品牌服务和产品，利用信息化、大数据等新技术和方法，构建慈善组织服务与监管平台，实现慈善事业管理和服务的透明化、规范化和高效化，公司经营所得用于支持慈善行业发展。

图5-1 佛山市善联管理咨询有限公司开业仪式现场[①]

---

① 图片来源：佛山市顺德区慈善组织联合会内部资料。

（二）充实行业资金支持

充分发挥资源聚集功能，累计筹集慈善资金总额超过200亿元，慈善信托财产总规模6.3亿元，2023年慈善组织总收入12.84亿元。拥有慈善组织冠名基金538个，顺德慈善会的慈善专项资金的资金量达到2200万。2021年度至2023年度分别接收侨捐396.76万元、1428.83万元、2430.63万元，项目方向集中在助学教育、助老服务等福利事业。

顺德区慈联在顺德区民政和人力资源和社会保障局主导下设立了顺德慈善行业发展基金。该基金旨在联合社会各界的力量，通过行业研究、评估表彰、行业交流、人才培养等多种方式，推动慈善行业的良性运营和可持续发展。在热心单位支持下，顺德慈善行业发展基金筹募善款超百万元。基金积极支持顺德区慈善文化推广项目，提高市民对慈善事业的认知度和参与度，不仅为顺德区慈善行业的发展提供了有力支持，还带动了社会各界积极参与慈善事业。

（三）慈善组织蓬勃发展

顺德区的慈善组织数量多，截至2023年底，顺德区有公益慈善类社会组织65家，包括省级登记基金会8家、区级登记基金会41家、慈善会11家，认定为慈善组织的民办非企业单位和社会团体5家；其中具有公开募捐资格14家（含红十字会）、公益性捐赠税前扣除资格33家、非营利组织免税资格51家，4A级以上慈善组织18家。多年来顺德区慈善组织累计获得区级以上荣誉270项，其中国家级57项、省级31项、市级45项、区级132项。

二、构筑慈善服务实体网络

慈善超市最早作为中国社会救助体系的补充而开设，其目的是整合政府救助和社会捐赠的资源，提升社会救助成效。按照《民政部关于在全国大中城市推广建立"慈善超市"的通知》要求，顺德区大良街道于2004年成立了首家慈善超市。在顺德慈善会·和的爱心基金的支持下，以及各镇（街道）慈善会的积极参与下，顺德区开展了区级慈善综合体以及镇（街道）慈善综合体建设，其目标是实现区内"10分钟慈善圈"，为顺德构筑一张亮眼的慈善服务实体网络。

（一）慈善超市蓬勃发展

经过多年的推动发展，顺德区实现了慈善超市十个镇（街道）全覆盖。容桂街道有"社区爱心捐助分站"26个，北滘镇有慈善超市2个，其余镇（街道）各有慈善超市1个，并形成了各具特色的经营模式。

（二）持续推动改革升级

由于功能定位不明确、"造血"机制缺失、服务对象相对单一，不少慈善超市运转效率低下、难以为继。为提升慈善超市的综合效能，2019年顺德区民政和人力资源和社会保障局出台了关于《顺德区慈善超市改革发展实施意见》，加快顺德区慈善超市改革工作，支持区内慈善超市向慈善综合体改革发展。顺德慈善综合体以运行机制创新为重点，以增强慈善实体自我发展能力和社会服务功能为方向，把慈善综合体建设成布局合理、功能多样、充满活力、运行规范、成效显著、可持续发展的慈善综合服务平台。顺德区分三个阶段逐步推进慈善超市改革为慈善综合体。

1.明确改革方向：理清慈善超市发展现状

在顺德慈善会·和的爱心基金的支持下，2018年顺德区慈善超市发展研究项目正式立项。顺德区慈联对顺德区内爱心超市运营情况进行现状梳理，于当年起草拟订并形成《顺德区慈善超市发展实施意见》，指出慈善超市改革发展的四大任务和慈善综合体的具体运营方式。同步推出工作指引，加快推进顺德区慈善超市的改革发展。

2.摸索发展模式：因地制宜推动发展改革。2020年顺德区完成了第一批陈村、北滘、乐从、龙江四家慈善综合体的打造。首批慈善综合体按照"5+N"模式开展款物募集、物资接收、慈善义卖、商品销售、便民服务、志愿服务、慈善项目孵化、困难群体救助、特殊群体培训、慈善文化传播、慈善产品开发等服务，服务范围覆盖4个镇街83个村（社区），服务常住人口约88.76万人[①]，项目效果良好。

3.构建服务网络：持续扩大建设资助规模。结合第一批慈善综合体的运作实

---

① 资料来源：《顺德区慈善综合体发展研究报告》。

践，2021年顺德区继续推动慈善综合体建设，支持更多慈善组织参与建设慈善综合体，勒流慈善会、均安慈善会、杏坛慈善会、星公益基金会四家单位获得资助，成为顺德区第二批慈善综合体建设主体。经过几年的努力，顺德已经初步形成一张崭新的慈善服务实体网络。

表5-1 顺德区慈善综合体全名单[①]

序号	名称	运营主体	建成时间
1	陈村慈善综合体	陈村慈善会	2019年12月
2	北滘慈善综合体	北滘慈善会	2020年9月
3	龙江慈善综合体	龙江慈善会、佛山市顺德区龙江乐家爱心超市有限公司	2021年1月
4	顺德区慈善综合体·创空间	佛山市顺德区星公益慈善基金会	2021年9月
5	杏坛慈善综合体	杏坛慈善会、佛山市顺德区杏慈贸易有限公司	2021年11月
6	均安慈善综合体	均安慈善会、佛山市顺德区善悦百货零售有限公司	2021年12月
7	勒流慈善综合体	勒流慈善会、佛山市顺德区德力众助贸易有限公司	2022年6月
8	乐从慈善综合体	乐从慈善会	2022年12月
9	顺德慈善综合体	佛山市顺德区慈善组织联合会	2023年3月
10	伦教慈善综合体	伦教慈善会、佛山市顺德区伦慈贸易有限公司	2024年3月

（三）探索特色发展路径

顺德慈善综合体以顺德区各镇（街道）慈善超市为基础，以综合体为核心，鼓励形成产业多元化的运行机制，鼓励各镇（街道）制定适应本区域实际的慈善综合体发展政策，探索独具特色的发展路径。

目前顺德慈善综合体的发展可大致分为两种路径，一种是慈善超市地位核心化，超市运营模式社会化；以慈善超市的名义进行工商企业登记注册，以慈善超市为慈善综合体的核心，开展合法合规的市场化经营，提升慈善超市自我造血能力，拓展慈善超市多元化服务，龙江慈善会、勒流慈善会及均安慈善会均采用这种模式。这种发展模式显著的特点就是实行收支两条线，慈善超市的经营性收入除了用于慈善超市自身可持续发展外，还以慈善超市的名义在慈善会设立专项（冠名）基金，用于支持区域内公益慈善活动。

[①] 资料来源：佛山市顺德区慈善组织联合会内部资料。

另一种是深化"慈善+服务"融合，打造多元服务阵地。部分慈善综合体采取深化"慈善+服务"的可持续发展策略，既有新建慈善综合体的建设模式，也有对既有爱心超市进行改造升级的模式；乐从慈善综合体探索线上"慈善超市"功能，并探索支持性就业的可行途径，创新实现爱心义卖和特殊群体培训和就业功能；北滘慈善会通过空间改造、硬件提升、项目引入等方式，把北滘乐善爱心驿站打造为集多元化公益服务于一体的慈善综合体。陈村慈善综合体以"爱心超市"为阵地，逐步引入相关公益慈善服务，达到了活化原有慈善阵地的目的。

图5-2 顺德区慈善综合体运营实践经验分享交流会现场[①]

三、持续提升慈善专业水平

顺德区慈联成立以来，围绕"标准化、专业化、规范化、信息化、品牌化"发展战略开展工作，强化党建引领，优化内部治理，积极回应行业需求，持续赋能会员机构，为提升顺德慈善行业能力水平做了大量卓有成效的工作。

---

① 图片来源：佛山市顺德区慈善组织联合会公众号，《慈综动态 | 交流互鉴拓思路 经验共享促发展》。

（一）编制系列行业标准，满足行业发展需求

2017年以来，顺德区慈联在慈善领域实施标准化发展战略，通过编制发布《慈善组织保值增值投资活动指引》《慈善组织物资捐赠管理指南》《慈善组织财务管理指南》《慈善组织管理规范》等多项团体标准，促进顺德慈善行业和慈善组织的有序发展。2024年，顺德区慈联还推动发布《慈善冠名基金管理指南》《劝募员规范管理》等团体标准。

案例：2018年，民政部印发《慈善组织保值增值投资活动管理暂行办法》，同年，顺德区慈善组织积极响应政策，发起全国首个地方性体系化的慈善组织金融赋能工程——"顺德向善"公益金融资助项目，推动成立了顺德和创公益基金会"顺德向善"共同基金，用于持续支持顺德区公益金融探索。顺德区慈联成立了"慈善组织保值增值委员会"，支持顺德地区慈善组织探索保值增值。2019年慈善组织保值增值"金融产品路演推介会"，吸引了来自全国超过20家知名基金、证券、信托等资管机构参加。

图5-3 2019年慈善组织保值增值"金融产品路演推介会"[1]

---

[1] 图片来源：顺德区慈善组织联合会内部资料。

2022年，顺德区慈联正式发布《慈善组织物资捐赠管理指南》团体标准，引导地区慈善组织自主建立合法合规的物资捐赠管理制度。该项团体标准从确认物资价值、签订捐赠协议、物资交付验收、开具捐赠票据、物资发放使用到做好监督信息公开，均做出规定，应用后可以形成闭环全流程管理，保护捐赠人、受赠人和慈善组织的合法权益。与标准配合，同步上线的"顺德区慈善组织财务管理系统"，为地区内的慈善组织提供高效的信息化财务管理工具，构建科学完善的慈善组织财务管理模式。2024年起，顺德慈联与顺德区价格和产业发展协会签订捐赠物资价值确认战略合作协议，建立捐赠物资价值确认合作机制，为慈善组织捐赠物资提供价值确认评估报告。

案例：2022年9月，顺德举办2022年顺德慈善文化月，其中重要的主题活动之一是顺德区慈善联主办的《慈善组织物资捐赠管理指南》团体标准宣贯会暨顺德区慈善组织财务管理系统发布仪式。为了指引各慈善组织在日常业务工作中更好地应用团体标准，活动特别邀请上海复恩社会组织法律研究与服务中心专家开展团体标准宣贯讲解。顺德区慈善组织代表、媒体记者等40余人参加活动。

图5-4 《慈善组织物资捐赠管理指南》团体标准宣贯会[①]

① 图片来源：顺德区慈善组织联合会内部资料。

顺德区慈联还积极推动行业相关标准的制定，在顺德慈善会·和的爱心基金的资助下，顺德区慈联主导编制了团体标准《慈善组织管理规范》。该标准包括基本要求、制度建设、内部治理、慈善服务、项目管理、信用管理、监督管理、党组织规范化管理等日常管理方面的内容，旨在帮助慈善组织加强自身制度建设、形成行业自律机制、健全组织架构、规范组织行为，促进慈善组织健康有序发展。该标准经过调研、起草、立项、征求意见、讨论修改、专家审定、报批等工作过程，已在全国团体标准信息平台上正式发布。

除了制定标准性和规范性文件外，顺德区还推动设置了三个专委会，为行业发展研究、标准编制及保值增值业务集智发力，推动标准化工作有序高质推进。一是学术研究专委会，为顺德慈善行业发展报告的编写提出综合意见及建议，为行业发展报告及行业深度研究链接资源；二是规范治理专委会，为顺德区团体标准的制定提出专业意见及建议，为推行行业信息化管理增添动力；三是保值增值专委会，为建立慈善金融专家库提供专业资源，为行业联合信托的推动提供可行性建议及专业支持，为推动相关工作献计献策。

（二）把握行业发展趋势，编制发布慈善报告

顺德区慈联自2018年起编制地区慈善行业发展报告，现已形成四份报告。2022年，顺德区慈联梳理了顺德慈善行业五年的发展脉络，系统总结顺德慈善行业发展经验，形成《顺德区慈善行业发展研究报告（2017—2021）》。研究报告采用定性和定量相结合的方法开展研究工作，通过访谈具有不同代表性的慈善组织、一线工作人员、大额捐赠者等，系统了解五年来顺德地区慈善行业的故事脉络、工作成效、存在的问题和面临的挑战。在此基础上，发掘行业的领先实践及经验教训，提出促进顺德地区慈善行业发展的对策。

研究报告认为，五年来，顺德区的慈善事业蓬勃发展，慈善事业目前已经成为顺德区重要的文化品牌。具体而言，顺德慈善影响力的成就主要体现在推动慈善事业规范化、提升慈善数字化水平、发挥行业组织引领作用、打造慈善传播文化品牌等四个方面。

研究报告还针对顺德区慈善行业发展现状设计出顺德慈善指数，通过"政府支持""社会参与""专业服务"3个一级指标，以及细化的9个二级指标、17个三级指标，对顺德区慈善行业发展状况进行剖析，运用科学全面的评估体系和方法，为顺德区慈善事业的持续健康发展提供了有力保障。

表5-2 顺德慈善指数指标体系[①]

一级指标	二级指标	指标序号	三级指标	指标权重	指标分值
政府支持	资源投入	1-1	政府购买慈善组织服务总金额	2%	2
		1-2	政府购买慈善类社会组织服务总金额年度增长率	2%	2
		1-3	区域内慈善网点布局密度	2%	2
		1-4	区域公益创投项目出资金额	2%	2
	激励倡导	1-5	区域内慈善组织数量	2%	2
		1-6	区域内慈善组织数量年度增长率	1%	1
		1-7	区域内享受免税及税前扣除优惠的慈善组织占比	3%	3
		1-8	慈善活动宣传情况	2%	2
	监督管理	1-9	区域内慈善组织年度报告提交工作落实情况	2%	2
		1-10	不良慈善行为投诉举报渠道设立	2%	2
社会参与	志愿服务	2-1	区域内志愿服务队数量	2%	2
		2-2	区域内志愿者注册人数	2%	2
		2-3	区域内志愿服务活动数	2%	2
		2-4	区域内志愿服务总时长	2%	2
		2-5	区域内志愿者注册人数占区域人口比例	2%	2
		2-6	区域内志愿者人均服务时长	1%	1
	社会重大事件响应	2-7	助力乡村振兴	6%	6
	社会捐赠	2-8	区域内捐赠总额	5%	5
		2-9	区域内侨捐总额	2%	2
		2-10	区域内人均捐赠额	3%	3
		2-11	区域内人均捐赠额年度增长率	3%	3
		2-12	区域内专项/冠名基金设立情况	3%	3

---

① 表格来源：佛山市顺德区慈善组织联合会内部资料。

续表5-2

一级指标	二级指标	指标序号	三级指标	指标权重	指标分值
专业服务	内部管理	3-1	党组织建设情况	4%	4
		3-2	法人治理情况	3%	3
		3-3	组织获得资格认定情况	3%	3
		3-4	组织员工拥有专业技术资质占比	2%	2
		3-5	组织透明度	3%	3
		3-6	工作人员年人均参与培训场次	3%	3
	财务资产管理	3-7	年末净资产规模情况	2%	2
		3-8	捐赠收入	3%	3
		3-9	慈善事业支出比例	3%	3
		3-10	管理费用支出比例	2%	2
		3-11	保值增值投资情况	4%	4
		3-12	组织筹款渠道多样性	3%	3
	工作成效	3-13	资助项目及服务活动数	2%	2
		3-14	资助及服务的家庭和个人总数	2%	2
		3-15	获得区级及以上奖励数量	2%	2
		3-16	自有渠道及新闻媒体表现	2%	2
		3-17	品牌项目建设	4%	4
			合计	100%	100

（三）坚持数字赋能，打造公益慈善新业态

顺德区慈联实施慈善信息化发展战略，以实现慈善资源高效分配为目的，加强与金融机构开展信息化合作，探索慈善信息化行业共建道路，自主开发了"顺德区慈善组织信息管理平台"，为公益慈善机构提供业务管理、财务管理、培训管理、数据统计等服务，实现人、事、财、物一站式管理，推动慈善组织实现无纸化办公。通过微信、手机APP，顺德各类社会组织、捐赠人和广大市民可随时随地了解慈善项目动态、捐赠支持慈善事业，助力形成人人皆可慈善的氛围。

在顺德区民政和人力资源和社会保障局指导之下，2021年顺德区慈联开始打造和运营"众扶乐享"信息平台，建设"慈善+救助"应用网站和手机端系统，实现"慈善+救助"合力精准帮扶，这是佛山市首个以互联网信息技术为驱动、推进慈善与社会工作融合发展的项目，聚焦群众实际困难，合理调配慈善资源，

提供精准帮扶服务，为困难群众的兜底保障增加了全面周密的"服务网"。

2023年，顺德区慈联将"众扶乐享"系统推广至佛山市，迭代更新为佛山市双百社工和众汇善精准帮扶系统，通过"双百工程+信息化提升+慈善对接"的手段在全市开展创新性探索，促进社会服务智能化、专业化，为兜底民生工作精准帮扶助困提质增效。

（四）加强队伍建设，提升行业引领能力

顺德区慈联通过组织开展丰富的培训和活动，持续培育区域内的慈善人才，不断提升慈善人才的专业能力。具体而言，2017年至2021年五年间大致可分为两个阶段，一是2020年以前的"从有到优"的发展阶段，二是2021年及以后的"从优到精"的发展阶段，持续提升全区慈善组织从业人员专业素质和能力，促进顺德区慈善行业人才队伍的建设。

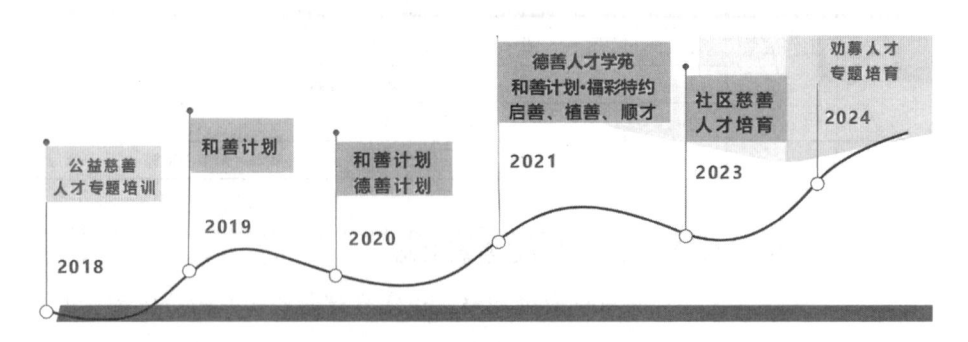

图5-5 顺德区慈联进阶式慈善人才培育体系[①]

在第一个阶段，主要工作是配合顺德区民政和人力资源和社会保障局等相关部门组织开展慈善人才培训项目。如：2019年围绕十大慈善业务主题开发的"5+2"课程体系，2020年推出的"德善计划""和善计划"的双培计划，对区内慈善从业人员分层分班，精准施教，共同打造顺德慈善人才培养体系。

在顺德慈善会·和的爱心基金的支持下，顺德区慈联自2019年起推出"和善计划"。该计划以"本土化进阶式行业专业人才培育体系"为目标，助力本土慈善人才队伍建设及能力提升。"和善计划"与南京市慈善事业发展中心、福建

---

① 图片来源：佛山市顺德区慈善组织联合会内部资料。

省善才公益慈善研究院创建两地合办的慈善行业人才培养模式，将单一课程升级至能覆盖行业上中下游人群的多元系列培训课程，有效整合慈善教育资源，合力构建慈善人才培养提升及交流平台。

表5-3 "和善计划"进阶式培训课程体系[①]

	适用人群	基础课程	拓展课程	发展类课程
初级课程	公益慈善新人/公益管培生	公益慈善通识课 慈善法律法规（1） ……	中外慈善史 慈善组织财税 社会服务项目设计	有效沟通 提高组织领导力 变革理论与系统思维 ……
进阶课程	公益慈善行业中层管理人员	以公益慈善为业 慈善法律法规（2） ……	公益与人文 慈善资产的保值增值	……
高阶课程	公益慈善行业高层管理人员（组织决策层）	组织治理课程 组织战略规划 ……	……	
专项课程	专项业务官员（与三阶课程嵌套衔接）	项目管理		
		公益筹款		
		公益财税		
		公益传播		
		公益慈善人力资源管理		

在第二个阶段，顺德区慈联2021年开始组织专项研究，发布了《顺德区慈善人才发展报告》，成立了"顺德区慈善人才学苑"，打造顺德区慈善行业可持续发展的人才培育及交流平台。构建"初阶+中阶+高阶+专项"的进阶式慈善人才培育体系，建设行业职业生涯支持体系，分层分类科学培养慈善人才，推动慈善人才培育实现全覆盖、体系化、跨圈层。

---

① 资料来源：和的慈善基金会公众号，《和善计划 | 公益慈善人才培养的"顺德实践"》。

表5-4 顺德区慈善人才进阶式人才培育体系培训课程[①]

顺德区慈善人才"初阶+中阶+高阶+专项"的进阶式慈善人才培育体系				
类型	适用人群	基础课程	拓展课程	发展类课程
初阶课程	适用于公益新人/公益管培生（从业1—3年）	公益慈善通识课	中外慈善史	有效沟通
		慈善法律法规（1）	慈善组织财税	组织领导力
		公益项目管理（1）	社会服务项目设计	变革理论与系统思维
		公益传播与推广	社群运营	逻辑思维与分析
		公益筹款通识课	社区资源动员	社会创新思维
		公文写作课	新闻稿写作	职业生涯规划
		摄影课	修图与视频剪辑基础	
		社会研究方法（1）	如何撰写调研报告	
进阶课程	适用于公益行业中层管理人员（从业4—10年）	以公益慈善为业	公益与人文	
		慈善法律法规（2）	慈善资产的保值增值	
		社会问题的分析与界定	社会服务项目评估	
		筹款管理与捐赠人服务	公益筹款伦理	
		公益项目管理（2）	组织品牌策略	
		慈善组织财税通识	合规与风险管理	
		社区营造		
		社会研究方法（2）		
专项课程	适用于专项业务官员（与三阶课程配套衔接）	项目管理	公益项目管理（1）和（2）、社会服务项目设计、社会服务项目评估、项目管理的监测与评估、项目创新思维等	
		公益筹款	公益筹款通识课、社区资源动员、筹款管理与捐赠人服务、公益筹款伦理、筹款产品设计与传播推广、互联网筹款工作坊等	
		公益财税	慈善组织财税管理通识、合规与风险管理、组织财务与投资管理、慈善法律法规（1）和（2）、公益财税工作坊等	
		公益传播	公益传播与推广、社群运营、组织品牌策略、传播媒介与传播策略、危机公关与品牌管理、传播创新案例分析等	
		公益慈善人力资源管理	组织战略规划、组织人力资源管理、组织人才激励方案设计（薪酬与绩效设计）、劳动争议与纠纷（案例工作坊）等	

顺德区慈善人才"初阶+中阶+高阶+专项"的进阶式慈善人才培育体系				
内容维度/角色	项目官员	互联网筹款官员	新媒体传播官员	志愿者管理官员
行业基本认知（4讲）	1.公益行业发展的过去与现在			
	2.展望公益发展的趋势和机会			
	3.社会组织的愿景、使命和价值观			
	4.公益机构常见的组织架构			
岗位技能（16讲）	1.初探项目管理全周期	1.互联网筹款探索与尝试	1.活动报道和招募文案的写作	1.认识志愿者发展模型
	2.如何完成一份项目书	2.如何设计一个筹款产品	2.吸睛标题的秘诀	2.如何招募志愿者
	3.项目进度管理的关键	3.如何设计一场筹款活动	3.如何拍出一张好照片	3.志愿者工作的评估和反馈
	4.如何做好项目路演	4.捐赠人维系的基本要点	4.传播素材库整理	4.持续激励志愿者

① 图片来源：佛山市顺德区慈善组织联合会内部资料。

在"和善计划"的基础上,顺德区慈联不断推动培训内容和方式的优化升级,2021年推出"和善计划·福彩特约"顺德区慈善人才培养项目。项目联动镇(街道)慈善会,培育社区慈善人才,下沉资源到社区(村),以"启善""植善""顺才"三个品牌培育不同层级的基层治理人才,增强了基层社区善治信心。

启善班:主要面向慈善组织(服务机构)、社会服务及志愿服务机构新进人员,以促进"慈善+社工+志愿服务"联动融合为立足点,设置行业通识、项目管理、新媒体运营、筹款技巧四个课程模块,采用"线上课程+线下授课+省内参访交流"的培训形式,使行业新人能够快速掌握工作通用技能与知识。

图5-6 "和善计划·福彩特约"顺德区慈善人才启善班赴深圳学习[①]

植善班:主要面向慈善组织及社会服务机构骨干成员,以人际网络打造、项目优化发展、专业能力提升三个维度为根本点,通过"专题训练营+现场教学"多元化学习形式,组织社会力量骨干到杭州、上海等慈善事业发展较好的地区访学,在提升公益慈善行业核心能力的同时,培养学员分析和解决基层社会问题的多元视角和跨界知识。

顺才班:主要面向顺德区慈善组织秘书长及以上职级成员,课程以提升核

---

① 图片来源:佛山市顺德区慈善组织联合会内部资料。

心领导力为出发点，通过将"现场教学+参访交流+项目考察"三种学习形式结合，带领学员走出顺德，前往国内慈善工作优秀的城市进行学习交流。

图5-7 顺德区慈善人才培训班学员外出学习①

截至2024年9月，顺德慈联已联结超过50名专家导师参与相关课程，开展68场、400课时的各类线下培训，为行业提供近100堂线上课程，组织前往北京、上海、深圳、南京、杭州等9个城市研学培训超过3500人次，助力34名从业人员取得项目管理专业认证。

（五）夯实专业基础，树立行业品牌标杆

作为行业协会，顺德区慈联注重联合成员机构，着力打造一批慈善元素突出、公众参与度高的组合品牌，如"善+互联网""善+手信""善+美食""善+民俗""善+地标""善+设计""善+文化""善+旅游""善+体育"等。通过打造组合品牌，搭建社会各界参与慈善的桥梁，营造浓厚的全民慈善氛围。除了打造组

---

① 图片来源：佛山市顺德区慈善组织联合会内部资料。

合品牌，顺德区慈联还定期组织编制"顺德慈善捐赠榜"、开展"顺德慈善奖"评比表彰。2023年"顺德慈善奖"评比表彰活动转换为"慈善榜样致敬活动"，以更好地发挥榜样示范作用，为同心向善凝聚奋进力量。顺德区慈联还组织开展了慈善巡展、慈善音乐会、慈善音乐剧等活动，推出顺德慈善之歌《以善至上》，拍摄慈善+党建主题微电影《回善》，多维度彰显顺德慈善魅力。

案例：在顺德慈善会·和的爱心基金的支持下，顺德区慈联2024年开展了融善计划——"社会组织＋慈善＋社区"三联共建项目，通过实施"慈善冠名基金拔优计划""社会组织＋慈善＋社区共建项目计划""社会组织慈善蓄能计划"，促进盘活慈善、社会组织、社区的资源体系，一方面推动慈善冠名基金示范化、"慈善+"项目品牌化运作，另一方面激活社会组织参与慈善的能量和资源，搭建社会组织参与慈善的机制和网络，进一步提升民生福祉。

每年"中华慈善日"期间，顺德区慈联都会联动政府部门、行业组织、社会组织、慈善组织等，组织慈善项目展示、慈善组织交流、慈善文化宣传等系列主题活动，弘扬慈善精神，对接慈善资源，展示顺德慈善成果，激发全民参与慈善的热情，推动顺德慈善事业的持续发展。从2018年至2023年，顺德慈善文化月已连续开展6年，共组织了58场慈善主题活动，并联动相关机构开展了逾350场慈善文化活动，累计参与人数213600余人次。

图5-8 顺德慈善文化月品牌历年活动主题及现场[1]

---

[1] 图片来源：佛山市顺德区慈善组织联合会内部资料。

2024年顺德慈善文化活动以"至善至美，向善而行"为主题，从慈善文化月升级为慈善文化季。9月至11月。通过慈善文化活动季、慈善榜样推荐、慈善普法宣传、慈善漫游活动等形式开展主题活动7场、系列活动超40场，推动顺德慈善事业的发展。①

2024年慈善文化活动将"顺德慈善捐赠榜"全新升级为"顺德慈善爱心名录"，设立爱心个人、爱心企业、爱心事业单位和社会组织四类名录；开展"向善而行，益路有你"顺德慈善漫游活动，组织社会各界人士"体验式打卡"慈善地标，沉浸式了解慈善文化，引导他们从体验慈善变成慈善行动的参与者；组织公益市集活动，扩大圆梦行动的知晓度和影响力，助力更多有需要的人实现自己的梦想；通过打造多媒体宣传矩阵强化宣传，营造良好的城市慈善文化氛围。

第二节 社工行业组织促进发展

《中共中央 国务院关于加强基层治理体系和治理能力现代化建设的意见》提出，要完善社会力量参与基层治理激励政策，创新社区与社会组织、社会工作者、社区志愿者、社会慈善资源的联动机制，在"五社联动"中，社会工作者发挥着重要的枢纽作用。顺德区积极响应国家关于社会工作发展的指导思想和工作部署，结合本地实际情况，明确社会工作行业的发展目标、重点任务和保障措施，通过成立社会工作行业组织，推动社会工作行业的专业化、规范化和可持续发展，为社会工作者有效参与基层治理提供支持和保障。

一、打造社会工作行业服务网络

顺德区社会工作联合会（以下简称"顺德区社工联"）成立于2011年7月27日，是5A级社会组织，其前身为佛山市顺德区社会工作者协会，2019年更名为佛山市顺德区社会工作联合会。顺德区社工联是由顺德区致力于社会工作事业发展的民办社会工作服务机构以及与社会工作紧密相关的法人单位或个人自愿组成

---

① 资料来源：佛山市顺德区慈善组织联合会内部资料。

的联合性、地方性、非营利性社会团体法人。

在区民政和人力资源和社会保障局指导下，顺德区社工联秉持"诚信、专业、团结、发展"的核心价值，以提升顺德社工行业实力及影响力、推动社工服务专业化及规范化、打造可持续发展的行业生态圈为使命，致力于成为人才和服务发展的支持者、行业交流及资源链接的联动者、专业发展及行业自律的引领者。

2019年5月，中国共产党佛山市顺德区社会工作者协会委员会揭牌成立。委员会负责统筹全区社会工作行业党建工作，旨在推动社工党员在社会工作行业发展和基层治理创新中发挥先锋模范作用，促进社会工作行业在普惠性、基础性、兜底性等民生建设领域发挥作用，促进行业严格自律、良性竞争和优质发展，推动实现共建共治共享的社会治理格局。

案例：一心社会工作服务中心于2016年成立党支部，隶属中共北滘镇社会组织党总支委员会，截至2024年7月，有在册党员18人。一心社工党组织联合北滘社区居民委员会、碧桂园集团党支部、碧桂园党群先锋队、碧桂园商家等开展"社企共建·绿色发展"碧桂园社区创新党群服务项目，针对社区中的居民互助意识弱、党建力量缺乏整合等问题，创新社企党建共建（企业、社区、社会组织）模式，发挥企业及社区的党员先锋模范作用，各方联动共建带动社区改变取得显著成效。一心社工党支部荣获佛山市顺德区"两新"组织先进基层党组织、顺德区"两新"党组织先锋百强、"顺德慈善奖"慈善服务典范、顺德区社会治理创新优秀单位、疫情防控专项志愿服务先进组织等称号。

二、聚焦核心业务开展工作

顺德社工联秉承"诚信、专业、团结、发展"的核心价值观，聚焦行业规范与管理、行业研究与倡导、人才发展管理、行业推广与会员服务等主要业务，通过强化项目评估与管理、推动行业交流与合作、加强行业宣传与培训等措施，推动行业资源共享和优势互补，提升行业参与基层治理的能力。

在行业规范与管理方面，顺德社工联接受相关政府部门的委托，定期组织区内禁毒、妇女儿童、残疾健康、社区营造等多个社会服务项目的常规评估工作，并针对发现的问题或情况提出专业的改善建议，促进顺德社会工作向专业化、规范化发展。顺德社工联还设置公益创投秘书处，组织开展公益创投大赛，促进镇（街道）培育和孵化契合基层需要的公益项目，激发社会力量参与社会治理的热情。重视行业自律与监督，规范社会工作者和社会服务机构的相关行为，联动区内社会工作机构制定行业监督公约。为行业提供定期和持续的督导，增进行业从业人员的专业技能，提升服务质量。

在行业交流与服务方面，顺德区社工联积极与政府部门、高校、研究机构、企业等建立合作关系，通过举办社会工作专业论坛、研讨会和讲座，分享最新研究成果、实践经验与案例，搭建社工学习交流的平台。通过联合举办活动、开展课题研究、提供实习实训机会等方式，为顺德引入社工"新鲜血液"，促进行业内外的交流与合作。定期对单位会员进行走访交流，有针对性地提供会员服务。定期组织社会工作行业交流，搭建发声平台，聚焦当前困扰社会工作服务机构可持续发展的难题开展交流，为会员机构提供智力支持。

在行业宣传与倡导方面，顺德区社工联通过举办"社工宣传周""年度社工大会"等系列活动，展示顺德社工的工作成果和风采，促进社会工作服务的普及和发展，提升社会工作行业的社会认知度和社会影响力。

案例：由顺德区社工联主办的"顺德区社会工作行业促进发展项目"，以推动顺德区社会工作服务行业发展为目标，搭建顺德社工线上学习平台，塑造社工专业形象，多渠道宣传社工特色服务，拓展社工服务影响范围。开展顺德区"兜底服务保民生，五社联动促发展"主题案例征集活动，最终评定20篇优秀案例，汇编成《兜底服务保民生，五社联动促发展——优秀案例集》电子册。通过活动做好顺德区社会工作服务经验总结，展现顺德社工在兜底民生服务与五社联动实践中的服务成效与经验，提升顺德区社会工作的影响力。

三、推动社工行业规范发展

社会工作行业的规范发展对于提高社会工作质量和效果、增强服务对象的满意度具有重要意义。顺德区社工联积极推动社会工作行业规范化发展，定期发布顺德社会服务发展报告,评选和表彰社工行业榜样,持续推进社区建设、社会救助、社会福利以及社会公益事业的发展。

(一)推动行业标准建设

在相关部门的支持下,顺德区社工联牵头完成了社会救助、精神康复、人才发展、妇女儿童、医务等多个范畴的标准或规范材料编制工作,助力提升顺德区社会工作服务专业水平。通过举办各类培训活动,帮助广大社工更好地理解和执行行业标准,提升社会工作者的专业素养和服务能力,为顺德区社会工作服务的标准化、规范化发展奠定了坚实基础。

表5-5 2019—2024年区社工联参与的相关标准或规范材料清单[①]

序号	年份	标准或规范材料	所属领域/种类
1	2019	妇女维权工作服务案例操作手册	妇女儿童社会工作
2	2020	顺德区高层次社会工作人才确认办法(提交稿)	社工人才
3	2020	顺德区购买社会工作服务专业社会工作岗位薪酬和购买经费标准指引(递交稿)	购买服务标准
4	2022	顺德区兜底民生服务社会工作双百工程工作手册	社会救助工作
5	2022	"众扶乐享"工作手册2.0	社会救助工作
6	2024	顺德区医务社会工作服务指南(试行)	医务社会工作

案例:2024年4月26日,由顺德区卫生健康局统筹推动,顺德区社会工作联合会组织起草的顺德首本《医务社会工作服务指南(试行)》(以下简称《服务指南》)正式发布,标志着顺德医务社会工作迈上新的台阶。通过为全区医务社会工作制定服务标准及服务准则,对社工机构的服务质量及社会服务项目的实施效果提供科学分析、评价的依据。《服务指南》的出台有利于加强公立医院医务社工项目的沟通交流,推动顺德区医务社工服务的品牌化提升,促进医务社工的专业化、规范化发展,促进顺德区社会工作行业的整体发展。

[①] 资料来源:佛山市顺德区社会工作联合会内部资料。

图5-9 佛山市顺德区医务社会工作服务指南（试行）[①]

（二）开展行业专题研究

为全面了解顺德区社会工作行业发展情况，近六年来顺德社工联每年开展详尽的行业数据摸底调研。通过系统梳理全区购买社工服务金额、持证人员数量及服务数据等，把握顺德区社会工作服务的发展趋势，分析行业面临的挑战与机遇，为顺德社会工作服务的持续优化与创新提供支撑。

案例：顺德区社工联受区委政法委委托开展"2018—2019年顺德区社会服务现状调研"，以蓝皮书形式呈现全区社会服务类相关数据，协助提高顺德区政府相关职能部门和社会服务机构对全区社会服务趋势的把控能力。参与区民政人社局组织的《顺德区"慈善+社会救助"工作实施方案》的草拟工作，梳理顺德区现有慈善与社会救助工作资料，探索推进慈善救助融合发展路径。深入走访调研了区内精神残障人士的服务，了解到当时精神残障服务存在的突出问题。针对这些问题，联动佛山市大同社会工作服务中心、顺德区心理卫生协会、顺德区残疾人康复协会出具《顺德区精神障碍患者社

---

① 图片来源：顺德社会工作联合会公众号，《医务社工 | 顺德首本《医务社会工作服务指南》发布！推动医务社会工作服务规范化、标准化、系统化》。

区康复服务建议》，呈交区委政法委、区卫健局、区残联，共同推动区内精神残障人士服务事业发展。

表5-6 2019—2024年间顺德区社工联完成的调研报告清单[①]

序号	年份	报告
1	2019	2018年顺德区社会工作行业发展报告
2	2020	2019年顺德区社会工作行业发展报告
3	2020	2018—2019顺德区社会服务蓝皮书
4	2020	陈村镇社区养老发展报告
5	2021	顺德区"慈善+社会救助"工作实施方案（草拟稿）
6	2021	顺德区妇女儿童发展规划（2021—2030）
7	2021	顺德区精神障碍患者社区康复服务建议
8	2022	2020年顺德区社会工作行业发展报告
9	2022	社工综合能力素质调研报告
10	2022	陈村镇居家养老资助标准研究报告
11	2024	2022及2023年顺德区社会工作行业发展报告

（三）加强人才队伍建设

基层工作千头万绪，社会问题复杂多样，人民群众的需求日益多元化，做好基层治理工作，急需构建一支结构合理、素质优良、业务精湛的基层社会工作人才队伍。为更好地满足社会对专业服务的迫切需求，提升社会服务的针对性和有效性，顺德区社工联六年来组织开展多层次、多领域、多形式的培训，举办了100多期不同主题的培训班，累计参训社工达17000多人次。

1.打造社会工作人才培育体系

顺德区社工联开展的培训项目包括职业水平考前培训、继续教育持证培训、一线服务人才培训、机构骨干人才培训及社工讲师培训等，致力于探索独具特色的基层社会工作人才培育体系。高校储备人才培育通过校园宣讲会等形式让在校

---

① 资料来源：佛山市顺德区社会工作联合会内部资料。

学生了解和认识社工服务，为其实际踏入社会工作领域奠定基础；行业基础人才培育通过为新入职社工和相关基层工作人员开展入职培训、考前培训等服务，打造规范化的行业队伍；专业领域人才培育通过分领域及专项实务培训，以深耕厚植的方式，培养相关领域资深社工人才；督导管理人才培育通过开展督导班、骨干人才班等，重点培养督导型和机构管理型社工人才；反哺型人才培育通过开展社工讲师培育等项目，以本土的资深社工、优秀社工为对象，其目的是建立一支专业的本土社会工作讲师队伍。

图5-10 顺德社工联社工人才培育体系[①]

2.研发社会工作人才培养工具

在德胜社区慈善基金会资助下，顺德区社工联依托"督当一面——督导工具箱设计及推广计划"，组建了资深督导导师+本土督导+督导学员组成的团队，整合编写《顺德新晋社工督导入门手册》，联合专业机构研发了"顺德新晋社工督导入门手册X社工素质能力库"，并结合社会工作参与基层治理的案例制作适用的社会工作督导指南，有效普及督导知识，提升督导能力。

---

① 图片来源：佛山市顺德区社会工作联合会内部资料。

第三节 筹款平台赋能基层治理

2021年11月，由顺德区慈联建设并运营的"慈链公益平台"通过民政部第三批慈善组织互联网募捐信息平台认证，平台公开募捐模块正式上线运行。慈链公益平台包括一套标准规范、一个数据中心、两个平台和五个应用系统，以实现慈善资源与慈善组织之间的全链条管理协同。慈链公益平台是全国唯一一个由区县级慈善联合会建设和运营的全国性网络筹款平台，其宗旨是整合政府、企业、慈善组织和社会组织的资源，构建智慧慈善网络，赋能基层治理创新。

一、面向基层社区的网络筹款平台

作为慈链公益平台的运营主体，顺德区慈联充分发挥作为慈善行业联合性、枢纽型社会组织作用的特点，整合慈善资源，搭建互动平台，扎实推进"标准化、信息化、专业化、规范化、品牌化"战略工作。慈链公益平台深耕城乡基层社区，重视数据分析及共享，科学引导慈善捐赠，有效推动社区、社会工作者、社区志愿者、社区社会组织、社区公益慈善资源的"五社联动"。

慈链公益平台由顺德区政府数据局提供物理空间和安全服务保障，由顺德慈善行业发展基金和地方金融机构提供资金支持，顺德区慈联依据相关研究成果和行业标准设计慈链公益平台功能。顺德区慈联设立了核心运营团队，提供用户管理、项目管理、品宣管理、技术支持等平台运营专业支撑。

慈善组织可以在慈链公益平台使用发起慈善活动、整合慈善专题、推出慈善义卖、微心愿等公开募捐功能。慈链公益平台还开发了子系统"众扶乐享"，致力于打造"公募+帮扶"的长效运作机制，社会公众可以以资金或物资捐赠的方式在线参与捐赠，帮扶困难群众。

图5-11 佛山市顺德区慈链公益平台①

　　慈链公益平台致力于为基层社区提供增强社区归属感和共同体凝聚力的募捐服务，平台团队通过深入社区了解其慈善服务需求，并根据服务内容挖掘筹募需求，为社区提供全流程的一对一筹募服务，积极探索着具有本土地域特色的"社区筹募模式"。

　　案例：慈链平台采用"线上辅导+线下指导"形式，协助顺德区北滘镇黄龙村开展筹募活动，促进社区多元主体参与，动员和链接社区内外慈善资源。募捐活动过程中，黄龙村联合社工机构以社区特色文化属性为切入点，开展"瓜乡情浓·乐活黄龙"黄龙村第六届睦邻冬瓜文化节。捐赠人通过慈链平台报名，可以便捷地参与畅玩系列活动、线上义卖冬瓜宴，活动报名费和义卖所得作为捐赠善款直接进入本村慈善项目，捐赠资金使用过程公开透明。一场文化节活动，既实现了黄龙村对潜在捐赠人的深度开拓与维护，也能够给予捐赠人非常具象的成果反馈，为赋能社区治理共同体建设和社区慈善服务提供了有力支持。

---

① 图片来源：佛山市顺德区慈善组织联合会内部资料。

二、"人人可慈善"的赋能平台

截至2024年9月,慈链公益平台累计服务全国各地社会组织近246家,发布慈善项目840个,项目领域涵盖公益活动或项目的扶持和资助、养老扶老、医疗健康、残障康复、应急救助、乡村振兴、恤病救孤、教育助学和行业支持等公益活动。平台筹款总额达33587069.06元,捐赠人次726949人次。

除了提供便利的"指尖公益"捐赠服务,慈链公益平台还结合既有的培训考试管理系统将公益慈善课程实现线上规模化扩展,包括在平台建立在线培训视频资源库、在线考试设置、再教育培训时数库等,配合开展与慈链平台慈善募捐项目实践、慈善组织财务与税务实务、慈善项目设计与管理等相关业务的学习课程,打造"一个线上平台+一套进阶课程+一个长效机制",为慈善人才培养提供实践经验。平台推出的"新市民爱心书包""爱环保·筑未来"环保共创计划等项目,通过整合媒体宣传资源,充分运用"传统媒体+新媒体"宣传手段,整合"线上+线下"宣传渠道,较好地营造了"人人可慈善、处处能慈善"的社会氛围。

第六章

引领陪伴 推动共建

2017年6月，中共中央、国务院印发的《关于加强和完善城乡社区治理的意见》中明确提出，鼓励通过慈善捐赠、设立社区基金会等方式，引导社会资金投向城乡社区治理领域。①2021年4月中共中央、国务院发布的《关于加强基层治理体系和治理能力现代化建设的意见》中进一步强调，发展公益慈善事业，支持建立乡镇（街道）购买社会工作服务机制和设立社区基金会等协作载体。②这是中央政策中首次明确社区基金会在基层治理体系中的协作载体功能，进一步凸显了其在国家基层治理体系中的重要地位。

近年来，深圳、上海、北京、成都、广州等地在探索建立社区基金会、助力创新基层治理方面做了有益的探索，形成了许多值得借鉴的经验。但时至今日，能够通过社区基金会长期、有效支持基层治理创新的模式并不多见，一些社区基金会处在名存实亡的尴尬境地。究其原因，一是绝大多数社区基金会体量较小，也未能建立可持续的资金支持模式，政府支持资金有限且波动很大，公开募集资金需要具备很高的社会公信力；二是大多数基金会专职人员很少，领导力薄弱，专业能力不强，很难在乡镇（街道）和村（居）获得认可，在引导社区社会力量参与基层治理方面贡献有限。相比较而言，德胜社区基金会的组建方式、资助理

---

① 《中共中央 国务院关于加强和完善城乡社区治理的意见》，https://www.gov.cn/zhengce/2017-06/12/content_5201910.htm，2017年6月12日。

② 《中共中央 国务院关于加强基层治理体系和治理能力现代化建设的意见》，https://www.gov.cn/gongbao/content/2021/content_5627681.htm，2021年4月28日。

念等都具有创新性,在推动构建顺德基层治理共同体方面功不可没,很多做法值得借鉴和推广。

德胜社区基金会自2017年经广东省民政厅注册成立以来,短短数年间发展成为全国具有较大影响力的社区基金会。德胜社区基金会定位于资助型、支持型的社区慈善基金会,依托"慈善信托+社区基金会"的良好机制设计,扎根顺德本土,以顺德206个村居的社区问题和居民需求为出发点,秉持独特的资助理念,通过开展"和美社区计划"公益行动,资助教育发展、社区照顾、社区营造、公益创新四个领域的公益慈善项目,陪伴和支持公益伙伴提升服务能力和水平,不断回应社区需求,发挥慈善资金的撬动作用,联动社区多元主体和资源共同参与,积极搭建顺德本土公益资源与专业支持平台,以社区公益小切口撬动社会治理大成效,为顺德基层治理、社区公益起到创新示范作用。

第一节 科学规划定位

德胜社区基金会副理事长郭祺曾将基金会精练概括为"四不"基金会:

一是"不一般"的基金会,基金会的组织性质、慈善信托机制、社区公益业务与大众心目中的慈善机构不同,无老路可循,必须探索自己的路径模式。

二是"不平凡"的基金会,基金会制定了战略规划、保持战略定力,形成了镇(街道)政府统筹、村居主导负责、动员社区参与的项目策略,建立起完整的项目管理制度和流程规范,遴选项目合作伙伴秉持公平合理、一视同仁的原则,至今累计资助超1000个公益项目。

三是"不容易"的基金会,基金会通过资助项目回应社区需求、开展社区动员、促进社区成员的转变从而达成社区营造成效,其本质是开展"人"的工作,充满挑战,实属不易。

四是"不求全"的基金会,基金会按照既定目标和捐赠人的心愿,不搞大包大揽,也不做有求必应,而是基于全面调研、充分论证,持之以恒发动社会资源，合力营造公益生态，心无旁骛持续开展公益行动，久久为功解决社会问题。①

一、"慈善信托+社区基金会"双轮驱动

2017年7月25日，美的集团创始人、广东省美的慈善基金会荣誉主席何享健先生家族发布重大慈善捐赠体系，包括1亿股美的集团股权和20亿元现金捐赠，其中捐赠4.92亿元现金，首开先河地设立了目前国内单笔现金最大的双受托人慈善信托——"中信·何享健慈善基金会 2017顺德社区慈善信托"（以下简称"顺德社区慈善信托"，见图6-1），委托人为美的控股有限公司，受托人为广东省和的慈善基金会和中信信托有限责任公司，执行人为德胜社区基金会。②

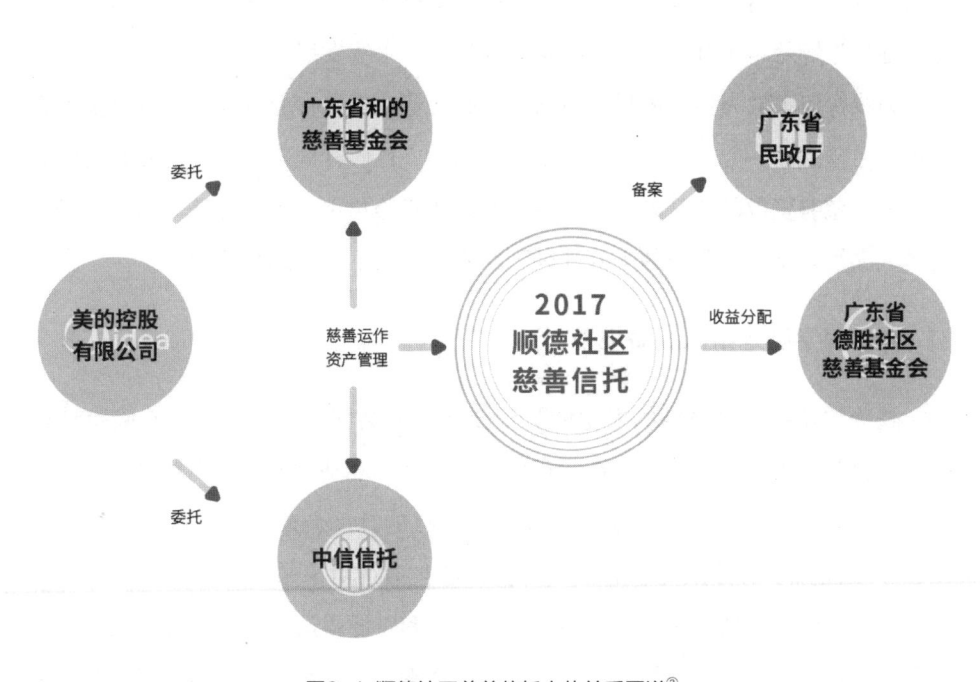

图6-1 顺德社区慈善信托主体关系图谱③

---

① 广东省德胜社区慈善基金会微信公众号：《机构动态 | 德胜基金会第二届理事会第十三次会议顺利召开》。
② 资料来源：2023年2月《财经》杂志《中信财富》定制刊，《财富向善：中国信托业现金管理类最大规模慈善信托落成记》，作者：中信信托广州财富中心吴玉璟。
③ 图片来源：广东省和的慈善基金会年刊。

德胜社区基金会作为顺德社区慈善信托的项目执行人,于2017年5月16日在广东省民政厅正式登记成立,注册资金为800万元,其业务范围确定为"面向顺德区内开展教育、养老、扶贫、济困、文化建设、社区发展以及其他综合性的公益慈善项目"。基金会的发起成立是广东省和的慈善基金会"本土公益支持项目"资助计划的制度化和体系化。"顺德社区慈善信托"是永续慈善信托,4.92亿元本金委托专业的信托公司保值增值,每年将收益用于支持公益慈善事业,德胜社区基金会担负着专业高效资助的职责使命。"顺德社区慈善信托"的落地,为顺德社会治理创新注入新活力,为企业家参与慈善提供永续慈善的路径。通过"慈善信托+社区基金会"的创新模式,依靠4.92亿元本金的保值增值收益,让德胜社区基金会有了一笔永续资金可以持续支持基层社会治理发展,更加长远、深入地推进顺德本土社区公益慈善事业的创新、永续发展。

为践行何享健先生"搭建公益慈善生态,营造良好社会氛围,动员更多社会力量,希望大家一起来做正能量的事"的初心,德胜社区基金会担当社会问题的回应者、慈善资源的联动者、公益生态的共建者等角色,为"促进顺德建设成为更具人文性和富有吸引力的美好社区"的宏伟愿景不断实践与探索。[①]

二、科学制定组织战略规划

随着顺德社会经济结构发生的深刻变化,社会问题的复杂性、不确定性增强,社会需求也日趋多样化。在此背景下,德胜社区基金会注重规划先行,在成立之初,联合区内外研究团队通过充分而广泛的社区调研,以社区需求为出发点,不仅涵盖了对社区现状的全面分析,还包括了对未来发展趋势的前瞻性预测,主动与政府沟通,了解政府的政策、想法和资源投放,听取多方意见,专门定制了机构发展三年战略规划,确立了"一个平台、三个角色、四个领域"的机构定位,坚持"有所为有所不为"的原则,积极链接顺德本土公益资源与专业支持,构建一个既扎根于顺德本土文化,又能提供专业支持的公益资源平台,为基金会项目资助工作的有序开展提供了战略指引。

---

① 资料来源:广东省德胜社区慈善基金会官网,访问日期:2024年8月1日。

按照上一轮战略规划所确立的发展方向和目标，德胜社区基金会扎实推进各项工作，有效发挥了社区基金会在顺德社区治理共同体建设和本土公益生态营造中的独特作用和价值。迈入新发展阶段，德胜社区基金会需要在巩固过往项目资助成果的同时，与时俱进，继往开来，不断深化和拓展项目资助领域，激发、链接和整合社会多元资源，更加有效地回应顺德社区多元需求。对此，德胜社区基金会面临对以下战略议题的深入考量：如何精准构建社区需求、公益项目与社会多元资源之间的对接机制与模式；鉴于"十四五"期间政府民生投入的调整，如何优化基金会的四大资助板块及项目体系，以提升慈善资源配置效率与资助效能；面对社会组织发展的新态势，如何在推动顺德本土公益生态建设中规避"内卷化"，更有效地激发社会组织的发展活力与创新能力；如何优化项目资助体系和策略，如何从行业领域单维资助转变为统筹考虑行业领域、地域的多维资助。

在对外部环境变化与政策趋向进行科学分析的基础上，德胜社区基金会形成了新的五年战略规划（见图6-2）。上一轮战略规划将德胜社区基金会的机构定位确立为"一个平台、三个角色、四个领域"。"一个平台"是指"搭建顺德本土公益资源与专业支持平台"；"三个角色"是指"社会问题的回应者、慈善资源的联动者、公益生态的推动者"；"四个领域"包括"教育发展、社区照顾、社区营造、行业支持"。为了更好适应顺德社区需求的变化以及学前教育、养老等领域服务供给结构的变化，更好发挥本土社区基金会的作用和功能，德胜社区基金会的机构定位进一步优化，将"公益生态的推动者"调整为"公益生态的共建者"，更加体现基金会在顺德本土公益生态建设中的枢纽角色与合作伙伴关系的建立。四个领域中的"行业支持"优化为"公益创新"，更好体现基金会在顺德本土公益生态建设中的价值导向。

图6-2 德胜社区基金会战略规划图①

在工作推进中，德胜社区基金会定期检视战略规划执行情况，并实事求是作出适时调整。据德胜社区基金会熊冬平秘书长介绍，自2022年以来，基金会慈善资助工作面临外部需求及关联资源环境的重大调整，秘书处于2023年11月组织了社区照顾、教育发展两个领域的战略调研及复盘工作。首先，基于顺德区的老年人口发展情况及老年人社区养老服务需求，明晰了对于社区养老项目，基金会坚持积极老龄化的资助理念和社区治理的资助导向，大力发展城乡社区互助养老，鼓励长者自助互助服务，鼓励长者参与社区建设；与政府基本养老服务重点适当错位，在可融合的范围内适当兼顾基本养老服务内容；因应城乡社区差异探索不同的可持续发展措施，并逐步建立有社区基金会特色的核心成效指标。其次，基于基金会的资助探索，分析了精神障碍人士社区照顾服务"镇（街道）统筹模式"与"村居主导模式"的各自优势，明晰了对于精神康复服务项目，基金会坚持问题与需求导向，强调项目应以软性服务介入、促进多部门协同共管；此外积

---

① 资料来源：《广东省德胜社区慈善基金会战略规划报告（2022—2026年）》。

极探索精神障碍人士就近康复及就业支持模式，努力在就业支持方面有新的突破。此外，因应社会需求的快速变化，基于顺德区学前教育生源情况以及村居集体办幼儿园运营现状，明晰了对于村居幼儿园改造提升项目，基金会重点考量其可持续发展空间，谨慎立项、择优资助，侧重支持村居幼儿园内涵式发展，择机探索学前教育阶段融合教育实践。①

三、需求导向精准开展项目

德胜社区基金会不断优化项目服务目标，"以社区需求为木"开展项目服务努力实现"幼儿有优育，长者有照顾，困者有众扶，社区有力量"的资助目标。截至2024年12月，德胜社区基金会"和美社区计划"累计资助项目778个，资助金额1.64亿元，项目覆盖村居181个，覆盖率达到87.86%，撬动资金0.85亿元。

开展的"和美社区计划"共资助四个领域公益项目（见图6-3）：

一是教育发展领域，重点资助村居集体办普惠性幼儿园的改造提升项目，全域范围幼师师资整体提升、特色课程研发、托幼一体化探索项目。总资助额4213万元，资助项目117个；改造提升村居集体办薄弱幼儿园91所，政府保教质量评估合格率为100%、优良率为54%，有效提升村居学前教育质量，受益幼儿超27200名；联合7个镇（街道）教育部门及3所高校开展学前教育质量提升项目，赋能7530名幼教从业人员专业成长。

二是社区照顾领域，包括社区养老服务设施改造提升、社区养老服务项目（含长者餐）；精神障碍人群的社区康复、社区融入及就业支持。推动构建"家门口"服务体系建设，总资助金额4501万元，资助项目235个。在社区养老板块，参与支持建设及改造提升社区养老服务阵地79个，38个通过政府星级评定获得运营经费扶持，占全区三星级以上数量的70%；支持运用及专项服务发展的社区养老服务站点70个，呈现出乐从沙边、龙江龙山、勒流众涌等有成效及特色的运营模式；受惠长者72400人。在精神康复板块，累计支持精神障碍人士社区

---

① 广东省德胜社区慈善基金会微信公众号：《机构动态 | 德胜基金会第二届理事会第十三次会议顺利召开》。

照顾项目50个，为近3800名精神障碍人士及其家庭提供合适、就近、优质的支援服务；其中，50名精神障碍人士在项目支持下实现公开就业。同时，基金会联动北滘镇打造绿丝带关爱项目，服务覆盖全镇精神障碍人士，项目模式获得各方认可。

三是社区营造领域，重点资助社区议事协商、社区自组织培育、社区文化保育传承等项目。总资助额4384万元，资助项目216个；累计培育社区自组织112个，引导村居强化社区组织化动员体系建设；资助资助53个村（社区）的79处公共服务设施的新建及改造提升（包括26个文体活动阵地、20个社区公园、20个社区综合活动中心、13个青少年及志愿服务阵地）；涌现出整村社区营造标杆龙江左滩、勒流东风2个。

四是公益创新领域，重点资助社会服务机构、志愿服务组织的非限定性资助。总资助额978万元，资助项目82个，赋能本土社会组织41个，赋能公益从业者及志愿者骨干1800人。①

图6-3 "和美社区计划"服务品牌

"和美社区计划"作为德胜社区基金会努力打造的公益资助品牌，以顺德206个村居的居民需求、社区问题和社区发展为出发点，努力提升社区居民生活质量，共建和美社区、幸福家园。以2022年为例，2022年"和美社区计划"申

---

① 广东省德胜社区慈善基金会微信公众号：《年度报告|德胜基金会社区公益2023年"成果展"及2024年"施工图"》。

请项目总量为330个（2021年为275个），较上一年增长20%，"和美社区计划"受到更高关注。全年签约资助项目143个（2022年立项132个，2021年第三季度立项11个），较2021年增长39%；资助总额3188.88万元，较2021年增加664万元，增长率26%，成为自基金会成立以来资助额及项目量最大的年份。全年走访及座谈项目218个，实地走访项目94个，组织座谈会30场、124个项目参与座谈，评审项目176个[①]。"和美社区计划"成为政府购买服务之外，社会资金支持基层治理的稳定社会资源，促进了社区关系和谐。

项目资助作为基金会最主要的工作内容及价值实现方式，德胜社区基金会秉持独特的资助理念与工作方式（见图6-4）。资助项目有五大主要取向：一是看重问题，是否回应真实问题、迫切问题；二是看重态度，村（居）两委是否主动积极，项目执行人员是否有热情；三是看重协商，是否与社区居民协商讨论，能否挖掘和调动社区资源；四是看重成效，是否让项目落地社区的居民受益，是否为社区带来改变；五是看重可持续性，提倡"用者自付""自我造血"。基金会实施一套完整严谨的项目资助流程：从项目征集，到项目初筛、尽职调查、项目评审、理事会审议，再到项目实施过程中的陪伴支持，直至项目实施结果的监测评估，每一步都精益求精。正是独特的资助理念与严谨的工作流程的融合，使得基金会所资助的项目精准回应群众最迫切、最实际的需求，并且充分发挥慈善资源的资金杠杆作用，撬动社会多元资源，共同促进社区的全面发展与可持续繁荣。

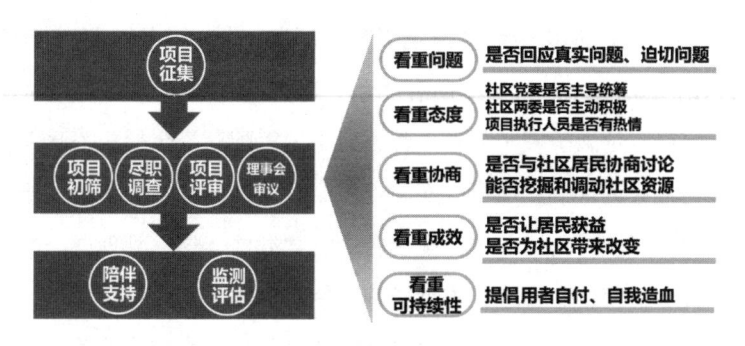

图6-4 德胜社区基金会项目资助流程与取向

---

① 资料来源：《德胜社区基金会2022年工作总结及2023年工作计划》。

第二节 政社平等协商

在探索现代治理体系的进程中,政府与社会之间的双向赋权显得尤为重要。这种赋权不仅仅是权力的单向转移,而是深化为一种相互促进、协同成长的伙伴关系过程。政府通过赋予社会更多的自主权,能够激发社会活力,促进社会创新,同时,社会也能通过各种渠道参与公共事务的决策和管理中,实现与政府的良性互动。在这一过程中,双方角色得到积极重塑与相互增强。德胜社区基金会在彰显慈善机构助力社区治理中的核心价值时,不仅在资金上提供了强有力的支持,更通过主动联结政府、深入社区,与居民共同探讨和解决社区面临的问题,实现了社区治理与慈善事业的有机结合,在推动政社良性互动、协同发展方面展现了其独特的策略和方法。

一、携手镇(街道)政府建立伙伴关系

德胜社区基金会与镇(街道)政府开展合作,强化基层政府对社会治理创新项目的落地支持。基金会在没有上级行政命令的背景下,积极与所有镇(街道)建立了公益合作伙伴关系。具体而言,德胜社区基金会与10个镇(街道)建立了公益合作伙伴关系和沟通联络协调机制,构建"基金会+镇(街道)政府"公益合作平台,镇(街道)联系人帮助统筹项目配套资金的落实和行政的支持。一方面,镇(街道)政府为资助项目的落地提供行政协调支持,特别是基础设施建设等硬件资助项目,涉及场地、报建等复杂问题。另一方面,镇(街道)统筹资源,共同出资解决社会问题。已有北滘、伦教两个镇(街道)配套接近1000万。大良、容桂、伦教等镇(街道)都出台了统筹配套资金的相关政策,这些政策的出台,为社会治理创新项目的实施提供了政策保障和资金支持。例如,伦教街道还专门制定了镇(街道)统筹配套资金管理办法,这一管理办法的制定,进一步规范了资金的使用和管理,提高了资金使用的效率和效果。

德胜社区基金会与镇(街道)政府之间建立的公益合作伙伴关系,其精髓不仅在于联动镇(街道)政府统筹资源,更体现为日常公益项目运作在每一个环节中紧密合作与深度参与,包括项目征集与筛选的协同、项目实施过程的陪伴与支

持以及项目结项评估的联动等。例如，项目评审期间，德胜社区基金会联合十个镇（街道）的分管领导和对接部门，共同对项目提案进行初步筛选与深入评估，一起实地走访项目现场；项目实施过程中，基金会与镇（街道）政府保持密切联系，为项目提供必要的行政支持与协助；针对部分需要镇（街道）政府统筹资源的项目，基金会联动镇（街道）相关部门共同参与项目的结项评估工作。可见，这种公益合作伙伴关系，是一种全方位、深层次的合作模式，它不仅体现在资源整合与统筹层面，更深入到项目运作的每一个细节之中，共同推动了社区公益事业的持续健康发展。

案例：2024年8月22日下午，陈村镇公共服务办公室人才和就业服务股副股长黄尹施，德胜社区基金会副秘书长谢桂花、项目经理刘倩薇、韩星，弼教村村委会党委委员杨丽欢和陈村慈善会秘书处组成评估组，对陈村镇弼教村养老服务中心运营项目进行评估（见图6-5）[①]。

图6-5 陈村镇弼教养老服务中心项目评估现场

---

① 陈村慈善会微信公众号：《【慈综动态】弼教慈善综合体接受德胜基金会末期评估》。

顺德区各镇（街道）政府还结合自身发展定位及村（社区）治理需求做好社区营造和公共服务的统筹布局及分阶段实施安排，指导推进。在社区营造理念及实践推广、基层治理先进典型村（社区）打造、工作机制建立完善等方面均取得明显成效。如北滘镇政府与德胜社区基金会建立了"公益合作伙伴关系"，结合社区居民的迫切需求，共同投入1504.16万元，一次性完成了19所公益性和普惠性幼儿园的整体提升。

在顺德区的慈善事业和社会组织发展中，镇（街道）政府通过精心挑选并推荐各自镇（街道）的社会贤达参与德胜社区基金会理事会的运作，镇（街道）政府不仅加强了与德胜社区基金会的联系，而且为慈善事业注入了新的活力和创新思维。这些"镇（街道）理事"通常是在当地具有显著社会影响力的企业家，他们在商业协会、地方慈善组织中担任重要职务。

首先，他们一方面为基金会的工作建立全面的行政协调及支持网络。这个网络不仅包括政府机构，还涵盖了商业界、社会组织以及广大民众，确保基金会的决策和项目能够得到有效地实施和推广。其次，理事们通过自身的领导力和号召力，带动和影响其他商协会的企业家参与到慈善事业中来。他们的参与不仅为基金会带来了资金和资源上的支持，更为重要的是，他们带来了新的理念、新的思路和新的解决方案，为顺德的传统慈善事业注入了现代公益的元素。通过这种方式，理事们为推动顺德传统慈善向现代公益革新打开了新的想象力和可能性。他们不仅关注慈善事业的短期效果，更注重长远发展和社会影响，是一种可持续、系统性的良好政社互动的慈善模式。

二、主动融入搭建社政互动渠道

德胜社区基金会处在社区治理创新生态链中的枢纽节点生态位，上联政府下通社会组织、基层自治组织，做好基层社会治理创新生态的推动者角色，通过社政协同和社会治理创新生态营造，加速推动顺德地区社会治理共同体的建设。通过定期举办"多元参与推动基层治理高质量发展座谈会"等活动，主动邀请顺德区委、区政府领导和10个镇（街道）的相关领导、公共服务办公室、综合治理办公室主要负责人出席，实现充分沟通，出台配资政策，联动多方共同支持社区公益，为"和美社区计划"的全域推进奠定了良好基础。

2022年，为了推动"和美社区计划"更好配合政府推动基层治理和乡村振兴的高质量发展，3月2日，德胜社区基金会举办2022年镇（街道）交流会①，配合镇（街道）推动基层治理及乡村振兴，邀请区、镇（街道）领导共襄善举（见图6-6）。在本次会议上，德胜社区基金会副理事长郭祺介绍了座谈会的主要目的，2022年是党的二十大召开之年，是实施"十四五"规划承上启下的关键之年，也是顺德新一届党委政府的开局之年，还是德胜社区基金会第二届理事会的开局之年。借这次座谈会，德胜社区基金会希望充分听取各镇（街道）的意见和建议，围绕政府大局携手共进，更好发挥德胜社区基金会的慈善杠杆效应，助力顺德社会基层治理及乡村振兴的高质量发展。

交流座谈会主要是德胜社区基金会与各镇（街道）的公益合作，在项目合作方面希望各镇（街道）对德胜社区基金会资助的项目一如既往地给予支持，能够承担起资源统筹的责任；各镇（街道）策划更多与基金会战略规划方向吻合的项目，加强合作共建；加强对成功项目经验的总结，加大复制推广。此外，镇（街道）领导积极提出相关意见，各镇（街道）将加强对意向项目的梳理盘点，找准切入点，凝聚各方力量，加强与基金会的合作对接。

图6-6 德胜社区基金会座谈会现场

---

① 广东省德胜社区慈善基金会微信公众号：《机构动态|举办"和美社区计划"配合镇街推动基层治理及乡村振兴座谈会》。

三、构建社会力量补位互动机制

中央提出的"五社联动",其核心在于全面整合与激活多元行动主体的力量,深度挖掘并有效利用社区内外丰富的资源,通过动员行政力量、市场力量和社会力量广泛参与社区治理中,以此实现多元主体间的紧密互动合作,服务和满足居民的多样化需求,从而推动基层社区实现"善治"目标。顺德在加强和创新基层治理的过程中,以德胜社区基金会为代表的社会组织积极协同政府,定位清晰,各尽所能,精准识别社区服务的核心需求点,及时捕捉并回应居民的实际关切,共同构建优势互补、责任共担、成果共享的基层治理共同体。

在顺德区政府与和的慈善体系联席会议机制的基础上,德胜社区基金会主动服务发展大局,采取补位策略,配合协助政府工作,资源重点投放在政府资源暂时投入不足的领域,例如在教育发展领域,学前教育未纳入义务教育,资源薄弱;在社区照顾领域,基金会探索性资助精神障碍群体的社区康复服务,弥补当前政府购买服务的空白。统计数据显示,2017年顺德区精神残疾人占比为15.32%,接近全国(8.98%)水平的两倍,精神障碍患者的管理及服务创新是政府面临的重大社会治理及公共服务难题。顺德区六类在册严重精神障碍患者人数庞大、情况复杂,导致镇(街道)多部门管理治疗工作繁重,社区康复服务紧缺。德胜社区基金会针对顺德目前还没有精神障碍人士社区康复的政府购买服务这一问题,补充政府服务的空缺与不足,重点资助与探索顺德精神障碍人士社区康复服务模式,共资助33个项目,服务1100多名精神障碍人士;针对社区长者缺乏照顾,社区参与度低的问题,共资助社区养老项目96个,并为580多名护理人员提供专业培训[①];支持村居利用自有物业、社区用房或整合升级现有设施开展社区养老服务中心标准化建设,助力政府搭建和织密"家门口"的社区养老服务体系,并积极引导服务站点探索特色运营及多元主体投入机制。针对平台组织,采取错位互补、联动合作方式;而对服务机构,则提供全面支持。

案例:德胜社区基金会与北滘镇政府统筹资金支持开展"绿丝带关怀计划"项目,由北滘镇社区卫生服务中心联合佛山市大同社会工作服务中心开

---

① 资料来源:广东省德胜社区慈善基金会内部资料《社区公益的顺德路径》。

展，该项目以搭建家庭和社会支持网络，稳定精神障碍人士的精神状态，促进精神障碍人士回归社会为目标。

具体来看，德胜社区基金会自成立以来，围绕社区养老和精神病患社区康复两大重点内容进行项目资助，一方面按照顺德区"坚持居家为基础、社区为依托、机构为补充、医养相结合"的养老服务总体思路，积极回应顺德社区长者日趋多样化、多层次的需求，支持专业社会服务机构下沉社区开展服务，并积极助力医养结合等开拓性社区服务项目的开展；另一方面，德胜社区基金会积极响应民政部、财政部、卫生计生委、中国残联四部门印发的《关于加快精神障碍社区康复服务发展的意见》，探索性地资助精神障碍社区康复项目的开展，通过支持专业社会服务机构面向精神障碍人士开展家属支援、心理支持、社交需求、辅助就业、生活技能提升等服务，协助精神障碍人士构建社会支持网络，促进他们融入社区、回归社会，弥补顺德面向社区精神障碍人士专业社会服务相对缺乏的短板。①

德胜社区基金会采用聚焦、补位等策略资助回应社会问题的公益项目，发挥资助型基金会的重要导向和"引擎"作用；通过资金配比、合作推动等方式联动多元资源投入，发挥资金杠杆作用；通过人才培养、组织培育、政策倡导，支持公益机构提升能力。截至2023年12月，德胜社区基金会累计资助1000多个慈善项目，资助总额16800多万元，慈善项目覆盖顺德84%的城市及农村社区，慈善项目资金规模居全国社区基金会之首。

此外，基金会与政府部门和村居组织紧密合作，开展社区需求调研，精心设计慈善项目，实现协同、辅助、补位和探索等功能。以2018年上半年为例，德胜社区基金会联合区内外研究团队深入社区居民日常生活，开展了系统性的社区调研，专业调研机构、社工机构以及社区内部力量，包括"两委"、社区营造专干联合物业、业主，共同参与调研活动，并且访谈了顺德区领导、区政府相关部门和领导、镇（街道）部门和领导、村居委员会、社会组织、村办幼儿园等共127个单位、458名人员。收回问卷共500份，包括社区需求调查问卷185份、基层治

---

① 资料来源：《广东省德胜社区慈善基金会成效评估报告（2017—2021年）》。

理问卷191份，村办幼儿园问卷124份。①

第三节 高效依法治理

德胜基金会作为社区基金会，积极响应"将治理资源下沉社区"的政策导向，聚焦社区公益，以政社协同、资助引导、共营生态为抓手，在积极参与和推动基层社会治理创新的同时，更注重自身组织的内部建设和管理，实现高效依法治理。德胜社区基金会副理事长郭祺在2024年5月举行的第二届理事会第十三次会议上总结指出，基金会系统推进社区公益工作六年多时间，始终坚持实事求是和群众路线，成功探索社区公益的顺德路径，实现依法、合规、高效、透明，做到方向明、定位准、顾大局、接地气，得到社会各方普遍认可，初步构建起顺德社区公益的慈善平台，证明了基金会独特的社区公益构想符合顺德实际。②

一、党建引领，奠定工作基调

在组织建设方面，德胜社区基金会于2018年6月成立党支部，2020年8月成立工会委员会、妇委会，相关组织积极开展相关工作。为了进一步提升理事会科学决策水平，推动完善专业委员会工作体系，先后设立投资委员会、战略发展委员会、重大项目委员会、资源发展委员会。

在思想建设方面，德胜社区基金会贯彻坚持党的指导思想，始终以习近平总书记的理念"坚持以人民为中心"为指导，贯彻党的"实事求是"思想路线，发扬"紧密联系人民群众"的工作作风，坚持"一切为了人民、一切依靠人民，从群众中来，到群众中去"的工作方法，保证基金会工作方向明、定位准、顾大局、接地气。

在制度建设方面，德胜社区基金会支部委员会制定《党支部党内基本制度汇编》，认真落实"三会一课"制度、组织生活会制度、民主评议党员制度等。积

---

① 资料来源：广东省德胜社区慈善基金会内部资料《社区公益的顺德路径》。
② 广东省德胜社区慈善基金会微信公众号：《机构动态|德胜基金会第二届理事会第十三次会议顺利召开》。

极开展各类党的活动，包括主题教育、主题党日、联系服务群众等活动。通过《党建工作经费使用和管理制度》，将党建专项工作经费列入基金会管理费用预算，保证党建工作的正常运行。2021年中共广东省德胜社区慈善基金会支部委员会获得佛山市"两新"组织先进基层党组织称号。

以党的思想路线为指引，德胜社区基金会在社区公益实践中内化于心，外化于行，这一理念在其开辟重大项目资助的思考与行动中得到了充分体现。2023年2月21日，德胜社区基金会与伦教社区卫生服务中心就伦教医养中心重大项目资助举行签约仪式（见图6-7）。这一签约意义重大，该项目是德胜社区基金会开辟重大项目资助后首个获资助的重大项目。根据德胜社区基金会"和美社区计划"资助方案，教育发展、社区照顾和社区营造领域单个项目资助的最高金额为50万元/年，德胜社区基金会过往资助的单个项目均不超过50万元。而此次德胜社区基金会共资助伦教医养中心项目180万元，本次对于重大项目资助的突破，与基金会始终坚持"实事求是"的思想路线和"从群众中来到群众中去，一切为了群众"的工作作风，以及始终坚守"社会问题回应者"的公益生态定位有着密不可分的联系。

德胜社区基金会过往在对项目进行资助的过程中，的确会有部分项目整体体量大，资金需求大，过往单个项目50万元封顶的资助额度，对于回应迫切需求的项目来说，共建力度偏弱，很多项目需要多元筹资推动，镇（街道）政府、村居也希望有重大项目进行共建合作。比如在社区照顾领域，养老中心、医养结合中心的空间改造、整体项目建设，这些投入经费也比较多，目前，区内对精神障碍人士服务以社区康复、就业辅导为主，但有部分精神康复者存在过渡性照顾和托养的需求，这方面的项目整体建设投入大，但能切实为这部分群体提供保障，能够弥补区内服务不足。因此，为加大对符合基金会战略规划、解决社区迫切需求的重大项目资助力度，更好打造具有引领性的标杆项目，经过近2年的酝酿，2023年德胜社区基金会设置了重大项目评估和管理委员会，为基金会重大项目资助提供决策参考，并制定了《重大项目立项论证及评估工作指引》，对符合条件的单个重大项目给予所申请项目总额的30%以内，且不超过200万元的资助，重点资助需求大、覆盖广、预期成效好、具有引领示范性的项目。德胜社区基金会副理事长郭祺认为,对医康养项目的资助,是基金会"和美社区计划"社区照顾领域里面,在原有资助基础上,向更高层次、更深度的社会服务的扩展,推进医康养相关项目,不仅切合各级党委政府工作方向,也回应了社会需求。①

图6-7 伦教医养中心项目签约仪式

二、多元共治,构建治理架构

德胜社区基金会的持续发展,关键在于构建并维护良好的内部治理结构和高效运作机制。这一目标的实现,得益于理事会、监事会成员构成的多元化特点,以及他们展现出的高度参与热情与责任感。德胜社区基金会的负责人长期扎根顺德本土,领导经验丰富,对顺德社会经济发展有着深刻洞察和敏锐感知,能够准确把握基金会的发展方位。理事会、监事会成员遍布顺德10个镇(街道),融合了各镇(街道)精英及社区工作、公益行业、媒体行业等地方各领域社会贤达,具有广泛的代表性,保障了决策的科学性,深厚的地方根基使得基金会能够深入

---

① 广东省德胜社区慈善基金会微信公众号:《媒体关注|聚焦德胜基金会开辟重大项目资助的思考与行动》。

各个镇（街道），精准对接地方需求。基金会理事、监事参与度高，这是德胜社区基金会显著区别于其他慈善组织的一大优势，他们践行"出心、出席、出力、出钱"的四出精神，年均召开理事会会议5至6次，深入参与项目立项、实地走访、监测评估、项目配资协调、冠名基金的资源联动等工作，累计参与志愿服务时长超12000小时。他们一方面为基金会的工作建立全面的行政协调及支持网络，另一方面通过其带动和影响其他商协会的企业家参与，为推动顺德传统慈善向现代公益革新打开新的想象力和可能性。

（一）多元参与的理事会

在决策过程中，德胜社区基金会坚持透明与民主的原则。理事会科学领导，民主决策，所有重大事项均需要经过理事会审议，并采用表决器进行表决，且均有出席理事签名，会议纪要向全体理事、监事公告，增强了治理的透明度与公信力。理事成员们全面参与基金会各项工作，不仅限于履行决策职能，更积极参与基金会的日常运营与项目推进，足迹遍布顺德超8成村居，充分发挥决策领导、沟通协调、资源链接、监督指导等工作作用。十个镇（街道）理事在各镇（街道）项目发动宣传、项目遴选以及与镇（街道）领导沟通协调等方面发挥了重要作用，有力支持了德胜社区基金会资助项目在镇（街道）的顺利落地与实施；正是这种多元化的理事构成与高度参与的治理文化，使得德胜社区基金会的各项决策能够充分吸收借鉴各方面意见建议，保证决策的科学性、合理性和可行性，为其持续发展注入不竭动力。

理事会根据工作需要，组建投资委员会，由基金会理事、外聘的金融与法律等领域的专业人士等组成，投资委员会的职责是接受理事会的委托，制定投资方案，并在经理事会审议批准后，按批准的方案安排具体的投资活动，依法承担相应的管理责任。理事会下还设有战略发展委员会、重大项目委员会、资源发展委员会。（见图6-8）

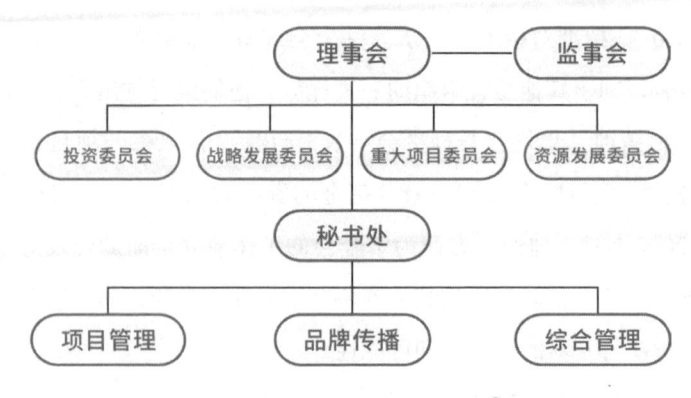

图6-8 德胜社区基金会组织架构[①]

（二）专业严谨的监事会

监事会依法履行监督职责，严格把关，确保基金会运作透明高效、规范有序。监事会成员汇聚了政府代表、捐赠人代表、法律及财务专家等多元专业力量，不仅监督理事会决策程序的合法性，还细致审查基金会财务与会计资料，跟踪公益项目实施进展，同时对基金会负责人的履职行为及基金会信息公开责任进行全面监督。此外，监事们积极协助秘书处优化制度与合同文本，提供专业指导以加强财务管理，为基金会提高工作的专业性给予大力指导。

（三）敬业奉献的秘书处

理事会下设秘书处，目前德胜社区基金会秘书处专职工作人员共有8人，专职人员本科及以上学历率达100%，团队稳定，专业素质高，在公益慈善、社会工作、企业管理等领域平均从业时间超13年；专业能力扎实，成员具备社会工作、财务管理等专业资质，1人为佛山市首名高级社工师；团队参与清华大学顺德区基层治理人才研修班、广州市及顺德区公益慈善研究班等系统性学习，不断提升慈善服务能力。

三、规范管理，强化内部基础建设

德胜社区基金会致力于实现内部治理的高度规范化，其法人治理结构健全且

---

① 引自德胜社区基金会2023年度工作报告（年刊）。

不断完善，构建起了一套全面而细致的制度体系。发展至今，基金会制定且经理事会通过的内部管理制度（规则）有20多部（见图6-9）。此外，基金会定期实施系统性审查，深入检视组织治理架构及内部管理的各项制度，旨在及时识别并填补制度中的空白领域，同时针对既有制度进行必要的修订与优化，以确保其与时俱进、适应发展需求，如2024年5月第二届理事会第十三次会议审议通过《财务管理制度》（修订稿）、《项目管理制度》（修订稿）。这一系列举措有力地保障了基金会组织治理的稳健运行与内部管理的持续优化，为基金会的长远发展奠定了坚实的基础。

依法办会		内部治理	
2017/12/20	《信息公开制度》	2020/12/15	《监事会工作制度》
2017/12/20	《重大事项报告制度》	2017/6/30	《财务管理制度》
2020/9/15	《新闻发言人制度》	2019/7/25	《保值增值投资管理制度》（2020/5/29修订）
党建工作		2019/10/28	《冠名基金管理办法》（2020/5/29修订）
2020/12/15	《党建工作经费使用和管理制度》	2020/6/20	《资金支出管理办法》
内部治理		2020/9/15	《档案管理办法》
2017/1/13	《章程》（2020/12/15修订）	2020/12/15	《基金会证件和印章管理制度》
2017/9/30	《理事会工作制度》	2020/1/17	《职工管理办法》
2019/5/21	《理事会议事规则》	2020/6/20	《和美志愿服务管理办法》
		2020/12/15	《运营管理手册》

图6-9 德胜社区基金会管理制度体系（部分）

以企业精益管理理念打造专业资助体系，形成社区公益的顺德方法。企业家是佛山最宝贵的财富，他们不仅在经济发展中富有智慧，对推动社会治理也有一套适用的"实践智慧"，强调以社会需求为依归、以社会成效为导向。基金会坚持"专业资助"的理念，不断优化工作流程和方法，建立资助标准、工作规范和项目流程管理，形成项目资助的管理制度，提升了资助的有效性，实现有效公益。此外，基金会积极推动本土项目资助标准建设，例如与顺德慈善会联合制定针对顺德社区长者和残疾人的"顺德善食"资助标准。

以冠名基金管理为例，德胜社区基金会于2019年10月经理事会审议通过《冠名基金管理办法》（见图6-10），捐赠者可在德胜社区基金会慈善账户下开设冠名基金，享受税收优惠，并且对善款使用长期享有建议权。冠名基金根据捐赠人意愿命名，在德胜社区基金会的宗旨和业务范围下，在顺德区内开展公益慈善项目，遵守德胜社区基金会财务管理制度及项目管理制度，专款专用。冠名基金设立一般为直接捐赠资金，也可以捐赠股权、有价证券、物业、知识产权等，初始资金为10万元人民币或等额外币。冠名基金管理方式可以从以下两种选择其中一种：设立基金管理委员会负责决策和管理：管理委员会由主要发起人、大额捐赠人和基金会代表组成，一般5—11人，设主任委员1名，由发起人代表担任；委托基金会全权管理：按协议约定用途，由基金会负责决策和管理工作，并于项目实施前把资金使用计划知会发起人。

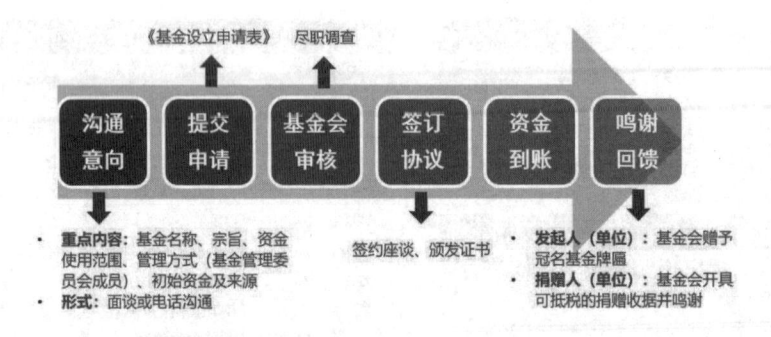

图6-10 德胜社区基金会冠名基金设立流程①

据财政部、税务总局《关于公益性捐赠支出企业所得税税前结转扣除有关政策的通知》，公益性捐赠支出不超过企业当年年度利润总额的12%，准予在计算应纳税所得额时扣除；超过年度利润总额12%的部分，准予结转以后三年内在计算应纳税所得额时扣除。根据财政部、税务总局《关于公益慈善事业捐赠个人所得税政策的公告》，个人的公益捐赠支出可以按照个人所得税法有关规定在计算应纳税所得额时扣除，扣除限额为应纳税额的30%。冠名基金享有免管理费待遇，其日常运营费用由德胜社区基金会承担，管理委员会成员均为志愿者，不领取报酬，不开支费用。为进一步扩大慈善资金的社会效益，德胜社区基金会针对冠名基金的管理办法中规定，对于符合基金会战略规划的冠名基金公益项目，基

---

① 广东省德胜社区慈善基金会微信公众号：《冠名基金|设立指引》。

金会将予以配资，最高可达1:1（见图6-11）。所有项目方案和预算事前审批，不接受事后报销。德胜社区基金会希望通过高效透明的管理促进这些冠名基金良性发展，从而继续共同关注顺德公益慈善事业，回应顺德社区发展需要，促进顺德和美社区建设。

税收优惠	免管理费	配套资金	高效透明	合作网络
·企业所得税 ·年度利润总额12%以内，可分3年抵扣 ·个人所得税 ·年度应纳税所得额30%以内	·日常运营费用由德胜基金会承担 ·管理委员会成员为志愿者，不领取报酬，不开支费用	·以基金实际支出为基数配资系数0-1 ·与基金会战略规划相符的项目最高系数可为1 ·其他非相关项目系数可为0	·透明资金管理 ·根据捐赠人意愿、重点项目需要，分项目独立管理善款收支 ·专业项目管理 ·高效支出审核 ·所有项目方案和预算事前审批，不接受事后报销	·庞大项目库 ·10个镇街公益合作伙伴 ·206个村居友好合作关系

图6-11 德胜社区基金会冠名基金特点及配套支持

此外，冠名基金设立时同步成立专属的基金管理委员会，负责审核和监督基金的使用，制定和实施资金筹募计划等工作。基金管理委员会按照多元参与、共商共议、合规高效的原则运作。一是委员会成员组成多元化，具有广泛的代表性。委员会通常由发起单位推荐一位关心社区建设的企业家、社会贤达担任主任委员，其他委员由村居"两委"代表、大额捐赠人代表，社区公益团体代表以及基金会代表组成。截至2023年底，28个冠名基金共有管委会成员149人（不含基金会代表），其中企业代表占整体64%，其他社区代表占36%。二是委员会发挥自身优势，积极履职。基金委员来源于不同界别，具有丰富的工作经历和经验，深入社区了解需求，对基金使用提出建设性意见，形成决议纪要，并参与协助项目落地实施。截至2023年12月，冠名基金管理委员会累计组织召开会议75次，并深入商议基金支出的项目方案、重点工作、筹募计划等重要事项，冠名基金共商共议的理念和机制已成为基金运营管理的核心原则和工作规范。

案例：2024年6月，德胜社区基金会乐邻大墩社区发展共建基金成立（见图6-12）。该基金由乐从镇大墩村民委员会发起设立，旨在通过支持大墩公益慈善事业发展，增强社区居民的幸福感与归属感。基金成立得到众多关心家乡建设且热心公益的乡贤积极响应，由大墩村"两委"代表、企业家代表、社区志愿团体代表以及德胜基金会代表等9人组成了第一届基金管理委员会（任期3年），负责基金项目支出审核、监督，资源持续发展，重大事项决策等工作，共同推动公益慈善项目落地。基金会秘书处对基金成立之后的管理规则、支出流程、配资审核等作详细介绍（见图6-13），确保冠名基金的后续运作透明高效。

图6-12 德胜社区基金会乐邻大墩社区发展共建基金签约仪式[①]

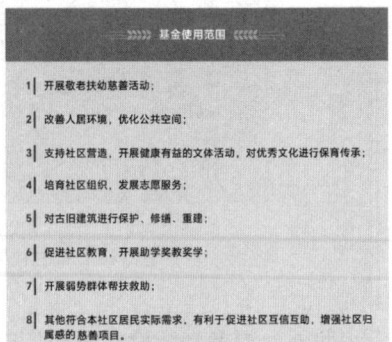

图6-13 德胜社区基金会乐邻大墩社区发展共建基金使用范围[②]

在组织建设方面，德胜社区基金会做到信息公开透明。基金会的单位登记信息、地址、联系方式、重大活动、每年工作报告、财务审计报告等信息均已在官方网站对外公开，确保公众便捷获取。此外，基金会每年精心编制年报，并向各利益相关方广泛发送，以增进社会各界对德胜社区基金会的认知与理解。同时，德胜社区基金会严格遵守年检、年审制度，连续多年保持年报合格纪录，并通过广东省民政厅的官方渠道，将年度工作报告等信息向社会公开。德胜社区基金会的中基透明指数（FTI）达到满分100分[③]，彰显了其在行业内的卓越透明度和不断提升的公信力。

---

① 图片来源：广东省德胜社区基金会微信公众号：《冠名基金｜德胜基金会乐邻大墩社区发展共建基金签约成立》。

② 同上。

③ 资料来源：中基透明指数FTI2023分数查询系统，https://fti.foundationcenter.org.cn/FTI。

第四节 构筑公益生态

德胜社区基金会关注公益人才的培养和本土公益组织的成长,秉持以资源撬动为核心的资助理念,积极促进各方主体责任归位,携手合作共建本土公益生态链,以此推动顺德公益生态形成良性循环。正如德胜社区基金会副理事长郭祺所强调的:"基金会不是项目的领导,而是顺德公益慈善事业的实践者、同行者、引领者,与各方共建顺德公益生态。"[1]

一、育才筑基强根本[2]

早在2018年,德胜社区基金会就与清华大学公共管理学院共同举办"清华大学—顺德区基层治理人才研修班"(以下简称"清华班"),旨在通过基层治理政策解读、治理能力建设、基层治理专业技能提升、现场教学与行动学习等多个模块,培养具有系统思维、扎实的基层治理专业技能的基层治理创新人才。发展至今,"清华班"已成功举办三期,由顺德区委政法委、区民政人社局、德胜社区基金会联合主办,顺德区社会创新中心提供在地支持,资源共投入646万元(见表6-1),是德胜社区基金会目前投入最大的战略性、基础性项目。"清华班"不仅提供政策解读、社区协商议事、社区营造和社区动员等课程的赋能陪伴,还通过"和美社区计划"项目资助,支持学员开展基层实践。在这一过程中,不断涌现出一大批创新项目,如碧江社区参与式规划、左滩村议事协商等,呈现出蓬勃的生命力。德胜社区基金会在其中扮演了重要角色,陪伴并助力这些骨干在社区公益项目实践中茁壮成长,共同取得了良好的社会效益,有效推动了众多村居干部和社会组织负责人成为顺德基层治理的主力军。

---

[1] 广东省德胜社区慈善基金会微信公众号:《机构动态 | 德胜基金会第二届理事会第十三次会议顺利召开》。

[2] 资料来源:《德胜基金会关于清华大学顺德基层治理研修班成效情况的报告》2022年。

表6-1 "清华班"整体资源投入列表

年份	2018年	2023年	2024年	合计
项目金额	203万元	238万元	205万元	646万元

（一）以实践能力提升为导向的特色课程设计

"清华班"课程内容设计兼具理论高度和实践导向性，基于清华大学公共管理学院20年来在社会治理和社会组织方面扎实的研究基础，包含基层治理的政策模块、技能模块和认知模块。

1. 政策模块：主要阐述社会治理政策的发展脉络、解读党的十九大以来城乡社区治理的相关政策。

2. 技能模块：主要基于基层治理创新6要素模型（见图6-14），根据顺德调研提取6大关键议题：社区冲突化解、社区民主协商、社区社会组织培育、社区资源开发、社区文化与价值、社区领导力，提升学员针对具体议题的核心技能。

3. 认知模块：根据系统思考和U型理论，帮助基层干部完成领导者个人心智模式的转变，提升系统思维、领导力。

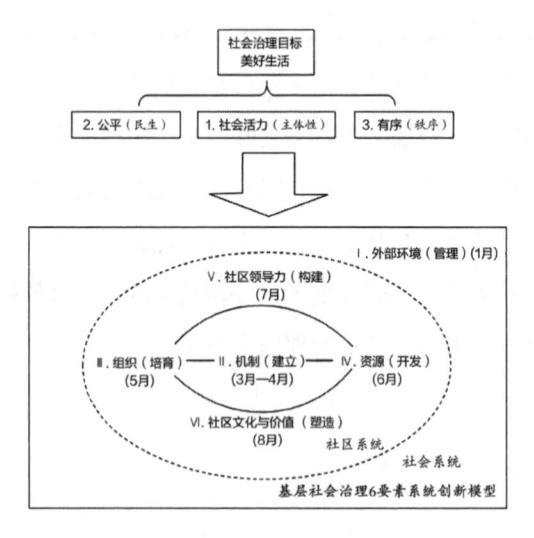

图6-14 清华大学基层社会治理六要素系统创新模型[①]

---

① 图片来源：《德胜基金会关于清华大学顺德基层治理研修班成效情况的报告》2022年，第2页。

（二）专业多元的培训师资

师资队伍汇聚了政府人员、社会组织负责人及学界精英。其中，政策模块师资以资深学者和政府专家为主，具有一定的高度和深度。认知模块的师资主要由清华大学、北京大学教授担任，将系统思考和U型理论与中国的善治相结合，既保留了国外对系统思维和认知科学的前沿理念，也将中国传统文化思想纳入教学，中西结合，为我所用。技能模块，由清华大学、北京师范大学、中国社会科学院等机构的资深教师共同参与，以深厚的学术底蕴与深入的实践观察，为学员提供全面指导。同时，邀请在相关议题上深耕多年的实践专家开办工作坊，帮助学员学以致用（见表6-2）。超过42%的学员认为丰富、多元、专业的师资是课程的较大特色，具有较大吸引力。

表6-2 清华大学顺德基层治理研究班课程设计（以2024年为例）

序号	课程模块	课程安排
1 北京，三天	模块一：开启心智、理解政策	基层治理政策解读、加快发展新质生产力
		积极心理学、乡村振兴政策解读
		共创工作坊（一）：东西方共创的理论、方法与实操 中国传统治理思想经典导读、共创方法论
		共创工作坊（二）：共创学习之旅的命题、组队与路径规划
2 顺德，两天	模块二：党建引领与资源动员	党的社会工作新体制与社区发展治理
		学友分享：社区慈善撬动社区共建共治共享新格局
		社区社会组织与自组织培育
		社区营造与社区基金培育发展
		学友分享：社区党委引领统筹的社区资源动员
3 顺德，两天	本土课	1. 顺德本土文化及历史通识课 2. 近三十年顺德社会管理变革回顾
4 顺德，两天	模块三：参与式规划设计与社区参与	社区参与式规划的工作理念与路径
		瞄准居民需求，社区资源议题盘点与愿景共识凝聚
		参与式设计及参与式规划的方法介绍
		参与式设计空间共学工作坊

续表6-2

序号	课程模块	课程安排
5 成都，三天	模块四:社区治理机制与资源管理	讲座：成都社区治理的政策创新与社区治理
		实地考察：1. 调研基层减负报表通工作 2. 分组实地考察（含座谈交流） A组：盘活社区闲置资产、信义治理、集体经济发展等 B组：信托制小区治理、拆迁安置小区发展治理
		讲座："爱有戏"开展社区营造的主要做法与经验
		分组实地考察：城市社区发展治理（一） A组：社区慈善与志愿资源挖掘 B组：盘活社区资产、社区社会企业与社区产业发展
		分组实地考察：城市社区发展治理（二） A组：社区数字治理 B组：社区公共空间营造、社区文化等
		世界咖啡：成都感知之旅的反思与总结
6 顺德，两天	模块五: 面向未来的社区文化共创	社区文化保育与更生：案例引入
		共创工作坊（三）：社区文化与原型共创
		共创工作坊（四）：社区价值与原型共创
		共创工作坊（五）：社区精神与原型共创
7 顺德，一天	本土课	1. 公文写作与如何讲好社区营造故事 2. 公务礼仪
8 顺德，两天	模块六: 社区协商与冲突管理	个人领导力之自我认知
		打造高效能团队
		领导力提升的理论与方法
		工作坊：社区领导力
		学友分享：团队建设
9 顺德，两天	模块七: 社区协商与冲突管理	社区参与的方法
		工作坊：社区协商
		社区冲突管理的方法与案例
		工作坊：冲突管理
10 顺德，两天	模块八:行动方案完善与展示	共创工作坊（六）：原型复盘与共创心得
		共创工作坊（七）： 1. 世界咖啡：挑战原型 2. 圆圈分享
		共创工作坊（八）： 社会剧场：原型排练

（三）区别于传统教学的教学方法

教学方法创新，有效提高学员参与度。除了传统的讲座式授课外，培训采取了角色扮演、3D建模、漫游挂图、视觉记录、工作坊、外出参访等多种非传统教学方法，形成以研讨交流为主的参与式模式。项目重视依托学习社群持续形成朋辈支持，建构学员学习社群，为小组安排创新原型作业。研修班结项后，不少村居书记之间的友情得到延续，经常就工作中同类难题互相交流、互相支招，促进了跨镇（街道）、跨村居好的经验做法的扩散，成为延续至今的学习资产。

（四）学以致用提升基层治理实效

通过对历年参加"清华班"研修的学员进行追踪统计，学员成长及项目实践情况如下：

1.学员构成（见表6-3）：共计178人，覆盖115个村居。其中，顺德区内村（社区）干部115人，社会机构管理骨干47人，政府部门骨干7人，区外学员6人，企业/媒体代表3人。

表6-3 "清华班"历年学员情况列表

类别		2018年	2023年	2024年	合计
学员总数		58	60	60	178
学员类别	区内村（社区）干部	29	41	45	115
	社会机构管理骨干	14	18	15	47
	企业/媒体代表	2	1	0	3
	政府部门骨干	7	0	0	7
	区外学员	6	0	0	6
覆盖村居数量		29	41	45	115

2.基层治理干部成长情况："清华班"通过专家课堂讲授、调研考察、共创工作坊、分组讨论和作业等方式充分调动学员的积极性和能动性，激发学员共创能力，提升他们在基层治理工作中的领导力、创新力。据统计，经过"清华班"培训的122名区镇村三级基层治理骨干能力提升明显，其中17名学员职务有晋升，他们当中的9名学员晋升为单位一把手［包括6名村（社区）书记，3名镇（街道）部门正职］。

3.学员项目实践情况:"清华班"整体课程内容设计注重方法和工具,以实践为导向培养,并鼓励学员实践,实行项目资助+人才培养双向支撑的策略。学员申报顺德区各级竞争性资金及慈善资助的数量较大,活跃度较高。据统计,115名村居学员中,62名学员向德胜社区基金会"和美社区计划"申请获资助项目136个,资助总额2625.5万元;69名学员向顺德区社会治理"众创共善"计划申请获资助项目181个,资助总额1889.9万元;促进学员实施行动方案,推动社区善治。

4.学员拓展社会资源情况(见表6-4):经过"清华班"培训的学员拓展社会资源的意识显著增强。目前德胜社区基金会15个社区基金中,13个来自"清华班"学员所在的村/居。学员们普遍增强了整合资源、撬动社会资源的意识和能力,多方筹集资金支持社区公益项目的持续发展,募集资金超1954.55万元,捐赠超3837笔,支持社区公益可持续发展。

表6-4 "清华班"学员所在村(社区)设立冠名基金情况列表(金额单位:万元)

序号	学员级别	基金名称	资金量
1	2018年	儒学上涌社区共建基金	95.58
2	2018年	东平社区党群共建基金	19.80
3	2018年	华口社区公益慈善基金	122.11
4	2023年	智爱文华社区基金	36.52
5	2023年	东风村共建基金	865.38
6	2023年	太平众涌教育帮扶基金	362.47
7	2023年	龙涌口和美乡村共建基金	98.10
8	2023年	罗沙村振兴基金	125.46
9	2023年	江村社区发展慈善基金	114.83
10	2023年	天湖和美乡村发展基金	38.33
11	2023年	振华公益伴我行社区基金	53.30
12	2023年	乐邻大墩社区发展共建基金	12.47
13	2024年	仓门社区共享慈善基金	10.20

案例：2024年的"清华班"由顺德区委政法委、顺德区民政和人力资源和社会保障局、德胜社区基金会联合主办，清华大学公共管理学院承办，顺德区社会创新中心提供在地支持，这项基层治理人才培养计划预计为期8个月，以专家讲座、工作坊、行动学习等多种参与式学习方式，涵盖基层治理政策解读、领导力与团队建设、城乡社区风险管理等模块，致力于培养具有系统思维、扎实的基层治理专业技能、优秀的领导力和行动力的基层治理创新人才。

二、多维孵化促成长

德胜社区基金会的资助模式呈现出立体式、陪伴型的特点，按照从人才支撑到行业建设再到具体的公益项目的清晰逻辑，展现其在推动顺德本土公益事业发展中的深远影响。在这一逻辑框架下，德胜社区基金会充分认识到人才作为创新基层治理的先导性因素，通过持续开办"清华班"等高质量教育培训项目，将人才培养置于强基固本的战略高度，进而助力行业建设，推动公益生态的整体发展。

针对不同的社会组织，德胜社区基金会采取分类资助策略。对于初创公益组织、青年公益组织、社区自组织采取小额资助，培育公益人才与组织发展；对专业机构，进行大额资助，培育其成为顺德公益行业的中坚力量；对平台组织，进行错位发展、项目合作。

打造多维立体孵化支持体系，培育社会治理创新的多元行动主体。一是通过小额资助，以各类志愿团队、兴趣团队为基础，推动社区组织增强自我管理的能力和服务社区的意识，培育社区内生动力关注社区问题。二是为专业社会组织提供灵活的"非限定资助"，支持公益组织优化管理、提升团队等，培育其成为顺德基层社会治理创新的重要力量。

在赋能社会服务与志愿服务提质增效方面，一是为志愿服务组织提供非限定性资助，资助他们的专职人员费用和能力发展，已资助大良一心志愿者协会、红豌豆阅读推广协会、容桂心声热线援助会等组织。二是支持镇（街道）志愿者联合会的社会化运作探索，通过强化枢纽的服务功能激活所属的各支志愿服务队伍，累计资助容桂街道、乐从镇、杏坛镇、大良街道、陈村镇、勒流街道6个镇（街道）志愿者联合会。三是通过社区营造项目的资助支持村居志愿服务的发展，包括资助志愿服务驿站的建设及村居志愿服务队伍的培育，例如逢简志愿服务驿站建设项目、东风村木棉花志愿服务队培育项目等。四是联动区青年企业家协会通过小额资助，支持广大青年人下沉社区开展各类志愿服务活动。目前已建立起志愿服务发展多层次支持机制，形成镇（街道）志愿者联合会枢纽带动+专业志愿服务组织提升发展+村居志愿服务队伍孵化培育的项目合作网络，助力顺德志愿服务发展既有参与面的拓展，又有专业上的深化。[①]

案例：在德胜基金会的资助下，由一心社会工作服务中心开展的"耆英汇聚齐共创"勒流微公益项目，通过鼓励勒流长者综合服务中心的长者会员和长者义工积极提案，开展适合长者参与的文化、帮困、教育、便民设施、微改造等项目，并通过参与式治理，回应社区需求。项目培育了14个长者微公益团队，56名平均年龄72岁的长者，由一群"听从"社工安排的参与者成长为自发开展服务的服务者。围绕长者互助、长幼互助、邻里互助主题，长者自编自演长者防诈骗小剧场，开展儿童传统家常菜教学、爱心茶派发、儿童暑期夏令营、社区安全教育等项目，在5个村居开展活动60多场，服务覆盖社区长者及其他群众1851人次，提供志愿服务550小时，提升了长者自理、参与、互助的意识。项目还带动28名村居长者及16名学生作为微公益行动的义工，协助各微公益队伍开展服务。通过长者微公益项目，更多长者们走出家门，积极参与社区活动和事务，在友爱和谐的社区中安享晚年。（见图6-15）[②]

[①] 广东省德胜社区慈善基金会微信公众号：《年度报告|德胜基金会社区公益2023年"成果展"及2024年"施工图"》。

[②] 同上。

图6-15 "耆英汇聚齐共创"勒流长者微公益项目总结会

此外，德胜社区基金会成立专属志愿服务队——"和美志愿服务队"，从自身出发积极探索专业志愿服务的发展路径，助力社区公益。2020年6月"和美志愿服务队"成立，截至2023年3月，登记在册的和美志愿者共有119人。志愿者通过参与基金会项目走访、评审、陪伴支持，以及专业委员会等各项工作，深入发掘和反映社会问题与社区需要，运用专业知识为基金会各项工作提供智力支持，为有需要的公益伙伴提供志愿咨询服务，与基金会共同推进顺德社区公益慈善事业，实现志愿服务与社区公益的"双向"赋能。

三、资源整合共繁荣

德胜社区基金会始终秉持捐赠人何享健先生"希望动员更多社会力量一起做公益"的善愿，随着"和美社区计划"的深入实施与成效的日益显著，基金会的社会资源动员能力得到了显著提升。作为慈善资源的有效联动者，德胜社区基金会积极发挥"顺德社区慈善信托"的资金杠杆作用，注重链接地方政府资源，广泛吸纳更多民间慈善资源，并通过推动冠名基金的设立与发展，进一步撬动和整合更多社会资源，形成资源合力，共同推动顺德地区公益慈善事业和社区公益的可持续发展。

（一）设置品类丰富的冠名基金

德胜社区基金会广泛发动商协会、企业、村居、社会组织等在基金会建立冠名基金，通过项目配资、联合资助的方法，共同推动社会问题的解决。例如，佛山市顺德区社会服务联合会设立的社会服务发展基金旨在资助推动和促进顺德社会服务行业的行业交流、人才培养、服务提升、政策倡议等项目。佛山市顺德区合峰房产有限公司设立的合峰红豌豆儿童悦读基金定向用于支持佛山市顺德区大良红豌豆儿童阅读推广协会开展的公益儿童阅读活动和持续发展。佛山市顺德区青年企业家（青商）协会设立的德·益基金，通过和德胜社区基金会会的合作达到了1+1＞2的效果，所有的慈善资金放大了一倍，发挥了最大的效率，能够帮扶和带动更多的顺德青少年成长和参与公益。顺德区社会创新中心捐赠66.67万元成立可持续发展社区基金，致力促进具有一定经营能力和自我造血机制、兼具社会价值和经济效益的社区公益项目成长，推动顺德城乡社区的可持续发展，增强社区治理的内生动力（见图6-16）。2023年5月7日设立的乡村发展协会振兴基金由佛山市顺德区乡村发展协会发起，旨在促进社会力量参与顺德乡村振兴事业，推动和美乡村建设，助力顺德乡村振兴公益慈善事业发展。

图6-16 德胜社区基金会部分"冠名基金"授牌仪式[①]

[①] 广东省德胜社区慈善基金会微信公众号：《德胜基金会成立三周年活动暨2020年德益青年公益行动发布会圆满成功》。

（二）冠名基金得到蓬勃发展

近年来，一个个冠名基金在德胜社区基金会成立，既有像东风村共建基金、儒学上涌社区共建基金、勒北思源基金、太平众涌育教帮扶慈善基金、君兰社区公益基金、智爱文华社区基金等社区共建基金，着力于激发村居内生公益慈善活力，共推乡村振兴，也有像德·益基金、顺德女企慈善基金、容桂青商慈善基金、顺德环境保护公益基金、顺德女子高协爱心基金等一样的商会冠名基金，专注于打造慈善品牌，传扬顺商精神，扩大社会影响力，还有像社会服务发展基金、合峰红豌豆儿童悦读基金、可持续社区发展基金、顺德文艺育才基金、德雅文教基金、和爱公益人关怀基金等一样的其他冠名基金，致力于鼓励创新探索，回应多样化的社会需求。

截至2024年6月7日，德胜社区基金会已累计设立冠名基金29个，接收社会定向捐赠超过3073万元，冠名基金出资1218.05万元，德胜社区基金会配资418.35万元。通过冠名基金的发展可以实现项目资助与社区资源动员互促共进，使慈善资源的社会效益得到充分放大，也为申请公募、形成有社区基金会特色的资源发展模式明确了方向。特别值得关注的是，由北滘镇君兰社区居民委员会发起设立的"君兰社区公益基金"是德胜社区基金会成立的第一个社区基金，为德胜社区基金会未来更加持续、深入动员社区资源，支持社区建设提供了新的模式。此外，"德胜女企基金"投入100万元，德胜社区基金会配套30万元共同开展2021"赋力行动"，"德胜女企基金"的项目资助模式也为德胜社区基金会实施联合资助，搭建捐赠人与社区需求对接平台提供了新的模式。

（三）聚焦社区基金，有力撬动社区资源

如果说，德胜社区基金会与顺德区青年企业家（青商）协会联合打造的"德益青年公益行动"，与区女企业家协会打造的"睿兰赋力行动"，是基金会与商协会基金在社区公益方面形成的合力，那么，在社区，德胜基金会正不断向下扎根，有力撬动更多社区慈善资源的加入，社区公益人人参与的氛围日益浓厚。随着"和美社区计划"资助工作持续耕耘，以及"清华班"战略人才项目加持，村居开展社区公益的意识及能力提升，以2023年为例，德胜基金会新增设7个社区基金，截至目前累计设立13个社区基金。

2021年4月，东风村在德胜基金会设立社区共建基金。该基金的组建得到了东风村民、乡贤和企业的广泛支持，捐款人数逾千人，占全村户数的90%以上，筹得资金630多万元，并且以"不动本"基金的方式为社区发展提供可持续资金。截至目前，东风村通过充分调动16个村民小组积极性，广泛发动村民、企业参与捐赠，东风村全村超过90%居民户、超过60个企业等爱心单位参与捐赠，现已筹集善款超800万元。该基金将其中600万元设为"不动本"基金，将保值增值的收益持续用于发展村内公共建设和民生事业，成为可持续推动东风村发展建设的"大水池"，同时也为顺德社区可持续慈善探索"新路径"。

由村级成立具有规模的"不动本"基金，在国内甚为罕见。德胜社区基金会东风村共建基金的设立，将对勒流街道、顺德区乃至全国开展社区营造、基层治理产生深远影响。在"'泽善至美，奋进兴城'2023年顺德慈善榜样致敬活动"中，德胜社区基金会东风村共建基金获评为顺德区"紫玉兰慈善榜样"奖。事实上，东风村共建基金的建立既是德胜社区基金会冠名基金的一个典型例子，也是其成立各类冠名基金，动员更多社会资源传递社会正能量的一个缩影。德胜社区基金会副理事长郭祺认为，5亿元的"顺德社区慈善信托"、东风村共建基金，以及由基金会理事、监事成员发起筹建的和爱公益人关怀基金，均以"不动本"基金的方式开展社区公益，将成为推动长远社区公益行动最有效的模式。

德胜社区基金会注重发挥管理委员会作用，形成社区公益共商共议机制。在设立冠名基金时，便同步遴选乡贤及社区骨干成立专属管理委员会。例如早在2021年东风村筹建社区共建基金之际，在德胜社区基金会的推动下，东风村委会就联动乡贤、企业家、村民代表组建多元参与的基金管理委员会。德胜社区基金会建立起涵盖冠名基金尽职调查、募款咨询、管委会运作、项目陪伴辅导及监测评估等环节的专业服务体系，加强捐赠人服务。除东风村共建基金外，儒学上涌基金、太平众涌帮扶基金、江村社区发展基金、华口社区公益基金、龙涌口和美乡村共建基金等，均呈现较好社区动员效果，成为联合社区两委、社区乡贤、社区居民及社会组织参与基层治理的活水来源。

第七章

广泛参与　成效卓著

在我们这个长期由行政逻辑主导、高度依赖党政机关指挥的社会，要讨论引导社会力量参与基层治理，除了要解决有没有捐赠人提供资金支持，能不能成立相关社会组织之外，还需要解决"让不让真正参与基层社会事务"的问题。从顺德的实践看，基于当地各级党委、政府对共建共治共享有深刻的认知，社会力量得以在全区十个镇（街道）全面参与"社区营造"，并能够在城乡社区的"幼有所育、学有所教、劳有所得、病有所医、老有所养、住有所居、弱有所扶"发挥独特作用，从宽泛领域动员社会力量充分参与基层治理，使其成为真正的共建共治共享主体，助力形成富有活力的基层社会治理格局。

第一节　促进基层协商民主

党的二十届三中全会指出，发展全过程人民民主是中国式现代化的本质要求。要"完善协商民主体系，丰富协商方式，健全政党协商、人大协商、政府协商、政协协商、人民团体协商、基层协商以及社会组织协商制度化平台，加强各种协商渠道协同配合"，要求"完善基层民主制度体系和工作体系，拓宽基层各类组织和群众有序参与基层治理渠道"。顺德区将"加强社区居民参与能力，支持和帮助居民群众养成协商意识、掌握协商方法、提高协商能力"作为推动基层治理的立足点，将开展社区议事协商作为创新社区治理的重要任务和发展方向，积极探索完善基层社区协商治理机制。

一、搭建多层级协商机制

顺德区党委和政府陆续出台的系列文件，为社会力量参与基层治理提供了政策支持和方向指引。在此基础上，探索搭建多层级的会商机制，通过跨部门的协同合作，提高政策实施的精准度和效率，促进了各项工作的顺利开展和高效治理。在建设广东省高质量发展体制机制改革创新实践试点过程中，区党委政府以"践行新发展理念、建设现代化顺德"为主题，组织党委、人大、政府、政协四套班子成员，围绕24个重点课题开展专题调研，通过召开专题座谈会等方式广泛征集意见建议，寻找创新发展的突破口。顺德区政协通过月度协商座谈会等形式，邀请区政协委员、职能部门负责人、社区代表等围绕社会治理相关议题进行深入探讨交流，持续完善基层社会治理体系。

顺德区政府与广东省和的慈善基金会通过建立联席会议制度，实现政府高位统筹，构建政社互动机制，充分发挥社会力量在顺德区的慈善事业发展中的重要作用。在顺德区政府与和的慈善体系联席会议机制的基础上，德胜社区基金会主动服务发展大局，与政府部门和村居组织紧密合作，开展社区需求调研，精心设计慈善项目，充分发挥协同、辅助、补位和探索等功能。德胜社区基金会与10个镇街建立公益合作伙伴关系和沟通联络协调机制，构建"基金会+镇街政府"公益合作机制。通过定期举办"多元参与推动基层治理高质量发展座谈会"等活动，邀请顺德区委、区政府领导和10个镇街的相关领导及相关科室的主要负责人出席，实现充分沟通，联动多方共同支持推动社区公益在全域发展。

案例：乐从镇乐从社区创新超大型社区现代化治理模式，因地制宜地搭建了协商议事平台——"共治共享"委员会，有效带动居民实现自治。北滘镇黄龙村党群共建公益微创投平台定期开展多方联席会议，形成"每季一议、每议必行"的党群沟通互动机制，促进资源资讯共享，提升村民参与社区事务的主体意识。容桂街道振华社区成立"佛山市顺德区容桂街道振华社区共治互助促进会"，将推动协商解决社区公共议题作为重要的工作内容。

二、公众深度参与社区治理

顺德区鼓励社区两委发挥组织领导、方向引领、统筹协调作用，调动社区社会组织、党群先锋队、社工机构、企业等各类社会主体的积极性。通过资金申报项目共建、村企结对、联席沟通等方式，结合多元主体自身优势，搭建"一核多元"的社区治理体系。共同参与社区治理，做到"治理过程让群众参与、成效让群众评判、成果让群众共享"。

（一）建立议事协商制度

通过搭建议事协商平台、培育社区组织和居民骨干、共建共享民心项目、建设社区基金等，持续完善党建引领的社会参与机制，建立常态化议事协商机制，形成从意识培养到行动倡导的议事协商链条，有效解决社区重点难点问题。

案例：龙江镇龙江社区成立龙江社区旧楼微治理助力金，以1∶1配资方式鼓励业委会、楼长、党员和热心居民，主动发现、共同解决小区问题。龙江社区党委联合尚善社工牵头，建立"共商议、齐表决"的议事协商机制，在商业中心小区开展"街坊协商议事"益街坊茶话会活动，在老旧小区改造的调研、设计、实施、运作等全过程动员居民参与议事协商。微治理助力金支持完成11个老旧小区改造、扶持27个微治理项目，并撬动居民自筹约14.5万元，有效解决旧楼小区的渗漏堵塞、树木横生、缺乏监控等问题。

（二）设置丰富协商议题

在基层治理中设置丰富的议事协商议题，涵盖社区发展的各个方面，通过民主协商的方式推动社区治理的现代化和精细化。依托科学的议事协商机制，充分调动企业、社会贤达和公众等多元主体广泛参与基层治理事务，形成党委、政府与企业、社会合作共生的良好关系。注重协商议事的科学性和合理性，形成协同共建的巨大力量和良好局面。

案例：陈村镇合成社区党委联合社工构建"双线"（线上+线下）议事平台，通过9次楼栋会议，广佛颐景园小区顺利成立了互助委员会，居民自愿成为互助大使。社工协助物业代表、互助委员会成员召开协商会议，就小区治理的参与多元主体讨论，多元主体经会议得出的居民最希望解决的社区公共问题。随后，互助大使就共性议题的后续实践进行讨论和投票，最后制定实施方案。

表7-1 广佛颐景园小区协商会议形成的议题[①]

序号	议题内容
1	停车识别系统升级优化
2	防范处置高空抛物与洒水
3	养宠物的问题
4	堵塞消防通道（生命通道）问题
5	电动车充电问题（安全隐患）
6	小区外施工噪声问题

（三）取得明显协商成效

顺德区立足社区治理面临的新形势和挑战，以项目为纽带，通过党委政府的引领和支持社区居民的主导和参与、社会各界的联动及协作，增强社区居民"自己的家园自己建"的主体责任和共同体意识。调动社区组织为居民提供素质课堂学习，开展社区议题实践，提升基层群众公共参与的内在动力和专业能力，以集体力量持续性地解决社区问题，推动社区实现共建共治共享的发展。

案例：龙江镇苏溪社区在20多年的探索中逐步建立和完善基层议事协商的"铁三角"模式，即议事协商会、乡村振兴促进会、社区自组织（善行会）三大议事平台。通过灵活运用本土资源策略，动员社区居民参与议事协商，提高居民对社区文化的认同感和归属感，推动社区治理创新转型。在议事协商过程中，通过自下而上参与公共事务协商的方式奠定社区群众基础，对社区公共议题开展分类管理，营造议事协商氛围。社区议事协商效果明显，成为加速苏溪社区协商专业化发展的支持性力量，推动了苏溪社区治理创新局面。

---

① 资料来源：顺德社会创新中心公众号，《社造案例 | 顺德合成社区：探索议事协商模式 多元主体共同参与》。

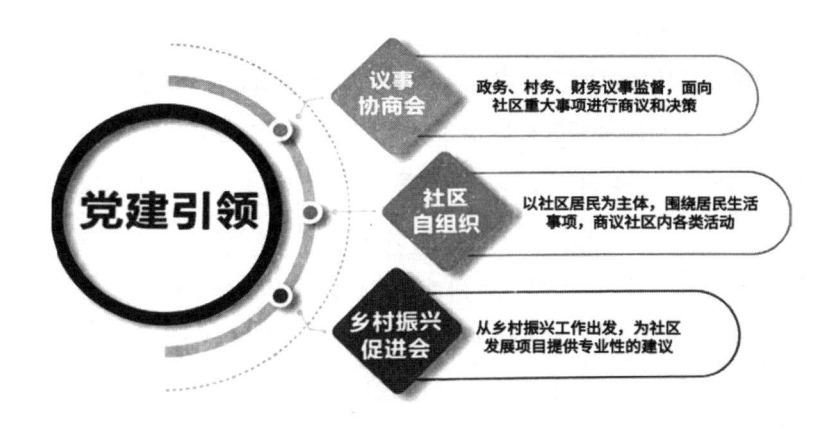

图7-1 龙江镇苏溪社区议事协商"铁三角"[①]

三、提升社会力量协商能力

社区协商中给予各个主体充分的自主权,让多元主体充分独立自由地发挥自身在社区中的功能和作用,也是社区协商的本意所在。各主体单位为促进社区事务发展共同协助工作,在分工与配合方面可以相互监督,保证社区公共事务的合理有序开展。

(一)重视社区协商议事骨干培养

组建由专家学者、干部队伍和先进典型等组成的讲师团,建立系统化的培训体系,培训内容涵盖社区治理、协商议事技巧等多个方面,为社区协商议事骨干提供高质量的培训指导。鼓励社区协商议事骨干积极参与社区治理和协商议事活动,对表现突出的骨干给予表彰和奖励,激发工作的积极性。通过挖掘和培育社区骨干及自组织,着力培育楼长、街巷长、党群志愿者等志愿服务队伍,搭建邻里互助平台。建立以组织骨干为核心的互助服务网络,深度融合到社区治理的各项事务中,提升居民自我服务能力。

---

① 图片来源:顺德社会创新中心公众号,《社造案例 | 顺德苏溪社区:柔性协商夯实基础,社工助力社区发展》。

（二）拓宽社区协商议事的渠道

顺德区在拓宽社区协商议事渠道方面采取了多种措施，聚焦居民最关注的社区公共环境、空间利用经营等社区治理难题，搭建多元化协商平台，创新协商议事模式，丰富协商议事渠道，培养居民议事协商能力。以参与式规划设计方式解决与居民利益息息相关的议题，通过积极引入外部资金或整合社区资源，推动居民对社区事务全方位参与，提高社区协商议事的效率和质量。

案例：大良街道新松社区锦绣一村过往单靠居委会进行管理，普通居民缺乏参与渠道和平台。自建立《新松社区锦绣一村小区议事协商机制》，从制度上明晰了社区议事的范围、频率、程序等，搭建常规的议事会平台和不定期的居民发声平台，拓宽居民参与的渠道。在社区党委带领下，围绕社区环境公共议题，以议事队伍为核心，联合社区商企、小区志愿服务队成立环境改善互助会，形成多元主体参与的格局。另外，通过公民素养课堂、小区议事情报站、小区公约签订等形式，充分宣传"自己家园自己建"以及"民事民议"的理念，推动居民了解、认同、参与和监督社区议事协商工作，营造议事协商氛围[①]。

第二节 补充基层公共服务

顺德区委、区政府出台系列政策文件，积极吸纳社会力量参与基层治理，发挥群团组织和社会组织在社会治理中的作用，畅通和规范市场主体、新社会阶层、社会工作者和志愿者等参与社会治理的途径。通过多元共治、协同善治的方式，聚焦教育公平、养老服务、医疗服务、社会帮扶等核心领域，有效补充基层公共服务，提升基层治理效能和群众满意度。

一、致力实现教育公平

顺德区通过一系列措施和政策，不断提升教育质量，促进教育公平。社会力

[①] 顺德社会创新中心公众号：《社造案例 | 顺德新松社区：老旧小区议事协商机制的构建》。

量通过资金捐赠、开办学校、志愿服务以及教育基金与慈善信托等多种方式，在其中发挥了重要作用。帮助改善学校办学条件，提升教学质量，为顺德区教育公平提供了有力支持，促进了教育事业的持续健康发展。

（一）创办公益性学校

国强公益基金会以人的培养为中心，以实际行动助力慈善事业发展，积极参与教育树人、文化育人、生物多样性保护、乡村振兴、社区发展、应急救援等公益慈善事业，推动国家民族富强与人类社会进步。在教育树人方面，国强公益基金会通过创办公益性学校、设立教育助学专项基金、开设公益课堂、支持高校发展等方式践行公益，持续探索教育高质量发展的创新模式，着力培养中国式现代化所需的时代新人。

国华纪念中学创办于2002年9月，是国强公益基金会捐资2.6亿元依法兴办的全国第一所纯慈善、全免费的民办高级中学，面向全国招收家庭生活困难，学习成绩优异，素质超群的初中毕业生。学生入读国华纪念中学后，高中阶段学习、生活、交通等一切费用全部由学校承担，考上大学本科、硕士、博士，学校继续资助学费、生活费。截至2022年，国强公益基金会累计为国华纪念中学投入金额达到7亿元，累计招生3753人，已毕业2920人，培养出的毕业生中以后获得硕士学位的1011人，博士学位的199人。国华纪念中学创办人杨国强先生表示，他真诚希望每一个走出"国华纪念中学"的学生，铭记本校"滴水之恩，涌泉相报"的价值观，既受助于社会，当以奉献社会为终身追求。

国华纪念中学有24—30个教学班，可供1000—1500名学生在校学习。经过二十多年的沉淀，探索出了一套卓有成效的德育和智育特色课程，全面培养未来社会的精英人才。国华纪念中学注重学生自我管理能力的培养，提供各种平台让学生了解社会，邀请各领域的专家、学者和教授，为学生提供高质量的讲座。注重学生的终身成长，组织每一届学生高中三年有步骤、有系统地认识自我，了解职业，从而规划未来。

图7-2 国华纪念中学课程资源①

（二）设置助学基金

国强公益基金会作为重要的社会力量，近年来设立了包括仲明大学生助学金、惠妍教育助学基金在内的二十余项教育助学专项基金，覆盖了从小学到大学各个教育阶段。聚焦于资助家庭经济困难但品学兼优的学生，缓解了众多学子及其家庭的经济压力，在全社会范围内弘扬了尊师重教、助学兴邦的良好风尚，推动国家教育事业的持续繁荣与发展。

1.仲明大学生助学金

1997年4月21日，国强公益基金会荣誉会长杨国强以匿名方式捐出当时的一半身家100万元设立仲明大学生助学金，用于资助广东省20所高校品学兼优的家庭困难大学生，委托羊城晚报社负责管理。2005年起，仲明助学金管理委员会日常管理从羊城晚报社转至中山大学，设立了专人管理，建立了仲明档案，开设了专门网站，捐资人与仲明学子建立了更紧密的联系。2021年，在共青团广东省委员会指导下，广东省仲明助学志愿服务促进会正式成立，发起仲明薪火计划，致力于资助公益项目，服务足迹遍布14个地级市的城中村或偏远乡村。2022年，

---

① 图片来源：国华纪念中学官网，"办学特色"栏。

仲明大学生助学金进一步完善"资助+赋能+服务"三位一体助学体系,项目服务足迹遍布广东乡村。

仲明大学生助学金以"受惠社会、回报社会,让爱薪火相传"为宗旨,每位受助者自愿签署一份《仲明助学金道义契约》,承诺有能力时要将受助的款项回捐到仲明基金用以帮助更多有需要的家庭困难学子。捐资人希望以个人的慈善行为带动和影响更多学子加入助困行列,将慈善助学的义举循环接力下去。截至2022年,仲明大学生助学金捐赠总额达5036万元,超过1.25万名家庭经济困难大学生受到资助。

图7-3 仲明大学生助学金受助者签署《道义契约》

2.惠妍教育助学基金

2017年,国强公益基金会荣誉会长、碧桂园集团董事局主席杨国强及联席主席杨惠妍启动"惠妍教育助学基金",旨在资助顺德区全龄段困境学子,覆盖从幼儿园到大学阶段的家庭困难学生,在国内首创将助学扶贫贯彻到全县(区)。惠妍教育助学基金致力于打造和完善"资金助学为基础、服务助学为核心、创新研究助学为依托"三位一体具有示范意义的助学体系,有效回应并解决顺德学子"能上学、上好学、促成长、造环境"等问题,促进顺德教育均衡发展。

惠妍教育助学基金以服务助学为核心的助学体系不断完善，资金用于向学生发放奖助学金，支持开展课业辅导班、兴趣班、夏令营等活动，让贫困学生提高综合素质，获得从资金支持到素质培养的全方面帮扶，为顺德教育公益事业作出了有益的探索和补充。截至2022年，惠妍教育助学基金为373名学子发放助学金，为432名学子提供精准物资帮扶，开展各类活动或者课程5804次，服务学子达54760人次，覆盖73所学校。

（三）打造慈善助学品牌

佛山市顺德区惠妍社会工作服务中心（简称"惠妍中心"）由国强公益基金会提供资金支持，由顺德慈善会注资筹办，是一家专注于教育公益领域服务的民办非企业单位，致力于提升教育公益领域服务品质，打造慈善助学项目品牌。自2020年3月成立以来，持续优化助学项目模型，规范推进项目管理，充分发挥平台作用，联动公益资源参与打造助学品牌。

在资源整合方面，积极发挥纽带和平台作用，联动政府职能部门、教育部门、社会服务机构、慈善会、企业及基层自治组织等超过350家教育公益伙伴共同参与助学工作，促进资源共享、项目共创及品牌共建。与顺德区团区委、容桂团工委等单位共同开发公益实践岗位；发挥"区—镇（街道）—村（社区）"三级慈善网络作用，让10个镇（街道）慈善会205个村（社区）委员会充分参与助学工作；以项目资助的形式培育惠妍教育公益伙伴，发动区内社会组织和企业为学子提供适配实习机会，帮助学子规划职业。

在资金支持方面，受顺德慈善会委托，惠妍中心以助学金和顺德助学圆梦行动两大项目为抓手，以慈链平台、腾讯公益及线下活动为阵地，积极筹募助学资金，营造崇文重教的助学氛围。同时，受顺德慈善会委托，积极开展一对一结对助学、随缘乐捐等助学筹款品牌活动，截至2022年11月底，拉动1900多人次参与捐赠，共筹募善款46.27万元。有序推动助学金筹募及发放工作，2022年共资助1119名家庭经济困难学生，资助总金额达302.82万元。

在服务提供方面，以惠妍教育助学资助计划为引领，推动助学服务覆盖顺德十个镇（街道），根据不同的学段开展不同主题的项目，开展全年恒常性助学服务，做到助学服务全顺德区、全学龄段、全时间段覆盖。开展个案管理、素养教育、心理健康、生涯教育、志愿服务等五类主题项目。推动助学服务与需求精准匹配，精准回应及满足学子多元化、多层次的发展需求。注重助学项目成效监测及评估、能力建设等相关工作，保障项目取得预期成效。

案例：惠妍中心组织开展的"和谐校园零欺凌计划2.0项目"旨在解决校园欺凌问题，通过构建"超前预防、临界预防、矫正预防"三级预防体系，提升青少年、家长掌握预防校园欺凌的知识和能力。项目覆盖勒流街道、容桂街道、大良街道、龙江镇等镇街，依托项目开发"预防校园欺凌"主题桌游《070迷官大挑战》，包含预防校园欺凌知识点、友好人际交往等方面的内容，在体验桌游的同时还能学习到有效应对校园欺凌的办法及朋辈互动技巧。截至2022年10月底，项目实际开展活动93场，覆盖5195人次，促进青少年成长，维护青少年权益。

二、补充养老公共服务

顺德区根据"坚持居家为基础、社区为依托、机构为补充、医养相结合"的养老服务总体思路，鼓励和支持社会力量参与基层养老公共服务，为有需要的长者提供综合养老服务。企业、社会组织、志愿者等社会力量从完善社区养老服务设施、培育养老服务专业人才、丰富社区养老服务品类等方面着手，为老年人提供全面、优质、便捷的养老服务。

（一）完善社区养老服务设施

为积极应对人口老龄化趋势，顺德区通过资金投入、资源整合、改革运营模式等多种方式，不断提升社区养老服务设施的质量和水平，为老年人提供更加优质便捷的养老服务设施。政府、企业、社会组织等积极筹措资金，为社区养老服务设施的建设和升级提供坚实的经济基础。筹集的资金被用于新建养老服务中心、改造旧有设施、引进先进设备等，极大地改善了社区养老服务的硬件条件。这种多方力量参与完善基础设施的养老服务模式值得借鉴和推广。

和泰慈善基金会捐赠3.3亿元与北滘镇政府合作建设占地43亩的养老综合体——和泰中心。该中心整体建筑面积约5.3万平方米，建设床位约708张，已于2022年初投入运营，致力于打造北滘"半小时养老服务圈"，包括社区居家养服务中心、老年服务综合体、老年公寓、养护院、日间照料中心、康复中心、老年大学等配套设施。该中心采用"社区融合"理念，将培育、支持、资助相关公益组织进入养老服务领域作为重要抓手，对普通自理长者和失能长者提供不同层级的护理和照料，构建连续性多层级智慧健康养老服务体系，实现机构、社区、居家养老全覆盖，有效地补充了养老公共服务。

图7-4 和泰安养中心是北滘镇公共养老服务阵地的重要补充

德胜基金会支持政府和村（社区）将闲置物业改造为医养结合服务中心、社区养老服务中心，鼓励根据村（社区）实际实行"一中心多站点"就近服务社区长者，提升服务可及性。截至2024年6月，德胜基金会累计资助85个社区养老服务中心及医养结合服务中心的改造提升及增添设施设备。这些项目以服务设施改造和支持适老化配套设施为切入点，推动完善社区养老服务阵地空间功能。

案例：在顺德区镇两级民政部门、广东省和的慈善基金会"和乐颐年"行动、德胜社区基金会"和美社区"计划、大良慈善会和各爱心企业等的共同支持下，大良街道金榜社区（河西片区）总面积约931平方米的养老服务中心于2023年3月27日正式启用。中心致力于打造功能齐全、便捷可及、普惠便民的社区嵌入型综合养老服务体系，内设医疗保健室、康复训练室、心理疏导室、老年教育课室、阅览室、书画室、棋牌室、园艺区、日间休息室等功能场所。为长者提供医疗护理、康复理疗、就诊陪护、居家照料、日间托养、家庭病床、助餐配餐、老年教育、老年游学等社区居家养老服务，被评为顺德区五星级社区养老服务中心。

顺德区推动实施"众创共善"计划，截至2023年10月，共筹集资金723万元，资助47个村居的社区养老服务中心进行整体新建、局部修缮、适老化改造。镇街财政、村居资金、社会各界等投入超1200万元共同支持各社区养老中心的建设和运营。在已接受评定的58家社区养老服务中心中，五星级中心12家、四星级中心23家、三星级中心19家、未达三星但按三星标准运营中心4家。

（二）培育养老服务专业人才

顺德区将镇街公办养老机构从业人员津贴与药剂师资格证、养老护理员职业资格证等证书挂钩，为符合条件的公办养老机构从业人员提供津贴。积极探索建立"政、校、院"养老护理人才培育机制，依托善耆家园等区内养老人才培训基地，形成"院校教育、基地实训、机构见习"三位一体的人才培养模式，致力于打造一支由社会工作、养老护理、医疗康复等多元参与的专业化人才队伍。

德胜基金会聚焦长者服务人才培养、行业标准、行业规范指南制定等重点工作开展共治，资助实施了"顺德区社区养老服务中心运营实施手册编制"，推出丰富的技能培训项目。依托善耆家园的顺德区养老人才培训基地，开展"一线养老护理员业务提升计划"，对顺德22家院舍养老机构骨干和一线养老护理人员提供针对性的技能培训，提升院舍养老服务队伍的专业服务水平。

顺德慈善会·和的爱心基金开展星级养老机构陪伴计划，投入52.98万元助力公办院舍开展人员培训，推动硬件提升等工作，覆盖10家养老院舍，受惠人数超1309人。其中，"养老院管理人员综合能力提升"工作覆盖乐从镇敬老院、杏坛镇敬老院等6家养老院，以个性化提升跟踪、培训、督导为抓手，主要提供进食、转移、清洁等40多项护理操作技能培训，使其达到星级专业水平。

案例：顺德区失能失智老年人家庭照护发展计划由顺德区民政和人力资源和社会保障局指导，顺德区社会治理"众创共善"计划支持发起。通过系统的课程培训和实践活动，为学员提供老年照护安全、疾病管理和照护、社会参与与支持、家庭照护者支持网络建设等七个方面的课程内容。该计划旨在为镇街构建一个虚拟照护平台，培育一批深入社区、能力过硬的失能失智老年人照护专业指导人才，使失能失智老年人家庭能就近获得专业指导与支持。

2023年11月，该计划包括的顺德区失能失智老年人家庭照护发展计划——赋能学堂开课，学员包括社区工作人员、社区居家养老社工、失能失智老年人家庭照护者、双百社工、志愿者等。该课程在大良街道、陈村镇、乐从镇、杏坛镇等镇街开展讲授失能失智老年人生活照料方面的知识和技能，让更多的居家老年人得到科学、舒适的照护体验，提高养老品质。

（三）丰富社区养老服务品类

顺德区出台了多项政策，鼓励和引导社会力量参与养老服务。通过创新服务模式，提升老年人的生活质量，促进养老产业的健康发展。德胜基金会重点回应"社区长者助餐配餐需求""社区长者生活照料、康复护理、健康促进、心理关怀等专业服务需求""社区长者精神文化需求"，支持专业社会服务机构等提供的养老服务下沉社区，提升社区养老服务品质。

截至2023年底，顺德区60岁以上在户籍老人有28.87万人，老龄化率17.32%。面对人口老龄化带来的严峻形势，顺德区社会力量在参与基层社区养老服务方面，以提供社区养老和居家养老服务为工作重点，通过拓宽服务内容、引入专业服务供应商等方式，支持开展生活照料、健康评估、知识讲座等养老服务。积极搭建社区为老服务共同体，为老年人提供全面、专业、个性化的养老服务，满足长者养老需求，打造老年友好型社区。

案例：容桂街道幸福社区是典型的老龄化社区，社区党委在过去四年与容桂鹏星社工联合开展"耆学乐聚幸福苑"项目，成功打造具有在地特色居家养老服务。创立"耆健康""耆学习""耆互助"和"耆分享"四大品牌服务，为社区长者提供生活照料、精神慰藉、文化娱乐、权益维护和医疗协助等多元服务。项目培育了超200人的爱心健康大使团队、温情社区落户探访队、耆乐学堂学委会等12支社区志愿队伍，直接服务村居老年人总数2613人，其中服务特殊老人（高龄、孤寡、重病、残疾、空巢等弱老长者）超过360人。

（四）加大养老服务支持力度

和的慈善基金会捐赠1亿元，支持政社企多元主体合作，建设了顺德区第一个公益性高品质养老院善耆家园（养老社区）。善耆家园（养老社区）采取"政府主导、社会捐赠建设、市场化运作、盈利循环发展"的创新模式运作，由顺德区政府划拨项目用地78.19亩兴建，建筑面积超11万平方米，规划建设床位约1500张，致力推动顺德区发展高质量养老服务。

图7-5 善耆家园（养老社区）实景图[①]

顺德慈善会·和的爱心基金发起200万"顺德善食"全区长者资助项目，为有需要的困难长者提供统一煮餐、定点送餐、集中堂食等个性化助餐服务。该项目采取资金竞争性分配原则，带动更多市民和爱心企业通过"指尖公益"的形式，弘扬全社会尊老敬老的传统。德胜基金会将其纳入"和美社区"计划中的社区照顾领域资助，每年提供200万元资助，缓解顺德区内长者的就餐难题，推动顺德区长者爱心餐配餐服务体系发展。

社创中心、顺德慈善会、顺德慈联、德胜社区基金会、爱德基金会等单位

---

① 图片来源：广东省和的慈善基金会官网。

2018年联合发起"顺德地区99公益日联合筹款活动",遴选"和美善食"长者爱心餐、共建长者安心居、彩虹家园的快乐午餐等优秀项目上线慈善文化月筹款,拉动55家爱心企业、19012人次参与筹款。

表7-2 2018年"和美善食"长者爱心餐项目筹款及获资助情况①

序号	联合劝募机构名称	服务范围	服务人群	众筹金额(元)	广东省德胜社区慈善基金会的激励资金(元)	顺德区慈善会资助计划(元)
1	大良爱心居家养老服务中心	大良南华、北区、云路升平、新桂、金榜、中区、南江、新滘、红岗、德和,杏坛桑麻	60岁以上低收入、低保、低保临界、烈属、失独家庭等长者困难长者	92774.12	50000	610650
2	陈村慈善会	陈村镇15个村(社区)	60岁以上困难及较困难家庭长者及残障人士	23620	20000	280800
3	北滘镇三洪奇社区居民委员会	北滘镇三洪奇社区	三洪奇户籍60周岁或以上的空巢、独居、孤寡等老人,且满足三无、五保、低保、低保临界老人	28692.5	20000	/
4	乐从镇颐乐居家养老服务中心	乐从镇25个村(社区)	60岁以上有用餐需求的体弱长者	43085.58	30000	/
5	容桂街道长者综合服务中心	容桂街道26个村(社区)	60岁以上行动不便、低收入对象、无子女、独居长者、失独等长者	7721.89	20000	156600
6	勒流龙眼德康园综合服务中心	勒流街道龙眼、西华、富裕、连杜、新安、冲鹤、裕源、众涌等8个村(社区)	60以上的低保、临界、三无、五保、残疾等困难长者	58455	30000	757460
7	勒流慈善会	勒流街道勒流、光大、大晚、东风、勒北、江义、众涌等7个村(社区)	65周岁以上的低保、低保临界、孤寡长者	49312	30000	/

① 资料来源:《顺德社会创新中心2018年年报》。

三、提升医疗服务水平

顺德区重视政策研究和顶层设计,深入推进医药卫生关键领域改革,完善医疗基础设施,统筹优化配置医疗资源,积极吸纳社会力量参与医疗设施建设和医疗服务供给,提升基层医疗卫生服务水平。

(一)完善医疗基础设施

在完善医疗基础设施方面,顺德区展现出了深厚的民生情怀,政府进行科学规划和合理布局,确保医疗资源的均衡分配与高效利用。为社会力量广泛参与相关工作提供财政税收方面的实质性支持,降低准入门槛,激发社会力量对医疗领域的投资热情。社会力量带着资金、技术和管理经验,投入到医疗设施的新建、扩建与升级中,形成政府引导、社会资本投入、非政府组织合作与社区广泛参与的多元共治格局,为顺德区医疗服务的提升注入强劲动力。

> 案例:和祐国际医院项目是由美的控股有限公司出资超100亿元建设的广东省重点建设项目,位于广东佛山顺德区北滘镇。其中和祐医院是非营利性三级综合医院,定位为普惠性卓越医疗服务机构。项目与国内外顶级医院、医学院校、科研机构建立资源联动机制,规划了多个重点实验室,引入最先进的医疗手段和世界优质的医疗设备,包括投资约30亿元人民币的质子重离子肿瘤治疗中心,是集医疗、教学、科研、预防、保健、康复于一体的国内领先的高水平综合医院。

图7-6 和祐国际医院外部环境 [1]

---

① 图片来源:佛山市顺德区卫生健康局官网,《和祐医院正式开业,顺德新添一家三级医院》。

医院秉持"正心、精勤、开拓、致远"的价值观,致力于推动实现医疗服务质效双提升。和祐医院结合地区疾病谱及就医需求,重点打造肿瘤医学、脑科学与神经医学、骨科与运动医学、心血管医学、妇儿医学、健康管理等COE中心。学科带头人均来自国内百强医院,开业初期设置科室46个,医疗服务价格对标公立三级医院,市民就诊可用医保报销。和祐至臻医院IMC定位为国际化高端医疗机构,与和祐医院互为补充,满足市民差异化的医疗服务需求。何享健要求全体和祐人要统一价值导向,通过赓续接力,将和祐建设成为政府放心、行业瞩目、群众认可、员工忠诚的"不一样的医院"。

图7-7 和祐质子重离子肿瘤治疗中心规划图[①]

(二)推动医养结合创新

顺德立足地方实际,将医养结合纳入区域发展规划,以"政府引导、机构参与、创新机制、整合资源,保障基本、普惠服务"为原则,鼓励和支持社会力量参与医养结合服务,构建多元化、多层次的医养结合服务体系,引导社会力量在

---

① 图片来源:佛山市顺德区卫生健康局官网,《和祐医院正式开业,顺德新添一家三级医院》。

特定区域或领域进行投资建设，推动医养结合服务的均衡发展。

通过多年的实践与探索，顺德区医养结合工作取得了较为明显的成效，在全国标准信息平台发布了《"家门口"医养结合服务规范团体标准》，顺德区"家门口"医养结合服务模式被纳入广东省第二批基层改革创新经验复制推广清单。2024年1月，顺德区作为佛山唯一的示范区入选国家卫生健康委发布的全国医养结合示范区，走出了一条具有顺德特色的医养结合之路。

案例："银龄小卫士困难长者增能计划"是顺德区"全国医养结合示范区"的重要项目，是探索居家医养服务的创新性尝试。该项目强调政府村居、医院、医护人员、社会工作者、康复师、志愿者等多方紧密合作，建立居家—社区—医院的有效联动机制，上门为困难长者提供生活照料、精神慰藉、康复护理、居室安全检修、志愿服务、社会资源链接等全面的人性化服务。

四、辅助社会帮扶救助

顺德区采取多措并举的策略，广泛动员社会各界为帮扶救助工作提供资源和支持，实现帮扶救助工作的全面升级。通过强化专业培训、创新服务模式、举办项目交流会等方式，探索行之有效的社会力量辅助帮扶救助模式。

（一）参与困难群众帮扶

顺德区通过创新机制、搭建平台，动员社会力量参与基层困难群体帮扶工作。政府在帮扶工作中发挥主导作用，通过政策引导、资金支持等方式，推动社会力量有序参与帮扶工作。注重构建长效帮扶机制，动员、引导、支持社会力量广泛参与，共同制定帮扶计划、监督帮扶过程、评估帮扶效果，确保帮扶工作的顺利开展和取得实效。

案例：2022年4月北滘镇启动"政企同心·温情顺德"北滘镇结对帮扶困难家庭活动，主要是为北滘全镇45户"因病致困家庭"提供结对帮扶。项目得到了多方社会力量的大力支持，其中，北滘慈善会"惠妍助学"项目对"因病致困家庭"开展助学帮扶，北滘总商会慈善基金对有需求的家庭提供房屋修缮、医疗器械、就业推荐、心理辅导等帮扶，北滘总商会会员企业对有需要的企业提供针对性帮扶，各爱心单位对其中38户开展完全结对和部分结对帮扶。

（二）参与服务助残事业

顺德区发布的《顺德区残疾人事业"十四五"发展规划》指出，到2025年，要完善多元化、多层次的残疾人基本公共服务体系，推动助残服务向专业化和精准化方向发展，营造理解、尊重、关心、帮助残疾人的社会氛围。顺德区通过发扬扶残助困的中华传统美德，引导社会力量共同关心、支持、帮助残疾人，让每一个"折翼天使"都能感受到社会的温暖。

案例：2023年8月12日，顺德区威权康复服务中心在万达广场举办了"有爱无碍，轮友同行"全国肢残人日暨顺德区居家康复服务9周年成果展，活动以"关爱肢体残疾人"为主旨，获得大良慈善会、北滘慈善会等支持开展助残慈善行动。该行动旨在为肢体残疾人创设与主流社会交流和共融平台，带动肢体残疾人走出家门。截至2023年8月，该项目的服务对象达到400多人，服务满意度每年都超过95%[1]。

（三）改善困难群体住房

在顺德区民政和人力资源和社会保障局的支持和指导下，顺德慈善会联合各镇（街道）启动"安心善居"项目。项目以"政府牵头、社会参与、企业支持、慈善出力"的形式，引入社会力量帮助困难家庭解决住房问题，有效改善困难家庭的住房条件和生活环境。项目引入第三方专业机构负责把关修缮质量，由顺德区造价与监理协会、佛山市顺德建设监理有限公司义务提供全过程咨询服务。截至2023年底，"安心善居"项目为顺德894户困难家庭提供了房屋改造，投入资金超过3800万元，共动员200名设计师和50余家单位参与。

案例：2023年11月27日，顺德慈善会联合均安慈善会、顺德区造价与监理协会、顺德职业技术学院设计学院和施工方开展"2023年安心善居"项目工程验收工作。验收组通过实地走访形式，分别到均安镇仓门、南浦、南沙、沙浦、天连以及新华辖区内8户修缮房屋进行验收。验收组按照工程项

---

[1] 佛山市新闻传媒中心：《残疾人也应有精彩人生，这个活动呈现了顺德区残疾人居家康复服务的成果》。

目清单进行现场逐一检查，核对工程是否按质按量完成，对房屋结构进行安全评估。组织现场听取对象对房屋修缮后的需求或意见，确保对象居住环境的舒适和安全。

五、补充基层公共服务

顺德区以文化为支点，坚持以文塑城、以文促产、以文化人，2023年11月发布《顺德区推动文化高质量发展行动方案（2023—2025）》，提出开展"顺德风尚、顺德印象、顺德文脉、顺德文产、寻味顺德、文润顺德、魅力顺德、活力顺德"八大提升行动。各类社会力量通过活化社区空间等形式积极参与，撬动基层文化高质量发展，打造粤港澳大湾区文化新高地。

（一）活化社区文化空间

2024年6月29日，"和地在创"社区艺术营造项目支持的首个社区艺术空间在黄龙村龙溪公园正式启动。项目由广东省和的慈善基金会资助及策划，社创中心、广州美术学院和广州"七+5"公益设计组织共同主办，旨在以社区艺术空间为载体，通过富有创造力的文化艺术行动，激发居民参与新活力，推动地方文化融合创新与社区议题进展。

"和地在创"项目于2022年启动，针对社区老旧建筑闲置、公共艺术空间及美育人才匮乏等问题，在首年策划并开展了"社区艺术营造"与"美育人才种子"2个子计划，完成了4个全区公开招募的老旧空间改造方案，通过共创课程培育了23名青年艺术家和43名社工，在6个社区举办了10场美育活动，社区艺术氛围愈发浓厚，挖掘和培育了优秀社区艺术营造标杆村居。

北滘镇黄龙村有历史的龙溪艺社（原龙溪书院）延续着黄龙村历史文脉，期待活化后能成为黄龙村青少年活动阵地，持续开展公益文化活动，以文化建设赋能"百千万工程"。"和地在创"项目社区艺术中心建设及运营，将刷新传统建筑使用方式、社区艺术发展形势、基层治理固有模式，以艺术介入社区文化发展与基层治理，共同为顺德"百千万工程"建设服务。

一心社工积极探索以主理人的角色开展社区艺术空间运营和社区发展工作，于启幕仪式主舞台旁放置的"黄龙抱冬瓜"艺术装置正是前期由一心社工联合陈洲晓静工作室、15岁的智杰及黄龙村孩子们共同完成的。未来，一心社工将发挥社会组织优势，以参与式艺术手法开展艺术展览、美育课程、议题活动，借助文化艺术力量推动儿童青少年心理成长等公共议题，激发村民创造力和社区参与热情，营造和谐且充满活力的社区氛围。

（二）讲好顺德文化故事

"顺德百村"乡村振兴艺术活动由顺德区农业农村局（区乡村振兴局）、顺德区文化广电旅游体育局、广东百村文化工作室共同主办，顺德区百越乡村振兴促进中心承办，得到顺德各镇街和村居的协助和支持。

"顺德百村"乡村振兴艺术活动旨在对顺德乡土文化加以梳理挖掘。其中"南粤百村"文化振兴乡村项目分别以岭南文化中"广府文化""客家文化"和"潮汕文化"为主要组成部分。2021年底开始，活动就邀请了黄启明、于承佑、张桂林、张家瑞等40余位全国知名版画艺术家，围绕"龙、吟、水、塘、文、武、花、厨"等顺德特色乡村文化主题，走访顺德十个镇街、70多个村居，在此基础上创作出首批乡村振兴系列画面40个，在容桂街道马岗村、陈村镇弼教村、北滘镇碧江村、均安镇鹤峰社区等镇街的村居同期举行展览活动。

（三）提供公共文化服务

龙江镇左滩村民委员会、社创中心与村民共同规划将闲置多年的旧蚕房改造成左滩3500书屋，由唐泽雯团队改造并运营，书屋的定位是打造集图书阅览、乡村研学、轻食饮品于一体，可以满足大家"读书、学习、成长"的乡村复合型空间，期望通过书屋丰富乡村教育，助推乡村文教发展。书屋二楼独特的书架设计是居民的"精神粮仓"，连接一楼和二楼的阅读阶梯，时常举办文化讲座，闲时作为小孩子沉浸式阅读的场所。

3500书屋持续探索有文化价值感、有市场竞争力、有乡村特色的内容和服务，联动专业教育机构定期开设各类课程，帮助家长解决育儿难题、培育孩子的思维能力，定期策划并开展主题活动，为本地居民提供家门口即可享受到的公共服务；同时让书屋成为宣传左滩文化、发展乡村文教、带动乡村振兴的社区空间，为辖区村民输出工作岗位、提供业务培训，提升在地青年的谋生能力，吸引年轻人留在乡村发展，保障书屋可持续运营。

图7-8 左滩3500书屋部分室内环境①

第三节 响应基层应急救援

顺德区社会力量依托自身的知识储备、资源优势及技术优势，深度参与基层应急管理、疫情防控、文化建设、纠纷调解、环境建设等工作，协助政府有效解决基层治理过程中遇到的问题，缓解政府公共治理压力，提高基层治理效能。

一、参与基层应急管理

顺德区致力于构建高效、协同、全面的应急管理体系，社会力量通过成立社区应急志愿联盟和基层应急公益基金，辅助社区提升应对自然灾害、公共卫生等各类突发事件的能力和水平。

2024年3月10日，大良街道团工委、大良街道志愿者联合会成立顺德区首个

---

① 图片来源：顺德社会创新中心公众号，《可持续公益｜左滩3500书屋：赋能乡村文化发展的复合型空间》。

社区应急志愿联盟——苏岗社区应急志愿联盟，为顺德区蓝天救援促进中心、南狮退役军人志愿救援队、顺德区同心志愿服务中心、苏岗社区退伍军人志愿服务队等应急救援领域的专业队伍举行联盟授旗仪式。苏岗社区应急志愿联盟着眼服务苏岗社区"十村示范"各项建设项目，广泛开展安全教育进体育场馆、进餐饮场所、进景点景区等活动，提升辖区居民应急救援意识。

2024年6月18日，大良街道举办"良安"应急消防基金启动仪式。该基金由大良慈善会发起，主要用于大良街道安全生产和消防安全培训教育及技能提升相关项目，为企业和市民群众提升安全意识提供强有力的公益支持。大良街道以此为契机，动员更多企业关注安全生产和消防安全工作，为辖区的安全发展贡献公益力量。

此外，顺德区安全生产协会、区特种设备协会发起成立的城市安全发展公益基金会，是全国城市安全隐患预防性公益服务组织的首创样本。该基金会主要承担筹建覆盖全区、辐射周边的应急培训基地和建立城市安全综合服务，推动建立以应急管理为基础的综合性、全方位、系统化的城市安全发展体系。

2023年7月19日，为推动构筑安全生产"共建、共治、共享、共赢"格局，顺德区正式上线"顺安码"安全生产沟通服务平台。市民可通过"顺安码"安全生产沟通服务微信小程序、佛山市12345市长热线（并网12350）、顺德区应急管理局官方网站、国家应急管理部安全生产举报系统等六种方式，针对安全生产相关问题，进行建言献策或者举报投诉。活动同步推介了顺德"四个一百"安全宣传示范阵地，包括100家重点企业（工业园区），100个村（社区），100个安全培训机构、社会组织和商协会，100个公共场所的安全宣传阵地。还同步发布了顺德区应急宣传大使（"阿平""阿安"卡通形象）。

二、积极支援基层抗疫

顺德区社会力量在参与基层抗疫方面表现出了高度的责任感和使命感，新冠肺炎疫情期间，顺德区各类社会力量积极参与支援基层抗疫，通过提供资金支持、捐赠抗击疫情物资、参与志愿服务等多种形式投身到基层抗疫工作中，合力打好顺德基层战"疫"的"组合拳"。

(一)头部基金会鼎力支持抗疫

广东省和的慈善基金会、顺德创新创业公益基金会等机构联合社会各界抗击疫情,与政府紧密协调,推出针对顺德区个体户和小微企业的纾困项目——"和衷共济"计划,这是国内公益慈善组织助力小微企业应对疫情的大型公益项目。"和衷共济"计划共投入无偿资助资金2亿元,按照2万、5万、30万的资助标准,分别对个体工商户(受疫情影响较大的零售、餐饮、住宿、旅游、居民服务等行业)、微型企业(涉及制造业、餐饮业、零售业、住宿业、旅游业五大领域)、小型企业(涉及顺德制造业以及其他行业的高新技术企业)给予资助。在短短两个月内,项目共收到逾22363个申请,经查证核验、公证摇号、实地核查等评审环节,最终有4462家个体工商户及小微企业获得资助。其中,第一期2997家个体工商户、第二期1199家微型企业、第三期266家小型企业[1]。

广东省和的慈善基金会联合德胜社区基金会、顺德慈善会·和的爱心基金、北滘慈善会·和的爱心基金共同推出"和善同心"社区抗疫计划,2000万元善款重点支援顺德区内村(居)委会、社会组织、医疗及养老机构的疫情防控工作,聚焦防疫物资、社区抗疫、志愿服务、社会组织、养老服务、残康服务、异地务工和卫生健康八大领域开展服务工作。通过资助社会组织,重点支持顺德区受疫情影响的一线医务人员、异地务工人员和社区弱势群体等人群。

"和善同心"社区抗疫计划采用品牌共建、信息共享、联合评审的方式,评审小组由德胜社区基金会、广东省和的慈善基金会和顺德慈善会三方代表组成。每周评审一次,将抗疫资金快速拨到项目方手中。截至2020年3月底,"和善同心"社区抗疫计划共资助313个项目,其中德胜社区基金会的资助项目214个,资助资金928.6万元,项目覆盖了顺德194个村居、17家社工机构及1个全区志愿者抗疫服务站点。

(二)协会商会积极支持抗疫

顺德建筑装饰协会党支部新冠肺炎疫情期间积极发动各会员企业响应号召,投身抗疫援建设施、志愿服务、捐资赠物等行动中,积极履行社会责任。自2020

---

[1] 南方新闻网:《顺德战疫慈善"组合拳"的磅礴力量》。

年5月至2022年4月期间，协会党群先锋队、会员企业的志愿服务队伍累计在佛山各镇街的36个核酸检测点一线工作，参与志愿服务155人次，提供志愿服务1298小时，助力改建本地隔离酒店1家，为疫区和本地居民、学校捐赠口罩，为抗疫一线捐赠医疗及生活物资36万元。

龙江总商会多次倡议企业家积极行动，以各种方式支援疫情防控工作。2020年初，新冠肺炎疫情暴发，基层面临物资紧缺的困难，龙江总商会迅速发动会员开展募捐活动，筹集善款54万元，从海外成功采购一批防控物资供政府调配使用。依托商会集结党群先锋志愿服务队，通过龙江总商会精准购买防疫物资，供各个封控区和工作组的人员使用。

第四节 促进基层社区发展

除参与较为熟悉的社会救助、教育、医疗、养老等社区公共事务外，以多种方式促进城乡社区发展，也是顺德社会力量参与基层治理的重要内容。特别是何享健家族捐赠的和的慈善体系，在捐建重要文化设施、提升社区艺术素养等方面做了大量的工作。

一、捐建和美术馆

和美术馆（HEM）位于顺德区北滘镇，由盈峰集团董事长、和的基金会主席何剑锋主导兴建并兼任馆长。美术馆总建筑面积约16000平方米，其中展厅面积约8000平方米，由普利兹克获奖建筑师安藤忠雄担任建筑设计师，整个空间设计以"和谐"为主题，建筑理念融入"天圆地方"的文化元素。和美术馆拥有馆藏逾700件，涵盖中西方现当代的艺术作品，在本土与世界之间建立传播的枢纽，搭建具有地域性经验的国际交流平台，利用全球经验反哺本土艺术。

图7-9 "和美术馆"外观图①

和美术馆团队设置了典藏研究部和公共项目部,一方面对藏品做学术研究的输出,另一方面举办公共教育活动,力求搭建从学术到公众的桥梁,尝试把艰涩难懂的艺术通过浅显的方式呈现给观众。和美术馆执行馆长邵舒表示,"之前(年轻人)不是不愿意回来,是回来以后没工作。我们希望这里可以变成一个平台,把更多的人才留在这里,造福自己的家乡,再辐射出去。"

和美术馆作为"家族收藏式美术馆",与其他美术馆最大的不同有"传承"的概念,通过文化传承在地方扎根,加上家族的延续,实现在一个地方持续地向社会传播。与国有美术馆相比,民营美术馆的管理机构更精简,运行机制更灵活,展览内容更多元,对市场的动态把握也比较充分,二者在功能上是互相补充的。和美术馆在探索和观众的互动方式上,为国有美术馆思考运营模式和展览内容的呈现方式方面提供了一种实践参考。同时,和美术馆在为政府提供公共文化服务,吸纳年轻群体服务乡村振兴等方面也发挥着重要作用。

---

① 图片来源:和美术馆官网。

二、捐建岭南和园

岭南和园由北滘镇政府提供土地,由广东省和的慈善基金会捐资3亿元历时4年建成,是极具代表性的公共文化建设工程,定位为古典景观园林、传统文化传承载体,以及非遗推广平台。和园开创了我国慈善领域的全新模式,是政社合作的杰出示范,政府、慈善基金力量与社会资源有效联动,凝聚民智,完善设计,有力地保障建设运行工作顺利进行。和园在建成后移交给北滘镇政府,运营门票、租金及其他服务的所有收益用于和园的运营管理、维护修缮及文化服务等。在此基础上,广东省和的慈善基金会捐赠2000万元、北滘慈善会捐赠1000万元共同设立了"和园文化保育慈善信托",用信托的架构来保障和园的长期可持续运营。

图7-10 "岭南和园"泰和书院[①]

岭南和园是展示岭南园林艺术、传承广府优秀文化的旅游景区与园林博物馆,作为顺德的重要文化地标,园区以岭南传统文化为核心,寄寓了对广府建

---

① 图片来源:《和园造园实录》,第68页。

筑、园林到民俗、生活百物的传承再造，融合了顺德美食品鉴、民艺民俗体验、园林艺术展览、文创街区等多项功能，为公众提供公共教育文化体验。岭南和园在提升城市品位、服务社区居民、促进人才集聚等方面发挥着重要作用，是社会力量参与社区发展的典范案例，有效地提升了顺德区及北滘镇的城市形象，为优秀的传统文化艺术搭建了传承和保育的平台。

第五节 推动基层社会治理创新

顺德区社会力量积极参与试点社会政策，重点在推动创新创业、精神障碍管治、引领乡村振兴等领域进行实践探索。在开展试点的基础上，将实践演变成制度安排，在此基础上形成可复制推广的经验，推动顺德社会政策发展完善。

一、探索支持创新创业

顺德区和创公益基金会（原名：顺德区创新创业公益基金会）2017年1月在顺德区民政部门注册成立，基金会原始注册资金为200万元人民币，由区属国资企业科创集团捐赠。基金会首期资金3亿元人民币，由美的集团创始人、和的慈善基金会荣誉主席何享健先生定向捐赠。基金会以"扶植青年，激励创新，推动创业，弘扬企业家精神"为使命，以"人人立业为善，迭代创新，形成可持续'双创'公益生态"为愿景，积极探索创新创业的有效扶持模式，重点关注、支持、资助、推广促进社会创新的青年创业项目，致力于推动业界协作与交流，营造有利于社会发展的创业氛围。

基金会属于平台型、支持性的机构，通过"种子资助计划""加速支持计划"等重点项目着重支持青年创新创业发展中的前端问题，引领企业向善，推动美好顺德建设。

（一）种子资助计划

"种子资助计划"是以培育本地青年企业家精神为导向，通过为青年创业者无偿提供种子资助的方式，鼓励青年人勇于测试新的想法，搭建新的商业模式，推动社会创新，促进美好顺德建设。在资助领域方面，基金偏向能结合顺德区产业发展优势，关注智慧城市、科技发展、能源效率、社区发展、文化创意、健康与福祉的申请。"种子资助计划"定期开放申请，集中组织评选，每一个获批资助的申请，可获得上限为70万元/年的种子基金。

案例：在顺德和创公益基金会的支持下，广东首家童萌亲子园直营店于2019年5月落地顺德。童萌亲子园旨在为0—3岁宝宝家庭提供安全而方便的空间，帮助孩子和家长建立让人放心的邻里联结，共同搭建小区育儿社群。童萌亲子园根据儿童的年龄和身心发育特点，开展萌动生活精品课等有内在联系的系统课程。课程中不仅有形式丰富的内容，如音乐、艺术、手工和运动等，还会根据每个孩子的发展进程的不同而设计不同的阶梯难度活动。童萌亲子园强调"父母与孩子的互动"，亲子园里面提供的服务多围绕家庭来开展。

图7-11 顺德区和创公益基金会"种子资助计划"嘉奖典礼[①]

（二）加速支持计划

"加速支持计划"旨在为进一步迈向成熟的青年企业家提供支援，帮助初创企业加快业务增长，基金会对通过种子阶段的高潜力创业项目开展加速扶持。该

---

① 图片来源：顺德区和创公益基金会。

计划结合资助、股权、债权、可转债等多种形式对资助项目进行投资，单个项目投资额不超过1000万元人民币。"加速支持计划"运作的4年里，基金会通过其全资控股的广东省和创孵化器有限公司，完成了对用心网络、百造教育、联谛信息、手滑科技、凉山家等5个项目的投资，投资总额为1585万元[①]。

案例：广东用心网络科技有限公司成立于2015年8月，主营业务包括售后联保、本土互联网全生态平台、新零售商城、职业技能培训平台、顺德优店环保科技等四大业务板块。用心网于2018年进入顺德和创公益基金会的"加速扶持计划"，获得投资300万元。用心网在全国有6000多个网点，是一个把品牌商、服务商、服务者紧密相连的头部第三方售后服务平台。

二、探索完善社会救助政策

精神障碍患者的管理及服务创新是政府面临的重大社会治理难题，2023年2月，民政部会同财政部、国家卫生健康委、中国残联印发了《关于开展"精康融合行动"的通知》，要求利用三年左右时间，推动形成布局健全合理、服务主体组成多元、形式方法多样灵活、转介衔接顺畅有序、管理机制专业规范的精神障碍社区康复服务体系。实际上，顺德区早在2019年就基于良好的政社协同，开始了相关政策试验。

（一）开展政策试验的背景

2019年，鉴于顺德区六类在册精神障碍患者情况复杂，社区康复服务供应紧缺，存在较大的社会治安风险，顺德区率先在北滘镇启动"绿丝带关怀计划"，由北滘镇社区卫生服务中心联合佛山市大同社会工作服务中心开展。项目由德胜社区基金会和北滘镇政府提供资金支持，以搭建家庭和社会支持网络，稳定精神障碍者的精神状态，促进精神障碍者回归社会为目标，为社区的精神障碍者及其家属提供服务，形成多元共治的社区精神康复服务体系。

（二）政策试验的主要做法

项目采取"主动服务、专业互补、多方协同"的做法，搭建"医社同行"模

---

① 顺德和创基金会官网。

式，为北滘镇精神障碍者提供专业社会服务具体做法如下：

1. 主动服务：系统介入赋能患者及其家属

从精神康复服务对象的个人健康、家庭关怀、社会支持等多个层面进行系统的介入，开展精准化的专业服务，为患者及家属提供全方位赋能。采取个案管理的方法，通过开展专业服务，引导部分病情不稳定的精神障碍者正确认识病情，帮助患者保持健康情绪；鼓励病情稳定的精神障碍者参加社工组织的社交活动与推荐就业，促进患者回归"正常化"的社会生活。

对于患者家庭，项目通过开展家属支援服务及活动，深入各个对象的家中，送上专业建议，帮助家属掌握照顾技能，促进精神康复者家庭和睦，提升家属预防和应对患者病发的能力。精神康复需要得到社区的支持，项目同时也为部分经济较困难的家庭链接药物政策与生活物资等资源，提高患者家庭的生活质量。专业社工以柔性有温度的方式，构建患者、家庭、社区等多方沟通网络，整合各方资源为患者提供服务。通过开展系列志愿者探访活动，汇聚志愿者队伍，联动多方参与，增强患者的社区支持网络。

案例：北滘"绿丝带关怀计划"与顺德区劳动就业服务中心（顺德区残疾人就业服务中心）建立残疾人精准就业对接专区、残疾人职业能力测评专区，在2024年"南粤春暖"顺德区人力资源大型招聘会中参与就业指导班活动，为北滘镇残疾人提供职业测评、现场面试、推荐服务等就业帮扶服务，提升残疾人职业素质和求职能力。

2. 专业互补：打造"医生+社工"服务模式

项目社工大量走访严重精神障碍患者，通过软性服务逐步与患者建立起良好的关系，使部分患者从抵触转变为主动接受服务。一方面，社工协助精防医生全面地评估患者的情况，提供个性化服务。将个案跟踪服务过程中掌握的动态情况及时反馈给精防医生，帮助精防医生更加精准地评估患者的病情。另一方面，社工协助医生指导精神障碍患者落实康复计划，社工通过引导使精神障碍患者和家属愿意配合精防工作并且在社区顺利康复，减少医患（及其家属）的冲突和矛盾。

3. 多方协同：联动机制整合专业服务资源

推动卫健、公安、综治、民政等政府部门及社区卫生服务中心、村（居）委会与志愿者、基金会等社会力量搭建起多方联动机制，密切关注精神障碍患者动态信息，共同落实患者康复计划。联动村居开展关爱帮扶小组，培育心理志愿者队伍，为精神障碍患者提供多元化的在地服务。

精神障碍社区康复服务的最终目标指向四个系统，一是个人系统，目标是促进患者"复元"并使其能够回归正常的社会生活；二是微观系统，目标是减轻家庭照顾压力，提升家庭生活质量；三是外层系统，目标是减少社会管理成本，提高社会治理效益；四是宏观系统，目标是不断改善精神障碍患者所处的社会文化、政策及服务环境。

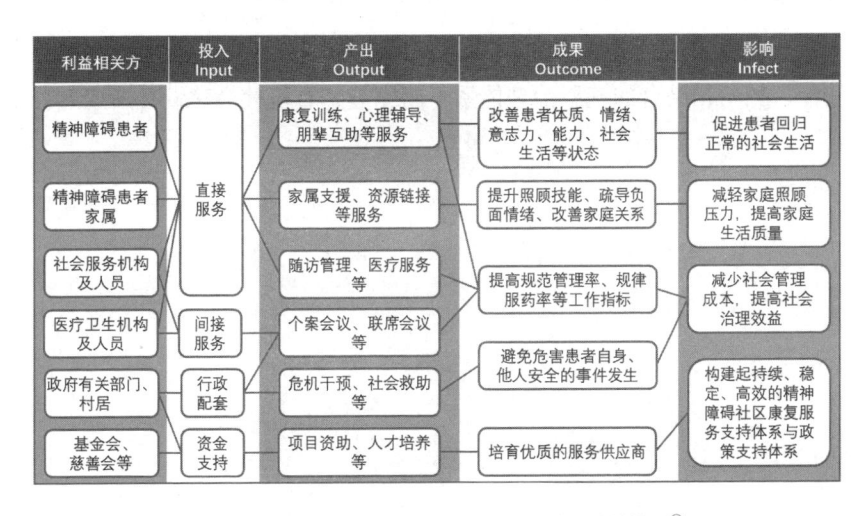

利益相关方	投入 Input	产出 Output	成果 Outcome	影响 Infect
精神障碍患者	直接服务	康复训练、心理辅导、朋辈互助等服务	改善患者体质、情绪、意志力、能力、社会生活等状态	促进患者回归正常的社会生活
精神障碍患者家属		家属支援、资源链接等服务	提升照顾技能、疏导负面情绪、改善家庭关系	减轻家庭照顾压力，提高家庭生活质量
社会服务机构及人员	间接服务	随访管理、医疗服务等	提高规范管理率、规律服药率等工作指标	减少社会管理成本，提高社会治理效益
医疗卫生机构及人员		个案会议、联席会议等	避免危害患者自身、他人安全的事件发生	构建起持续、稳定、高效的精神障碍社区康复服务支持体系与政策支持体系
政府有关部门、村居	行政配套	危机干预、社会救助		
基金会、慈善会等	资金支持	项目资助、人才培养等	培育优质的服务供应商	

图7-12 精神障碍社区康复服务顺德模式的成效模型[①]

（三）政策试验初步显成效

经过多年的实践，项目初步探索出精神障碍社区康复服务的顺德模式。项目将专业社会服务嵌入精神障碍患者管理治疗工作中，变被动应付为主动介入，形成多方协同、多元整合的精神障碍社区康复模式，提高了针对精神障碍患者的社会治理效益。帮助患者实现从不用药或不稳定服药到遵医嘱服药的转变；通过链接就业资源和提供就业辅导，帮助患者实现重新就业；有效促使精神障碍患者稳

---

① 图片来源：课题组内部资料，《多方协同助力严重精神障碍管治工作高质量发展——以北滘镇绿丝带关怀计划项目为例》。

定情绪，降低精神障碍患者病情复发与肇事肇祸的机会，减少因病发导致的财政开支，助力北滘镇严重精神障碍患者管理治疗工作实现高质量发展。

（四）试验升华为社会政策

在总结社会试验成果基础上，2022年，顺德区委政法委推动10个镇街开展严重精神障碍患者管理服务提升，推介北滘镇探索的"精神障碍社区康复服务的个案管理、危机干预与转介服务关系模型"，并列入"众创共善"计划支持。

中央精神、地方实际、本土优势三者有机结合，是顺德推进基层治理创新的重要原则。顺德区结合顺德经济社会发展实际，充分调动丰富深厚的乡村历史文化资源、蓬勃发展的社区产业经济、青山绿水的生态农业优势，以及爱乡尽责的企业家、乡贤和群众等本土特色治理资源融入基层治理，促进党组织领导下自治、法治、德治相结合的基层治理体系不断完善，有机社会建设日渐成熟。

第八章

创设机制 良性互动

基层治理所要求的"五社联动",其本质就是要建立顺畅的沟通协调机制,在党委政府的引领下,动员行政力量、市场力量和社会力量参与社区公共事务,回应和服务社区居民的多样化需求,实现基层社区的"善治"。按照健全"党委领导、政府负责、民主协商、社会协同、公众参与、法治保障、科技支撑的社会治理体系"的要求,经过多年努力,在推动社会力量参与基层治理方面,顺德创设了政社互动、部门联动、社社协同机制,让共建共治共享得以实现。

第一节 突破常规的政社互动

近年来,顺德区委、区政府重视聚焦现实问题和居民需求,将城乡社区治理创新作为顺德高质量发展的基础性、保障性工作。面对快速多元化的社会利益群体及其需求,顺德持续探索党建引领社区营造,以坚强有力的基层党组织为核心,以社区焦点议题解决为切入点,围绕社区发展问题、市民需求和资源禀赋,实现了政府依法履责、社会力量积极协同。对于在地的重要社会力量参与基层治理,顺德区政府突破常规,搭建了创新性的政社互动机制。

一、创设政社协同联席会议

2017年11月,考虑到美的集团创始人何享健家族的巨额慈善捐赠,为确保慈善家捐赠的社会资源在党政引领下发挥应有的作用，顺德区政府突破常规，创建了"和的慈善基金会联席会议制度"。建立这个政社协调机制的目的是，研究解决广东省和的慈善基金会在顺德区开展慈善项目过程中遇到的问题，政府做好高位统筹，各参与方共同讨论和识别慈善项目在实施过程中可能存在的问题，高效协调解决，确保慈善项目能够顺利进行；同时督促各有关部门互相配合、互相支持、形成合力，共同推动重大社区治理项目的可持续发展。

联席会议办公室设在区政府办公室，负责收集需提交联席会议研究解决的问题和事项，整理议题列表，呈联席会议召集人审定，由召集人确定会议时间、参会人员并主持会议。日常事务由区政府办公室企业服务促进科负责。联席会议原则上每季度召开一次，根据工作需要可临时召开全体会议或部分成员会议。相关事项主责单位负责草拟会议纪要，经与会单位同意后报联席会议办公室印发，重大事项按有关程序报批。各成员单位按照职责分工，提前研究议题和内容，按要求参加联席会议，严格执行联席会议作出的各项决定，并及时向联席会议办公室反馈办理落实情况，确保每项决定都能得到有效地执行和落实。由此，联席会议承载的政社互动机制能够从制度层面展现出显著的效能。

佛山市顺德区人民政府办公室关于建立和的
慈善基金会联席会议制度的通知

各有关单位：

为统筹推进何享健家族慈善事业暨广东省和的慈善基金会工作，树立顺德慈善事业新标杆，引领我区公益慈善事业蓬勃发展，经区政府研究决定建立和的慈善基金会联席会议（以下简称联席会议）制度。现将有关事项通知如下：

图8-1 关于建立和的慈善基金会联席会议制度的通知

随着工作重点的调整，联席会议专责小组的设置也与时俱进，旨在更好地帮助基金会把握政策导向、梳理参与方向。目前专责小组的设置包括：慈善信托专责组、养老健康项目专责组、社区项目专责组、双创项目专责组、文化艺术项目专责组。其中，如社区项目专责组由区委政法委、区残联、区教育局、区民政人社局、顺德慈善会和德胜社区基金会组成，及时将党委政府针对社区发展的中心工作大局政策导向信息传递给基金会，确保基金会的业务项目开展与政府的政策导向保持一致。同时，专责组还承担着指导基金会业务开展的重要任务，帮助基金会更好地理解和把握政策导向，提高基金会的业务能力和服务水平。

二、定期协商共建共治项目

联席会议及专责小组建立后，定期举办年度会议和专题会议，协调解决政社合作中需要解决的重点问题。作为顺德区政府与各地慈善基金会之间沟通与协作的重要机制，联席会议制度不仅加强了政府对慈善项目的指导和监督，也使得社会力量能够更好地响应社会需求，提高慈善资源的使用效率。

2023年12月14日，顺德区和的慈善基金会联席会议顺利召开。顺德区副区长朱凌霞出席会议并讲话，区民政和人力资源和社会保障局局长王光主持会议，区政府相关部门负责人及和的慈善基金会理事长司徒颖、理事周志坤，德胜社区基金会副理事长郭祺等和的慈善体系成员参加了会议。和的慈善基金会理事长司徒颖汇报2023年捐赠情况、资助项目情况，2024年重点工作和基金会2022—2025年战略发展规划。医养健康项目、社区发展项目、文化艺术项目、双创项目的相关负责人分别汇报，并提出了需要政府协调解决的问题。

朱凌霞副区长对和的慈善体系2023年各项目工作成效给予肯定，并对和的慈善体系提出的问题一一进行了回应。本次联席会议明确重点内容：一是大力支持与推动跨境养老等工作；二是希望社区发展项目继续对顺德区"百千万工程"做出积极贡献；三是调动政府、社会、机构等多方力量，共同推动顺德区和创公益基金会"双创"项目落地见成效。

顺德区政府与广东省和的慈善基金会"联席会议+专责组"的协同机制，成功构建了一个高效、协调、互动、突破常规的政社合作模式，是顺德区政府高位统筹、倾听民意的缩影。这一模式不仅充分发挥了政府的引领作用，还调动了社会力量的积极性和创造性，充分发挥社会力量在顺德区的基层治理事业发展中的重要作用，为顺德区的慈善事业发展注入了新的活力。

三、专班支持重大社会服务项目

2024年6月28日，投资超过100亿元的三级甲等医院和祐医院及和祐至臻医院、和祐国际医疗中心正式对外运营。这个坐落在顺德区北滘镇的超级项目总建筑面积约58万平方米，绿化率高达30%，包含最先进门诊设施、约1500张住院床位、国际领先的质子重离子肿瘤治疗装置及学术交流、医学研究和教育培训等功能区域。这是顺德区委、区政府与顺德慈善家何享健家族紧密合作的重大成果。

2015年，美的集团创始人何享健提出，希望与政府合作，出资100亿元在顺德建设一家以非营利性医院为主体的医疗机构，将高质量医疗服务带到群众身边，以造福桑梓、回馈社会。在社会各界特别是地方党委政府的专班支持下，和祐医院项目得以快速成形。2020年，和祐医院项目奠基；2021年11月，美和医院开业；2022年11月，和祐医院主体建筑封顶……不到4年的时间，一座在全国乃至全球范围内领先的现代化医院拔地而起，让梦想的阳光照进现实。

建设一座投资超100亿元的现代化民营医院，涉及项目立项、土地供应、建设规划、体系衔接、基础配套等无数的公共管理职能。没有党委政府的鼎力支持，和祐医院项目不可能实现短短四年建成并投入运营。

——2019年10月14日，经过长时间的摸底和筹划，一场特别的顺德区委常委会（扩大）会议在美的集团同步召开。这次会议不仅是一个普通的行政会议，更是一个展示顺德区党委政府共建共治理念和开放创新姿态的重要时刻。时任佛山市委副书记、顺德区委书记郭文海率区几套班子领导和部门、镇（街道）负责人，主动上门聆听何享健老先生关于建设高水平非营利性医院的方案，当场敲定选址等事宜，并表示区委、区政府将全力支持项目在顺德落地。

——2020年8月20日，顺德区委再次专门召开区委常委会（扩大）会议，逐项研究和祐国际医院项目方提出的诉求，并成立高规格的工作专班全力支持项目建设。顺德区委书记郭文海在会议上说："我昨天在常委会上讲，没有条件创造条件也要支持，何况这些问题都能够支持解决。"

——2020年8月21日，顺德区政府与何享健先生的美的控股有限公司举行签约仪式，标志着这所高水平非营利性医院和祐医院正式落户顺德。时任佛山市委书记、市人大常委会主任鲁毅，市委副书记、顺德区委书记郭文海等主要领导出席了活动。在交流中，佛山市委书记鲁毅表示："顺德区委、区政府不仅要全力以赴把这个项目办实、办好、办到位，而且要办成顺德、佛山乃至大湾区的一个经典项目，成为一个精彩的华章，经得起历史的回看。将来在顺德、在佛山的大地上，也是在粤港澳大湾区的大地上留下一座有人文关怀的、有影响力的历史丰碑。"

第二节 高效协同的部门联动

在推进社会治理现代化的进程中，部门之间能否实现联动也至关重要。在一些地方，我们可以看到民政、政法等党政机关引导社会力量参与基层治理的努力，但是很少能够看到党政机关联手推动社会力量参与共建共治。顺德区强调基层治理创新的整体性思维，在不同部门之间建立了有效的沟通机制和协作平台，能够打破传统治理中职能部门各自为政的壁垒，通过跨部门的合作与协调，超越单一部门局限，实现资源共享、形成合力。

一、实施"众创共善"计划

为激励政社各界积极探索社会治理和公共服务创新，有针对性、系统化地破解社会治理难题，统筹推进全区协同善治，提升社会治理现代化水平，助力顺德社会领域高质量发展，自2017年起，顺德区启动了社会建设"众创共善"计划，打造资源整合、多元共建、协同发展的社会力量参与基层治理平台，成为全国县级地区打造共建共治共享社会治理格局的生动实践。

"众创共善"计划由顺德区委政法委、顺德民政和人力资源和社会保障局、顺德区妇女联合会、顺德区社会创新中心、顺德慈善会联合发起，在整合原有分散开展的公益创投基础上发展而来。"众创共善"计划以党建为引领，围绕顺德社会治理、民生服务领域的主要问题开展探索与创新，充分发挥政府资金的杠杆作用，引导社会资源投入。譬如，顺德慈善会"和的·爱心基金"每年提供500万元扶持资金，参与和支持"众创共善"计划，扶持社会组织开展贫困家庭服务帮扶项目，在物质扶贫之外弥补政府公共服务短板。"众创共善"计划注重运用政府、企业和社会资源，撬动各方力量参与协同共治，每年有超过100个社会组织策划和实施创新项目，促进解决基层社区紧迫的社会问题，形象地体现了"党委领导、政府负责、民主协商、社会协同、公众参与、法治保障、科技支撑"的社会治理新格局。

经过近7年的实践，"众创共善"计划共有8个主办单位参与，投入资金2.7663亿元，扶持项目1429个，撬动和链接资源超过5600万元（未统计项目单位撬动的现金、人力、物资、场地等资源），覆盖全区10个镇（街道）184个村（社区），涉及养老服务、助残服务、精准帮扶、行业支持、精神健康、社会心理、乡村文化等众多基层治理议题，得到人民日报、中华工商时报、广东电视台、南方日报等国家级和省级媒体多次专题报道，荣获2020年全国"创新社会治理典型案例"，助力顺德区荣获"2021年度中国十大社会治理创新典型"[①]。

表8-1 "众创共善"计划主办单位年度预算统计表（2017—2024年）[②]

主办单位	2017年	2018年	2019年	2020年	2021年	2022年	2023年	2024年	总计
区社工委	500	500	500						1500
区委政法委				580	510	560	267	119.76	2036.76
区民政人社局	500	1950	3300	3016.5	3579.76	3444.88	2400	701.26	18892
区农业农村局					120				120
区妇联			100	115	191	210	110	100	826
区社创中心		250	250	250	250	250	174	107.6	1531.6
区慈善会		500	500	500	569.02	494.95	187.5	298.7	3050.17
双创基金会				100	139.1	153.19			392.29
合计	1000	3200	4650	4561.5	5358.88	5113.02	3138.5	1327.32	

（单位：万元；数据来源：每年初主办单位联席会议）

---

① 课题组内部资料。
② 资料来源：课题组内部资料。

曾在2019年，顺德区为完善社会治理创新工作的财政保障机制，规范"众创共善"专项资金的使用，激励政社各界积极探索社会治理和公共服务的新方式，聚焦破解社会治理难题，统筹推进全区社会治理协同发展，印发《顺德区社会治理"众创共善"计划专项资金使用办法》，规定"众创共善"计划专项资金的管理和使用应遵循以下基本原则：

（一）项目化管理，竞争性分配。"众创共善"专项资金的分配和使用坚持围绕党委政府民生工作重点、社会治理（含社会服务）热点难点问题，面向全社会公开征集项目，突出对项目的目标及成效进行管理，通过透明公开的遴选程序，择优扶持。

（二）分类管理，强化绩效。"众创共善"专项资金的分配和使用应当坚持分类管理，在遵循总体规范程序的基础上，结合不同的扶持领域及承接主体的能力差异，以加强风险管理能力和提升财政资金成效为导向，对扶持项目进行分类管理。

（三）立足当前，强化引领。"众创共善"专项资金的分配和使用应当既坚持立足当前日益多样化的民生需求，探索更有效的解决方案，又要着眼长远谋划，注重探索经验并将成熟的项目模式向政府公共政策转化，不断优化提升整个公共服务体系。

（四）规范管理，加强监督。"众创共善"专项资金管理和使用应遵循安全规范、公开透明的原则，并实行统一管理。坚持专款专用、专项专用、突出重点、合理规划，严格按经批准的适用范围和对象、分配管理程序使用。专项资金的使用受区审计部门的审计监督，区监察局对专项资金的使用实施监察。

该办法还规定了项目扶持资金用于全区社会治理创新创优的项目，类型主要包括：

（一）社会服务领域的公益项目：含养老服务、残疾人服务、妇女儿童及家庭服务、青少年服务、新市民服务、特定人群服务、社区服务等领域的项目；

（二）基层治理、社区营造类项目：含有利于提升基层党组织引领能力、固本强基的项目，有助于化解基层矛盾纠纷、促进社区和谐稳定的项目，有利于促进基层多方联动、资源共享、协同共治的项目；有助于促进社区公共参与、提升居民素养的项目；

（三）专业社会工作及社会心理服务领域的项目；

（四）志愿服务类项目：含志愿服务体系提升发展、志愿服务组织培育、人才培养、志愿服务品牌化发展等领域的公益项目；

（五）行业支持类项目：含社会工作专业人才、公益慈善宣传、社会组织规范及创新发展、社会企业培育及发展、社会治理（含社会服务）问题研究等领域的项目；

（六）社会服务设施建设、改造及设施设备提升项目；

（七）其他社会治理创新项目。

项目扶持资金依项目性质用于以下用途：一是服务类项目，主要用于扶持项目的运营与提升，包括理论研究、经验总结和模式推广、项目活动开支、人员补贴及培训、督导支持、扩展项目的服务对象（个案）等。二是硬件类项目，主要用于场地修缮及设施设备购置更新等。

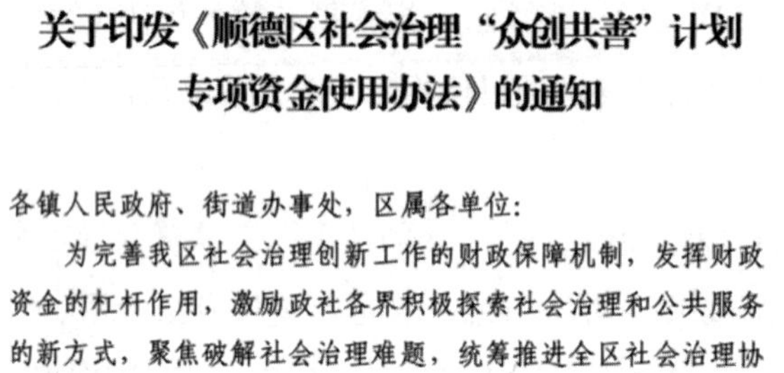

关于印发《顺德区社会治理"众创共善"计划专项资金使用办法》的通知

各镇人民政府、街道办事处，区属各单位：
为完善我区社会治理创新工作的财政保障机制，发挥财政资金的杠杆作用，激励政社各界积极探索社会治理和公共服务的新方式，聚焦破解社会治理难题，统筹推进全区社会治理协

图8-2 顺德区印发"众创共善"专项资金使用办法[①]

通过"众创共善"计划，社区营造、机构养老、社区养老、残疾人服务、妇儿服务、慈善服务等领域逐步形成"项目试点—推广扩面—深化提升"的发展路径。

---

① 图片来源：课题组内部资料。

第八章 创设机制 良性互动

表8-2 "众创共善"计划服务领域进展及成效①

序号	服务领域	进展及成效
1	基层治理	1.探索在严重精神障碍患者管理服务、基层"粤心安"社会心理服务领域开展长周期扶持，前者有效助力精防工作，维护社会稳定，后者逐步将服务下沉至基层； 2.社区营造推动89个村（社区）开展社区营造实践，建成先进村（社区）56个，发掘社区各类人才2100多人，培育社区组织超过670个，超过86万人次参与社区活动和社区服务，形成社区营造"1+4+X"模式并逐步推进全覆盖。
2	机构养老	全区12家镇（街道）公办养老机构已全部通过省养老机构星级评定，其中五星1家、四星2家、三星9家。
3	社区养老	实现资助方式从项目化资助到硬件星级评定和运营服务评定平稳过渡，推动全区社区养老服务标准化建设。累计资助105个社区养老站点建设与运营，社区养老服务覆盖97个村（社区），覆盖率为47%。
4	残疾人服务	社区康园中心从9家发展至17家，其中6家通过区级社区康园中心认定，获得运营经费补助，保障恒常运营；10家获省星级康园中心评定。
5	妇儿服务	培育出多个社会参与度高、广受好评的妇儿项目品牌，假期托管、反家暴、妈妈岗等系列项目切实解决妇儿、家庭迫切需求，受到市级妇联关注和宣传。同时通过项目+众筹+徒步的模式，广泛发动企事业单位、市民参与妇儿事业，2022—2023年共募集社会资金350多万元。
6	慈善服务	1.精准帮扶：开展助医、助困、助老、助残服务，其中助医领域搭建医疗救助资源平台与医社联动机制，服务人次超过3.4万人次。 2.乡村文化：落地19个村（社区），形成村（社区）居民喜闻乐见的乡村文化节10个，服务超20万人次，撬动社会资源超150万元。

由顺德区委政法委、区民政和人力资源和社会保障局、区妇女联合会、区社会创新中心、顺德慈善会共同举办2024年"众创共善"计划，联合扶持社会治理领域创新创优的项目包括"五社联动"社会服务板块、社会服务设施建设板块、"3861"妇儿公益板块、同行善·慈善服务板块等基层治理领域。经评审，共确定扶持基层治理创新项目19个，如"泊船瓜乡·溯游黄龙"黄龙村第五届睦邻冬瓜文化节、顺德区启创青少年社工服务中心"大良社区人才提升计划"、顺德区伦教街道新塘村民委员会的"新塘宅基地微改造计划"等。

案例：顺德区北滘镇素有生产黑皮冬瓜的传统，村民对黄龙村曾经"辉煌"过的"黑皮冬瓜"有着深切的情感。在"众创共善"计划支持下，经过专业社工组织征询广大村民意见，最终推出了"泊船瓜乡·溯游黄龙"黄龙村睦邻冬瓜文化节项目，深度提炼乡村文化故事，推动党群参与共建，探索

---

① 资料来源：课题组内部资料。

可持续增收模式。项目吸引76082人次参加并见证全流程，超过217名党群志愿者参与文化节筹备工作。该项目获评"众创共善"计划2023年第17个优秀项目。

案例：容桂街道幸福社区养老服务中心设施提升项目获评2024年"众创共善"计划第二个优秀项目。该项目由容桂街道幸福社区居民委员会与顺德区容桂街道鹏星社会工作服务社联合申报。项目根据社区长者康复保健需要，进一步完善中心设施设备，升级打造幸福社区"健康小屋""康复小屋"，并积极联动社区内外医疗、康复专业人员，社区退休医生，培育健康管理志愿者队伍，恒常在"健康小屋""康复小屋"提供专业健康服务。2023年5月至2024年4月，幸福社区养老服务中心开展医疗、康复服务超173场次，服务覆盖超5696人次，其中健康讲座超17场，服务覆盖超500人次。开展合唱、舞蹈、书法、绘画等文化娱乐服务60场，服务覆盖1926人次。[①]

二、建立"1+6+N"综治体系

顺德区全面开展的"1+6+N"基层社会治理工作体系建设，不仅是省委推动多元共治、深化基层社会治理创新的重要举措，也是实现"百县千镇万村高质量发展工程"目标的关键组成部分。"1"是指规范基层综治中心建设，实现"一个中心管平安、一个平台抓治理"；"6"是指发挥法院、检察院、公安、司法行政等基层政法和综合网格、网格员联动力量，以及"粤平安"社会治理云平台等信息化支撑平台作用，形成问题化解合力；"N"是指广泛发动社会力量，多方共同参与矛盾纠纷排查化解。

这一体系的构建，体现了顺德区对当前社会治理新任务和新要求的深刻理解。在坚持和发展新时代"枫桥经验"的基础上，顺德区以"1+6+N"治理模式为抓手，加强部门之间的联动沟通，形成合力，致力于将问题和矛盾解决在基层，消除在萌芽状态，从根本上预防和减少社会矛盾的产生，整合运用"N"个

---

① 顺德社会创新中心公众号：《众创共善·喜报 | 容桂街道幸福社区养老服务中心设施提升项目获评"优秀"》，2024年5月13日，https://mp.weixin.qq.com/s/LdaGsppNYpE6oNPngt9zDQ，访问时间：2024年9月9日。

社会力量，提升了基层社会治理的效能，促进社会资源的有效整合，强化社区的自我管理和自我服务能力，努力建设更高水平的平安顺德和法治顺德。

（一）综治中心引领社会力量参与

2023年以来，顺德注重发挥综治中心统筹指挥、协同落实的核心枢纽平台作用，通过调动镇（街道）综治委的积极性，从联动机制的建立、专干专岗的设立、专项经费的投入等多个方面入手，为多部门联动创造了有效的抓手和平台。这些措施旨在逐步改变基层治理中存在的"两头热、中间冷"的发展困境，推动社区治理向更加均衡和高效的方向发展。

在夯实阵地建设基础上，各镇（街道）以综合治理委员会名义出台工作制度，明确矛盾纠纷诉求较多的部门采取常驻、轮驻、随驻等形式派员进驻综治中心开展相关工作。各镇（街道）综合治理委员会细化完善"首问负责制""中心吹哨、部门报到制"等十项工作制度，推动提升综治中心工作部门合力和处置效能，聚力打造一支团结协作、为民服务的高素质基层社会治理队伍，切实用心用情用力解决群众"急难愁盼"问题。

在综治中心的引领下，社会力量参与平安建设的资源和信息整合得到了显著加强双方在申报项目方面的共同合作，为平安建设注入了新的活力。综治中心注重发挥社会组织的专业优势和创新能力，鼓励社会组织根据其专业特长，提出创新型的平安建设项目和解决方案，为居民营造更加安全、有序的生活环境。

案例：容桂街道严重精神障碍患者管理服务项目由顺德区容桂街道综合治理办公室和顺德区容桂街道鹏星社会工作服务社联合申报，获得了2022年度顺德区社会治理"众创共善"计划支持。项目社工联合社区医生向精神障碍患者及其家属提供专业化、个性化、综合化的管理和康复服务。通过专业贴心的服务，促使患者稳定康复、融入社会，促进社会和谐稳定。

（二）职能部门携手齐抓共管

顺德区整合法院、检察院、公安、司法行政资源，推进诉源治理、矛盾化解、法律服务保障等服务，加强和改进基层平安建设。截至2023年底，顺德全区共划分为1588个网格，按照"一格一员"标准配备了专职网格员队伍，构建了区—镇（街道）—村（社区）—网格四级联动机制，形成"全域覆盖、全网整合、规范高效、常态运作"网格化服务管理体系。

顺德网格化服务管理体系旨在建立多元化、全链条化的解决机制，覆盖从问题发现到最终解决的每一个环节，联动构建基层解纷纵横网络，更有效地发现和处理各种矛盾和纠纷，打好矛盾化解和预防组合拳。

譬如，在顺德区的改革发展进程中，诸如土地征用、股份社经营权、房屋拆迁、村居改造等一系列历史遗留问题，不仅引发了涉警信访的复杂局面，也对警力资源造成了显著的制约。为了有效解决这一困境，区委政法委发挥了统筹协调的作用，联合区公安局和司法局，按照"党委领导、公安主导、部门联动、社会参与、全面落实"的整体思路，构建出"治安调解+人民调解+刑事和解+网上司法确认+线上调解+诉调对接"的警访调一体化对接联动机制。

顺德区人民法院以诉前和解中心为平台，发挥顺德行业类和专业服务类商会协会的引领作用，与区内物业管理协会、区建筑业协会、区房地产商会、区保险业协会、区青年企业家协会、潮汕商会等行业商（协）会合作，并联动顺德区市场监督管理局、顺德区住房城乡建设和水利局等部门共建26个联动调解工作室。依托调解室构建行业"大调解"格局，做大做强顺德特色行业联调工作机制，为群众及企业解决矛盾纠纷提供高效便捷的渠道。引入市银行业协会、市融资租赁行业协会等多家金融商协会共建诉源治理工作站，组织金融从业人员培训4场1100人次，通过非诉途径化解金融纠纷6110件，实现金融纠纷化解在源头[①]。

除了顺德区人民法院推动的联动调解室，顺德还成立多种形式的调解委员会，发挥其在参与基层矛盾纠纷调解工作中的重要作用。

例如：2021年9月，顺德区揭牌成立潮汕商会新市民人民调解委员会、商事纠纷诉调对接工作站、治安纠纷化解联络工作站（简称"一会两站"）。截至2022年4月，一会两站通过联动17家顺德友好商会、顺心社工、4家律师事务所共43名调解员，以"党建+人民调解"为主要抓手，利用"乡音"调解优势，合力推动项目开展，积极探索以商会为中间平台的新市民矛盾纠

---

① 广东政法网：《一站式、全覆盖、智能化！佛山顺德法院绘就多元解纷新"枫"景》，2024年1月18日，https://www.gdzf.org.cn/zwgd/content/post_150263.html，访问日期：2024年9月9日。

纷调解新模式，已顺利调解各类矛盾纠纷8宗，成功率达90%以上，涉案金额达26万元。2021年12月，商会新市民矛调委员会成功获评为"佛山市优秀调解组织（商事类）"。

第三节 分工协作的社社互动

顺德区各类社会力量，如社工机构、基金会、志愿者团体、社区组织等，都在社区治理中扮演不可或缺的角色，不仅为社区提供了多样化的服务，还通过参与决策、监督执行等方式，增强了社区治理的透明度和公众的参与度。顺德致力于构建分工明确、高效协作的社社互动机制，促进资源对接，强化优势互补，推动各类社会力量可持续地参与基层治理。

一、群团组织主动参与

党的二十大报告强调，要深化工会、共青团、妇联等群团组织改革和建设，有效发挥桥梁纽带作用。群团组织作为党和政府联系群众的桥梁纽带，是扩大党的群众基础和加强社会治理的重要方式，可以推动创新社会治理和维护社会和谐稳定。顺德区妇联、共青团、残联、工商联等群团组织积极联动、主动参与，充分发挥群团组织制度优势，发挥出它们应有的作用，助力构建基层社会治理共同体，让每个人都能感受到社会的关怀和温暖。

（一）妇联聚力，赋能基层治理半边天

顺德区妇联以中央群团改革精神和广东省妇联改革要求为工作统领，以制度建设为抓手，以建设"堡垒型＋服务型"妇联为目标，立足"家"字发力，着力构建家庭服务体系，联动社会力量，不断开创社会治理新高度。

1.高位统筹，分类指导。顺德区妇联联合区委组织部印发《顺德区加强妇联组织建设的意见》，在充分调研的基础上，对镇、村居、区属妇委会及团体会员等基层组织，分门别类出台文件，指导组织工作开展。2020年顺德区妇联组织召开妇联参与社会治理创新工作会议，区、镇（街道）、村（社区）妇联干部，区属妇委会，团体会员，省级以上巾帼文明岗代表等近100人参加会议。会议从加大教育、提升服务、拓展阵地等多方面对各级妇联团结带领广大妇女参与社会治理创新作出了详细规划，部署在顺德创建全省高质量发展综合示范区及新时代践行新发展理念实验区"双区"背景下，助力顺德打造共建共治共享社会治理格局的县域样板。会议举行了第二批"岗村手拉手"结对共建签约仪式，10个省级巾帼文明岗和10个村居结对共建，实现互帮互助互动。

表8-3 "岗村手拉手"结对（第二批）名单①

巾帼文明岗	村（社区）
顺德清晖园博物馆	顺德区大良街道云路社区妇联
中国移动通信集团广东有限公司顺德分公司容桂世纪广场营业厅	顺德区容桂街道扁滘社区妇联
中国农业银行顺德容桂支行营业部	顺德区容桂街道小黄圃社区妇联
顺德区气象局审批服务科	顺德区伦教街道鸡洲村妇联
广东顺德农村商业银行股份有限公司勒流支行营业部	顺德区勒流街道连杜村妇联
顺德区陈村镇行政服务中心	顺德区陈村镇赤花社区妇联
顺德区乐从小学	顺德区乐从镇葛岸村妇联
顺德区公安局龙江派出所110指挥调度室	顺德区龙江镇南坑村妇联
国家税务总局佛山市顺德区税务局杏坛税务所	顺德区杏坛镇麦村妇联
广州中医药大学顺德医院附属均安医院妇产科	顺德区均安镇鹤峰社区妇联供

2. 汇聚资源，深耕品牌。2014年至今，顺德区妇联已成功举办十届"3861"公益创投大赛，聚焦妇儿急难愁盼与社会关切，培育优质的妇儿公益项目，满足妇女儿童及家庭多方面的需求，为基层治理、乡村振兴提供创新的解决方案。"3861"公益创投大赛的发起，源于区妇联对妇联组织和妇儿服务"缺人缺钱缺点子"现实困境的深度思考。"3861"公益创投（"38"即3月8日，代指妇女，"61"即6月1日，代指儿童）。十年来，"3861"公益创投大赛累计筹募资金2765万元，其中包括政府财政支持资金1411万元，撬动社会各界善款1354万元，扶持535个项目，服务全区妇女儿童超过120万人次②。

---

① 资料来源：《做顺德的"巾帼英雄"！妇联参与社会治理创新怎么做？工作要点来了》，https://www.sohu.com/a/389741404_99960540，访问日期：2024年9月9日。

② 顺德区妇联"3861"公益创投项目报告。

第八章 创设机制 良性互动

```
扬帆起航
2014年  启动"3861"公益创投  筹资91万元,扶持22个项目
2015年  获省妇联创新案例大奖  筹资92万元,扶持24个项目
2016年  筹资金额翻倍增长  筹资187.95万元,扶持34个项目  联合区社创中心举办,与妇联品牌工作联动
2017年  创新引入"众筹+徒步"  筹资365.39万元,扶持63个项目  拓宽申报主体至社工机构和民非企业
2018年  筹资金额为历届之最  筹资459.88万元,扶持139个项目  建立区级总平台+镇街子平台  与区慈联、区慈善会合作
2019年  纳入顺德区"众创共善"计划  筹资442.49万元,扶持50个项目  基层妇联和社会组织联合申报
2020年  促进品牌项目经验总结推广  财政支持188万元,扶持39个项目  打造反家暴、维权等妇联核心工作品牌
2021年  服务延伸至基层治理,乡村振兴  财政支持192万元,扶持26个项目  培育巾帼力量参与社会治理  探索区级亲子阅读特色品牌项目
2022年  聚焦中心打造区级品牌活动  筹资297.07万元,扶持60个项目  打造以水兴城、新市民融合系列区级品牌活动
2023年  首推区镇两级共同配资  筹资449.37万元,扶持68个项目  新增儿童友好基地及品牌活动  重点扶持家庭教育精品项目
历经十载
```

图8-3 "3861"公益创投十年发展历程图

基于顺德拥有社会责任意识强烈的民营企业、众多慈善组织和商协会、热心公益的群众等慈善资源,十年来,妇联广铺渠道、广结力量,通过"众善"促"众筹",实现妇联—企业—社会组织—社会资源的有效链接。如区妇联撬动顺德女企业家协会持续参与,获女企业家协会会员企业捐资近380万元。基层也已经形成"社区党委+项目申报方+服务志愿者"的劝募队伍,探索出"以妇干及志愿者带动家庭、以家庭带动邻里、以邻里带动社区"的有效募捐路径,如勒流街道妇联通过配额激励及协同妇干发动亲友捐款,短短几小时便完成所有款项的筹集;乐从锐智社工机构发动乐从钢铁世界、女企业家协会连续三年捐助逾20万元。2024年青企协妇联也参与了"3861"公益创投,联动会员企业、培训机构等资源,开展抖音直播等技能培训,带动更多女性就业,让更多妇儿受惠。

案例:2024年3月17日,顺德区"3861"公益创投延续采用"徒步+众筹"的方式,徒步活动在顺峰山公园举行,吸引来自社会各界近300支队伍为爱行走,用行动践行公益,用脚步丈量绿美顺德。徒步启动仪式上,区妇联向十年来支持"3861"公益创投的妇联组织、热心企业、执行机构等颁奖。2024年的"3861"公益创投项目聚焦美丽庭院建设、女性就业创业、巾帼志愿服务等领域,共选出68个项目上线众筹,得到热心企业、社会组织和市民踊跃支持。截至2024年8月，线上线下筹集善款达200余万元，参与众筹超11000人次。

3.妇女议事，建设阵地。顺德区妇联积极推动妇女议事会工作，发挥妇女群众在基层治理中的作用，由村（社区）妇联主席、妇联执委等基层妇联干部牵头召集，广泛凝聚基层村（社区）妇女的智慧，充分发挥女企业家、女能人、人大代表、政协委员等的优势，推动解决妇女群众最关心的实际困难。目前，顺德区206个村（社区）已100%建立妇女议事会，妇女议事组织设到"家门口"，推动为妇女儿童打造一个环境优美、人际和谐、氛围友好的家园。

顺德区均安镇鹤峰社区在妇女组织培育及社区教育工作中融入议事协商工作手法，成立鹤峰社区妇女议事会，依托妇女之家、新时代文明实践站等阵地，通过社区调研、议事茶话会、微信群等方式收集议题，搭建妇女议事信息平台，激发广大妇女群众参与积极性，引导妇女参与基层治理，致力于更好地服务妇女群众。鹤峰社区妇联通过培育孵化社区妇女组织，以社区厨娘队、亲子志愿服务队等为抓手培育妇女骨干，通过外出交流培训、社区组织联动等活动，提升妇女议事能力，探索建立适合妇女的议事规则。

例如：鹤峰社区"厨娘"共享厨房项目是在社区妇女议事会上商讨出来的，从解决资金缺口到功能区规划，从日常管理到为社区开发餐点菜谱，社区妇女群众集思广益共建共享厨房。将热腾腾的糕点和家乡靓汤化为厨娘们的温暖，送往社区孤寡长者等弱势群体家中。鹤峰厨娘队成员李锦璇表示，妇女议事从会议室搬到了厨房、树下、广场，大家随时随地都能开展议事工作，真正"议起来"。

（二）团结筑梦，培育基层治理新力量

共青团顺德区委（以下简称"顺德团区委"）在推动共青团参与基层治理过程中坚持党建引领，联动多元力量，重点开展了搭建基层治理平台、推动试点先行先试、打造志愿服务品牌等方面的工作。

1.凝聚资源，搭建平台。顺德团区委研究制定《顺德共青团推动志愿服务发展提升两年行动方案（2022—2023年）》，全面做好督促和指导工作，链接资源、汇聚力量，推动共青团员和青年骨干积极参与基层治理。

在项目建设方面，顺德团区委发起祥和青少年交响乐团开展的"青春交响献礼建党百年"项目、北滘星动联盟协会开展的"党史宣传教育之小奋青系列漫画"项目和陈村青年曲艺志愿服务队的粤剧文化传承项目等"乡村振兴"青年公益文化项目。

在资金支持方面，通过互联网募捐信息平台"慈链公益"，面向社会大众开展公开募捐活动，采用"政府配资+公开募捐""慈善资金+公开募捐"两种扶持方式，撬动社会各方力量支持顺德区青少年公益和志愿服务事业。2024年"益创行动"得到顺德慈善会·惠妍教育助学基金的支持，坚持"财政专项+慈善资金"双轮驱动，充分发挥各自优势，扩大社会影响力。

在资源链接方面，顺德团区委推动四批共11家企事业单位、机关和村（社区）团组织结对，通过开展共建活动、分享工作资源、交流工作经验，让"团建工作上台阶、乡村振兴见成效、地方产业得发展"。

2.合作共建，打造品牌。志愿服务是广大青年参与社会治理、履行社会责任的重要渠道，作为全国新时代文明实践中心试点区，顺德团区委以新时代文明实践中心建设为统领，重点培育志愿服务组织及团体，开展志愿服务，联合多元社会力量，打造优质品牌项目。

在阵地建设方面，顺德团区委和顺德区民政和人力资源和社会保障局共同发起"顺德区志愿服务发展提升计划"，以顺德区志愿服务讲堂为阵地，为青年志愿者开展系列专题课程，在"顺德青年"视频号进行课程直播。通过健全志愿培训体系、建立志愿服务示范阵地、传播志愿服务精神等措施；建成运营一批具有亮点特色的青年阵地，建设各类青年实践阵地和志愿服务阵地，包括建成区级青少年宫和镇级青少年宫，建设区级"志愿V站"为周边提供恒常性志愿服务，开展志愿服务精神传播活动等，基本实现青年人才驿站十个镇街全覆盖，以不断完善顺德区志愿服务工作体系，充分发挥项目的示范引领和资源联动效应。

案例：顺德团区委积极进行基层社会治理新探索，发起全区群团组织直接服务基层社会治理和响应乡村振兴战略号召的系统性工程"青基工程"。顺德团区委、龙江镇团委、左滩村团支部结合龙江左滩村实际情况，推进"青基工程"，设立左滩村志愿服务站，招募青年开展志愿服务。又如：北滘镇黄龙村成立青年服务中心、青年议事厅等平台，为青年参与农村社会治理和社会服务搭建参与平台。区、镇、村三级团组织已在黄龙村构建起以"青年议事厅+志愿者服务站"为基础的公共事务合作管理新模式，也为共青团组织引领青年群体参与社会治理、推动乡村振兴写下了生动的注解。

在队伍建设方面，顺德团区委打造了"菁治志愿服务队"，面向社会公开招募，正式聘请300多名网格助理员志愿者为"菁治志愿服务队"网格助理员。从在校大学生、返乡创业青年、非公企业青年中招募志愿服务队员，辅助专职网格员开展网格化治理工作，助力顺德基层治理现代化。容桂团工委以志愿者和志愿服务队到网格"报到"的创新形式，按1名专职网格员+至少3名网格志愿者的标准，解决网格化治理工作中存在的队伍力量不足、群众参与不够等问题，使志愿服务与基层治理深度融合。为了保障"网格+志愿服务"的模式可长期运行，容桂对网格志愿服务队伍进行嘉许激励机制、经费保障机制、时数回馈机制"三重保障"，激发奉献精神和团队精神。

二、协会商会积极行动

除了群团组织，顺德众多行业协会、商会积极行动，发挥其扎根行业、服务行业的优势，通过参与基层矛盾纠纷调解、实施社区帮扶服务行动等方式，搭建协会、商会成员参与基层治理的平台和网络，增强社区的凝聚力和向心力。

（一）女企睿兰，赋能前行

顺德区女企业家协会（WEASF）成立于1998年，2016年经顺德区民政人社局注册登记，成为有法人资格的社会团体。顺德女企协秉持"共建、共享、共发展"的理念，肩负"弘扬顺商精神，彰显榜样力量"的时代使命，践行"勇担责任、协同共赢、传递价值、奉献爱心"的核心价值观，激发"向上、向善、向美"的力量，为地方经济社会高质量发展作贡献。

顺德女企协现有会员200多名，涉及行业包括制造、金融、商业服务、房地产、教育、文化、旅游等广泛领域。顺德女企协积极组织成员参与基层治理，在顺德慈善会设立了专项基金，为女性创业就业培训赋能；在德胜社区基金会设立专项基金，在顺德区10个镇街开展的赋能培训、公益创投、心理辅导等项目都取得了显著的成果。

为帮扶顺德区内有特殊困难的妇女及其家庭，在区妇联的倡议推动下，顺德区女企业家协会在德胜社区基金会设立专项基金，自2021年9月起合作开展"睿兰赋力行动"资助计划，德胜社区基金会、顺德女企协联合出资，社会服务机构负责具体项目实施，并带动女企协会员参与。项目借助专业力量以个案管理手法赋能特殊群体，回应该群体面临的综合性困境。

2023年2月，顺德女企协启动"睿兰赋力行动"二期，继续投入130.05万元，深度帮扶丧偶、离异、因病致困等特殊困境妇女及家庭，项目覆盖全区10个镇街。"睿兰赋力行动"重点是对特困单身母亲进行深度的个案心理服务，为困境妇女及家庭新设应急资助基金等。截至2024年1月，"睿兰赋力行动"二期共服务164户家庭，395人受益，促成其中20人成功就业，改善104人的抑郁、自卑、狂躁等情绪问题，改善166名亲子关系，减少5名对象自伤自残行为，帮助10名孩子重返校园，助力顺德社会和谐发展。

2024年5月，"睿兰赋力行动"第三期项目正式启动，由顺德女企协、德胜社区基金会、十镇街女企协共同出资120万，链接更多社会资源，精准帮扶，为真正需要帮助的妇女儿童送上温暖和力量。

顺德女企协2024年推出"睿兰赋能计划2.0"创投项目，计划投入资金10万元，由协会链接会员企业专业资源，通过技能培训、企业走访、创业故事分享等方式，以及拓展亲子关系、心理咨询等情景式教学活动，为女性成长发展提供多维度的赋能加持。项目首场活动为"'孩子，我拿什么留给你'——亲子关系与文化传承情景式教育沙龙"，邀请国内心理教育专家吴文君老师，为区女企协会员及其企业女员工开展专题培训，组织学员饰演不同的角色，通过感受不同身份角色的心路历程，认识到在子女伴侣化、父母不作为、女企业家把注意力过多放在事业上等情景下，造成孩子角色错位后引发的一系列家庭关系变化问题，诠释了原生家庭与核心家庭之间相互影响的关系，强调了真正有效的沟通是要有勇气说真话，同时通过不断学习提升自己的能力，才能经营好夫妻关系、亲子关系。

（二）青企德益，筑梦领航

顺德青年企业家（青商）协会是由顺德区青年企业家资源组成、具有独立法人资格、非营利性的5A级社会团体。青企协秉持"践行责任、成就梦想"的办会理念，以传承顺商精神为己任，积极引导青年企业家参与基层治理。

2019年6月，顺德青企协联合德胜社区基金会发起"德益青年公益行动"。该项目旨在通过鼓励和支持青年团体以创意、创新及发现的视角去思考和解决问题，激发青年人对公共事务的关心与投入，培育青年成为有责任的行动者和公益文化的倡导者，营造顺德青年公益的优良生态。截至2023年，项目累计投入资金及配套服务总计达415.51万元。1382人参加线上线下筹款，联合品牌共建单位开展主题活动102场，促进6400多名青年开展公益交流合作，接受青年申报项目累计478个，资助青年公益项目249个，支持4168名青年开展公益活动超2800场，服务覆盖顺德十个镇街，涵盖弱势关怀、社区融合、环境保护、文体发展、志愿服务、公益影像、心理健康、社区教育等层面。

"德益青年公益行动"自启动以来，联动多方搭建参与实践平台，探索治理创新模式，2020年9月《德益青年公益行动：联动多方搭建青年参与社会治理的实践平台》案例获评为"顺德区2019—2020年度党建引领社会治理创新十佳案例"。此外，"德益青年公益行动"通过创新参与模式，为青年企业家支持青年公益广开渠道，还逐步形成了"学校—学生社团—社区"三方联动的青年公益实践模式，有效助力相关学校健全青少年心理健康预防网络。"德益青年公益行动"资助了83个由社区青年组织发起的公益项目，持续调动在地青年力量以公益行动服务在地社区，为社区治理和发展注入新活力。

案例："苏溪社区Sun力军志愿服务队"的两名团队骨干梅宝珊（20岁）与叶衍宏（17岁），带领团队连续两年申报项目，从起初的16名青年队员发展至今近700名青年志愿者，有效助力苏溪社区党委全面推进社区营造工作。2019、2020年连续两年支持推广青少年及家长青春健康同伴教育，帮助蓝星拓展服务网络、突破资源瓶颈、提升管理能力，该机构于2021年获得政府、基金会项目资助30多万元，实现了机构核心服务从无到有、从有到强的转变。

2024年"德益青年公益行动"延续"青年共筑友好社区"的资助主题，聚焦青年社区公益实践、青少年发起及参与的文化体育活动、青少年心理健康护航行动三个资助方向。自6月1日资助公告发布以来获得社会广泛关注，前期共征集青年公益项目151个。经过项目初评、方案优化、路演推介等环节，最终共有66个青年公益项目获得资助。

三、资助机构与执行机构高效协同

顺德区内各类资助型与执行型社会组织协作共建，各司其职，坚持科学、专业的精神，建立符合顺德本土实际、有效运行的公益发展模式。

（一）资助型组织：高效资助与行业推动者

资助型社会组织是支持性组织，处于公益行业链条的上游位置，资助型的社会组织发挥资源优势，建立高效的资助模式，推动项目的落地实施和优化升级，还助力各类社会组织自身的发展，推动全行业的发展。

譬如，德胜社区基金会，定位于资助型、支持性的社区慈善基金会，以"关注顺德扶贫济困事业，回应顺德社区发展需求，推动顺德和谐社会建设"为宗旨，致力于支持教育、养老、扶贫、济困、文化建设、社区发展以及其他综合性的公益慈善项目，促进顺德建设更具人文性和富有吸引力的美好社区。作为顺德地区本土的资助型和支持型社区基金会，在过去多年的社区项目资助实践中，积累了丰富的经验，并逐步发展出一套独具特色的资助模式。

在资助模式的构建上，德胜社区基金会首先明确了其关注的重点领域和方向，建立优势主导型的项目执行机构遴选机制，旨在从众多申请者中筛选出那些在特定领域具有明显优势和专业能力的执行机构，确保资助的项目能够高效、专业地实施。德胜社区基金会还通过整合多方资源，构建起一个多层次、多维度的项目资助体系，不仅涵盖了资金支持，还包括了技术指导、管理咨询、能力建设等多个方面，为项目执行机构提供了全方位的支持。

此外，2017年1月，在顺德区委、区政府及顺德企业家的推动下，顺德区创新创业公益基金会注册成立。基金会定位为资助型、支持性的机构，以"扶植青年，激励创新，推动创业，弘扬企业家精神"为宗旨，致力于支持、资助、推广促进社会创新的青年创业项目，推动业界交流与合作，创新创业扶持模式，营造有利于社会可持续发展的创业氛围。基金会原始注册资金为200万元人民币，由区属国资企业捐赠，首期3亿元启动资金由区知名企业家何享健先生捐赠，用于支持顺德青年创新创业发展。

在社会力量参与基层治理实践中，资助机构之间的协同能够形成更大的合力，实现社会资源的优化配置。首先，资助型组织通过合作可以共享信息和资源，避免重复劳动和资源浪费，形成合力，提高解决问题的效率和效果。其次，资助型组织的合作还可以提高同类项目的影响力，吸引更多的社会关注和支持。第三，通过联合举办活动、发布报告或发起倡议等方式，资助型机构可以共同发声，形成强大的社会动员力，推动政策变革和社会进步。譬如，2020年，新冠疫情的严峻形势下，顺德慈善会、德胜社区基金会、北滘慈善会迅速联合起来，共同启动了"和善同心"社区抗疫计划，共同投入1738万元资金，资助了338个社区抗疫项目，覆盖了从防疫物资供应到社区抗疫行动，再到卫生健康普及、社会组织能力提升、志愿服务动员、养老服务保障以及残疾人士的特殊需求等多个方面。此项联合行动不仅加强了社区的防疫能力，还提升了社会组织的响应速度和服务质量，为异地务工人员等群体提供了必要的支持和帮助，展现了社会力量参与基层应急救援事务的强大能量。

（二）执行型组织：社区治理的专业响应者

执行型社会组织通过提供专业的服务和解决方案，能够快速响应社区需求的变化，擅长动员社区居民参与治理，增强社区的凝聚力和居民的归属感，同时通过链接社区内外的资源，为社区治理提供必要的支持。以顺德慈善会组织开展的2023年顺德慈善"圆梦行动"之"善居圆梦""助困圆梦"为例，顺德区大良、伦教、勒流等镇街慈善会及顺德乐为慈善发展中心、德威慈善基金会、星宇社会工作服务中心等，都是这一品牌慈善项目的执行机构。执行型社会组织推动专业服务深入社区、深入服务对象，回应居民需求，解决居民问题。

例如，顺德区容桂街道鹏星社会工作服务社作为"容桂粤心安营造心安处"社会心理服务项目执行组织，2022—2023年接受区教育基金会资助，打造以心理健康宣传教育预防为前端、心理监测预警为中端、心理精准干预为末端的"容桂街道社会心理全程服务链"，精准介入重点个案人群，维护社会和谐稳定。项目开始至今累计开展父母学堂、心理讲座、父母成长营、师生成长营超过500场,累计服务逾40000人次。深度个案辅导1579个、服务时数15168小时,个案管理3489个、服务时数10467小时,危机干预自杀介入15宗、社会危害介入5宗。通过家—校—社多个维度联结心理安全防护网,化解社会危机。

图8-4 容桂街道粤心安社会心理服务人才库[①]

(三)通力合作促进公益

资助型组织与执行型组织之间的通力合作,是构建健康公益生态系统的关键。其协作不仅涉及资金和资源的流动,还包括专业知识、技能和经验的共享,以及对项目实施和管理的共同参与。双方可以探索新的公益模式和解决方案,应对日益复杂和多元的社会需求。通过共享信息、公开进展、接受监督,可以增强公众对公益项目的信任和支持,吸引更多的社会力量参与到公益事业中来,共同推动构建一个更加健康、活跃、有活力的公益生态系统。

案例:容桂伍威庇护工场致力于为残疾人士提供就业培训机会。工场现有残疾学员80名,服务辐射容桂街道26个居(村)委会,为辖区内的残疾人士提供全面、优质的就业培训和职业康复服务。服务项目执行组织包括社会工作机构、职业测评师及园艺导师等,通过植物疗愈服务及不同层面的介入

---

① 图片来源:第三届"耕善计划"项目推介手册

手法，从专业的角度为服务对象提供以下服务：

1.社区融合的工作环境；

2.多元化的工作训练，包括手工艺、零售、餐饮、农副产品制作、有机蔬菜和香草种植等；

3.工作习惯培训、工作评估及转介服务等；

4.多元化身心灵、发展性及社交活动。

庇护工场设有手工艺组、布艺组、加工组、印刷组，更设有社会企业汽车美容、小卖部（两家）、广告策划有限公司等，配备了先进的电脑设备、镭射切割设备、广告设备、印刷设备、投影器材等。

四、外来组织与在地力量密切合作

顺德区社区营造注重引入外来社会力量参与推动村居发展，外来社工组织力量的引入不仅能够为社区带来新的视角和创新思维，还能通过资源共享和能力建设，增强社区自身的发展动力和自我服务能力。外来社工可以为基层社区带来新的社会工作理念、方法和工具，帮助在地社工提升专业技能和服务水平。通过培训、研讨和实地指导等方式，社工与村（社区）干部及村（社区）工作人员共同探讨社区问题，设计解决方案，实现知识和经验的双向流动。

其次，社工可以利用自身的网络资源，为村居引入更多的社会资本和外部支持，包括资金、物资、技术、信息等多种形式的资源，以及政策、法规、市场等方面的信息和指导等。而在地组织通常对所在社区的文化、习俗和地理环境有深入地了解，能够更好地理解社区成员的需求和期望，与社区成员之间保留着坚固的信任关系，能够对服务项目和个案进行持续地跟进和管理，确保服务的连贯性和有效性。

在此基础上，建立互动共筑机制能有效发挥外来社工组织与在地组织各方优势，培养社区凝聚力和向心力。通过共同参与社区事务，社区成员之间的联系和互动将更加紧密，社区的认同感和归属感也将得到加强，有助于形成团结协作、互助友爱的社区氛围，激发社区内生动力，构建责任共同体，实现社区建设的多元化参与和可持续发展，为构建和谐社区、实现乡村振兴目标提供有力支撑，为社区的长期发展奠定坚实的社会基础。

例如，乐从镇沙边村社区营造从"为社区造"到"由社区造"，通过社工联动两委相互协助，调动村民参与积极性，并制定了三阶段计划。社工在沙边村的社区营造实践中主要扮演中介者、教育者的角色，推动社区关系建立，鼓励居民参加社区活动，搭建社区学习平台。在沙边村"两委"和社工的努力下，为村民创建了参与社区事务的平台，逐渐增加村民与社区的互动。村民从一开始的事不关己转变为逐渐自发参与社区事务，能积极地对社区活动及事务提出自己的想法和建议，并尝试参与社区治理，逐渐形成"社区领袖+村民+志愿者+社工+村党委"的社区治理参与方式。

第九章

依托智库 持续赋能

顺德能长期在引领社会力量参与基层治理方面走在全国前列，与其始终跟国内相关智库机构保持着紧密的联系是分不开的。在顺德探索社会体制改革及党的十八大以来开展全域社区营造、推动完善社会治理制度过程中，国内众多一流的社会治理研究机构和权威专家曾参与相关方案设计或提供专业咨询服务。除此之外，还有一个独一无二的本土法定机构在其中发挥了不可替代的作用，这个机构就是顺德社会创新中心（以下简称"社创中心"）。

社创中心是顺德区2012年成立的法定机构，是顺德社会体制改革的产物。按照广东省委十届九次会议提出"加快转型升级、加强社会建设"的新要求，顺德被赋予探索社会管理创新体制的重任。为实现社会管理和公共服务的专业化、经济化和社会化，顺德组建了考察团赴我国香港特区和新加坡学习社会管理先进经验，并决定借鉴我国事业单位的组织架构和运行机制，探索建立法定机构。2012年，顺德区通过人大审议，明确在社会创新、产业服务、文化艺术、城市更新等四个关键领域设立法定机构，社创中心是其中之一。2012年7月，顺德社会创新中心正式挂牌成立，成为我国第一家以推进社会创新为职能的法定机构。

成立至今，顺德社创中心已走过12个年头。作为推动和服务基层治理创新的智库和枢纽，顺德社创中心通过开展专题研究、公众倡导、培训赋能、咨询服务等全面支持顺德区各级党委政府、各类市场主体和各方社会力量开展跨界合作，推动构筑充满活力、生机勃勃又张弛有度、安定有序的有机社会。

第一节 组织研究，提供指导

顺德社会创新中心致力于搭建顺德社会治理智库平台，助力探索基层善治的"顺德样本"。社创中心通过整合和联动各方研究力量，组织开展顺德社会治理重要问题、焦点议题、行业规划和政策研究，重点工作和治理行动调研、策划与推动，案例经验、模式推广以及建立社会治理数据系统等，推动多学科理论视角与顺德基层实践结合，推动研究成果转化为具体政策、规划和项目，并推动研究成果在政策实践层面产生积极影响。

一、组建研究团队，凝聚专业力量

顺德社会创新中心汇集和协调来自不同领域的研究资源和智力支持，组建了涵盖专家顾问、本土研究员和中心内部研究员的三级研究团队。专家顾问团由来自中共中央党校（国家行政学院）、香港中文大学（深圳）、广东省委党校、清华大学、北京大学、中山大学、中国人民大学、北京师范大学、深圳大学等高校13位知名学者，以及来自广州、深圳、四川等11名实务界经验丰富的专家组成。本土研究员由行业内研究型实务工作者、区内高校教师和高校在读博士组成，共15人。中心内部研究员共11人，80%以上人员有硕士学位，教育背景涵盖公共管理、社会政策、社会服务、心理学、经济学等多学科门类。

社创中心聘请著名学者郑永年教授为总顾问，围绕社会治理（乡村振兴）、社会服务和社会商业三大领域成立7个专题共学小组，聚焦城乡社区可持续发展难题、乡村资源开发效能低等治理难题开展研究，组织开展社会治理理论、社会服务成效评估、社区营造2.0畅想等专业交流，推动政企社学跨界结合，提高社会治理实践与研究能力。

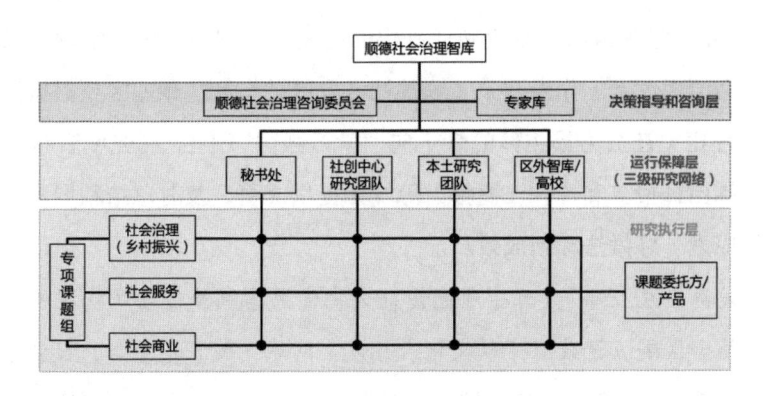

图9-1 社会治理智库三圈层研究队伍

二、依托研究成果 提供专业服务

针对决策研究类项目，提供的服务包括战略规划制定、专题研究报告、民生政策制定、社会政策第三方评估等。研究产出包括专项调研报告、规划政策协助意见征询、研究成果及政策发布规划宣传、提供政策资源链接。

针对模式总结类项目，提供的服务包括案例总结、模式提炼、调研策划等。研究成果产出包括专项工作调研报告和策划案、案例总结、协助申报各级奖项、系统化、标准化、可推广应用的工作模式，协助制定工作指引，促进推广应用等。

针对工具研发类项目，提供的服务包括社会服务成效评价体系构建、社区发展指数模型构建、社会影响力评估模型构建。研究成果产出包括指标数据收集框架和方法、评估模型、评估报告（如社会服务成效评估报告、社会治理与社区发展指数评估报告、社会价值和社会影响力评估报告等）。

2022年4月，社创中心协助顺德区委政法委申报佛山市"市域社会治理创新案例"和"基层社会治理典型案例"评选活动，入选案例数量占全市四分之一，居佛山市五个区之首。其中，区委政法委、社创中心联合申报的"共谋共建社区空间，促进基层自治共治"入选十大基层治理典型案例。

2022年10月，社创中心联合15个单位发起《顺德社区营造案例集》推广活动，将案例推广至全国23个省、55个地级市，引起多地党政机关、高校、村

（社区）、社会服务组织、专业支持机构的关注。社创中心负责编发《顺德区党建引领社会治理创新工作专刊》《顺德社区发展动态》《顺德区乡村振兴》等刊物，并培育相关社会力量主体的骨干向"学习强国"平台、《光明日报》《南方日报》《佛山日报》和《珠江商报》等媒体提供文稿，及时总结和展示顺德基层治理的新探索、好做法和新成效。

　　案例：2022年7月，在顺德传统文化资源禀赋及传承现状调研成果基础上，结合区委、区政府"以文化人、以文润城"的工作导向，社创中心协助顺德慈善会锚定粤剧曲艺、祠堂文化、乡村文化和濒危文化等4大领域，制定《顺德慈善会"文风和远"资助规划》；2022年6月，社创中心在顺德医疗救助专题调研成果基础上，协助顺德慈善会制定《顺德区困难新市民家庭重症婴幼儿慈善医疗救助项目管理细则（试行）》及起草说明，填补了顺德区新市民患儿家庭救助空白，充分发挥慈善医疗救助在社会保障体系中的补充作用。

第二节 设置议题，形成倡导

在设置议题方面，顺德社会创新中心注重依托专题研究和社会调查，识别基层社会治理中存在的实际问题。同时，社创中心依托长期积累的社会治理数据，为社会问题的解决思路和行动方案提供支撑。

一、聚焦议题，助力党政社企综合施策

社创中心针对顺德区社会治理的关键问题和热点议题，开展深入的行业规划和政策研究工作。这些研究不仅关注当前的社会治理挑战，而且着眼于长远的行业发展趋势和政策导向。

比如，社创中心与顺德区民政和人力资源和社会保障局合作开展的顺德区残疾人就业创业服务深化提升策略研究，系统摸底顺德区残疾人就业现状，对八年来残疾人就业创业项目扶持工作进行总结和反思，形成《关于我区推进残疾人就业情况的调研报告》，为改进全区残疾人就业资助策略、提高资金使用效率提供指引。此外，社创中心还开展社会服务成效评价，探索行业价值的数据化、综合

性呈现。2022年以残疾人支持性就业服务为对象,研究制定本土化社会服务成效评估工具及指标体系,为基层治理项目成效评估提供方法和工具参考。

在促进社会企业发展方面,社创中心持续开展可持续社区经济、企业社会责任、社会价值和社会影响力投资等方面的研究。例如,聚焦"公益机构可持续转型"和"增加商业机构社会属性"两大主题,研究制定了《2022—2023年社会商业众创计划》,调整了过往主要扶持社会企业发展的传统思路,以问题和目标为导向,将工作重点聚焦社会商业集群的培育和发展。

表9-1 顺德社会创新中心2022年部分研究课题[①]

类别	项目名称	发挥作用
基层治理	顺德区推动居民参与村(社区)治理路径研究	为区农业农村局深化基层治理创新提供工作路径参考
社会服务及社会创新	顺德区残疾人服务体系构建及政策优化研究	为政府重新修订残疾人领域政策提供决策参考,后续协助区民政人社局新出台或修订社区康园中心、托养服务、就业扶持3项政策
	顺德区养老服务体系建设"十四五"规划调研	为政府推进养老服务改革发展和养老服务体系建设、引导社会参与提供方向指引,协助区民政人社局拟定养老服务领域首份五年规划
	顺德区大病慈善救助的现状、问题及对策调研	顺德区重启慈善助医政策,协助出台困难新市民家庭重症婴幼儿医疗救助办法
	顺德青年创新创业现状调研	为顺德双创基金会下一阶段推动青年社会创业提供方向指引
乡村振兴	勒流街道"乡建共治"标准体系	作为勒流街道村(社区)开展乡建共治工作的工作指导
综合改革	顺德区改革发展三年规划调研	为区委改革办下阶段制定顺德未来3年改革发展规划提供工作参考
文化教育	顺德非物质文化遗产保护、传承及发展研究	通过区人大常委会审议后提交区委区政府,推动建设区级非遗展馆

案例:2020年7月,在社创中心具体实施的"众创共善"计划的新市民服务议题中,顺德区新市民服务协会由专业人士组成并围绕新市民在顺德就业状况、就学挑战、就医困境等议题进行议事,形成相关议事报告,为政府制定有关新市民福利政策提供参考,推动顺德新市民融合行动的高质量发展。2020年8月,确定了共有32位来自政府、企业、学校、民间组织、医

---

① 资料来源:顺德社会创新中心2022年年报

院的委员，他们研究制定并组织发布线上问卷调查，共回收有效问卷4815份[①]，并撰写完成《顺德区新市民积分入学调查问卷分析报告》《顺德区新市民就医情况普查调研报告》《顺德区新市民就业情况普查调研报告》。调研报告分别提交顺德区新市民办、人力资源服务协会和顺德慈善会，成为他们研究制定相关服务项目的基础数据。

二、共学议题，深化社会治理研究

社创中心总干事李允冠认为，作为推动和服务社会创新和基层治理的智库机构，必须从理论、政策、法律等对社会治理开展全方位研究，坐得住"冷板凳"，敢于啃硬骨头，把顺德社会研究清楚，才能保持社创中心的核心竞争力。

自2022年10月起，社创中心定期开展的"社会治理学术研究和专题共学"月度交流活动，邀请专家顾问、本土研究员以及社创中心研究员围绕社会治理、乡村振兴、社会服务及社会商业等领域的相关议题进行深入研讨，以保持对我国社会治理相关政策和理论的深刻把握，深化对顺德城乡社区面临的重大社会议题的深刻理解，推动社会力量有效参与基层治理。

案例：社创中心组织的第五期"社会治理学术研究和专题共学"围绕7个专题进行学习分享：1.中国传统乡治、顺德村治及对现代顺德基层治理影响。2.新中国成立以来中国基层治理制度变迁及其对顺德基层治理影响的思考。3.西方社会治理理论及对中国、顺德现当代基层治理影响。4.社区营造国际经验及顺德社区营造推进历程和深化提升。5.以国际及顺德社区养老发展为例看社会创新理念和方法应用。6.顺德城乡新型社区经济可持续发展研究——从世界团结经济和社区社会商业发展借鉴视角。7.从国内外残疾人就业支持类社会企业看社会商业发展。该期共学活动还邀请了顺德历史文化研究著名学者李健明作"顺德传统文化的治理价值及当代影响"主题分享，邀请广东省委党校教授温松、文史教研部副教授宋音希参与点评及互动交流。

---

① 顺德社会创新中心公众号：《众创共善·新市民服务 | 新市民议题报告集》，2021年6月23日，https://mp.weixin.qq.com/s/A3_48lbMcoeszlRJjZlO0Q，访问日期：2024年9月9日。

三、深研议题，实施研究资助计划

2020年，顺德社会创新中心在区委政法委的支持下，启动了首届顺德社会治理创新研究资助计划，吸引来自区内外的专家学者、实务骨干等各界人士，深入到顺德的各个社会治理场景开展调研，最终产出8份高质量的专题研究报告。这些报告不仅为党委政府在社会治理方面的决策提供了重要的参考和依据，也为顺德区的社会治理创新工作提供了理论支持和实践指导。

在总结首届资助计划经验的基础上，社创中心又启动了第二届研究资助计划，秉承"以实践丰富研究、以研究提升实践"的理念，搭建更加广泛和深入的党建引领社会治理创新的研究协作网络。通过这一网络，顺德社会创新中心希望能够吸引更多的优秀研究学者，广泛征集和支持他们的研究项目，进一步推动顺德区社会治理创新工作的深入开展。第二届资助计划的启动，不仅是对首届资助计划的延续和深化，更是对顺德区社会治理创新工作的一种拓展和提升。

第二届研究资助计划以紧贴问题与需求为导向，挖掘提炼出当前阶段顺德迫切需要深度研究加以回应、同时研究价值显著的重点社会治理问题，设定本次资助的4个研究议题为：地域性商会参与社会治理的路径研究；新型产业园区治理现状、问题和治理机制搭建探索研究；城镇区域社区经济探索现状、发展瓶颈与可行路径研究；资源型乡村的复合型可持续发展路径探索。

第三节 开展培训，提高能力

社创中心的另一项重要工作，就是组织研究、开发和实施多种类型的培训项目，通过建立培训师资库和资源库，灵活运用系统培训、网络学习、案例教学、现场教学、技术传授、实践锻炼等方式，赋能顺德各类社会主体的负责人、业务骨干和志愿者，为顺德基层治理创新等提供人才保障。

一、建设社区营造"三员"队伍

为深化和融合社区营造支援、人才培养两大项目，发挥社会治理智库枢纽平台作用，顺德区社会创新中心在区委政法委指导下，组建"讲师团、通讯员、指导员"三支社区营造本土专业力量，从理念传播、宣传推广、实践指导三方面，加强对各镇（街道）、村（社区）社区营造实践工作的指导和支持。

（一）"讲师团"聚焦培训

2024年上半年，社创中心聘任了一批经验丰富、实操能力强的实践导师担任基层治理讲师团成员，聚焦基层治理工作的重点难点，如议事协商、矛盾纠纷、社区动员、组织培育、项目设计等，开设、打造12门精品课程，并面向全区10个镇（街道）授课超30场次、逾1000人参与，有效提高镇（街道）、村（社区）相关工作人员意识和能力，使优秀本土经验和实践做法得以推广、传播、复制。

案例：社创中心组织开展的镇（街道）社区营造专题培训，邀请大良升平社区党委书记李志业、容桂华口社区黄活柏、伦教常教社区副书记陈建森、勒流东风村党委委员冯淑玲、顺德区启创青少年社会工作服务中心执行总监廖倩婷等，聚焦社区组织和居民骨干带动、环境和空间规划、地方文化保育发展、重点人群服务以及社区居民动员等专题，面向大良街道、容桂街道、陈村镇、北滘镇、龙江镇、杏坛镇的村（社区）干部及工作人员举办了7期主题课程，极大提升了社区干部及工作人员对基层治理的理念认知和操作能力。

图9-2 镇（街道）社区营造专题培训现场[①]

[①] 图片来源：顺德社会创新中心微信公众号，《区社会创新中心工作动态（2023年12月）》，2024年1月30日，https://mp.weixin.qq.com/s/k9-K-A42OiWwkNQSJiE8Pw，访问日期：2024年9月9日。

（二）"通讯员"互通信息

为扩大基层治理工作的成效宣传，社创中心牵头组建了一支含镇（街道）、村（社区）、社会服务机构骨干代表，共128人的顺德区基层治理通讯员队伍，联动6家主流媒体单位，搭建起基层社区工作者与媒体信息互通、沟通交流平台，形成"媒体+通讯员+基层资讯"宣传合力。截至2022年底，累计向媒体供稿719篇，被媒体采纳453篇。2023年度，基层通讯员队伍增加到191人，累计向学习强国、《南方日报》《佛山日报》和《珠江商报》等媒体平台投稿达1688篇，刊登369篇，有效提高基层治理工作的见报率、知名度、影响力。

（三）"指导员"结对督导

为推动社区营造全覆盖工作顺利完成，区社创中心组织有理念、有经验、有威望的"五老"人员以及熟悉社区营造工作的村（社区）"两委"成员、资深社会服务机构社工人员等，组成社区营造指导员队伍，与17个基础工作薄弱村（社区）结对，指导其确定社区营造实践方向、制定工作执行方案、指导项目申报、提供实践督导等，让村（社区）有方向、有方法开展基层治理创新实践，促进社区营造"1+4+X"模式在全区全面覆盖。

二、实施基层人才培养计划

在基层治理人才培养方面，顺德区社创中心围绕"党组织领导力"和"基层执行力"两大主题形成了通识教育和"2+N"系列培训课程，培训覆盖10个街道、205个村（社区）、20家服务机构，有效提高基层治理人员综合能力。

（一）"2+N"系列课程培训

2021年初，社创中心以"拓宽工作视野，把握治理脉络"为主题，推出"2+N"社区人才培养体系。其中，"2"指2个系列课程，包括基层治理研修班和协商能力提升班，并下设不同专题模块，"N"指共学计划和自学计划。通过搭建供需平台、提供学习支持等，满足团体及个人学习需求。

促进多元主体参与、增强议事协商能力是推动基层治理创新的重要内容及抓手。社区公共空间规划和景观改造则可以作为促进多元主体参与社区议事协商的很好的切入点，既能实际改善社区环境，也能通过这个过程培养多元主体参与社区公共事务的技能和习惯。然而，要实现多元参与和民主协商，不仅需要基层社区工作者们习得社区协作技巧、懂得与相关方建立良好互动和合作，还需要社区工作者、规划设计师熟知议事协商的流程、方法、技巧和拥有一定的规划思维和设计知识，才能实现想法到行动的转化。

为此，协商能力提升班将分为方法组和实践组两个模块，两个模块自成系列，学员可根据实际自选其中一个模块进行学习。协商能力提升班实践模块以建筑风貌提升、人居环境建设、公共空间营造和项目管理通识课程开展专题授课，结合容桂街道新涌工程项目，提升学员调研及方案设计、策动居民参与及利益相关方协调等实施落地的能力。该课程已于2021年10月顺利结业。在学员的共同参与下，新涌项目已完成了设计规划、顺利启动施工。

表9-2 "2+N" 系列课程[①]

课程系列	2个系列课程			N个灵活课程	
课程模块	基层治理研修班	协商能力提升班		共学计划	自学计划
		方法班	实践班		
课程目的	提升学员对基层治理创新的理解和应用，提高应用社区营造的理念和手法在核心工作和业务中的能力			搭建供需平台，满足团体学习需求，促进抱团共学，提高基层治理相关能力	提供自学支持，利用区内外优质资源，满足个人学习需求，提高综合素质
课程形式	专题授课+现场教学			专题授课	视课程而定

（二）通识教育专题课程培训

2022年9月，为贯彻落实《顺德区全面推广社区营造 "1+4+X" 模式加强基层治理现代化建设实施方案》要求，区委政法委联合区社会创新中心开展顺德区基层治理通识教育与经验推广培训（以下简称"通识教育"），大力推广党建引领社区营造的理念和方法，促进基层治理工作提质增效。

通识教育以"必修课+选修课+灵活课程"的形式开展，其中，必修课培训对象为各镇（街道）综治委成员单位代表和各村（社区）党委书记；选修课和

[①] 资料来源：顺德社会创新中心公众号，《人才培养 | 实践出真知，跨界合作提升协商能力》，2021年11月22日，https://mp.weixin.qq.com/s/N2BNEFBUVovFkBpGfMRKUQ，访问日期：2024年9月9日。

灵活课程由各镇（街道）综治委根据实际需求，有选择地组织各村（社区）"两委"成员和工作人员、社区自组织骨干、在职党员、志愿者以及参与社会治理工作的有关人士参加。截至2022年7月，通识教育已在大良街道、伦教街道、陈村镇、均安镇开展，4场培训参与人次达128人，学员评价满意度达100%。

通识教育开设"党组织领导力"和"基层执行力"两大主题课程。其中，必修课着重介绍顺德区党建引领社区营造"1+4+X"模式及6大实践路径，引导相关单位因地制宜地开展社区营造实践；选修课聚焦基层治理工作的难点、重点，设计了议事协商、矛盾纠纷、社区动员、组织培育、项目设计等主题课程。

图9-3 学员走访大门社区第五居民小组党群服务中心[①]

1.通识必修课。社创中心总干事李允冠、成都社区行动公益发展中心创始人韦罗东分别在勒流街道、乐从镇、龙江镇、杏坛镇、均安镇5个镇（街道）开展必修课《以社区营造加强和创新基层治理》，围绕社区营造的概念与政策、"1+4+X"行动路径等深入开展主题授课，帮助学员理解社区营造是什么及怎么

---

① 图片来源：顺德社会创新中心微信公众号，《通识教育｜加强经验互通，助力社造"遍地开花"》，2022年7月25日，https://mp.weixin.qq.com/s/GYelCLRzV3z23QX-UjJrTw，访问日期：2024年9月9日。

做，并引导其找准社区营造行动路径，为基层工作减负。

2.通识选修课。结合各镇（街道）、村（社区）培训需求，围绕议事协商、矛盾纠纷、社区动员、组织培育、项目设计等不同主题展开授课：南海区桂城街道创建熟人社区课题组组长苏志敏分享"创建熟人社区"的做法；德胜社区基金会理事曾丽着重讲述化解冲突的7个步骤和与人沟通的技巧；顺德慈善会秘书长舒志勇引导参与者盘点"五社联动"资源，提供社区慈善发展思路；启创服务中心执行总监廖倩婷重点介绍挖掘参与主体和群众动员的步骤；德顺社会服务中心理事长邹巧茵重点讲解社区营造规划的目的、内在逻辑与步骤。

（三）定制村居课程服务

为提升村（居）委会干部的社会治理能力，顺德社会创新中心为社区开展人才培养定制化服务，帮助社区工作者跳出传统的行政化管理思维，有效地应对工作中的挑战。培训计划以"理论知识+实务技巧+项目演练"的模式进行，让社区工作者不仅能够获得必要的理论知识，还能够通过实务技巧的学习和项目演练，将理论应用到实践中，解决实际问题。

培训过程中，顺德社会创新中心提供了全过程的陪伴学习，导师们在学员的学习过程中提供及时的反馈和指导，帮助学员们在实践中不断反思、调整和优化自己的工作方法。这种陪伴式的学习方式，不仅能够提高学员们的学习效率，还能够促进他们在实际工作中的创新和应变能力。

此外，培训计划还强调了反复练习的重要性，通过不断地实践和练习，学员们可以巩固和提升自己的知识和技能，进一步提高对社区营造理念和方法的了解。这种"学中做"和"反复练"的方式，不仅能够帮助社区工作者更好地掌握社区营造的理念和方法，还能够促进这些理念和方法在核心业务和工作中的运用。

（四）开展乡村研学人才培育

在区农业农村局指导下，顺德区社会创新中心联合佛山期刊总社举行了"乡村引擎计划——2022年顺德乡村研学人才培育"，围绕研学路线设计、市场推广营销等主题开设课程，初步搭建顺德乡村研学培训的课程体系，建立起涵盖区旅游协会、期刊总社、高校、文化导师等资源的乡村研学设计、执行、推广、销售网络，助力学员完成20条研学路线的开发。通过乡村研学和导赏、文旅空间活化运营、乡村休闲和文化教育项目等社会商业治理带动乡村振兴可持续发展。

（五）实施美育人才种子计划

为了进一步推动社会美育的发展，社创中心协助广州美术学院与顺德本地社区紧密合作，共同开展了"美育人才种子计划"。该计划旨在通过专业的课程培训，提升青年艺术家和社区工作者的美育能力和综合素质，进而促进社会美育的普及和提升。具体来说，该计划为66名青年艺术家和顺德本地的社区工作者提供了全面的美育课程培训。课程内容不仅涵盖了基础的美育知识，还包括了设计思维、美育传播策略等方面的深入探讨。通过这些课程，参与者不仅能够提升自身的艺术修养和审美能力，还能增强他们在实际工作中运用美育知识的能力。

在培训过程中，特别强调了美育与社区服务的结合。通过将美育理念融入社区服务中，青年艺术家和社区工作者能够更好地理解和运用美育知识，服务于社区的各个层面。该计划鼓励参与者将所学知识应用到实际的社区项目中。通过参与式艺术的方式，他们设计并实施了10个艺术项目和工作坊。这些项目和工作坊不仅丰富了社区的文化生活，还促进了社区居民对公共事务的关注和参与。例如，通过亲子教育艺术项目，家长和孩子可以共同参与艺术创作，增进亲子关系的同时，也培养了孩子们的艺术兴趣和创造力。

> 案例：2023年5月20日，美育班学员到龙江镇左滩村开展艺术实践，以村民、诗歌爱好者吴志初的诗歌作品配以孩子、学员的绘图，共创"左滩村书画计划"展览，用美育的方式实现长辈与晚辈之间的对话。

通过这些活动，青年艺术家和社区工作者提升了自身的专业能力，为社区的发展作出了积极的贡献。他们成为美育的传播者和实践者，将美育的理念和方法带入到社区的每一个角落，实现了"美育人人"的社会效应。这种以艺术为媒介，促进社会和谐与进步的模式，不仅具有创新性，在基层治理创新中也具有很强的实践价值和推广意义。

三、探索开展社会商业培训

为鼓励青年创新、践行商业向善，顺德区社会创新中心联动顺德和创公益基金会，共计投入200万元，共同开展2022年"众创共善"计划—可持续公益（社区创新创业）板块，推出"科技向善"资助计划。该计划旨在资助以创新的商业模式或技术，有效解决社会问题，还将为入选的创业团队提供孵化加速辅导，引导产业生态伙伴深度对接，提供场景验证和规模化成长的机会。

社创中心联合和创公益基金会举办"科技向善"训练营，并设置项目路演实战演练板块，项目路演要有客户思维、项目可行性、发起人与团队对项目的掌握力、商业模式是否清晰、项目目前执行进度、可能存在的风险、项目在市场的发展空间等都是投资人的关注点。各学员根据学到的干货知识，在创业导师的辅导下，打磨商业计划书，并进行路演实战演练。最后，由创业导师和产业伙伴针对每位上台路演学员的商业计划书、路演技巧做出点评，帮助项目更好提升。

第四节 协调行动，提升效能

顺德区社会创新中心在区委政法委、区民政局和人社局、区农业农村局等部门支持下，具体负责协调实施全区社区营造、"众创共善"计划等共建共治共享计划，推动党政职能部门重点工作与城乡基层治理、社会服务和乡村振兴工作有机结合、助力顺德在引领社会力量参与基层治理方面始终走在全国前列。

一、协助党委部门高位统筹

2022年，社创中心协助制定《顺德区党建引领社会治理创新2022年工作要点》，突出党建引领社会治理创新工作整体性、系统性和协同性，充分发挥顺德企业众多、社会活跃、乡情深厚的优势，深挖传统乡村治理资源，积极调动社会各界参与，采用"试点先行—深化完善—推广拓展"的渐进式发展路线，推动党建引领社区营造实践走深、走实。基于对顺德近10年社区营造的全面总结，社创中心凝练出具有顺德特色的党建引领社区营造创新基层治理"1+4+X"模式，围绕社区发展问题、市民需求和资源禀赋，发展出6条特色化模式路径，系统提升多元主体参与基层治理的意识和能力，启发民智、调动民力、维护民利、凝聚民心，推动基层走向党领导下的协同善治。

表9-3 顺德社区营造6种特色路径

序号	路径	适用社区类型
1	社区组织和居民骨干带动路径	适用于居住人口数量多、密度大、异质性强，历史文化根基和集体经济较为薄弱的大型混合城镇社区和楼盘密集型新兴城市社区。
2	重点人群服务开展路径	适用于某一类型人群（例如老年人、青少年、妇女儿童、新市民等群体）数量多、聚集度高，或存在较多现实矛盾和历史遗留问题的村（社区）。
3	环境和空间规划建设切入路径	适用于人居环境薄弱、居民公共活动和社会服务需求较大，但空间不足或未被充分活化利用，居民参与公共事务途径不多、渠道不畅的老旧社区、城乡结合型社区和资源型乡村。
4	地方文化保育发展路径	适用于人文历史积淀深，特色文化资源丰富，因本地青壮年人口流失、乡村文化缺乏保育逐渐丧失活力的村（社区）。
5	特色产业经济切入赋能路径	适用于具有工商产业或农业物产优势，资源丰富、经济活跃的村（社区）。
6	社区居民教育引导路径	适用于经济和治理基础较好，历史文化、道德传统具有深厚底蕴的村（社区）。

2022年，社创中心协助区委政法委起草并发布《顺德区全面推广社区营造"1+4+X"模式 加强基层治理现代化建设实施方案》。《方案》明确，社区营造要以"党委领导、多元共治"为首位原则，"居民主体、以人为本"为核心原则，"需求导向、本土特色"为发展原则，以加强基层政权建设、健全基层群众自治制度和增进居民群众福祉为重点，坚持"自己家园自己建自己管"的理念和"分类指导、分阶段实施，有机融合、务求实效"的策略。《方案》要求，力争到2025年底，社区营造理念方法在党政职能部门基层业务及村（社区）工作普遍应用，"1+4+X"模式在全区205个村（社区）全面覆盖。

二、强化资源对接平台

社创中心凭借多年积累的项目库、数据库和渠道网络，构建了一个功能强大的线上线下资源对接平台，不仅整合了丰富的资源，还提供了全链条的服务，包括咨询、策划、实施、管理、评估和数据分析等，极大地提升了服务的全面性和专业性。为基层治理、社会服务和乡村振兴等领域提供一站式的解决方案，精准对接社会需求，促进社会资源要素的有效流动和高效匹配。

截至2023年底，社创中心依托公益创新大赛、"众创共善"计划、99公益日、公益徒步等活动孵化和对接逾2480个项目共3.63亿元资金，覆盖社会心理、严重精神障碍患者管理、社区养老、社区治理、行业支持、残障服务、妇女儿童、医疗救助、乡村文化、可持续公益等领域。

（一）提升公共服务效率："众创共善"计划

社创中心联合区委政法委员会在基层治理板块，针对需求迫切、社会支持薄弱领域开展长周期扶持，确定21个项目，探索通过稳定资源投入和监测研究，推动常态化服务机制构建和成熟模式向公共政策转化。此外，通过重点扶持社区营造示范点，促进村（社区）围绕社区营造"1+4+X"模式深化提升，深化完善6大路径示范村（社区）社区营造机制，巩固基层治理成效。

社创中心联合区民政和人力资源和社会保障局，在社会服务及社会建设行业支撑板块，创新区镇、政社配资机制，在严重精神障碍患者管理服务、基层"粤心安"社会心理服务、长者综合服务、社区养老服务等领域，实施区镇两级1:1配资，2022年撬动镇（街道）资金投入超1750万元。

社创中心联合和创公益基金会，在可持续公益（社区创新创业）板块，2022年孵化19个项目，聚焦社区服务、乡村研学发展、科技向善，通过整合和盘活村（社区）可经营空间、文化等资源，并结合本土产业特色，深入研究社会问题，拓宽产品及技术在社会领域的应用场景，探索地方创业、社会商业发展路径。

（二）打通多元参与渠道："耕善计划"

近年来，顺德区通过政府购买服务、公益创投、慈善资助等方式，发挥群团组织和社会组织的作用，畅通和规范市场主体、新社会阶层、社会工作者和志愿者参与社会治理的途径，培育了一批具有示范性、可复制性和专业性的民生和社会治理创新项目。为肯定优秀社会治理和公益服务项目工作成效，推广项目团队追求卓越的专业精神，搭建社会公益领域沟通交流、经验推广及资源对接的平台，促进多元主体提升服务及整合资源能力，德胜社区基金会、顺德区社会创新中心联合开展了"耕善计划"，内容包括：

1.卓越服务项目评选：通过评选活动，表彰那些在社会治理和公益服务领域做出突出贡献的项目和团队，激励更多的组织和个人投身于社会服务事业。

2.项目推介暨行业交流：通过项目推介会和行业交流活动，分享优秀项目的经验和做法，促进不同组织之间的相互学习和合作。

3.资源对接：通过资源对接活动，帮助公益项目与潜在的资金、技术和人才资源建立联系，为项目的可持续发展提供支持。

4.公益研学：通过公益研学活动，提升社会工作者和志愿者的专业能力和服务水平，培养更多公益领域的专业人才。

5.跨界合作和创新实践：鼓励不同领域的组织和个人进行跨界合作，探索社会治理和公益服务的新模式和新方法等。

第三届"耕善计划"共有47个主体申报卓越服务项目40个，经评选，产生12个卓越服务项目和6个优秀服务项目，覆盖社区营造、社区养老、助残服务、社会心理及妇儿青少年服务、志愿服务等领域。获评优秀项目后，社创中心整合每个项目的基本情况制定推介手册，明确项目实施所需的资源支持及合作诉求，为项目的推进赋能提质，培育项目创新能力。

案例：沙富村的"互助沙富·耆乐融融"长者互助计划作为第三届"耕善计划"项目推介之一，由沙富村民委员会和乐善社会工作研究和服务发展中心联合开展。项目致力于开展长者互助模式的养老服务探索，以"村居引领+社工赋能+长者行动"为路径，开展爱心汤水派赠、"健康到家"志愿服务、"耆老互助"自组织共建等活动，积极引导长者参与社区互助服务，推动长者友好型社区建设。沙富村长者互助协会成立4年多以来，成员超100名，在医疗服务、文娱服务、公共事务中，长者从"旁观者""受惠者"转变到"参与者"，让长者的价值得到发挥。沙富村长者互助协会的影响力不断增强，长者带动长者，长者带动家属、亲友参与服务的氛围日渐浓厚。社区互助网络也随着互助协会的发展逐渐扩大，建立起沙富互助慈善基金，吸引社会资源支持长者服务发展。

图9-4 第三届"耕善计划"互助沙富项目推介

三、推进公益创新服务：社会服务交易所

随着政府购买社会服务资金大幅上涨，企业、市民、基金会等主体参与公益慈善事业需求和潜力巨大，为促进社会创新的各个要素更顺畅地对接，2014年7月24日，顺德社会服务交易所应运而生。2015年交易所全年已经促成1800多万元和近300个项目顺利对接。同时，社会服务交易的线上平台——顺德社会服务网于2015年5月正式启用，与社会服务交易所互为线上线下平台，既为社会组织（项目）、资金方（人、财、物、场、所等）、市民（志愿者、活动对象）提供多项对接的综合平台，同时也为社会组织提供公共空间、能力建设、项目跟进等支持性服务，并逐步加大力度推进公益项目在社会服务网进行信息公开，网络平台的项目内容得到很大充实。

交易所作为资源整合的平台，是社会创新中心实践公益创新的核心项目。截至2024年6月，平台有进驻机构/单位994个，社会服务项目3372个，爱心企业84个，受益对象5259746个。

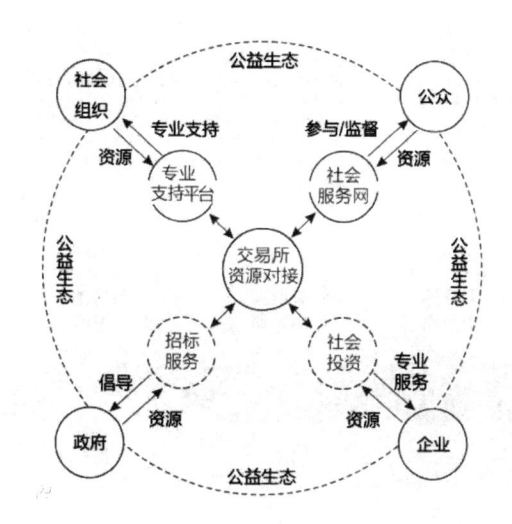

图9-5 顺德社会服务交易所链接示意图

四、提供项目信息化支持：顺德公益项目管理云平台

为提升项目申报资料的填写效率和准确度，受"众创共善"计划联合主办方委托，社创中心开发了顺德公益项目管理云平台。云平台能够提供所资助公益项目全流程管理所需的信息化工具支持，服务于项目征集、评审、执行、评估全过程，全面优化项目资助流程、提升项目管理效率。

2020年，云平台全年累计注册机构558个，注册志愿者1253人，为1455个社会服务项目提供全过程信息化管理，较2019年同比均实现30%以上增幅。同时，通过项目的产品化、标准化探索，持续为相关职能部门和镇（街道）提供公益资金分配和项目管理信息化支持。

云平台依托积累多年的项目数据，开发完成资助数据可视化大屏及报表制作，通过数据大屏展现区、镇、村三级和各机构、服务领域的资源投放和发展情况。利用平台整合优势和数据交叉分析，排除项目人员和项目内容重复等问题，有效提高项目资助、管理和决策水平。数据规整后可用于更快速、准确地搜索查询，找出相关内容，更是便于作为公开展示、结果汇总、研究分析的工具。目前，"众创共善"计划项目展示、乡村文化项目总结分析等，均依托该平台进行决策协助、关系挖掘以及成果展示。

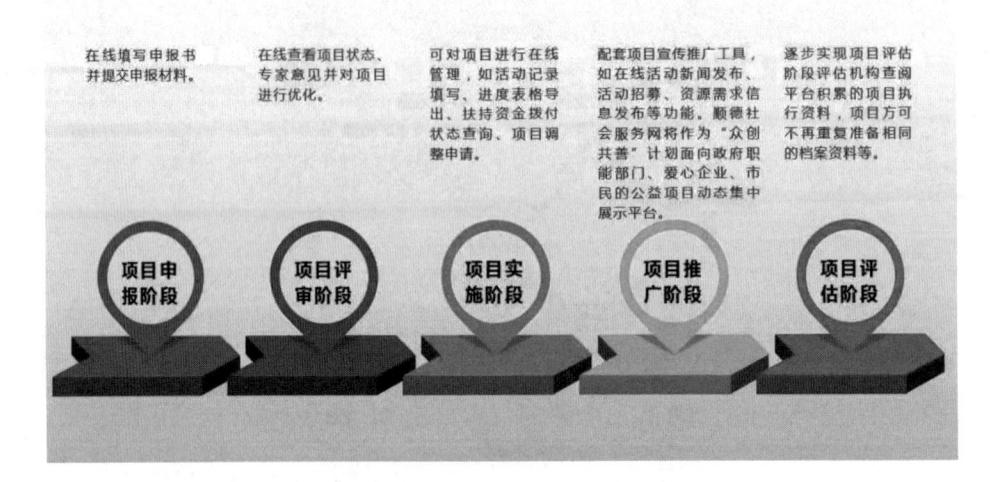

项目申报阶段	项目评审阶段	项目实施阶段	项目推广阶段	项目评估阶段
在线填写申报书并提交申报材料。	在线查看项目状态、专家意见并对项目进行优化。	可对项目进行在线管理,如活动记录填写、进度表格导出、扶持资金拨付状态查询、项目调整申请。	配套项目宣传推广工具,如在线活动新闻发布、活动招募、资源需求信息发布等功能。顺德社会服务网将作为"众创共善"计划面向政府职能部门、爱心企业、市民的公益项目动态集中展示平台。	逐步实现项目评估阶段评估机构查阅平台积累的项目执行资料,项目方可不再重复准备相同的档案资料等。

图9-6 顺德公益项目管理云平台管理内容

第十章

根植沃土 依靠主体

能不能激发社会活力,是衡量基层治理能力和水平的重要标志。顺德基层治理能够呈现共建共治共享的生动局面,是顺德区委、区政府的社会建设、社会治理相关职能部门及10个镇(街道)的党政负责人认同社会治理理念、熟悉多元共治模式、根植优秀传统文化沃土,充分依靠城乡居民并运用多种方式激发社会活力的必然结果。经过多年的"社区营造",顺德城乡居民自治组织、各类社区自组织及社区志愿者、广大社区居民参与公共事务的积极性得到充分激发,依托丰富的传统文化资源开展的各类民俗活动,也成为辅助基层治理的重要载体。

第一节 激发城乡社区活力

城乡社区党委、村(居)委会在基层治理体系中占据着举足轻重的地位。作为基层党组织和群众性自治组织,社区党委和村(居)委会首要扮演居民自治的引领者角色,同时是社区日常事务的管理者以及政策宣传的落实者,还是社区服务的提供者,构成基层社会治理的重要基石。

一、推进合议协商,搭建共治平台

城乡社区议事协商是社会主义协商民主建设的重要组成部分和有效实现形式,对于推动实现社区治理体系和治理能力现代化具有十分重要的意义。顺德区在推动基层治理创新的过程中，各个村委会和居委会积极投身于合议协商机制的建立与完善之中。这一机制的核心在于通过精心设计的规则体系、搭建多元化的协商平台、确保充足的资金保障以及实施有效的激励机制，来全面促进议事协商实践的深入开展。

以北滘社区"整靓栋楼"焕新行动为例[1]，人口密集、区域发展空间制约、交通拥堵、停车难、老城区环境问题等是北滘社区突出的治理难题，其中，老旧街边楼的问题尤为突出。北滘社区共有老旧街边楼242座，楼龄均超过20年，大都处于"无物业、无业委会、无公共维修基金、无自组织、无公共空间"的"五无"状态。

2021年北滘社区党委、北滘社区居委会联同顺德区一心社会工作服务中心开展"整靓栋楼"北滘老旧小区焕新行动项目，通过改善老旧街边居民楼的居住环境，促进居民参与进行社区微焕新行动或建设，焕发社区新活力。从8个项目，到32个项目，"整靓栋楼"老旧小区治理项目在德胜社区基金会资金支持下，从一个片区扩展到整个北滘社区，资助社区楼栋改造焕新，向广大楼栋街坊推广"自己家园自己建"的社区治理理念。

- 开展焕新行动。以"楼长+街坊会"为主体，以"焕新微创投"为手段，推动居民参与共同解决"急难愁盼"问题，如楼道墙体掉灰、漏水渗水、消防器材缺乏维护、天台及楼道杂物堆放等。部分没有获得资助的项目，例如扶手、扇灰等，居民愿意筹钱把楼栋修缮。据统计，2022—2023年项目实施期间，累计撬动住户集资达36万元。

- 培育赋能楼长。以"议事协商+楼栋活动"为平台，赋能楼长及街坊会，商议改造方案及费用问题，共同解决迫切的楼栋难题，形成居民"常聚会常议事常参与"的习惯。如针对楼栋微改造、楼栋维护公约、楼栋活动开展等，由楼长及街坊会牵头进行天台议事厅系列活动（见图10-1）。

---

[1] 案例来源：《卓越服务项目推介⑤｜"整靓栋楼"网格化推动老旧街边楼焕新行动》，2024年4月25日，https://mp.weixin.qq.com/s/n6z2DDovfqja8iwEZHclOw，访问日期：2024年9月12日。

图10-1 居民形成"常聚会常议事常参与"的习惯

- 搭建机制体系。一是完善微创投机制，形成"基金会+慈善会+社区+居民自筹"的资金保障体系；二是形成"街坊会+维护公约+城市天台计划+楼栋备用金"的可持续自治机制；三是搭建"社区党委+社工+网格长+专业人士"的网格化多元赋能体系。

经过3年的楼栋改造项目，楼栋居民已有自觉筹钱意识，有些楼栋已经开始有"楼栋备用金"，每月或每年固定收取"管理费"，用于日常公共电灯电费、清洁费等费用，剩余资金作为储备资金，用于楼栋改造修缮。

二、以资金为引擎，激发自治活力

以资金策略为引擎推动社区共建，其核心并非仅仅是资金的注入，而是以此为契机，激发社区居民的自主意识和参与热情。资助资金作为一个引入，为社区共建提供了初始的动力和资源，但更重要的是，这些资金被巧妙用以撬动居民的积极性和创造力，引导居民主动参与社区共建，发挥他们的主观能动性，从而走向自我管理和自我发展的道路，真正实现社区的可持续发展和共同繁荣。

龙江镇左滩村设立"幸福基金"①，旨在通过小额资助的方式激励村民动起来，焕发村庄活力。为进一步激发村民参与村居事务的热情、引导村民积极建言献策，左滩村统筹项目经费与本村资源，创建了总额10万元的"幸福基金"，对村民有需求、有共识的项目进行小额资助，以微创投的形式鼓励村民小组关注村内公共事务。后来又成立了"幸福基金库"，通过议事小组学习并使用议事协商的形式，把德胜社区基金会的资助经费和本村在地资源统筹利用，资助村民改善公共设施，为村民提供服务，将议事结果变现实施，用幸福基金这一杠杆，以解决停车难、卫生差等农村问题为支点，撬动起左滩村基层治理和乡村发展全局，激发村民"自己家园自己建自己管"的使命感和积极性。

通过幸福基金项目，各村小组的议事协商队伍、村小组、党组织和村组织都可以根据村小组的需求，申请资金继续进行村庄建设，包括文化活动、公共建设等方面。在幸福基金的背后，村委会希望与村小组的关系重归村事务统筹者的角色，希望发动村小组和村民拓展民间资源去完成自己的事情。所以，幸福基金的使用有个指导思想：充分撬动民间的资源。以往，各个村小组的捐款都会集中在庙会等民俗活动或硬件建设方面，比较少关注村中的其他事情。而幸福基金的项目申报要求村小组用民间配资的方式来开展项目，如一个项目的总预算为2万元，幸福基金只扶持主要部分，其余部分需要自筹。这个过程中，村委会的工作人员会特别注意协助村小组建立管理规则和长期运营方案。

第一期幸福基金申请的时候，有村小组希望翻修篮球场。村委干部就提醒："篮球场翻修后，村民摆酒或开展活动，会把这个场地弄脏，你们会怎么打扫这个篮球场？"于是，村委干部要求这个议事团队制定管理规则，作为项目申报的附件。"不然的话，他们不调动自己的资源去管理，最后会导致篮球场处于无人管理的状态"，村委会的工作人员说。

左滩村通过工作机制创新，充分调动"大集体"（行政村）和"小集体"（自然村）资源解决社区公共问题，转变村民"分光吃光""等靠要"的惯性思维，

---

① 案例来源：顺德区委政法委指导、顺德区社会创新中心编制《顺德社区营造案例集》中《赋权增能，让村民动起来——以龙江镇左滩村用议事协商突破基层治理困局为例》，P46—59。

先后资助开展公共设施提升类项目14个，文化活动类项目18个，共资助了10个村民小组和8个社区自组织。

三、抓牢关键群体，带动全员参与

精心培养和发掘儿童、青年等潜力人群，充分发挥他们的示范和引领作用。这样做不仅能激发他们的公益热情和主体意识，更能通过他们的积极影响力，吸引并带动更广泛的社会群体积极投身于各类公益活动，共同为建设有机社会贡献力量。家庭是社会的基本单元，而儿童是家庭情感的纽带，将每位家庭成员紧密联系在一起。儿童参加公益活动，实际上是以小家之力影响和带动整个社会大家庭参与基层治理的过程。

以"1米看社区"项目为例[①]，从2018年起，在北滘镇广教社区居民委员会、设计城社区居民委员会支持下，一心社工联合企业、物业、商户等不同单位分别在广教社区、设计城社区开展儿童友好项目。项目以参与为核心，从"服务—文化—制度—空间"四个维度提供系列服务，回应儿童安全意识淡漠、社区儿童安全隐患多而居民缺乏系统关注、儿童缺乏社区参与渠道、社区存在危害儿童健康成长的空间环境等社区重要问题。项目主要内容为：

- （服务友好）星空成长行动：通过绘本、游戏互动、安全剧场等形式提升儿童安全思辨能力及自我保护安全意识，激发儿童、家长、社区对儿童安全的关注度及参与度。
- （文化友好）组建儿童友好志愿队伍：通过培育儿童友好安全志愿者队伍，联动队伍及社区各方参与儿童友好建设服务，促进形成创建儿童友好社区共识。
- （制度友好）多方搭建儿童友好议事平台：通过构建"家长＋儿童＋商家＋设计师＋居委＋社工＋物业＋志愿者"多方联动机制，促进居民提升参与儿童友好社区的热情，激发儿童友好社区主人翁意识。

[①] 案例来源：《优秀服务项目推介②｜"1米看社区"多方联动参与儿童友好社区共建》，2024年6月19日，https://mp.weixin.qq.com/s/J6_FyY3_bDxmxtWYF1VHYg，访问日期：2024年9月12日。

- （空间友好）营造儿童友好环境空间：透过倡导、行动回应儿童友好安全隐患等社区议题，改善影响儿童友好环境的不利因素，逐步破解步行安全问题、交通安全问题等，营造适宜儿童成长的社区环境空间。

该项目以儿童为本，组建儿童友好联盟，构建多方联动机制以议事协商等形式回应儿童安全问题，共筑儿童友好社区，取得了如下成效：

- 儿童安全成长有保障：项目开展41场儿童安全系列服务，超1200人次儿童受惠，提升儿童安全意识及关注儿童安全议题。
- 建立儿童友好培育志愿联盟队伍：项目培育5支儿童友好志愿者队伍和1个儿童社区安全商家联盟，增强志愿团队的服务能力及参与热情。
- 构建多方联动机制：项目联动多方回应儿童安全隐患黑点，建立儿童友好关系，推动社区共识的形成和解决问题的社区行动。
- 减少儿童安全隐患：项目开展"50场+"儿童友好空间改善系列行动，提供志愿时数超800小时，社区儿童友好空间获得明显提升。

再如，大良街道古鉴村开展的"古鉴小记当家"品牌项目[①]，锚定儿童作为群众家庭核心关注群体，以儿童参与的方式深度介入到儿童与社区的互动关系中，以此展开基层动员和社会服务工作。项目通过开展采编报道社区事务、感恩教育、社会职业体验、儿童议事等主题活动，搭建儿童参与社会实践、劳动创造的平台，引导儿童发掘本土文化、和美家庭的故事，带动社区家庭关心、参与社区事务，促进新老市民间的文化共融，推动了社区儿童、家庭共策共力共建美好家园。项目开展至今五年，链接运营资金40多万元，245个亲子家庭参与项目活动，累计培育250名小记者，制作包括小记报纸、分享图册、原创绘本、文化书签、明信片、播报视频、有声故事、儿童劳动工具等可视化产品。在这个过程中，社区儿童提升了自身综合素养，拓展视野和朋辈社交；社区居民通过小记者带动参与，提升了对社区事务的了解度、信任度，改善了社区内的干群关系；社区困境儿童通过加入古鉴小记团队，正向推动社区儿童发展和家庭建设，如引导

---

① 案例来源：《耕善计划项目推介㉑丨古鉴小记当家品牌项目》，2023年5月4日，https://mp.weixin.qq.com/s/p19DGJHEazUcgHEm6dZiWA，访问日期：2024年9月12日。

叛逆学生通过户外拍摄任务感受团队合作的力量，帮助因家庭变故的孩子走出阴霾。"古鉴小记当家"品牌项目以小记引小家，小家带大家，共建和谐、幸福、大爱古鉴。

此外，青年作为社会发展的生力军，充满活力和创新精神，积极参与基层治理，在创新引领、社区建设、人际沟通、文化传承等方面发挥重要作用，能够为基层治理创新贡献重要力量。同时，青年的广泛参与也可有效缓解本地公益事业面临的人才短缺难题。以顺德青年公益品牌项目"德益青年公益行动"为例，项目引导青年人深入社区、深入群众，发现身边的社会问题，有序参与社区治理，从社会调研、方案策划到项目路演、活动执行，从财务管理、宣传推广到团队建设、资源联动，在公益实践中全方位锤炼青年人的心智和能力，赋能青年向上向善成长，同时为顺德乡村振兴注入青春活力。

第二节 基层自组织齐助力

在社区治理中，基层自组织力量的重要性不容忽视。它们不仅是居民深度参与社区治理的重要平台，还在创新治理模式、服务群众需求、参与社区决策和推动社区发展等方面发挥着独特的作用。因此，应重视基层自组织力量的建设，支持基层自组织的发展壮大，以此为基层治理共同体建设注入更多活力。

一、开展微公益创投，动员居民自我服务

社区微公益创投是指通过社区保障资金支持社区居民参与社区建设和社区发展，由居民个人或团队、自治小组、自组织等相关社区主体，依据居民需求、兴趣和社区需求问题，通过项目化的方式申请、策划和组织实施的项目活动。社区微公益创投在促进居民参与、满足多元化需求、培养社区领导力、整合资源以及增强社区凝聚力等方面发挥着重要作用。

一是促进居民参与和社区自治：通过微公益创投，社区居民能够直接参与到项目的设计、实施和管理中来，这不仅提升了居民的参与感和归属感，也促进了社区自治的进程。二是满足多元化需求：微公益创投项目根据居民和社区的实际

需求进行设计，能够更精准地满足社区居民的多元化需求，包括文化、教育、环保、健康等各个方面。三是培养社区领导力：通过项目的策划与实施，能够发现和培养一批具有领导能力和组织能力的社区居民，他们将成为社区发展的中坚力量。四是整合资源，促进社区发展：微公益创投能够有效地整合社区内外的各种资源，包括资金、人力、物资等，从而推动社区的整体发展。五是增强社区凝聚力：共同参与公益项目能够让社区居民更加团结，增强社区的凝聚力和向心力。

顺德各个村居积极参与社区微公益创投。这一行动不仅是对社区治理模式的一次大胆创新，更承载着提升居民满意度、增强社区活力、促进社区可持续发展的美好愿景。从龙江镇文华社区微公益创投项目的实施[①]，我们可以清晰地看到其为社区带来的积极改变。

2017年，文华社区邀请启创社工机构入驻文华，开始推动社区微创投，以小额资助社区党员、志愿者、商企、业委、物管等主体，鼓励其在辖区不同地点开展社区公益服务。2018年，文华社区成立党群共建社区发展专项基金，并由启创社工、创展基金会协助社区参与公益微创投项目，以提升、助力、陪伴等方式激发社区多元主体参与和执行社区服务。

公益微创投申报初期，在社区党委引导下，文华社区和启创社工因应社区每年的服务侧重共同制定年度公益微创投计划。随后线上线下进行宣传，加大力度进行社区走访，主动接触商企，发掘有能力和有公益心的居民、自组织、商企等多元主体参与社区微公益创投。启创社工对有意向申报社区公益微创投的执行单位进行项目书撰写的指导，顺德区创展公益基金会则对申报主体进行培训，提升申报主体在项目设计、项目展示等方面的能力，并让其更清楚参加公益微创投的意义。成功申报的项目经过7天公示后，由创展基金会与每个项目签订协议。

在项目执行中，文华社区和启创社工为入围项目进行项目的现场指导、个别督导等培训，了解多元主体在项目执行中的具体情况与困难，并及时因应共性的问题进行多方团体督导，保证项目顺利实施。在项目末期，文华社区、龙江镇社

---

① 案例来源：顺德区委政法委指导、顺德区社会创新中心编制《顺德社区营造案例集》中《一个新社区的打造，党建引领的社区构建与治理——以龙江镇文华社区为例》，P16—31。

创中心、顺德区创展基金会等组成的专家组进行项目评估，评估标准根据项目实施、财务状况、项目成效、项目资源分配和项目宣传5个维度，以现场访谈、查阅资料进行评估打分。根据评分，对5个维度平均分达到80分以上的项目进行表彰，更好地提升社区领袖的向心力。

以文华社区重点小区恒捷花园业委会为例，自2017年10月起，他们就参与第一届公益微创投大赛，项目内容为每月恒常进行电影播放。项目执行初期，小区业委会联动社工站开展电影展播。在双方合作的过程中，社工站逐步将电影展播资源、开展手法、介入策略等手把手教导给恒捷花园业委会，并且通过项目计划撰写等培训，成功鼓励其参加第二届文华社区公益微创投大赛且顺利获得资助，使深受居民喜爱的电影展播和亲子活动得以持续举行，既确保了居民可享受社区文化生活服务，又使恒捷花园业委会成为参与社区服务的能动者，营造了良好的社区互助友爱氛围。在公益微创投大赛的答辩会中，恒捷花园业委会代表玲姐自豪地说："我们小区每月的电影展播已经成为小区品牌，以前由文华社区、社工负责开展，这一年，由我们业委会自己申报，这是引以为豪的！"而到了第三届微公益创投大赛，小区居民自发为电影展播众筹资金。

社区居民彩霞介绍了自己所在的长者服务队参与文华社区微创投的过程："长者服务队从小小的活动开始，后来发现经费太少，开始申请微创投。最开始是申请社区的微创投，后来到镇上、区里申请。现在申请微创投都是自己申请，社工进行协助和修改，答辩也是我们自己去。我们队伍越来越完善，内部也有不同的分工，比如活动主持、财务、后勤等。通过微创投，我们在做社区服务的同时也受益很多。我们可以按照自己的兴趣和爱好参加其他团队的微创投项目，也可以丰富自己的生活。"通过连续3年的公益微创投大赛，文华社区有效调动了33个单位以及个人在社区开展文化活动，参与社区公益微创投的项目逐年提升，服务覆盖面也越来越广。

二、强化能力建设，赋能基层自组织成长

微公益创投等外部支持虽然能够为基层自组织提供必要的资金，但长期来看，基层自组织的可持续发展还需要依赖于自身能力的建设。自组织能力建设的

核心在于培养组织内部的自我驱动力和自我管理能力。通过系统的培训和指导，自组织成员能够逐渐掌握项目规划、执行、监控和评估的全流程技能，从而减少对外部支持的依赖。这种内在驱动力的提升，使得组织在面对挑战和变化时能够迅速响应，自主调整策略，保持发展的动力。

自组织能力建设也为组织提供自主创新的源泉。当组织具备了自我学习和自我改进的能力时，就能够根据外部环境的变化和内部需求的发展，不断探索新的服务模式、技术手段和管理方法。这种自主创新能力是组织保持竞争优势、实现可持续发展的关键所在。以北滘镇西海村为例[①]，其以能力建设为导向的社区"微公益"创投实践，正是这一理念的生动体现。

北滘镇西海村在"盘活社区自组织，引导其转型服务社区"的实践思路下，在2018年搭建平台，启动第一届西海"社区微公益"创投大赛，以志愿者"互助、成长、共融"为核心文化，以"个人/社区增能—社区组织/社区培力—社区公益行动"为推进路径，构筑社区资本，满足社区需求，促进社会和谐，共同营造社区内"互助成长"的社区公益氛围。

2018年至2020年，西海村成功开展了三届"微公益"创投大赛，累计开展34个项目，培育了兴趣类、教育类等19个社区自组织，这些组织开展了194场次的社区活动，服务近10824人次。每年参与"微公益"创投的团队情况不尽相同（见图10-1），有社区自组织，也有商家个体户和教育机构。持续参与两年以上的组织以志愿者服务队伍为主，他们的组织稳定性较强、服务范围相对固定、社区服务也常态化开展，积累了一定的群众基础，且两年以上的服务经历也让他们的服务质量和团队管理经验更为成熟。

---

① 案例来源：顺德区委政法委指导、顺德区社会创新中心编制《顺德社区营造案例集》中《能力建设导向的社区"微公益"创投实践——以北滘镇西海村为例》，P124—137。

表10-1 西海村"微公益"创投大赛参与情况一览表

序号	性质	申报单位	项目服务	2018年(6个)	2019年(13个)	2020年(11个)
1	教育机构	西海幼儿园	亲子环保手工制作	√		
2		翠花自然乐赏堂	自然教育		√	
3		童画少儿美术教育	暑期兴趣班			√
4	商家·企业	sweet婚纱造型馆	化妆培训班	√		
5		木夏文化	社区地图设计		√	
6		森·花艺舍	花艺制作		√	
7		西海无山农场	环保农耕			√
8	社工孵化社团	西海健康快乐队	长者健康讲座	√	√	
9		西海美食队	节庆活动			√
10		向日英志愿者服务队	亲子服务	√	√	
11		西海颂团队精彩蜕变	节目义演		√	
12		一心戏剧社	职工宣传			√
13		爱心送餐服务队	房屋修缮改造		√	
14		美丽乡村环保服务	环保理念推广	√		
15	社区社会组织	西海小学家长志愿者服务队	志愿者团建		√	
16		篮球协会	暑期兴趣班		√	
17		北滘镇武术协会	暑期兴趣班		√	
18		西海醒狮队	暑期兴趣班		√	
19		新时代红色宣讲志愿服务队	红色文化宣扬		√	√

社区"微公益"创投是依托于资助行为的能力建设和组织培育工作,组织者需要花费大量精力建立关系、开展工作坊、陪伴行动、协助回应挑战等工作去实现组织和骨干培育的目的。而西海的微创投,则是从两个层面去推动社区营造工作的实践与深化:

一个层面是"事"的推动,即志愿者和社区自组织开展的社区服务实践。西海社区支持自组织实践有三大法宝:一是资金支持,一方面为社区自组织的实践提供资金支持,并寻找最合适的资助额度(5000元),另一方面注重挖掘企业赞助、村委支持等多渠道的资金来源；二是提升社区服务能力，在实践的过程中，配套"培力大讲堂"系列培训，三年累计开展18场培训，提升了项目管理及服务能力；三是行动跟进与支持，社工协助社区自组织进行活动筹备、开展、整理等，把关服务质量并及时进行反馈。

另一个层面是"人与组织"的工作，即组织培育与能力建设。在整个微公益项目的实施中，支持"人与组织"的成长关键在于：一方面是社工的陪伴，社工在协助社区自组织做好实践的同时，也陪伴其经历完整的过程，培养社区自组织的自主性，帮助其建立公益意识和自信；另一方面是对组织的建设，社工需时刻跟进社区自组织的状态，通过议事会来做好组织建设工作，包括协助营造凝聚力、促进内部沟通、改善团队管理状况等。同时，"微公益"创投项目会在每年12月举办成果展，为各团队提供展示服务成果的平台，并为他们颁发证书，使其持续参与"微公益"创投和社区营造的信心更坚定。

西海村以能力建设为导向的社区微公益创投实践，在三方面取得显著成效，可概括为个人、组织与社区的三重活化：

一是村民的转变。通过培力大讲堂系列培训、"微公益"创投大赛申报培训、评审会前答辩培训等系列能力建设工作，培养了社区骨干展示和演说的能力。而经过活动流程申报、"微公益"小程序使用等专项培训，社区骨干能在活动开展前做好准备工作，简化书写文件的程序。除此以外，社工还组织开展培训学习、外出参访交流，学习其他团队经验知识，引导社区自组织学习其他团队的优秀经验。多名热心志愿者表示通过微公益的平台，得到资金扶持去开展公益行动、服务社区，在服务期间能感受到人在改变，环境也在改变。

二是组织的发展。西海村有许多社区自组织在项目中得到了发展，如醒狮团、武术协会借着"微公益"创投活了起来，恒常开展暑期武术培训班、醒狮培训班等，获得不错的反响。美食队、健康快乐队除了开展暑期班以外，还组织年轻志愿者为村内困难长者送温暖，在此过程中，社区志愿团体自组织和自我服务的意识得到增强，村内公益氛围日益浓厚。

三是社区的改变。在项目开展的过程中，社区也发生了以下改变：首先，志愿者参与感、归属感、成就感提升，活跃在西海村的志愿者不分地域，互助共融；其次，多方联动的关系变得更紧密，多方联席会议使得各方联动决策，同时也推进了多方联动模式的持续发展；此外，传播正能量，在开展微公益项目的过程中，孵化了爱心送餐服务队、新时代红色宣讲志愿服务队等团队，他们用行动传播正能量，用生命影响生命。

三、培育骨干力量，储备社区治理人才

培育基层自组织的骨干力量，对于推动社区发展和基层治理具有极其重要的意义。基层治理的成效直接取决于基层治理人才的素质与能力。培育储备骨干，实际上是为社区的未来储备一批具备专业知识、实践经验和高度责任感的治理人才。面对基层治理中人才流失的严峻挑战，这一举措显得尤为重要。

北滘镇黄龙村通过开展"街巷善治计划"[①]，成功培育了一批基层治理储备干部，特别是在青年群体中的影响力大幅提升，青年"乡村智库"力量得以发展壮大。该计划有效动员了340名本村青年参与社区活动及治理事务，同期相比增长超过80%，充分展示了青年参与社区治理的热情与活力。在19个"街巷善治小组"中，青年人数比例将近30%，形成多个青年组织，拓展了社区参与的青年资本。

具体而言，北滘镇黄龙村以"街巷善治"创新治理服务，通过"花小钱，办实事"，激活"街巷善治"内生动力，击破社区环境痛点问题。自2017年起，在黄龙村党委、村委指导下，一心社工联动本土企业、社区组织等不同单位开展微公益创投项目，通过成立"种子基金库"，邀请党群组织/团队"投方案""做公益"，形成推动乡村治理创新法宝。为进一步解决社区治理年轻骨干参与和长效机制问题，项目在2021年起借助"街巷善治"黄龙村街巷党群微改造行动，以机制赋能为动能，以活化和培力村民骨干为重点，打通基层治理"毛细血管"，培育一批有公心、有担当、有能力的乡村治理储备骨干，构筑街巷这一最小治理单元的治理体系。

---

① 案例来源：《耕善计划项目推介②|街巷善治——黄龙村最小单元参与乡村治理深化》，2023年1月11日，https://mp.weixin.qq.com/s/KXTx9jeJsHOjtaAWnJkffA，访问日期：2024年9月12日。

- 党群合力逐个化解环境难题。社区街巷通过议事集思—实地走访—方案商讨—路演汇报—工程监督—成果验收—经验分享—可持续维管，共同参与微改造，将社区矛盾化解于最细枝末节的街巷始端。自项目启动以来，以6万元种子资金在三个月化解25处社区环境难题。

- 搭建多元主体参与治理平台。集结街巷长、街巷党员、村民代表、股东代表、网格员、青年等组建19个"街巷善治小组"，形成"议事协商及表决机制"。通过街巷长带动119名街巷先锋骨干参与21场议事协商会议、70多次共建行动。激活社区资本设置街巷善治专项资金，鼓励街巷党群骨干带动街巷民众关注街巷实事。

- 携手打造街巷善治项目资金池。黄龙村灵活调动党建工作经费建立街巷善治项目资金池，鼓励街巷单位通过"自筹＋配资"筹集活动资金。鼓励各街巷项目特别是青年群众记录街巷善治共建过程，拍摄纪录片将可获街巷"共建奖励金"，用于街巷可持续建设。

- 打造家门口"善治导赏路线"。共建成果串珠成链，形成"街巷善治"成效导览路线，鼓励参与共建的街巷善治会成员担当导览员，为社会大众介绍共建成果，提升村民对社区事务的参与度和获得感。

四、依托志愿行动，促进基层自组织形成

顺德基层治理的实践表明，自组织能力强、发展水平高的社区，其社区"两委"的公信力就更强。这种公信力的提升，源自社区"两委"与居民之间在互动中形成的紧密关系，社区公共事务能够更开放地为居民所共建、共治，从而更符合民意，推动"自己家园自己建"的社区治理。随着志愿服务的广泛开展，如同催化剂一般，居民的自主意识逐渐被唤醒，他们从最初的接受者转变为积极的行动者，先获得后奉献，在享受志愿服务带来的便利与益处后，自然而然地萌生了回馈社区、参与治理的意愿。

北滘镇黄龙村巾帼奉心社的案例为这一过程提供了生动的实践样本[①]。通过志愿服务的推动和居民自主意识的觉醒，可以为社区自组织的形成提供一条清晰可行的路径。村民们从个体出发，逐步汇聚成自组织的力量，借助协商议事的方式发现社区弱势群体需要，定期自发提供帮扶志愿服务，经历了从思想意识觉醒到发挥自主能动性积极参与的过程，最终成为重要的社区治理主体。

1.志趣相投，从个体走向团体

通过恒常开展的社区服务活动，一方面丰富了村民生活、提升了村民素质、推动村民走出家门关注社区、增强了邻里互助联结，而更重要的一方面在于，在日常活动与村民的见面当中，识别"关键"类型的参与者，鼓励其积极表达村民对于社区治理的意见，激活村民"自我教育""自我服务"的关键人物，为推动村民以团队形式参与家园建设埋下伏笔。

北滘镇黄龙村巾帼奉心社成员，从多位恒常参与社区活动的妇女村民慢慢转化而来。巾帼奉心社成员小凤姐，最初只是参与了社区社工组织的美妆兴趣班，从坚持每晚上化妆课，到"社区有公益活动我们刚好就可以去化妆练练手"，进而发动学员担当舞台表演队化妆义工，每次演出队伍需化妆时她们都力行呼应；奉心社的成员彩姨、娣姨，最初是闲暇时间充裕的唱红歌兴趣班成员，其后每人推介几位朋友共同参加，形成了将近30人的活跃团队，时常参与节庆活动表演；奉心社的仪姐、梅姐最开始分别来自本村内不同的健身舞蹈队，过往彼此常因为音量互扰、场地使用等问题存在摩擦，现在因共同编创冬瓜主题舞蹈而变得"共生共融"，相互提点改良舞步动作、排练后一起闲聊聚餐。渐渐地，来自不同小团体的本村妇女关系得以融合，"本来就是想发挥兴趣，学自己想学的事情，没想到最后大家都变成了好姐妹，收获很大，以后有需要的地方一定继续努力参与"，黄龙村巾帼奉心社核心成员小凤姐说。

2.识别骨干，带动村民共同参与

识别社区骨干，以骨干带动成员及群众可持续参与，是推动黄龙村巾帼奉心

[①] 案例来源：顺德区委政法委指导、顺德区社会创新中心编制《顺德社区营造案例集》中《从"他们干"到"我们做"，社区营造助力社区治理主体意识觉醒——以北滘镇黄龙村为例》，P32—45。

社探索自我管理之路、实现村民可持续参与社区治理的关键工作。在不断识别与挖掘骨干的基础上，黄龙社区社工注重分类整合及事务分流，将有意向以志愿服务形式参与社区基层治理事务的社团骨干"引过来"。本村现有的团体组织成员多为女性，她们在时间、精力、热情上能体现出参与社区事务的优势，因此，黄龙社工尝试将参与度高的社区妇女骨干组织起来，作为社区自组织培育发展的一个关键节点。

黄龙村土生土长的燕姐等人熟悉本村情况，为了使物资捐赠"用得其所""更有生命力地运转"，黄龙村委干部及社工拜访燕姐等本村妇女，提议由本村志愿服务组织负责分配爱心捐赠。以燕姐为首的黄龙村妇女骨干以"奉心—凤心"的理念创建了奉心社，订立了组织使命、目标、标识及行动路径。这些自组织的志愿者是村中第一批参与社区治理的骨干，她们带动更多村民参与志愿服务、在志愿服务中活跃社区氛围、带动村民参与社区共建共治。奉心社吸引了越来越多本村热心、有时间、有想法的妇女加入。奉心社成员通过能力提升培训、外出团建学习、团体表彰交流等提升了公民素质和行动内驱力。"很多人说我加入巾帼奉心社可能是获得了什么好处，我现在可以很明白地告诉他们，钱我是一分钱没有获得的，但我获得了快乐、获得了别人对我的肯定"，奉心社骨干成员娣姨感慨地分享道。

3.组织成长，成为重要治理主体

2020年抗疫期间，顺德区多家媒体报道"黄龙村巾帼奉心社疫情里'落手落脚'做公益""最有行动力巾帼志愿者，传递黄龙村最暖心温度"等，说明巾帼奉心社已经得到黄龙村广大村民的认同。

在每季度一次的巾帼奉心社社员议事会上，社员协商讨论志愿服务工作计划："每周三可以开展'爱心厨房'活动，做点糖水派街坊，增加村里人情味""大时大节一定要去探访独居困难长者，大家都幸福了，不能落下他们"……从近20名的骨干成员发展到160多名妇女的大团体，巾帼奉心社成员熟知社区资源与村民需求，她们已经成为本村社区治理的可持续参与力量。

组织议事与行动惯性的形成，对于组织成员本身来说，她们从单个的"无所事事的旁观者""小恩小惠的获取者"甚至是"谣言误传者"，变成了本村正能量的弘扬者；对于本村"两委"而言，此前社区治理事务都在自己身上，随着巾帼奉心社等社区自组织的培育与发展，社区自组织与常规力量有了对话和分工，也为多元主体共同参与社区治理累积了实践经验。

第三节 居民主体参与共建

参与式协商共建，旨在通过共同商议、决策社区事务，倡导和推动每一个社区成员积极参与到基层治理中来，让他们真切地感受到自己的意见和行动能够对社区的发展产生积极影响。这不仅有助于提升社区治理的民主性和科学性，更能有效地增强社区成员的主体意识和归属感。

一、居民参与式规划，撬动共建基金

居民应该成为社区共建的主角，积极参与到社区规划的讨论、设计与实施中来。这不仅是为了满足居民的实际需求，更是为了促进社区的民主化进程、培养居民的民主意识和参与能力、激发社区的创新活力与创造力，以及促进居民之间的信任与合作。通过举办居民大会、意见征询会、规划工作坊等多种形式，确保居民的声音被充分听取和尊重，实现居民参与式共建，使规划内容更加贴近居民的实际需求和生活愿景。在居民积极参与规划的基础上，居民的热情参与，如同催化剂一般，能够极大地激发居民的主体潜能。它不仅重塑了居民与社区之间的信任关系，更为社区共建基金的成立奠定了坚实的群众基础。居民自发地成为共建基金的主力军，倾注对家园共建的期望，为社区的可持续发展注入不竭的动力。

位于西江畔的勒流街道东风村[①]，因历史原因导致村集体经济薄弱，发展停滞不前。自2018年起，东风村以社区营造、党群共议方式开展基层治理、乡村振兴，成功对东风幼儿园进行改造提升，实现"活力东风1.0"。2021年初，为更好

---

① 案例来源：《和乐水乡 | 勒流东风村参与式规划设计工作回顾（2021—2023）》，2024年3月7日，https://mp.weixin.qq.com/s/XMWLimId3_nBCZx4H3BQRA，访问日期：2024年9月12日。

改善公共环境，实现幸福村居，在德胜社区基金会"和美社区计划"、顺德区社会治理"众创共善"计划的共同支持下，东风村与广州荔湾区屋企营造社区促进中心、象城建筑合作，开展了"东风村社区营造2.0"深度合作。

东风村瞄准村民关注的问题和需求，先后与村民联合开展东风村党群服务共享中心（社区厨房）、深水共建公园（见图10-2）、爱松荷花池、涌口坊敬老亭、东风村"红房子"共青团少先队社会实践基地设计，通过开展参与式规划建设项目，激发了村民积极投身"村改"谋发展的热情。其中，深水小组深水公园建设项目，参与项目筹建的村民共有197人，自发筹款139375元，并建立村小组管理委员会，遴选7名骨干管理善款。

图10-2 东风村参与式规划建设项目改造前后对比图

同时，为撬动多方参与，让资源多元主体成为村发展的责任共同体，2022年，东风村在德胜社区基金会设立社区共建基金，以"不动本"方式为社区发展提供可持续资金，旨在广泛动员社会资源，促进东风村乡村振兴、公益慈善事业的发展。到今天，德胜社区基金会东风村共建基金得到了东风村民、乡贤和企业的广泛支持，捐款人数逾千人，占全村户数的98%，筹得资金800多万元。共建基金将持续支持社区的敬老扶幼、积极向上的文体活动、困难群体救助、助学及奖教奖学等公益活动。

通过参与式规划设计、社区共建基金，东风村全面撬动村小组、村民深度参与社区事务，构建治理长效机制。一是多方议事协商。成立东风村16个村小组议事队伍，通过增能培训提升了议事队伍的议事协商能力，促进议事小组参与社区调研、空间需求盘点、空间设计；从议事队伍中产生共建委员会，对空间设计、建设及后期维护管理发挥监督作用。二是服务持续深化。在深水小组共建管理委员会的基础上，再增添5个村小组成立共建委员会，包括东埔、涌口、爱松、三灶、西闸，推动东涌运动公园、涌口坊老人亭、爱松荷花池公园、三灶球场、三灶蚕房、文化广场球场等项目建设，参与改造的人数达500多人，累计服务人数达3000多人。

二、空间共建运营，汇聚民意民智

社区空间，作为居民日常生活不可或缺的组成部分，在其规划、建设与运营的每一环节，均应深度融合并体现居民的意见与智慧。空间共建不仅局限于物理空间的共同塑造，更涉及功能布局的科学规划、设施配置的贴心考量等全方位协作。在运营阶段，居民的积极参与和创意贡献同样至关重要，他们不仅是使用者，更是社区空间活力的源泉与守护者。因此，空间共建运营是居民、社区管理者及社会各界携手并进的过程，旨在通过广泛汇聚民意民智，共创一个更加贴合居民需求、焕发无限生机与独特魅力的社区环境。

绀现村地处陈村镇西部[①]，面积约3.19平方千米，户籍人口约6283人，流动人口超10000人。随着城镇化进程加快，大型楼盘小区陆续交付入住，辖区流动人口多、本外居民融合度不高、管理难度大等问题接踵而至，绀现村面临前所未有的挑战。为打通基层治理"神经末梢"，绀现村党委以入住人口相对庞大、服务需求较为突出的美的·花湾城小区为试点，通过需求调研、开展空间共建讨论会、走访先进小区等方式，畅通村委会、业主和物管对话交流平台，激发多元参与共商共议、共建共享，发动小区居民共同打造住宅小区党群活动空间，推进参与式社区规划行动。

群策群力，广开言路，阵地蓝图已见雏形。绀现村采用党员自荐、物管发动和线上招募等多种渠道，成功邀请逾60名来自各行各业的小区居民代表参与党群

[①] 案例来源：《社区营造·示范点 | 绀现村、林头社区以文化赋能基层治理提升》，2023年4月11日，https://mp.weixin.qq.com/s/BbOlo3X4p0G33EHGTNhpzQ，访问日期：2024年9月12日。

活动中心"共建讨论会"系列活动（见图10-3）。这些热心居民实地走访空间选址后，对阵地建设充满各种期待：设计师出身的陈先生提出需注重内部设计光感效果，以弥补场地光线不足的硬伤；李律师表示若场地建成，愿意坐班为小区居民无偿提供法律咨询；热爱桌游的卢先生则希望在这里固定开展桌游活动，团结社区青年，培育兴趣小组……此外，居民代表希望党群活动中心设置人文展厅、"共享家"、阅览室和自习室，方便新市民快速了解陈村及绀现村的人文历史，为居民提供施展才能、开展公益课程、发展兴趣型自组织和静心学习的平台。在充分尊重居民意愿、结合小区居民年龄结构和生活需求的基础上，绀现村党委引导居民代表对党群活动中心的功能布局作进一步完善细化，并达成如下共识：依托党群活动中心，设置乒乓球室、少儿活动室、共享空间、党支部会议室、阅览室及棋牌室，为小组党组织、业委会、社区自组织及小区居民提供活动场地，让党群活动中心改造精准匹配居民需求，促进"空间共建"走实走深更走心。

图10-3 绀现村党委代表、小区物业、设计师、社工、热心居民代表、小区党员共同参与小区空间共建讨论会

借鉴典型，他山之石，空间运营有共识。手持党建活动中心规划蓝图，绀现村"两委"带领小区居民实地参访陈村镇锦龙社区的锦龙花园及金宇锦园小区，

了解其在党建阵地建设和运营管理的经验。看到这些小区有不少热心居民自发开展公益服务、主动联系社区参与闲置空间改造等点滴做法，花湾城居民们有感而发，表示党建阵地的有效利用，需要提升基层党组织凝心聚力功能，率先发挥党员先锋模范力量，挖掘"关键少数"——小区骨干带动更多居民参与党群服务中心的改造与维护，提升居民自我服务能力，形成小区自治良性循环。

绀现村着眼群众所需所盼，直击公共空间不足的问题，聚力打造党群活动中心"样板间"，有效发动小区居民理性思考、有序发声、积极行动，由此迈出小区治理第一步，党建引领基层治理格局已现雏形。

三、小切口精准施策，激活多方力量

从细微处入手，针对社区最急需解决的具体问题，采取精确有效的措施，以此激发并整合多方力量，携手共促社区进步。在具体实践中，小切口精准施策意味着首先要进行深入细致的调研与分析，准确识别社区面临的主要挑战、居民的迫切需求以及潜在的发展机遇。随后，基于这些发现，制定具有针对性的解决方案和行动计划。通过各方力量的凝聚与协作，形成强大合力，推动社区问题的有效解决，进而激活社区内外的广泛资源，为社区迈向更高层次的发展奠定基础。

北滘镇碧江社区的碧江小学门口交通治理提升行动[1]，正是这一策略的成功实践。碧江社区是一个拥有丰富历史文化资源的国家历史名村，"碧江参与式社区营造项目"是德胜社区基金会"和美社区计划"两次资助的项目，由碧江社区居委会与广州象城建筑联合实施。项目的核心目标是通过社区营造和空间参与的方式，深入梳理和培育碧江的文化环境和社区整体软实力，推动村居公共空间和环境的提升优化，增强居民积极参与公共事务的意识。

象城建筑的社区规划师进入碧江社区后，经过对村内各种资源系统梳理后，发现当地居民反映最大、急需解决的是碧江小学门前的承德路交通拥堵问题。为了解决这个当务之急，项目方与当地居委会紧密合作，发动了包括社区居民、学

---

[1] 案例来源：《项目故事｜一条拥堵的道路，因参与式规划而改变》，2021年1月3日，https://mp.weixin.qq.com/s/x-MvylygbygDJvyoOP1Wiw，访问日期：2024年9月12日。

校、学生及家长、交警部门和当地商户等在内的所有能发动的力量去协商解决方案。经过充分的论证和优化方案，最终投票选出在上下课高峰期单向限行的方案（见图10-4）。由于该方案充分征求了各方的意见，因此得到了广泛的支持和配合，执行起来非常顺畅。值得一提的是，碧江小学的义工队在执行单项限行措施过程中发挥了重要作用。他们每天几乎都约有25人自觉出来维持秩序，在关键路口指挥交通、提醒大家不要逆行，同时协助接送学生。

图10-4 小学生参与"碧江小学门口交通治理提升方案投票"

碧江小学门口交通拥堵议题的参与式议事协商，建立了多方共同沟通、信息互通平台。交通问题的初步化解，不仅完成了学校、家长、义工组织、居委会的夙愿，同时通过交警、城管、居委多方配合的方式，促进碧江小学义工队的团结与服务动力，对碧江安全出行社区环境有实质提升。在学校、家长、志愿者、交警部门等的共同努力下，如今，学校门口的交通已告别了险象环生、高峰必堵的历史。碧江小学交通问题的顺利解决，是一个典范案例，它充分体现了从小切口入手、激活社区多方力量的策略。这一成功案例以孩子们的实际需求为出发点，带动了家庭的积极参与，并通过多方共同议事协商，有效地解决了公共问题，生动展示了参与式社区治理的实践成果。

四、社工分步引导，居民自发参与

顺德早在2011年就开始探索建立现代社会工作制度，"两社三工"[①]社区服务管理模式曾入选广东省社会创新试点项目，其中的社工专业服务一直置于重要位置，区级、镇（街道）、村（居）三个层级持续引入并深化社工服务。社工们深入社区一线，与居民建立密切联系，精准识别并把握居民的实际需求。凭借扎实的专业知识和系统化的服务体系，社工们通过专业评估、干预和跟踪服务，分步骤循序渐进地引导居民从最初的被动参与状态转变为积极主动的参与者。这一过程有效激发了居民参与基层治理的热情，促使居民依法有序地融入基层社会治理之中，共同推进社区公共事务的妥善解决。

在乐从镇沙边村的实践案例中[②]，社工助力居民参与社区事务就经历了从"为社区造"到"由社区造"的过程。沙边村于2014年引进社工社会服务，对村民进行了"社区状况调查"，调查发现大部分村民表示愿意参与公共服务及社区建设，但存在以下困境：一是村民与政府及村委会之间缺乏信息交流平台；二是社区长者人数较多，文化程度普遍较低；三是公共活动较少，村民对社区发展较为淡漠。有鉴于此，沙边村开始了以"人"为核心，分阶段重点推进的社区营造工作，通过多元主体相互协助，调动村民参与积极性。具体做法如下：

1. "为社区造"阶段：建立社区关系

社工在沙边村的社区营造实践中扮演中介者、教育者的角色，推动社区关系建立，鼓励居民参加社区活动，搭建社区学习平台。根据社区调研反映的村民社区参与意愿和想法，社工与沙边村"两委"联合开展社区活动，挖掘社区领袖，与村民建立关系，调动村民积极性。为了增加村民之间的沟通，社工设计社区合唱班、舞蹈班、青少年周末课堂等不同类型的互动性小组；同时推动建立互助小组微信群，让村民在线上分享社区乐事、讨论社区事务。

[①] "两社三工"指的是社区服务、社会组织、社工、义工、优秀外工。
[②] 案例来源：顺德区委政法委指导、顺德区社会创新中心编制《顺德社区营造案例集》中《文明村居由我建，如何从"为社区造"到"由社区造"——以乐从镇沙边村为例》，P148—163。

2."和社区造"阶段：发展社区自组织

第二阶段着重"社区培力"，引导第一阶段形成的"新社群"转变为改变社区的动力，提升社区参与的活力和能力。社工与沙边村"两委"积极推动成立沙边村志愿服务总队，鼓励合唱班参与社区义演、青年摄影团参与社区义拍等。同时开展社区领袖能力培训，传授相关知识和方法，提升他们运用自身的能力满足公共需求的能力，并引导建立社区自组织。社工通过个案辅导和小组工作增强社区领袖的权利意识和参与能力，同时协助自组织获得支持，如支持厨艺班成员成立"茶刨工作室"，支持村民芬姐牵头成立沙边妇女之家等。

3."由社区造"阶段：引导村民参与自治

第三阶段工作重点在于带动村民挖掘与积累社区资源，将社区资源变成社区资产，鼓励村民表达想法，让村民参与社区服务项目，增强村民参与感和信任度。2021年，沙边村志愿服务总队已经发展成400人，参与过社区活动的人数达8630人，服务人次达11683人次，社区自组织增至7个。服务参与的群体由开始的以党员、村委会工作人员、长者为主，到更多元化、年轻化的群体逐渐加入。通过组织新颖有趣的"青年蒙面晚会""乡村定向越野赛"等活动，青年全体加深了对社区的了解，愿意以志愿者身份参与社区活动，从而使整个社区服务深度得以扩展。群众性文化活动、系列社区教育活动一方面满足了村民公共生活、精神文化需求，增强了村民之间的交往与互动；另一方面也让村民更加重视环境保护与整治，逐渐形成"社区领袖+村民+志愿者+社工+村党委"的社区治理参与方式。

第四节 文化底蕴支撑善治

作为岭南文化重镇，顺德有深厚的文化积淀和浓厚的慈善氛围。从唐代开始，顺德就有"令病者得医、贫者得救、孤者得助、困者得援"的慈善实践案例。随着时间的迁移，顺德的慈善理念、慈善组织形式、善款募集形式和慈善救济活动等显现出不同的时代特色，慈善成为完善乡间社会结构与功能的重要途径。

顺德深厚的慈善文化，像一条隐形而坚韧的纽带，紧密连接着每一个社会成员，强化了社会的凝聚力和向心力。在这里，儒家文化的仁爱之道、宗祠文化的良善家风、侨胞文化的思源传统、民间信仰的善恶准则等，共同塑造了顺德独特的慈善文化。正是在这种慈善文化的熏陶下，顺德社会展现出令人瞩目的活力与韧性。深厚的慈善文化是顺德社会力量参与基层治理得以实现、取得成效、能够持续的根基。城乡基层社区的共建共治共享，不能仅仅依靠乡镇（街道）党委政府和社会精英的有力引领和持续推动，更需要广大群众的热情参与和坚定支持。

一、祠堂文化：积善传家的有形载体

在中华民族浩瀚的历史长河中，宗祠作为一道鲜明的文化印记，承载着深厚的尊宗敬祖传统。古老的祠堂不仅见证了家族的延续，更蕴含着丰富的历史文化内涵。祠堂文化，根植于中华传统文化的沃土，其核心价值围绕着"忠孝仁义礼智信"这一道德体系构建，旨在通过弘扬祖德、树立榜样，强化伦理道德教育，激发族人的奋斗精神与家国情怀，鼓励后代光宗耀祖，为国家为社会作贡献。随着时代的变迁，祠堂的角色更加多元化，它不仅维系着宗亲之间的情感纽带，还成为塑造文明乡风的重要阵地。

顺德这片由中原移民垦辟而成的大地，自古以来便形成了聚族而居的生活模式，为了维系宗族情感与敬祖传统，当地民众大力兴建祠堂，顺德民间宗祠始于宋元，盛于明清。据《顺德县志》（1996年）记载，顺德"清代中后期，大小宗祠遍布城乡，为数逾万"，"直至抗日战争前夕，全县大小礼堂祠堂尚存数千间"。顺德祠堂保存数量之多、质量之高，远近闻名，成为顺德本土一张亮丽的历史文化名片，享有"顺德祠堂南海庙"的美誉。

近千座祠堂分布在顺德，凝聚成深厚的祠堂文化，成为顺德历史文化底蕴的重要代表之一。这些祠堂，历经五百余年的时光洗礼，不仅是一部活生生的历史长卷，记录着顺德地区在政治、经济、风俗、文化艺术等多方面的演变与繁荣，更是当代社会中不可或缺的文化地标。它们不仅承担了族内的祭祀、议事之功能，更是各个姓氏宗族精神文明的传承之地，承载着聚会交流、倡导学习、文化展示及道德教化的多重功能，是乡土文化重要的载体。

近年来，顺德各镇（街道）采取创新举措，引入社会力量，共同探索以祠堂这一标志性老旧建筑为核心的文物活化路径，致力于将祠堂等历史建筑转化为推

动文化繁荣的重要载体，通过科学合理的规划与设计，既保留了其原有的历史文化价值与风貌特色，又赋予了其适应现代社会发展需求的新功能。这种活化建设不仅有助于保护和传承顺德乃至岭南地区的优秀传统文化，让古老的祠堂成为连接过去与未来、传统与的桥梁，提升顺德的文化软实力和影响力，还能够借助弘扬优秀的宗族文化，凝聚社会力量参与基层治理的更大能量。

在社区营造工作中，祠堂文化的重要性不言而喻。首先，它作为文化的集散地，汇聚了丰富的历史记忆与民俗风情，为社区居民提供了共同的文化认同感和归属感。这种文化凝聚力，有助于增强社区内部的团结与和谐；其次，祠堂也是基层善治的坚实阵地。通过在祠堂内开展各类公共事务的讨论与决策，可以激发居民的参与热情，促进民主协商机制的形成与发展。这不仅有助于提升社区治理的效能，还能够培养居民的公民意识和社会责任感；再者，祠堂作为文化礼堂，承载着传承与弘扬优秀传统文化的重任。通过举办各类文化活动、展览和讲座，祠堂为社区居民提供了接触和学习传统文化的机会，有助于提升整个社区的文化素养和审美水平；最后，祠堂还是推动乡村振兴的新动能。在乡村振兴战略的背景下，祠堂的活化与利用可以带动乡村文化的繁荣与发展，吸引游客和投资者的关注，为乡村经济注入新的活力。同时，祠堂作为乡村社会的重要公共空间，也为乡村社会治理提供了有力的支持。不少社区注重发挥祠堂凝聚人心、汇聚力量的社会功能，将其打造成为公共参与和民主协商的活跃平台。

2023年6月26日，课题组深入龙江镇龙山社区调研时了解到，龙山社区将祠堂文化融入环境与空间规划建设，通过打造、活化古旧建筑，发挥祠堂文化在社区营造工作中的独特作用，增强居民对社区的归属感和认同感。

顺德积极构建文化保育的良性循环机制，通过开展试点，创新参与方式，建立企业、社会机构等与祠堂等古旧建筑保护利用的结对模式，建立健全激励机制、评估机制、监管机制，打造出可复制、可推广的试点案例，总结出可在全区进行推广的试点经验做法，将文物活化利用成"环境幽雅、品质高端、创新活化、传承历史"的公共空间，旨在最终形成"政府主导、社会参与、成果共享"的文物保护与利用新范式。而作为顺德区文物存量最大的一个镇街，杏坛镇迅速响应号召，作为全区试点开展工作，推出名为"杏韵守望工程"的文物保护专项行动，通过选取一批权属清晰、空间适用的古建祠堂进行结对，有效调动社会各界力量参与。其中，"逢简和之生活美学馆"（图10-5）正是"守望工程"的重点项目，同时也是全区鼓励社会力量参与岭南广府文脉传承的创新试点。

案例：和之梁公祠坐落于顺德区杏坛镇逢简村，占地面积800多平方米，保存完整的清代后期建筑风格，是顺德清代宗祠建筑的代表作之一，列入顺德区不可移动文物名录。在区镇政府的牵线搭桥下，广东阅生活家居科技公司成为和之梁公祠的活化结对单位，将祠堂活化升级成为一间集咖啡、阅读、艺术文创器物等独具岭南文化特色的花田集市，一个可见、可触、可闻、可听、可品的美学空间。区别于普通的营运模式，和之生活美学馆更体现公益、共享、平衡与体验，旨在打开大门深锁的祠堂，让年轻人感受乡情、记住乡愁、留下印记，同时活化本地文化、水乡文化、岭南文化、祠堂文化与永春武术文化，传承体验优秀传统文化，静享美学生活漫时光。①

图10-5 杏坛镇逢简"和之梁公祠"活化为"逢简和之生活美学馆"

---

① 《让文物"活"起来！和之梁公祠将升级为花甜喜市！》，2022年5月18日，https://mp.weixin.qq.com/s/LjRt4BTKoT54Va9XlRRc2Q，访问日期：2024年8月6日。

案例：勒流街道在古祠堂创新保护、活化利用方面，结合古祠堂不同文化特色，探索不同的活化路径，形成了四种活化类型，包括将祠堂打造为新时代文明实践教育服务、文化服务平台和村史馆、新时代文明实践阵地、旅游景点或是乡村旅游点。比如富裕村的连氏五世祠、纯庵连公祠等活化成家风家训馆。①

此外，北滘镇碧江社区在保护活化古建筑方面，展现了卓越的社会动员与资源整合能力。2023年以来，碧江社区积极完善古村保护机制，通过撬动和整合社会资源，盘活社区内闲置的古祠堂、旧民居，坚持"谁使用谁管理"的原则，引入多个社会团体、公益组织、文化公司等进驻，拓宽资金渠道。在古建修缮、文旅发展、教育激励、慈善福利等活动中，碧江社区注重引导本土乡贤内生力量参与，充分撬动社会资金，逐步达到社区文化挖掘传承保护和自主参与的共建共治共享的社会目标。近年来，碧江社区企业商家、乡贤村民等各类社会人士累计捐资约790万元。②值得一提的是，碧江村史馆位于碧江村心大街慕堂苏公祠，不仅承载着展示碧江区域历史变迁、村落文化、民俗风情的重要使命，还成为加强居民德育、传承碧江记忆、提升居民归属感的关键平台，对于重构社区内部的互惠与信任关系，带动居民有序参与社区公共事务，推动基层治理向纵深发展方面发挥了重要作用。

二、侨胞文化：饮水思源的深情回馈

作为著名侨乡，顺德人侨居外国的历史比顺德建县的历史还要长。自明朝以来，顺德先民就开始漂洋过海，在异国他乡谋生、创业、发展。他们凭借着坚韧不拔的创业精神和灵活精明的经营头脑，在异国他乡取得了显著的成就，不仅为所在国家的建设与发展贡献卓著，更架起了顺德与世界各地沟通交流的桥梁，促进了文化的交融与互鉴。目前，顺德有50多万华侨华人和港澳乡亲，遍布世界五

---

① 《顺德祠堂南海庙！活化祠堂文化，顺德勒流有这些新动作》，2021年9月8日，https://www.163.com/dy/article/GJD2UIDE055004XG.html，访问日期：2024年8月6日。
② 《文明村镇建设|祠堂古韵映村居 顺德这个社区要打造古村落活化的"金名片"》，2024年6月14日，https://www.sohu.com/a/785960034_121119275，访问日期：2024年8月6日。

大洲56个国家和地区，旅外同乡会和异地顺德商会近90个。

顺德侨胞深受中华传统文化的熏陶，内心深植感恩回馈之情。他们于海外组建众多侨团，心系故土发展，对内则慷慨解囊，鼎力支持家乡的经济建设与公益事业，这种情怀跨越时空，代代相传，构筑了无论身处何方，对顺德故土均怀有深切眷恋的文化景观。顺德侨胞在异国他乡不仅谋求自身的发展，还积极推动中外文化的交流与融合。他们通过成立各种交流平台，如华侨粤菜文化促进会、留学生协会、港澳台青年交流基地等，为不同文化的相遇相知搭建了坚实的桥梁。

改革开放以来，顺德旅外乡亲发扬爱国爱乡热忱，源源不断捐钱、捐物支持家乡各项福利事业的发展，涵盖文体教育、卫生医疗、敬老慈幼、扶贫助困等各个领域，捐赠数额之大、项目之多、覆盖面之广，均位于全国同级县区前列。可以说，顺德经济和社会的快速发展与海外乡亲一直以来的无私奉献和大力支持是密不可分的。截至2023年底，顺德累计接受海外华侨、港澳同胞捐赠折合人民币25.61亿元。其中，仅2023年度就接受华侨、港澳同胞捐赠4866万元，100万元以上的项目有14个（见表10-2）。

表10-2 2023年度顺德区接受华侨、港澳同胞捐赠项目表（100万元以上）

姓名	捐赠项目	金额（万元）
佛山市顺德区海骏达房地产开发有限公司	慈善捐款（定向捐献"容桂教育基金"）	100
朱绿珍小姐	梁季彝纪念学校校园翻新工程	130
周大福慈善基金会	定向伦教慈善会2022年度奖教奖学助学项目	178.67
李强慈善基金会	莘村中学召开第38届"郑美奖教奖学金"暨第24届教育基金颁奖大会	196
李强慈善基金会	奖教奖学活动	160
冯佩明	威权康复服务中心——伍威权庇护工场残疾学员餐费补贴、学员就业研发推广、导师培训及团建费用	223.8404
Chow Tai Fook Charity Foundation Limited（周大福慈善基金有限公司）	定向"伦教教育基金"	252.47

续表10-2

姓名	捐赠项目	金额（万元）
周大福慈善基金会	2023年度奖教奖学助学项目	153.17
广东顺德周大福珠宝制造有限公司	定向用于伦教医院（郑何义夫人纪念医院）志福肾康中心项目（捐赠血液透析设备共21台）	398
中华集团有限公司（梁金汉先生企业）	乐从慈善会中华集团慈善基金	283.3
梁金汉（中华集团）	平步党群服务中心建设第一期土建工程	328.2276
联塑公司（香港）	医卫教育提供捐赠资金	239
勒北村麦氏家族港澳侨乡亲（不愿透露名字）	勒北村建设大白村史馆和周边环境	202
佛山市顺德区乡村发展协会（关仁）	定向捐赠容桂街道龙涌口村社区养老服务中心（关仁·颐爱家园）建设项目	100

自2005年起，顺德区政府对华侨捐赠款占项目资金比例25%以上，或以个人名字命名且捐赠额在10万元以上的225个项目分四批进行了确认。其中，涉及幼儿园32间、小学38间、中学48间、大学1间、图书馆1间、医院30间、敬老院8间、康乐中心15间、公共服务中心36间、公园12个、体育中心3个、桥梁1座。这些捐赠覆盖教育、医疗、养老、文化、休闲、公共服务及基础设施等多个领域，有力地展现了侨胞对回馈桑梓的深厚情谊及促进基层治理的巨大贡献。

为更好地联络旅居世界各地的顺德乡亲，推动海外华人华侨参与顺德发展，世界顺德联谊总会每两年举办一次恳亲大会。2024年3月26日，第十三届顺德恳亲大会暨"顺德荣誉邑贤"颁授仪式在香港举行，来自世界五大洲的20多个国家和地区的800多名乡亲齐聚香江，共叙乡情、共谋发展。会上，顺德向12名乡贤颁授"顺德荣誉邑贤"勋章（见图10-6），向为顺德建设悉心奉献的港澳台侨人士致以崇高礼敬。自创办以来，顺德恳亲大会不断发展壮大，成为全球顺德人敦睦乡谊、团结奋斗、互谋发展的重要平台。同时，它也是顺德融入粤港澳大湾区建设，与世界各国和地区加强经贸合作、文化交流的工作品牌，受到广泛赞誉。①

---

① 《第十三届顺德恳亲大会开幕，全球800多名乡亲齐聚香江》，2024年3月27日，https://www.foshan.gov.cn/zwgk/zwdt/wqdt/sdq/content/post_5933811.html，访问日期：2024年8月6日。

图10-6 顺德向12名乡贤颁授"顺德荣誉邑贤"勋章

三、信仰习俗：民间传统的向善宣示

民间信仰是岭南文化极具代表性的人文景观，顺德作为岭南文化的重要代表地之一，广泛保留着民间信仰和民间风俗的深刻印记，其信仰体系展现出显著的多元与包容特性，既体现在信仰对象的多样性上，还反映在民俗活动的丰富性和民众参与的广泛性上。

1.民间信仰的多样性

在顺德，民间信仰的对象丰富多样，涵盖了自然神祇、历史人物、神话传说等多个方面。其中，最具代表性的信仰对象包括天后（妈祖）、北帝、龙母和洪圣等水神，这些神灵在顺德地区拥有广泛的信众基础，几乎可以在顺德各地看到供奉他们的大庙小堂。这些神灵大多与水有关，反映了顺德作为水乡泽国对自然力量的敬畏与崇拜。此外，顺德还信仰观音、康公等其他神灵。观音信仰及其民俗在顺德尤为盛行，其中"观音开库"活动更是独具特色，每年农历正月二十六日，信众们会前往观音堂祈求财运亨通。康公作为地方保护神，也在顺德多个村落中受到敬仰，其诞辰庆典更是热闹非凡。

2.民俗活动的丰富性

顺德的民间信仰活动丰富多彩，既有传统的祭祀仪式，也有富有地方特色的民俗活动。例如，龙母诞庆典期间，除了烧"头炷香"、龙舟拜龙母等传统仪式外，还有起龙舟、投桡位、吃龙舟饭等独具特色的活动。这些活动不仅增强了村民之间的凝聚力，也吸引了大量游客前来观赏。此外，顺德还保留着许多与民间信仰相关的传统节日和习俗。如春节期间的祭祖、元宵节的舞龙舞狮、端午节的赛龙舟等，这些活动都融入了民间信仰的元素，成为顺德文化的重要组成部分。

3.民众参与的广泛性

顺德的民间信仰具有广泛的民众参与性。无论是城市还是乡村，无论是老人还是孩子，都或多或少地参与到了民间信仰活动中来。这种广泛的参与性不仅体现了顺德民众对民间信仰的深厚情感，也促进了社区文化的繁荣与发展。在信仰活动中，村民们展现出高度的自治精神，不仅提高了村民的参与感和归属感，也锻炼了他们的组织能力和协作精神。

（一）观音信俗

观音信俗，作为中国乃至世界的重要信俗之一，其表现形式因地而异，丰富多样。在顺德，观音信俗的种类也很多，其中"观音开库"活动尤为引人注目。据传，每年农历正月二十六日，观音菩萨会查点钱库一次，并于子时大开金库，贷款助民，这就是"观音开库"的来历。每年的这个时候，顺德信众纷纷前往观音堂，"借库银"祈求财运，"还库银"以表感恩，"啖生菜"寓意生财添丁，再通过"烧大炮"等仪式祈求吉祥如意、财运亨通。由于参与的民众众多，"观音开库"逐渐形成极具本地特色的民俗活动，还吸引了国内外众多亲朋好友前来参与，共同见证这一盛大的信仰庆典。

"观音开库"民俗活动距今已有近千年历史，主要流行于顺德的容桂、勒流、龙江一带。追溯至清嘉庆年间，龙江紫云阁便已举办"观音开库"活动。进入清中后期，这一盛事更是频繁出现在顺德文人的诗作之中，如"正月观音宝库开"描绘了活动举办的时节，"年年紫阁拜观音，有女如云拥碧岑"则生动展现了女子参拜紫云阁观音的热闹景象，印证了"观音开库"在顺德地区深厚的文化根基与广泛的影响力。

2013年，顺德"观音信俗"入选第五批省级非物质文化遗产名录。其中，容桂"观音开库"民俗活动在顺德乃至粤港澳大湾区的影响力较大，辐射全国乃至海外，每年都会吸引20万人次前来"借库"。2024年3月5日—6日（农历正月廿五、廿六），传承近千年的"观音开库"民俗活动在容桂火热上演，市民群众向观音"借库"的热情高涨，行善氛围浓厚，活动盛况真可谓百年不衰（见图10-7）。

图10-7 容桂"观音开库"民俗活动现场

传统民俗与现代慈善的完美结合，为古老的活动注入了新的活力。自2013年"观音开库"活动注入慈善元素以来，容桂慈善会携手福利机构举办"祈福行善"慈善义卖活动，每年筹得的善款全部用于开展助残、助老、帮扶困难家庭等慈善事业。容桂慈善会在白莲公园内外及圣地酒店门口设4个义卖摊位，吸引了众多市民购买吉祥风车、福气灯笼以及各色各样精致而富有寓意的祈福文创。除了"借库"行善、乐游集市，不少市民还打卡容桂祈福生菜会，品尝寓意满满的生菜包。"祈福+慈善"双融合，赋予传统民俗新的时代内涵，对于市民而言，这不仅是一次年度民俗之约，还是一场"乐善容桂"的慈善之约，一种向善的共识已然成风。

（二）庙诞传统

2023年10月，课题组深入探访龙江镇的左滩村，在该村的村史馆详细了解"庙诞"这一颇具地域文化特色的传统活动（见图10-8）。左滩村现存天后宫、龙田三圣宫、水井康公古庙等多处庙宇，每个村小组都有各自特定的庙诞日期。这些以民间信仰为主要内容的民间群众文化活动，已形成了固定的活动时间和较为稳定的表现形式，体现了浓厚的乡土文化与民俗风情。这些庙诞盛会是由村民自发组织自发举办的，是乡土社会民间自治规则和逻辑的重要体现。村民们依据长期形成的习惯或不成文的规矩，通过自组织、自筹资、自管理的方式，解决活动筹备、执行及后续事宜中的各种问题。这种自治方式不仅运作高效且灵活应变，更加贴近村民的实际需求，深刻体现了乡土社会独特的治理智慧。

图10-8 龙江镇左滩村庙诞活动介绍[①]

案例：农历正月初八为左滩康公主帅诞辰，2023年当晚，左滩片区的五坊六队大开宴席，俗称"起会"。初九晚饭后投标点大炮，紧接着初十午后，鞭炮齐鸣，俗称"烧大炮"，热闹非凡。除了烧大炮，抢发财喜炮、醒狮鼓乐、敬拜康公、展销特色小吃小玩意等也是整个活动不可或缺的一部分。在举办活动前，五坊六队多次召开议事会，由各坊各队的理事、会员以及热心志愿者共同参与，就盛宴的举办方式、宴客要求、餐标、祭祀方式、醒狮邀请等事宜进行商议。这一系列会议，不仅确保了庆典流程的周密，更提供了一个让中青年为家乡、为传统传承出谋献策的平台。此庆典完全由村民自组织自发举办，展现了乡土社会的自治活力与凝聚力。[②]

---

① 图片为"顺德慈善力量参与基层治理"课题组2023年10月调研时拍摄照片。
② 《叮咚播报员报道：左滩新年的第一炮》，2023年2月22日，https://www.shunde.gov.cn/sdqlongjiang/zjlj/cjjj/content/post_5543113.html，访问日期：2024年8月6日。

（三）慈善生菜宴

顺德生菜宴，作为顺德地区一项具有深厚历史底蕴和丰富文化内涵的民俗活动，其来历可以追溯到明末清初，并在清代达到鼎盛，一直延续至今。据清康熙十三年（1674年）《顺德县志》记载，"迎春……啖春饼辣菜"，这里的"辣菜"即为生菜，说明当时顺德人已有在新春期间食用生菜的习惯。而到了清咸丰六年（1856年），《顺德县志》更是明确记载了顺德人"啖生菜春饼，以迎生气"的习俗，进一步印证了生菜宴在顺德地区的悠久历史。随着时间的推移，顺德生菜宴的规模逐渐扩大，从最初的家庭聚餐发展到后来的村落聚会，再到现在成为顺德地区乃至"珠三角"地区具有广泛影响力的民俗活动。2022年，顺德生菜会入选顺德区第九批非物质文化遗产代表性项目，标志着这一民俗活动得到了官方认可和重视。

生菜宴，也称为生财会，这一习俗最初是为了"迎生气"，后逐渐演变为求财和求子的象征。在粤语中，生菜谐音"生财"，因此，参加生菜会吃生菜被视为一种祈求财富和好运的方式。生菜宴的核心特色在于生菜包这一主食，即将各种食材包裹在生菜叶中食用，不仅口感鲜美，而且象征着显贵发达（蚬肉）、长长久久（韭菜）、子孙绵延（酸菜）等美好寓意。在2024年龙江慈善生菜会上，每一份认购的生菜宴中央都精心地摆放着一盆匠心独运的发财盆菜。吃盆菜，寓意团圆喜庆，盆满钵满。盆内汇聚了超过十种珍贵食材，层层堆叠，从上层往下层逐一品尝，象征着好运和财富逐渐积累。其中，烧肉以其红皮赤状之姿，寓意着鸿运当头；八头大连鲍则象征着招财进宝；大海斑寓意年年有余；三杯鸡传达金鸡报喜的喜庆氛围；双鳝寓意繁荣兴旺。

生菜宴既是一场美食盛宴，又是一次寄托美好愿望、传承地方民俗文化的重要活动。而随着慈善理念的引入，生菜宴被赋予了新的时代意义和社会价值，更成为一个传递爱心、汇聚善意的平台，焕发出新的生机与活力。通过生菜宴认购与慈善捐赠相结合，为慈善事业开辟了新的资金来源渠道，生菜宴所筹集的善款直接用于支持当地的慈善公益项目。此举不仅丰富了慈善资金的筹措途径，还极大地拉近了慈善与民众日常生活的距离。人们在品尝美食的同时，也能深刻感受到慈善的力量，激发更多参与热情，共筑"人人可慈善、处处皆慈善"的良好社会氛围。

案例：2024年3月3日晚，尽管春寒料峭，顺德区龙江镇却热浪滚滚，"和善龙江·生财有爱"2024年慈善生菜会活动热烈开展（见图10-9）。这已经是龙江慈善会连续第九年举办慈善生菜宴了，共设置236桌宴席，最终共筹得448.3万元，其中包括认捐236围善款约40万，赞助礼品价值2.6万，慈善拍卖品价值3万，认养认捐绿美活动34.7万，现场筹款368万。这些善款将全部用于龙江镇的慈善公益项目。

这场生菜会为我们呈现了顺德一个小镇具备的深厚慈善文化，展示了多样化的慈善方式和巨大的慈善力量，是全民慈善的生动写照。慈善生菜宴得到社会各界的大力支持。首先，米兰汇进行配捐活动，社会各界每认购一桌生菜宴，米兰汇就向慈善会捐赠500元，合计捐出了11.8万元；同时，许多爱心企业纷纷慷慨解囊：雄辉市政公司捐赠50万元，华骏建设集团捐赠33万元，联塑科技公司、南兴天虹果仁公司、恒骏集团各捐赠30万元；此外，龙江社会各界积极参与，捐赠《花开富贵》《大利丰收》《万紫千红》《双龙纳福》《惟精惟一》等吉祥物；企业及社区居民争相竞投，献出自己的一份爱心。

图10-9 龙江镇2024年慈善生菜会现场[①]

---

① 图片为"顺德慈善力量参与基层治理"课题组2024年3月调研时拍摄照片。

四、龙舟竞渡：协作争先的精神传承

龙舟文化，作为中国传统文化的瑰宝，源于古代汉族人民在端午节期间举行的龙舟竞渡活动。这一活动超越了单纯的体育娱乐范畴，深刻体现了中国悠久的历史文化传承与强烈的集体主义精神。在龙舟竞渡的激烈赛事中，队员们紧密协作，齐心划桨、掌舵，全力以赴向终点冲刺，以争夺荣耀。这不仅考验着参与者的技能与体能，更是对团队协作与拼搏精神的极致展现。因此，龙舟文化被赋予了团结合作、奋勇拼搏、团结勇毅等丰富的精神内涵。

顺德地处珠江水系发达区域，河网密布，水乡特色鲜明。这种独特的地理环境为龙舟文化的孕育提供了得天独厚的条件。自古以来，顺德人民依水而居，以舟代步，龙舟成为他们生活中不可或缺的一部分，也自然而然地融入了他们的文化血脉之中。作为享有盛誉的"全国龙舟之乡"，顺德龙舟文化源远流长。有关文献显示，从明代景泰三年（1452年）建顺德县始，历代都有龙舟竞渡活动的记载。明清时期是顺德龙舟竞渡最盛行的时期，顺德龙舟在当地龙舟竞渡活动中屡次折桂，至今仍存有许多古老的牌匾作为证明。

顺德龙舟文化底蕴深厚，广受群众欢迎。从每年农历四月开始，顺德就进入"龙舟"赛期，包括起龙、请龙、洗龙、投壶、转龙头、龙头祭、洗龙船水、龙眼点睛、龙船竞渡、吃龙船饭等一系列仪式，演绎着龙舟文化的千姿百态和万种风情。每场龙舟活动，市民们都热情高涨，纷纷提前占据最佳观赏位置，现场热闹非凡。顺德人民对龙舟文化的热爱历久弥新，"同舟共济、团结协作、奋勇争先"的龙舟精神在代代相传中熠熠生辉。

龙舟竞渡是集体竞技项目，要求思想统一、目标统一、动作统一，才能步调一致。因此，扒龙舟等一系列民俗习惯具有很强的社会维系功能，极大地增强了顺德地区民众在生产、生活、信仰、教育等方面的凝聚力。顺德官方与民间均高度重视这一历史悠久的民俗活动，各方不遗余力地致力于传承和弘扬这一宝贵的精神财富，视每年的龙舟文化活动为增进民众归属感、凝聚亲和力的契机。

此外，顺德龙舟文化还与现代元素相结合，不断创新发展。例如，顺德区将龙舟文化与美食文化相结合，推出龙舟宴。龙舟宴不仅是祝贺竞赛健儿夺标归来的盛宴，更是全村老少共享农闲时光、沟通感情的重要时刻。顺德龙舟宴的菜品丰富多样，每道菜从选材到寓意，都与龙舟文化紧紧相扣。同时，顺德区还推出龙舟主题嘉年华、龙舟文化新民俗巡游等活动，为市民游客提供了更加多元化、更具互动性的龙舟文化体验。

顺德区龙舟文化具有深厚的历史底蕴和广泛的群众基础，它不仅是一种体育竞技活动，更是一种凝聚人心、促进交流的精神文化现象。通过不断传承和创新发展，顺德区龙舟文化在现代社会中将继续发挥重要作用。2023年6月，课题组深入容桂街道大福基社区，实地考察了这里的民俗团体"德兴龙狮团（协会）"（见图10-10），对其在龙狮文化传承与发展方面展现出的蓬勃活力表示欣喜，同时观察到社区内多元主体积极参与社区事务，共同推动社区和谐与繁荣发展的良好态势。

图10-10 大福基德兴龙狮团

案例：大福基社区以热爱龙狮文化的大福基青年为抓手，引导青年以自身力量营造社区文化，凝聚社区力量的新景象。2019年起，在德胜社区基金会、顺德区社会治理"众创共善"计划支持下，大福基社区引导青年提炼"风雨同舟，守望相助"的龙狮文化精神内核，以"组织培育""空间活化"和"文化蓄力"为切入点，以德兴龙狮协会为牵头组织，成功开辟"组织牵头，社工协助，社区支持，资源配给"的青年参与社区事务路径。项目开展以来，德兴龙狮协会由零散民间团体转变为目标明确、架构清晰且与社区紧密联动的社区自组织。德兴龙狮协会以文化力量带动社区青年共同修葺"龙狮文化共议空间"，并成功打造首个"百米夜光长龙文化节"（见图10-11）。居民翘首以待的容桂文化盛事百米夜光长龙活动和端午泼水游龙活动至今已历经数届，有效发挥着凝聚居民参与力量的作用，"风雨同舟，守望相助"，已经成为社区居民共有的精神认同。

图10-11 大福基百米长龙夜游活动

五、孝善为本：基层治理的德润支撑

在源远流长的中华文化中，儒家思想占据了举足轻重的地位，而孝道则是儒家思想的核心之一。儒家强调"百善孝为先"，认为孝顺是所有美德中最基本也是最重要的。这不仅仅是对父母养育之恩的回报，更是一种社会责任感和道德规范的体现。孝道文化倡导的是尊敬长辈、关爱家人、和谐共处的社会风尚，它要求人们在日常生活中以善为本，通过自身的行为去影响和带动周围的人，共同营造一个温馨、和谐、友爱的社会环境。

顺德人自古就重视孝道，敬老传统历史悠久，经岁月洗礼而愈发醇厚。整个农历九月期间，顺德大地洋溢着浓厚的敬老氛围，各类敬老活动精彩纷呈。尤为引人注目的是，顺德各村居普遍将敬老宴视为一项重要的传统习俗来传承与发展。无论村集体经济状况如何，几乎每个村居每年都会精心筹办敬老宴。在顺德，敬老不仅仅是一种口号，更是一种深入人心的生活方式。调研中，顺德众多村居的敬老宴规模之宏大、场面之壮观令人瞩目。这些活动不仅展现了顺德深厚的敬老文化底蕴，还成功动员了广泛的慈善资源参与，激发了群众的高度热情与社会活力。顺德人通过实际行动，不仅赓续了孝善文化的优良传统，还使其成为辅助基层治理的重要力量。

案例：2023年10月17日，大良街道五沙社区为辖区内1910名60岁以上长者派发敬老节礼品。社区党委副书记、党委委员及五沙社区福利专项基金管委会副主任为长者送上节日祝福。长者们不仅收到了每人200元的节日红包，还在志愿者的热心帮助下，满载着油、米、面和酒等礼品而归。据悉，中国农业银行顺德大良支行与顺德区朴田电器公司为敬老节礼品提供了支持，节日红包的资金则来源于五沙社区经联社与五沙社区福利专项基金。"社企合力送关爱"的温馨氛围，在随后举办的慈善敬老晚宴上得到更完整的展现。

2023年10月23日，即农历九月初九重阳节，五沙社区隆重举办第十一届慈善敬老晚宴。晚宴筵开373席（见图10-12），辖区内的各个热心企业、热心个人及60岁以上长者共聚一堂。晚宴中，为本次敬老活动捐赠1万元以

上的36家热心企业或个人颁授牌匾，向大力支持五沙社区慈善事业的捐赠人表示衷心感谢。此次敬老节活动，五沙社区汇聚了广大企业和个人的热心捐赠，共筹集善款约110万元，这笔善款将专项用于社区各项慈善福利事业，服务社区公益，切实做到取之于民，用之于民。

图10-12 大良街道五沙社区第十一届慈善敬老晚宴现场[①]

敬老晚宴不仅仅是简单的聚餐活动，更是慈善有效融入基层治理的重要桥梁。社会慈善资源，这一基于公众自愿的资源形态，涵盖了善款、善物等有形资源及服务、爱心等无形资源。作为基层社会治理的关键助力，社会慈善资源不仅强化了社会协同的力量，还以其更高的自主性、灵活性和便捷性，有效弥补了政府资源在城乡社区资源供给上的不足。

在筹备和举办晚宴的过程中，政府、企业、社会组织以及个人等多方力量共同参与，形成了强大的合力。政府通过政策引导和支持，为企业和社会组织搭建

---

① 本案例图片和资料来源：《社企合力送关爱，慈善敬老暖人心——2023年五沙社区敬老节活动》，2023年10月24日，https://mp.weixin.qq.com/s/ijmwU3NliUjO4zHONPeFWA，访问日期：2024年9月10日。

平台；企业则通过捐赠资金、物资或服务，积极参与其中；社会组织则发挥其专业优势，负责活动策划和组织实施；个人则通过参与志愿服务、捐款捐物等方式，表达自己对老年人的关爱之情。这一过程，不仅有效整合了社会慈善资源，还推动了基层治理向多元化和精细化发展，并促进了孝善文化的赓续与传承。

"孝善为本，德润基层"理念在顺德深入实践，顺德孝善文化历经儒家精髓的浸润、地方特色的融合与时代变迁的洗礼，如今通过敬老晚宴等多样化活动焕发新生。这不仅广泛传播了孝善文化，提升了社会的整体道德风貌，还激发了基层社会的内在活力，增强了社区凝聚力和向心力。邻里间和谐相处的氛围日益浓厚，居民责任感与参与热情高涨，为基层社会治理注入了持续活力与澎湃动力。

第十一章
拓宽善道 走向善治

党的二十届三中全会通过的《中共中央关于进一步全面深化改革 推进中国式现代化的决定》强调，要"创新社会治理体制机制和手段""健全党组织领导的自治、法治、德治相结合的城乡基层治理体系，完善共建共治共享的社会治理制度"。这是中央自党的十八届三中全会首次提出"创新社会治理体制"以来，对加强和改进社会治理特别是基层治理做出的新的部署。

2024年10月，中共中央总书记、国家主席、中央军委主席习近平对民政工作作出重要指示，强调各级党委和政府要坚持以人民为中心，深化改革创新，完善政策制度体系、服务保障体系、监督管理体系、社会参与体系，着力提升社会救助、社会福利、社会事务、社会治理工作水平。完善社会参与体系、提升社会治理工作水平，就需要大力推进和保障社会力量参与基层治理。

顺德的基层治理探索的成功经验表明，推进以共建共治共享为主要特征的社会治理，是以习近平新时代中国特色社会主义思想为指导，结合中国国情和优秀传统文化，借鉴海外有益经验提出的重大理论创新，是新时代续写"经济持续繁荣、社会长期稳定两大奇迹"的重要保障。

新征程上，应当按照党的二十届三中全会的统一部署，遵照习近平总书记关于"真正确立慈善事业在经济社会发展中的地位""建设人人有责、人人尽责、人人享有的社会治理共同体""完善基层治理体系，筑牢社会和谐稳定基础"等重要指示精神，从创建和完善人类文明新形态的高度，进一步深化改革，推动构筑良性互动的基层政社关系，系统优化制度环境，切实引导、支持有意愿有能力的企业、社会组织和个人积极参与公益慈善事业，引领社会力量全面、深入、可持续地参与基层治理，促进建立"党委领导、政府负责、民主协商、社会协同、公众参与、法治保障、科技支撑"的基层社会治理新格局。

第一节 提升认知 明确功能

早在2006年，时任浙江省委书记的习近平同志在浙江慈善大会上就指出，"在构建社会主义和谐社会中，必须把发展慈善事业作为一件大事来抓，真正确立慈善事业在经济社会发展中的地位"。引领社会力量参与基层治理，推进新时代慈善事业高质量发展，需要以习近平新时代中国特色社会主义思想为指导，以习近平总书记关于发展慈善事业、加强基层治理的系列重要讲话为遵循。

一、慈善事业功能沿革

新中国成立以来，我国慈善事业历经"改造—停滞—重启—勃兴"波折式前进的发展过程。新中国成立初期对旧有慈善机构和慈善团体进行改造，慈善事业几乎全部纳入政府事务范畴。"文化大革命"时期对慈善事业进行批判和全盘否定，慈善事业发展进入停滞阶段。改革开放后，随着经济体制改革、政治体制改革等全面改革的深入，以1981年中国儿童少年基金会成立为开端，我国慈善事业开始复苏。1994年，人民日报刊发《为慈善正名》文章及中华慈善总会的成立，标志着中国慈善事业进入常态发展时期。2008年的汶川地震灾后重建，给慈善事业的蓬勃发展提供了契机，2016年9月，《中华人民共和国慈善法》正式颁行，我国慈善事业发展进入法治化轨道。近年来，在助力脱贫攻坚和防控新冠肺炎疫情等重大公共事务中，慈善事业进一步展现了其不可或缺的社会功能。

回顾新中国慈善事业发展史，对慈善事业的功能定位大体存在三种不同的认识，其思想遵循分别是基于经典马克思主义的"资产阶级伪善"定位，囿于西方现代慈善思想的第三部门定位，以及回归中华传统慈善文化的道德实践定位。这些特定指导思想或是具有时间局限性，或是未能很好地与中国实际相结合，对慈善事业的认识存在偏颇,从而影响我国慈善事业的健康发展。

(一)基于经典马克思主义的"资产阶级伪善"定位

经典马克思主义慈善思想形成于特定的历史背景下,从阶级斗争的角度批判资产阶级伪慈善,即资产阶级的假同情真压迫、资产阶级的假安抚真剥削、资产阶级的假慈善真买卖,并认为这种慈善本质上是为了维护资本主义制度、巩固资产阶级政权,是包藏祸心的伪善。

毛泽东在《湖南农民运动考察报告》中提到所谓的慈善事业只是一些"肯积阴功"的地主们的行为,既不经常,效果也不好。因此,社会主义中华人民共和国成立后,社会慈善事业被视为资产阶级的伪善工具,社会慈善组织和慈善活动受到严格的管控和长期压制。

同时,马克思、恩格斯肯定无产阶级慈善,关注无产阶级的现实境遇以及全人类的自由和解放,并肯定慈善事业在共产主义社会存在和发展的必要性。在这种思想的指导下,很长一段时间内,国家承担了慈善事业在社会救助、社会保障等方面的职能,并发展出以"学雷锋、做好事"为标志的社会主义慈善模式,强调人与人之间的互帮互助以及集体主义价值取向。改革开放后,特别是确立中国特色社会主义发展道路后,我国慈善事业的发展逐渐摆脱教条主义的束缚,开始恢复和发展,并仍在继续探索和优化中。

(二)囿于西方现代慈善思想的第三部门定位

基于西方文化和商业文明的现代慈善,是工业化、城市化和全球化的产物。纵观全球慈善事业的发展,西方现代慈善事业已有百余年的历史,其突出特点是专业化、组织化和中介化,其发展逻辑主要是非营利组织理论和"第三部门"理论,即将公益慈善组织定位为区别于政府和企业的第三部门。

改革开放以后,随着经济社会发展的转型,我国慈善事业得到恢复和初步发展。与之伴随的,主要是基于西方慈善思想的第三部门理论,鼓励建立专业的慈善组织,将捐赠者和受捐者连接起来,将捐赠者的资源用于公共目的,同时要求非营利组织的运作遵循理性化和专业化原则,并将社会团体、社会组织、公益慈善等视为实现公民权利、按照"自治"逻辑运行的公共空间。

客观地说,非营利组织理论和第三部门理论对我国传统慈善向现代慈善转型起到了一定的推动作用。但是,"第三部门"概念是与西方"公民社会"理论紧密相连的,与之相关的是"抗衡政府""民间主导"等理念,这也导致我国一些地方和职能部门对慈善事业的发展始终心存疑虑,反映在具体工作中,就是对慈善事业存在过度管控、限制发展的倾向。西方文化的慈善理念与我国慈善文化存在本质的不同,这必然导致水土不服的局面出现,制约我国慈善事业的健康发展。

(三)回归中华传统慈善文化的道德实践定位

中华民族五千年的文明史蕴藏着丰富的慈善思想,中国的慈善历史也是源远流长。据考证,从周朝开始,历朝都有向贫民、鳏寡孤独等弱势群体实施救济扶助的诏书,历代都有宗教慈善、士绅慈善等文献记载。

以孔孟为代表的儒家文化是中国文化传统的根和魂,在塑造国民心性和社会规范方面发挥着重要作用。"仁者爱人""恻隐之心""人之初,性本善""天下为公""义利并举""仁者以财发身,不仁者以身发财"等思想,是我国慈善的文化底色和底层逻辑。儒家文化"仁者爱人"的利他精神、人性本善的慈悲观念、由仁趋善的道德追求,为我国慈善事业发展提供丰沛的思想源泉。

我国民间普遍存在的社会慈善行为,如基于血缘关系的亲戚互助,基于地缘关系的乡邻互帮,基于业缘关系的同事互扶等,以及数千年来从未断绝的基于佛教、道教信仰或民间信仰所做的功德捐助,都是将慈善作为积德培福的道德实践,具有广泛的社会基础。然而,慈善事业的高质量发展,仅凭个人道德实践远远不够,必须在鼓励私德善行的基础上,推动传统慈善向现代慈善转型。

二、确立慈善事业的地位

引领社会力量参与基层治理,首先以习近平新时代中国特色社会主义思想为指导和遵循,在马克思主义经典理论与中国国情相结合基础上,植根中国文化传统和实践路径,真正确立新时代我国公益慈善事业在经济社会发展中的地位。

第一,坚持理论创新,把握新发展阶段的新要求。一个民族要走在时代前列,就一刻不能没有理论思维,一刻不能没有思想指引。在福建、浙江、上海工作时以及党的十八大以来,习近平总书记曾对慈善事业多次作出重要指示,主要包括：慈善是社会文明和谐的重要标志，是具有广泛群众性的道德实践；慈善事业有助于促进社会公平和谐，增强社会凝聚力和向心力，对推动实现共同富裕具有重大意义；要发挥第三次分配作用，发展慈善事业，改善收入和财富分配格局，研究制定和完善加快慈善事业发展的政策措施；只有富有爱心的财富才是真正有意义的财富，民营企业家要增强家国情怀、担当社会责任，积极参与和兴办社会公益事业；要依法规范捐赠、受赠等慈善行为；要普及慈善文化、弘扬慈善精神、宣传慈善典型等。谋划新时代慈善事业高质量发展，必须以习近平总书记关于慈善事业的系列重要指示为遵循，切实提高站位，准确把握定位。

第二，坚定文化自信，以中华传统慈善文化为根基。习近平总书记多次强调，"文化自信是更基础、更广泛、更深厚的自信，是一个国家、一个民族发展中最基本、最深沉、最持久的力量"。中华优秀传统文化是中华民族的文化根脉，中华民族历史悠久的慈善实践和丰富深厚的慈善思想，为慈善事业发展提供了智慧宝库。习近平总书记发表《携手消除贫困 促进共同发展》主旨演讲时，曾引用《孟子·告子上》中的古语"仁义忠信，乐善不倦"，指出"中国人民历来重友谊、负责任、讲信义，中华文化历来具有扶贫济困、乐善好施、助人为乐的优良传统"。新时代中国特色慈善事业的发展，应根植中华优秀传统文化，通过系统梳理和深入挖掘传统慈善文化思想精华，筑牢慈善文化自信，同时要传承和提升传统慈善文化内涵，以创新实践彰显中华慈善文化的时代价值。

第三，坚持为我所用，以海外优秀慈善模式为参照。早在2014年，习近平总书记在上海召开外国专家座谈会时就强调，"中国要永远做一个学习大国，不论发展到什么水平都虚心向世界各国人民学习，以更加开放包容的姿态，加强同世界各国的互容、互鉴、互通，不断把对外开放提高到新的水平"。2020年他进一步指出，"我们从来不排斥任何有利于中国发展进步的他国国家治理经验，而是坚持以我为主、为我所用，去其糟粕、取其精华"。慈善领域同样如此，习近平总书记关于慈善事业工作任务的重要论述中强调，要研究借鉴其他国家成功做法，创新我国慈善事业制度，动员全社会力量广泛参与。一些发达国家公益慈善事业起步早，在慈善准入制度、激励政策、运行模式、监督机制等方面积累了不少经验，近年来国际范围内公益创新发展迅速，公益创投、社会企业、影响力投资等新慈善模式层出不穷，我国慈善事业的发展要秉持开放包容精神，认真鉴别、合理吸收海外优秀慈善模式，使之为我所用。

在人类文明新形态视域下，慈善事业是社会组织、社会力量在党和政府引领下参与社会建设和社会治理的伟大事业，是党政机关、企业机构、社会组织、家庭、个人等多元主体共建的重要载体、共治的重要方式和共享的重要途径。

首先，慈善事业是促进实现共同富裕的重要事业。实现共同富裕是社会主义的本质要求，具有鲜明的时代特征和中国特色。实现共同富裕，需要在初次分配、再次分配和第三次分配各环节同时发力，对财富分配的格局进行合理调节。慈善事业是第三次分配的主要实现方式，也是实现我国社会主义本质要求——共同富裕的重要事业，应当实现与其功能相匹配的充分发展。

其次，慈善事业是构建新型政府和社会关系的重要载体。党的十八大以来，我国构建了党委领导、政府负责、社会协同为特征的社会治理新格局，其目的是实现多元主体共建共治共享。党政主导是新型政府与社会关系的本质特征，党和政府作为慈善事业的推动者、指导者和管理者，不仅要引导和促进实现人人慈善，而且要通过政策工具赋能和服务社会组织，确保社会既充满活力又和谐有序。

再次，慈善事业是实现全过程人民民主的重要渠道。我国全过程人民民主实现了过程民主和成果民主、程序民主和实质民主、直接民主和间接民主、人民民主和国家意志相统一。慈善事业是我国公民在党的领导下，基于自愿将私有资源用于公共目的，体现的是为他人、为集体、为国家奉献的公共精神。通过慈善活动参与社会建设和社会治理，是中国公民实现政治、社会和文化权利的重要方式。

三、认识慈善事业的功能

引领社会力量参与基层治理，首先要全面、充分、深刻认识新时代慈善事业的价值内涵和社会功能。慈善事业高质量发展，是建设富强民主文明和谐美丽的社会主义现代化强国内在要求和重要内容。新时代慈善事业的内涵，需要从传统的慈心善举向实现共同富裕提升，慈善事业的外延，已经从传统的扶贫济困、救孤助残向增强未富人群的致富能力、促进实现全体人民共同富裕提升。①

（一）从国家层面看

从国家层面看，慈善事业是我国基本经济制度的重要组成部分，是社会保障制度的重要补充，是多元社会主体协同社会治理的重要桥梁，也是发展民间外交、提升国家软实力的重要抓手。

第一，促进社会正义。能不能实现社会正义，是测试人类社会发展范式先进性的试金石。我国经济发展的蛋糕不断做大，但分配不公问题比较突出，收入差距、城乡区域公共服务水平差距较大。在共享改革发展成果上，无论是实际情况还是制度设计，都还有不完善的地方。为此，习近平总书记指出，我们必须作出更有效的制度安排，使全体人民朝着共同富裕方向稳步前进，绝不能出现"富者累巨万，而贫者食糟糠"的现象。②在具体方法上，中央要求"正确处理效率和公平的关系，构建初次分配、再分配、三次分配协调配套的基础性制度安排"。国家发展改革委、财政部等出台《关于深化收入分配制度改革的若干意见》，明确要求慈善事业在健全分配调节机制方面发挥应有作用。慈善事业高质量发展，可以弥补初次分配、再分配的缺陷和缝隙，对于缩小区域、城乡、居民收入差距，促进社会公平正义具有重要意义。

第二，补充社会保障。党的十六届四中全会决议提出，要"健全与社会保险、社会救助、社会福利和慈善事业相衔接的社会保障体系"。这是在党的文献中第一次明确将发展慈善事业作为社会保障体系的重要组成部分。我国《中华人民共和国慈善法》明确了6大类19项自愿开展的公益活动，其中扶贫济困、弱势群体帮扶、应急救助、公共事业发展、生态保护等领域，都与我国社会保障制度特别是社会救助、社会优抚和社会福利等有机统一。法定社会保障属于第二次分配，是法定的强制性保障制度，慈善事业通过自愿性的社会机制，与法定社会保障制度在发挥功能上存在一致性和互补性，能够在健全社会保障体系方面发挥重要作用。

---

① 陈加元：《汇聚慈善力量 助力共同富裕》，《社会治理》，2021年第12期。
② 《习近平谈治国理政》，第二卷，北京：外文出版社，2017年，第200页。

第三，协同社会治理。慈善事业是我国社会治理体系的重要组成部分，公益慈善事业为社会力量参与社会治理、构建社会治理共同体提供重要桥梁和实现通道。党的十九届五中全会明确提出，要"发挥群团组织和社会组织在社会治理中的作用，畅通和规范市场主体、新社会阶层、社会工作者和志愿者等参与社会治理的途径。"①企业社会责任部门、慈善组织、社会服务机构通过慈善的纽带建立人与人之间、群体与群体之间的互动和联结，协同党和政府打造人人参与、人人负责、人人享有的社会治理共同体，对于提升社会治理能力和水平至关重要。在脱贫攻坚和新冠肺炎疫情防控中，慈善事业在创新社会治理方面作出了重大贡献；在以中国式现代化实现中华民族伟大复兴的新时代，社会力量在助力提升社会治理效能方面的作用将得到进一步彰显。

第四，建设民间外交。习近平总书记指出，国之交在于民相亲，民相亲在于心相通。②我们必须大力加强文明交流互鉴，而民间外交则是推进文明交流互鉴最深厚的力量。③慈善事业是跨宗教、跨种族、跨文化的共通事业，同时又是非政府、非营利、超意识形态的交流活动，是促进民间交往的重要抓手。近年来，以社会组织为代表的民间救援在建设民间外交方面发挥着特殊价值，特别在全球新冠肺炎疫情应对中，中国社会组织的自发且全方位的对外支援具有创新意义。④以慈善事业为载体的民间外交，可以直观反映一个国家的文明程度、道德水平和软实力。慈善事业承载人类社会共同价值，我们要打造"一带一路""朋友圈"，开展以慈善活动为主要形式的人文交流至关重要，"软实力强大了，开展政治、外交、经济活动的阻力就会小"。⑤超越国界的慈善事业，对于塑造和展

---

① 《中共中央关于制定国民经济和社会发展第十四个五年规划和二〇三五年远景目标的建议》，《人民日报》，2020年11月4日。

② 习近平：《携手推进"一带一路"建设——在"一带一路"国际合作高峰论坛开幕式上的演讲》，《人民日报》，2017年5月15日。

③ 《习近平在中国国际友好大会暨中国人民对外友好协会成立60周年纪念活动上的讲话》，《人民日报》，2014年5月16日。

④ 《中国社会组织的海外抗疫：跨界抱团，覆盖六大洲上百个国家》，2020年3月31日，https://mp.weixin.qq.com/s/7pr-m-87b-_F2lYI-w_DTA，访问日期：2020年3月31日。

⑤ 《和平繁荣开放创新文明：习近平用这五个词描绘"一带一路"》，2019年4月24日，http://cpc.people.com.cn/xuexi/n1/2019/0424/c385474-31046651.html，访问日期：2019年4月24日。

示国家软实力、扩大国际影响力具有重要意义。

（二）从社会层面看

从社会层面看，在培育社会主义核心价值观、助推社会创新、促进商业进化和提升家庭文明方面，慈善事业有着独特的作用机制。慈善事业高质量发展，有利于激发社会活力、塑造新商业文明、建设责任家庭。

其一，塑造核心价值。习近平指出，"慈善事业是社会文明的重要标志，是一种具有广泛群众性的道德实践"。[1]这种道德积累，不仅有助于提高个人和组织的社会责任感及公众形象，而且也有助于促进整个社会的公平、福利与和谐，有利于增强社会凝聚力和向心力，使社会主义荣辱观在全社会得到更好的弘扬，切实提高全社会的道德水平和文明程度。[2]2011年发布的《中国慈善事业发展指导纲要》明确提出，要在社会主义核心价值体系引领下，加强慈善文化的普及和慈善理念的传播，使慈善逐渐成为社会风尚和人民生活方式。2018年民政部明确要求，要在社会组织章程中增加社会主义核心价值观有关内容。慈善事业与社会主义核心价值观的文明、和谐、平等、公正、诚信、友善等价值追求紧密关联，能够在塑造良好社会风气、促进社会和谐、提升社会文明方面发挥重要作用。

其二，保持社会创新。公益慈善被形象地分为三个层次，分别为"授人以鱼""授人以渔"和"改变渔业生态"，与之对应的，分别是以扶助资助为特征的传统慈善、以能力建设为特征的现代慈善和以社会创新为特征的战略慈善。面对紧迫而重大的社会问题和全球可持续发展议题，需要持续推动社会创新，构建政府、企业和社会的合作机制，探索形成跨界合作、多元参与的解决方案。慈善是保持社会创新活力的重要安排，具有政府和市场都无法替代的独特功能。[3]对于创新性强但失败风险较高的公共议题解决方案，受到严格约束的公共财政和以商业回报为导向的企业资金都很难投入，而源自慈善组织的经费可以承担此类风险。慈善资金还可以资助短期很难看到商业价值的基础性研究、无用之用的研

---

[1] 习近平：《齐心协力发展慈善事业 同心同德建设和谐社会》，《浙江日报》，2006年12月13日。
[2] 习近平：《之江新语》，杭州：浙江人民出版社，2007年，第252页。
[3] 《〈华夏时报〉对傅昌波教授的专访：不断创新高的大额捐赠》，2021年7月2日，https://baijiahao.baidu.com/1704159246159698932&wfr=spider&for=pc，访问日期：2021年7月2日。

究，以及资助文学、艺术等领域的先锋探索。现代慈善事业的重要价值之一，就是运用社会力量，探索政府和市场解决不了或解决不好的社会问题，尝试运用新的技术、新的组合、新的流程寻找公共议题的解决方案，促进实现系统性变革。

其三，推动商业进化。进入21世纪以来，反思大工业革命以来的碳基文明发展模式和以华尔街为代表的原教旨市场经济及其金融游戏规则，已经成为全球性的思潮。随着包容性资本主义、公益资本主义、美好企业、觉醒商业、社会价值投资、影响力投资等概念和模式的出现，商业向善成为一种全球趋势，慈善与商业的界限正在日渐模糊，摒弃股东利益至上，越来越成为企业发展的必选项。[①]商业要对全部利益相关方负责，要承担更多的社会责任，而慈善也在尝试运用商业的思维和工具来优化资源配置、评估慈善效能。社会企业蓬勃发展，运用商业的力量建设美好社会正在成为共识。习近平总书记指出，社会是企业家施展才华的舞台。只有真诚回报社会、切实履行社会责任的企业家，才能真正得到社会认可，才是符合时代要求的企业家。[②]在推动商业向善、促进商业进化方面，慈善正在展示其独特的影响力和可能性。

其四，提升家庭文明水平。习近平总书记指出，家庭不只是人们身体的住处，更是人们心灵的归宿。家风好，就能家道兴盛、和顺美满；家风差，难免殃及子孙、贻害社会，正所谓"积善之家，必有余庆；积不善之家，必有余殃"。[③]家庭文明是国家和民族发展进步、社会和谐安定的重要保障。家风是家庭文明的精神内核，一个家庭或整个家族把慈善事业作为传承的载体，就能够在家庭或家族内部形成乐善好施、以善为美、以善为荣的良好家风。慈善事业是奉献私人资源服务公共目的的事业，开展家庭慈善、家族慈善，不仅可以防止社会财富被挥霍浪费，而且有利于培育家族后人对财富责任的正确认知，促进家族成员和谐相处。此外，慈善可以为不善于或不愿意从事商业经营的家族成员提供事

---

① 《傅昌波：商业向善是全球趋势》，2020年1月21日，https://topics.gmw.cn/2020-01/21/content_33500818.htm，访问日期：2020年1月21日。
② 习近平：《在企业家座谈会上的讲话》，《人民日报》，2020年7月22日。
③ 习近平：《在会见第一届全国文明家庭代表时的讲话》，《人民日报》，2016年12月16日。

业平台，促进建设责任家族，实现善财传承。①

（三）从公民层面看

从公民层面看，慈善事业有助于培育责任公民和实现自我价值，帮助个体成为为国、利天下的高尚公民，促进实现人的全面发展。

第一，履行公民道德责任。国无德不兴，人无德不立。慈善事业能够激发人们形成善良的道德意愿、道德情感，培育正确的道德判断和道德责任，提高道德实践能力，引导人们向往和追求讲道德、尊道德、守道德的生活，形成向上向善的力量。中华文化素来强调"天行健，君子以自强不息""大道之行也，天下为公""天下兴亡，匹夫有责"，公民作为社会共同体成员，参与公共生活，就有应尽的义务与责任。爱心、责任和担当是慈善的基础，大力发展慈善事业，有助于唤醒公民的公共责任意识，提升公民履行社会公共责任的意愿和能力。公民参与慈善活动或志愿服务，能够更好地实现自利与利他的平衡。

第二，实现自我价值。根据马斯洛需求层次理论，人的最高需求为自我成就需求，是基于道德层面的高度自我认同，而行善是实现自我认同的优选途径。习近平总书记指出，止于至善，是中华民族始终不变的人格追求。我们要建设的社会主义现代化强国，不仅要在物质上强，更要在精神上强。精神上强，才是更持久、更深沉、更有力量的。②助人为乐是中国人的传统美德，投身慈善事业能够提升人的精神层次，带来更高层级的"纯粹的快乐"。此外，慈善事业作为非政府、非营利的事业，不仅能够为以民营企业家为主体的高收入人群提供提升财富价值、升华人生境界的多样化平台，也可为普通公众服务公共利益、实现人生梦想提供更丰富的机会，助力个体实现自我价值，促进实现人的全面发展。

第二节 更新理念 明晰边界

有机社会是充满活力又井然有序的社会，强调多元主体明确分工与紧密合

---

① 傅昌波、董岩：《引领财富向善新时代》，《家族企业》，2020年第8期。
② 习近平：《在纪念五四运动100周年大会上的讲话》，《人民日报》，2019年5月1日。

作。建设有机社会需要公权机关、市场主体和社会力量同心同向发挥作用，其中，担当"元治理"职责的公共权力机关的理念和行为至关重要。推动社会力量全面参与基层治理，首先需要基层党委和政府确立治理理念，并将治理理念融入党的建设和行政管理中，进一步明确基层党委政府的主要职责，进一步明确社会力量参与公共事务的合法身份，进一步明晰党政机关与社会组织的事权边界。

一、是治理不是管理

党的十八大以来，以习近平同志为核心的党中央着力推进社会管理理念创新、实践创新、制度创新，明确提出了"社会治理"这一重大命题。社会管理是指党委和政府以及其他社会主体运用法律、法规、政策、道德、价值等社会规范体系，直接或间接地对社会领域各方面、各环节进行服务、协调、组织、监控的过程和活动。社会治理是指党委和政府、社会组织、企事业单位、社区以及个人等多种主体通过平等合作、对话、协商、沟通等方式，依法对社会事务和社会生活进行规范和管理。从"社会管理"到"社会治理"，虽然是一字之差，却是党的执政理念和政策思路在社会领域的全面提升，体现的是系统治理、依法治理、源头治理、综合施策，反映的是党对社会运行规律和治理规律认识的深化。

习近平总书记明确指出，"社会治理是一门科学"。从管理到治理，核心是要正确处理好三大基本关系。一是维稳和维权的关系。维权是维稳的基础，维稳的实质是维权。要把广大人民群众合理合法的利益诉求解决好，使人民群众由衷感到权益受到公平对待、利益得到有效维护，唯有如此才能从源头上实现社会的长期和谐稳定。二是社会活力和社会秩序的关系。社会发展需要充满活力，但这种活力又必须是有序的。既不能管得太死、一潭死水，也不能放得太开、波涛汹涌，要重视疏导化解、柔性维稳，发动全社会共同做好维护社会稳定工作，在更高层面上实现社会秩序与社会活力的相对均衡。三是处理好法治德治自治的关系。法律是成文的道德，道德是内心的法律。在基层自治过程中，要重视道德对公民行为的规范作用，以法律为基准，发挥好乡规民约、市民公约等的规范作用，做到享有权利和履行义务相一致，最终实现三者之间的良性互动，相互促进。

从顺德实践看，能不能真正实现协同共治，关键在于基层党委和政府能否适应"社会治理"变革。在行动主体上，要从过去党委政府一元化管理体制转向党委政府与各类社会主体的多元化协同治理体制，推动实现政府治理与社会自我调节、居民自治良性互动；在行动过程上，要从强调党委政府对社会单方面、单向度的自上而下管控转向注重多元主体的多向度协商与合作；在行动取向上，要从管控规制转向法治保障，顺应全面依法治国要求，以法治精神为引领，以法律手段破解难题，以社会治理法治化推进法治社会建设。

二、是权利不是恩赐

社会力量参与基层治理，是全过程人民民主的重要实现形式。全过程人民民主是党中央在深化对中国民主政治发展规律性认识的基础上提出的重大理念，是社会主义民主政治的本质属性，是最广泛、最真实、最管用的民主。

全过程人民民主将党的主张、国家意志和人民意愿紧密融合在一起，是全链条、全方位、全覆盖的民主。其内容除了民主选举，还包括政党协商、人大协商、政府协商、政协协商、人民团体协商、基层协商以及社会组织协商等多种形式，为不同群体、不同阶层的人们提供了广泛的参与渠道，使各方意见和建议得到充分表达和交流，促进决策的科学化、民主化；让人民通过各种途径和方式参与国家重大决策的制定过程，例如通过座谈会、听证会、网络问政等形式，使决策能够充分反映人民的意愿和利益，增强决策的合法性和公信力；让人民群众在城乡社区治理、基层公共事务和公益事业中依法自我管理、自我服务、自我教育、自我监督，直接行使民主权利，保障自身的合法权益。

从顺德实践看，顺德公共权力机关能够以乡镇（街道）、村（社区）两级为重点，摆脱"恩赐"人民群众政治、社会和文化权利的错误认知，做出相关制度安排，发挥群团组织和社会组织作用，保障人民群众依法管理基层社会事务，激发城乡居民参与基层治理的积极性、主动性、创造性；畅通和规范经营主体、新社会阶层、社会工作者和志愿者、新就业群体等参与基层治理的途径；健全社区公约、村规民约，完善居民会议、议事协商、民主听证等机制，形成民事民议、民事民办、民事民管的多层次基层协商格局，促进党政、企业、社会、民众加强合作，建设人人有责、人人尽责、人人享有的基层社会治理共同体。

三、是把关不是代替

党委领导、政府负责、社会协同、公众参与，是社会力量参与基层治理的基本格局。新时代加强社会组织党建工作具有重要意义：一是巩固党的执政基础。社会组织是社会治理的重要主体和力量，加强党建工作能将党的组织和工作延伸到这些领域，使党在社会组织中拥有坚实的组织基础和工作基础，从而不断扩大党的影响力和凝聚力；通过在社会组织中开展党建工作，可以更好地了解群众的需求和诉求，为群众提供服务和帮助，从而赢得群众的信任和支持，巩固党的群众基础。二是确保社会组织的正确发展方向，引导社会组织及其从业人员增强"四个意识"、坚定"四个自信"、做到"两个维护"，确保社会组织在党的领导下，贯彻落实党的路线方针政策和国家法律法规，防止社会组织出现与国家利益、人民利益相背离的行为。三是提升社会组织的内部治理效能，以推动社会组织建立健全内部管理制度，规范社会组织的决策程序、财务管理、人员管理等，提高社会组织的管理水平和运行效率。四是增强社会力量的凝聚力和战斗力，通过开展党组织活动，加强党员教育管理，发挥党员的先锋模范作用，能够增强社会组织内部的凝聚力和向心力，激发从业人员的工作积极性和创造力，提升社会组织的整体战斗力。五是推动社会组织更好地服务国家、社会和人民，引导社会组织发挥自身优势，参与社会矛盾化解、社区建设、公共服务提供等基层治理工作，围绕国家的重大战略，如乡村振兴、科技创新、环境保护等，开展相关的业务活动和服务，为国家的发展和社会的稳定作出贡献。

从顺德实践看，强调党建引领基层治理，绝非等同于党委政府直接参与社会组织的设立和管理，以公权之手代替社会之手。加强和改进党对社会组织的领导、加强社会组织党建工作，主要是为社会组织把握方向、保持其先进性，而不是替代社会组织的内部治理、插手社会组织的自治事务。在基层治理实践中，党委政府应当扮演政策引导、支持促进和监督管理等角色，社会组织则是在法律制度允许的范围内规范提供服务，党委政府与社会组织应各遵其道、各守其规。

四、是引领不是命令

乡镇（街道）党委政府与村委会、社区居委会作为不同层级的治理主体，是纵向权力与横向权力磨合的特殊场域。乡镇街道代表国家的纵向权力体系，是基层政权组织。乡镇政府作为最基层的一级政府，承担着落实国家政策、提供公共服务、维护社会稳定等重要职责。街道办事处作为上级政府的派出机构，也在一定程度上行使着行政管理职能。这些纵向权力需要向下延伸到各个村庄和社区，以实现对基层社会的有效治理。村委会、社区居委会是基层群众性自治组织，代表着横向的社会权力。村委会、社区居委会由村民和社区居民选举产生，主要职责是管理本村、本社区的公共事务和公益事业，调解民间纠纷，协助维护社会治安等。这种横向权力来源于基层群众的授权，反映群众的意愿和利益诉求。

从顺德实践看，党委政府引领社会力量参与基层治理，其主要方法是平等协商而不是行政命令。乡镇街道党委政府和村委会、社区居委会以及外来社会组织、在地社会组织，虽然在权力来源和性质上有所不同，但都有着共同的治理目标，即促进基层社会的稳定、发展和人民生活的改善。乡镇街道的很多治理任务需要依靠村委会、社区居委会及各类社会组织来具体实施，需要最大限度尊重社会力量的首创精神，引导其围绕"国之大者"开展工作；村委会、社区居委会及各类社会组织在基层开展工作时，也需要乡镇街道在政策、资源等方面给予支持和保障。

第三节 深化改革 走向善治

党的十八届三中全会对加强党委领导，发挥政府主导作用，鼓励和支持社会各方面参与作出了全面部署，提出要正确处理政府和社会关系，加快实施政社分开，推进社会组织明确权责、依法自治、发挥作用，实现政府治理和社会自我调节、居民自治良性互动，明确要求适合由社会组织提供的公共服务和解决的事项，交由社会组织承担。2016年《中华人民共和国慈善法》的实施及2023年对该法的修正，为实现良性政社互动提供了重要基础。但是，上述部署在实际工作中尚未得到很好的落实，部分政策左右摇摆，以《中华人民共和国慈善法》为核心的配套法规和规章仍然不完善，亟待通过进一步全面深化改革形成协调配套的制度体系。

推进社会力量参与基层治理，需要按照党的二十届三中全会的部署，从推进中国式现代化建设事业和完善人类文明新形态的战略高度，全面总结新中国成立以来党社关系、政社关系制度安排的经验和启示，系统优化推动慈善事业高质量发展、推动社会力量参与基层治理的公共政策。广东省佛山市顺德区近15年来社会体制改革和多元共治探索的实践成果，可以为完善共建共治共享的基层社会治理制度提供重要参照。

一、完善激励政策，释放慈善潜能

从顺德实践看，推动新时代慈善事业高质量发展、推动社会力量参与基层治理，首先要做的，就是加快完善相关税收制度、落实各项激励政策，促进更多社会资源高效且可持续地用于公共目的。

（一）完善税收法规体系，形成激励倒逼效应

1.探索建立遗产税、赠与税、房产税制度及相关慈善捐赠免税政策。征收遗产税、赠与税是全球通行的制度。遗产税的开征在我国拥有深厚的经济基础和思想基础，虽然我国资产申报和评估等相关配套制度还不够完善，但从个税申报全面推进、国家金税工程建设日趋完善来看，我国已经具备了开征遗产税的经济基础和技术条件。建议通过开展试点，逐步完善我国遗产税、赠与税和房产税及配套的免税制度，引导促进更多先富家庭和个人财富投入慈善事业。

2.扩大捐赠资产类别，完善股权捐赠税收优惠政策。高净值人群捐赠不再仅限于现金形式，房产、艺术品、股权捐赠等逐渐成为越来越多高净值人群的选择。尤其是股权捐赠，既可以省去股权变现的高额成本，又有利于保持被持股公司在金融市场的稳定，还可促进创业创新领域和慈善公益领域的对接。鼓励上市公司捐赠部分初始股权，也能给慈善组织提供可持续的慈善资源。

3.完善慈善募捐及社会组织运行税收优惠政策。对慈善捐赠及社会组织运营收益给予免税政策，实际是政府与私人对用于公共目的的慈善事业获得共同投资。近年来，在企业和个人捐赠税收优惠方面，民政、税务、海关等职能部门出台了不少政策，包括针对精准扶贫、抗击疫情等专项捐赠免税的特别规定等。建议加强顶层设计，研究制定针对慈善捐赠和社会组织运营的慈善税收优惠专项法规，促进民政、财政、税务等部门的信息共享，简化社会组织免税资格申请和审批程序，通过设定条件使慈善组织登记认定后直接获得税收优惠资格。

4.加快完善慈善信托配套制度和税收优惠政策。慈善信托是全球通行的家族慈善制度，需要兼顾慈善事业的使命价值与信托资产的保值增值功能。建议在近年来各地探索的基础上，尽快完善慈善信托财产登记管理办法、慈善信托财产过户制度，规范和统一慈善信托备案流程，确保慈善信托的个性化安排和灵活性。同时要依据信托财产具有所有权和受益权相分离的特点，抓紧对慈善信托所涉及的所得税、增值税、印花税等税种的税收配套政策做出相应规定，并明确慈善信托作为准法人机构或其他法人机构的待遇。

（二）落实综合激励政策，促进慈善能量释放

1.细化企业社会责任引导政策。2024年2月，上海证券交易所、深圳证券交易所和北京证券交易所的《上市公司持续监管指引——可持续发展报告（征求意见稿）》向社会公开征求意见，鼓励上市公司披露内部治理、环境信息及参与乡村振兴、社会贡献等议题，有助于引导上市公司积极践行可持续发展理念、担当企业社会责任。但是相关制度要求有待进一步细化。对于其他类别的企业，也应当逐步出台引导政策，推动商业机构以多种形式开展慈善活动。

2.细化《中华人民共和国慈善法》载明的相关促进措施。慈善法规定了建设用地、金融政策、购买服务、人才培养、新闻宣传等10多类促进措施，但多数促进措施尚未制定为具体支持办法。比如，鼓励金融机构为慈善组织、慈善信托创新金融产品和服务方式，提供融资和结算等金融服务，落实慈善领域信用激励机制，对守信慈善组织和捐赠人给予政策倾斜等制度落实不理想。在建设用地支持方面，顺德区政府的做法值得借鉴，对社会力量捐建的和祐国际医院、和泰中心、和美术馆、和园等，地方政府都依法提供了建设用地及相关公共政策支持。

3.落实和完善表彰制度和嘉许政策。当前，国家层面的慈善表彰制度未得到完整落实，各地各级表彰激励机制也不够完善。树立典型人物，讲述他们背后的生动故事，是慈善文化建设的重要工作。一是加强对慈善家群体的典型挖掘和宣传，通过多种形式的宣传工作，将他们的先进事迹广而告之；二是加大对慈善模范、机构和企业组织典范的表彰宣传力度，激发更多力量投身慈善事业。顺德定期通过区慈善会、各镇街慈善会组织表彰活动，以及各村（居）委会利用"生菜宴""老人节"等活动公开表彰捐赠人，都是很好的嘉许方式。

（三）促进人人慈善，完善志愿服务回馈制度

1.鼓励社会各界参与慈善活动。倡导社会力量兴办公益性医疗、教育、养老、残障康复、文化体育等方面的机构和设施，为慈善事业提供更多的资金支持和服务载体。鼓励和支持社会公众通过捐款捐物、慈善消费和慈善义演、义拍、义卖、义展、义诊、义赛等方式为困难群众奉献爱心。将公益慈善活动与群众的日常生活结合起来，让人们通过利他从而利己，感受幸福和快乐。鼓励有条件的宗教团体和宗教活动场所依法依规开展各类慈善活动。提倡在单位内部、城乡社区开展群众性互助互济活动。除线下活动之外，还可以借助丰富的互联网应用场景设计慈善项目，通过指尖公益，广大网民也能轻松参与慈善项目。

2.建立专业人士志愿服务制度。引导律师、医生、工程师、会计师、金融机构从业人员等具备专业技能的各类新的社会阶层人士了解慈善、投身志愿服务。司法部于2019年发布《关于促进律师参与公益法律服务的意见》，倡导每名律师每年参与不少于50个小时的公益法律服务或者至少办理2件法律援助案件。各级新社会阶层联合会、相关行业协会可以借鉴司法部的做法，制定鼓励专业人士提供专业志愿服务的倡导意见和回馈措施。

3.完善志愿服务回馈制度。探索运用互联网区块链技术将公民个人捐款捐赠记录、志愿服务记录纳入征信体系并作为正向评价指标，激励更多公众捐赠从被动员性捐赠向自主性、自觉性捐赠转变。将参与慈善活动列入全日制教育学生综合素质考评，并在升学、奖学金评定等方面加以应用。可以借鉴浙江省嘉善县、杭州市江干区等地经验，将志愿者服务和城市福利积分捆绑，在落户、购房、子女教育等方面提供优惠措施，让市民在志愿服务的同时惠及自己。

二、降低准入门槛，拓宽参与领域

政策稳定性不强，是近些年很多地方社会力量发育缓慢的重要原因。党的十八届三中全会提出，要推进行业协会商会类、科技类、公益慈善类和城乡社区服务类社会组织直接登记，但在2018年，相关部门又发文要求"从严从紧把握社会服务机构直接登记申请，稳妥审慎探索"。推进新时代慈善事业高质量发展，应当科学设定不同类型社会组织的准入条件，以引导清单开放各类法定慈善活动领域，拆除阻碍慈善事业健康发展的藩篱，同时以党建全覆盖确保社会组织的正确政治方向，以"公益性"标准严格审核社会组织的免税资格，改革审批流程，提升办公效率，避免挫伤社会各界投身慈善事业的积极性。

（一）分类设定准入条件，主动拓宽准入领域

1.分类设定社会组织注册条件。以基金会为例，按照管理条例的规定，目前基金会的注册实行一刀切政策，只规定了中央和地方两级、公募和非公募两种类型的资金门槛区别，难以满足发展的需求。基金会的类型多种多样，有企业型基金会、家族型基金会，也有教育基金会、乡村振兴类基金会，还有境外基金会等等，期待正在修订的基金会管理条例能够体现分类管理。与此类似，社会团体、社会服务机构及其他社会组织注册条件，都应该根据实际情况做出优化。

2.开列公共事务领域准入清单。建议与《中华人民共和国慈善法》所载6类慈善活动密切相关的民政、教育、科技、文化、卫生、艺术、体育以及生态保护、社会保障、低碳发展、应急管理等职能部门转换思路，主动开列各部门所承担的公共事务欢迎社会组织进入的清单及需要具备的条件，并在本机关设立与社会组织合作的专责部门，改变社会组织发起人四处求人寻找主管部门的被动局面。从顺德的实践看，通过建立协调机制及多个职能部门参与的"众创共善"计划，社会力量得以参与科技、教育、医疗、养老、艺术、环保等众多领域，成为辅助基层党委政府提供公共服务、提升社会文明的重要参与者。

3.继续探索社会组织直接登记。建议在社会组织尤其发达的区域，如广东深圳、四川成都、浙江杭州等城市，继续推进行业协会商会类、科技类、公益慈善类和城乡社区服务类社会组织直接登记。探索开展将部分社会组织的登记制改为

备案制，通过统一的社会组织备案名录库，实行信息公开，并安排日常监管和抽调查验制度，对于不符合条件和出现问题的社会组织，实施严厉的惩罚措施，并对相关责任人采取慈善领域禁入政策。

（二）严格落实党建要求及免税资格审查

1.推进社会组织党的组织和工作全面覆盖。按照应建尽建的原则，加大社会组织党组织组建力度，实现党的组织和工作全覆盖。暂不具备组建条件的社会组织，可通过选派党建工作指导员、联络员或建立工会、共青团组织等开展党的工作，条件成熟时及时建立党组织。新成立的社会组织，具备组建条件的应同步建立党组织。要结合社会组织登记、检查、评估以及日常监管等工作，督促推动社会组织及时成立党组织和开展党的工作。

2.按照"无私利性"标准分类审核免税资格。要按照社会组织的"无私利性"程度核准其免税资格及免税待遇。设定社会组织不同免税待遇标准，"无私利性"最强的，给予最优最全的免税待遇，公益性稍弱的公益性社会组织，免税待遇适度降低，公益性较弱的社会组织，暂不给予免税待遇。此外，获得免税待遇的社会组织要接受定期评估和定期审计。根据结果，税务部门可以提高或降低该组织享有的税收优惠税分，必要时可以取消其享有的优惠税分。

（三）提升审批效率，改进注册服务

1.借鉴工商管理模式，提升审批效率。借鉴工商管理模式和管理经验，通过深化放、管、服改革，在社会组织管理部门树立"寓管理于服务"的理念，全面提升服务意识和服务能力。充实注册、登记、审批的人力，优化服务流程，建设数字化、便利化、自助化管理服务系统，提升审批效率。同时应确保公开办事流程与实际办事流程相统一，避免暗箱操作或人为干预。

2.推进登记管理工作社会化。推动建立社会组织登记服务管理第三方服务机构，为各类社会组织的注册登记提供专业服务。比如对于四类直接登记社会组织，可以委托第三方服务机构依法依规、对照公开条件和流程对申报材料进行审核，为民间组织登记管理部门决定是否准予登记提供参考。同时积极发展为社会组织提供法律咨询、财务管理咨询、筹款能力提升等服务的专业机构。

三、强化分类培育，促进行业繁荣

慈善组织和包括社会团体、基金会和社会服务机构在内的各类社会组织是从事慈善活动、推动慈善事业发展的重要参与者和实践者。近年来，慈善力量得到有序增长，慈善资源动员能力有所提升，但从总体上看，社会组织发育成长缓慢的局面仍未改变，社会组织特别是慈善组织数量有限，行业生态尚未成形。首先是枢纽型、资助型、行业性社会组织培育不够；其次是社区型社会组织规模小、能力弱；再次是各类社会组织专业人才短缺、行业薪酬水平低、职业稳定性差。另外，由于缺乏投资专业能力，社会组织的资产保值增值总体不佳。

推进新时代慈善事业高质量发展、推动社会力量参与基层治理，必须强化培育各类社会组织，促进社会组织人才专业培养和合理使用。

（一）培育枢纽型、资助型、行业性社会组织

强化顶层规划，建立引导机制，大力发展枢纽型、资助型和行业性社会组织，提升其专业枢纽能力，充分发挥其在信息传递、资源匹配、专业发展、平台支持、统筹协调等方面的桥梁纽带和辐射带动作用。

1.鼓励发展慈善行业组织，促进慈善资源的高效配置。根据区域慈善事业发展情况，行业生态发展的水平，慈善事业发展的具体需要，统筹考虑慈善行业组织的建立。探索多样的慈善领域行业组织的组织形式，条件成熟的地方可以设立省级、市级、县区级慈善行业组织网络，优化布局结构。从可行性条件分析，可推动市、县两级慈善总会转型成为枢纽型、服务型、行业性慈善组织，履行慈善行业组织职能，在政社信息传递、社会资源流通、专业体系建设、社会组织培育和孵化上发挥桥头堡作用。

2.完善扶持政策措施，扩大社会组织覆盖面。发挥治理完善、服务力强、品牌度高的慈善组织的行业带头作用，吸收普通公众、企业家、社会组织、明星名人、专家学者等多元慈善力量的广泛参与，形成方式多样、层次多元的社会组织培育格局。参照浙江的经验，在政府支持下，在民间寻找具备创新能力和资源能力强的空间基地和运营机构成为慈善基地。充分发挥慈善基地撬动效应，在培育慈善组织、孵化慈善项目、弘扬慈善文化、对接慈善资源上发挥积极作用。

3.引导资助型基金会发挥行业赋能作用，推动慈善项目资助方、慈善项目运营方、慈善能力建设方协调发展的行业生态。制定相关鼓励政策，倡导更多资助型基金会支持研发课程体系、培训体系和咨询服务体系，提升行业整体能力。例如，南都公益基金会成立十余年以来，致力于通过推动政策环境改善、公众意识提升和行业基础建设，促进公益慈善生态系统良性发展，通过资金支持、联合发起、网络搭建等方式，为行业10多家重要的网络、平台、行业专业支持性组织提供支持；浙江敦和慈善基金会将支持行业"基石"建设作为资助的重要方向，致力于以慈善文化建设促进行业发展。

（二）结合创新基层社会治理，大力发展社区慈善

尽管社区社会组织的发展面临着项目能力不足、资源使用效能低下、人才队伍建设薄弱、创新能力欠缺等挑战，但从长期的社区治理实践来看，社区社会组织有着灵活性强、扎根社区和服务及时便捷的突出优势，在化解社区矛盾、增强邻里关系、激发社区活力、扩大居民参与、推动社区自治、引领社区志愿服务、创新发展模式和营造社区文化等方面都发挥着积极的作用。

1.加快发展社区基金会和社区慈善信托。借鉴海外有益经验，放宽准入标准，大力发展社区慈善基金会和社区慈善信托，将基层社区的慈善资金、专业能力、志愿服务等慈善资源组织起来，就近解决社区群众看得见、摸得着、感受得到的区域性公共议题。从顺德的实践看，规模为4.92亿元的德胜社区慈善信托，成为推动社会力量参与基层治理的独特力量，其资助项目不仅包括传统的扶贫济困、扶老救孤、助医助学等，也资助社区环境治理、矛盾调解、文化活动等社区新型项目，成为基层社会治理创新的重要引擎。

2.支持社区社会组织参与社会治理。引导社区慈善与基层群众自治有机结合。完善社会力量参与基层治理激励政策，创新社区与社会组织、社会工作者、社区志愿者、社会慈善资源的联动机制，支持建立乡镇（街道）购买社会工作服务机制，吸纳社会力量参加基层应急救援。完善基层志愿服务制度，大力开展邻里互助服务和互动交流活动，更好满足群众需求。

（三）调整约束性政策，促进人才成长及行业发展

当前，社会组织人才问题已经成为影响社会组织健康与可持续发展的主要瓶

颈之一，主要体现在人才队伍规模不大、专职工作人员少、专业化程度不高、技能水平有待提高，工作人员待遇偏低、社会认可度低，人才保障和激励制度不完善、社会组织吸引力不足等方面。为此，应借鉴顺德的实践经验，调整约束性政策，出台支持性政策，促进社会组织人才成长，助力行业发展。

1.明确社会组织人才支持政策。健全和落实社会组织从业人员职称评定、薪酬待遇、社会保险等政策，特别是对社会组织员工工资福利和行政办公支出不得超过当年总支出10%的规定做出调整。加快出台具体政策，为社会组织的人才招聘、户籍、安居、流动、激励、职称、薪酬、保险等方面提供系统支持。

2.建设社会组织人才数据平台。建议由民政部门牵头，与专业人才机构合作，依托社会组织专门招聘网站平台建立社会组织从业人员的实时数据档案，对从业人员进行动态管理；依托平台开展对慈善领域从业人员的技能需求和职业生涯发展需求开展调研，建立领军人才数据库、专家学者数据库、培训讲师数据库和后备人才数据库，并通过数据平台实现人才供需精准对接。

3.促进慈善事业人才队伍成长。一是探索高等院校与行业组织、大型慈善组织、科研机构等合作培养慈善专业人才，完善慈善从业人员的职业评价体系，拓宽职业晋升通道和发展空间，建立符合相关规定、市场规律且具备激励作用的薪酬待遇标准，提升慈善行业对专业人才的吸引力；二是将社会组织人才纳入高层次专业人才认定范围，完善社会组织人才的住房落户、档案管理、职称评定、薪酬福利、绩效评价等制度及配套措施；三是设立社会组织人才发展扶持基金。适度安排社会组织人才在党代会、人大、政协和工青妇等枢纽型机构的名额；在社会组织优秀分子中发展党员，拓宽社会组织人才成长通道。

四、改进监督管理，规范健康发展

总体上看，由于监管部门执法力量不足、慈善行业组织发育不够、信息公开规范不完善、公众监督难以实现，我国慈善事业的监督管理亟待加强和改进。应当通过严格、规范、高效、便捷的管理，明确行业导向、规范慈善行为，促进慈善事业沿着正确的轨道健康发展。

（一）简化过程监管，完善执法方式

近年来，关于加强公益慈善行业监管，国务院及有关职能部门出台过许多政策和法规，但从全国人大的检查报告可以看出，监管效果尚不理想。改进社会组织监管工作，建议从简化具体行为及过程监管、丰富监管执法方式上入手。

1.简化具体行为及过程监管。按照政策和法规要求，政府职能部门对社会组织要开展从注册登记开始的全流程、全生命周期监管，要围绕慈善组织募捐活动、财产管理和使用、信息公开等内容，建立健全并落实日常监督检查制度、重大慈善项目专项检查制度、慈善组织及其负责人信用记录制度，并依法对违法违规行为进行处罚。涉及登记管理机关、业务主管单位、行业管理部门和相关职能部门，包括年度检查、财务审计、第三方检测、现场检查、重大事项报告、等级评估等形式。建议进一步梳理法定职责，抓住社会组织政治方向、募捐行为、善款使用、信息公开等关键环节优化监管流程，提升监管效率。

2.完善监管执法方式。采用"双随机、一公开"的执法方式，针对社会组织年检或年度报告进行抽查，明确一定的抽查比例，抽查的内容包括按照章程开展活动情况、资金来源与使用情况、机构人员变动情况、党建工作情况等多个方面。在采用随机抽查的基础上，灵活采用专项整治、清理规范、联合执法、专项检查、执法约谈等方式。对通过随机抽查发现的严重违反国家有关法律法规的社会组织，要依法吊销其登记证书；对弄虚作假骗取登记的社会组织，依法撤销登记；对未经许可擅自以社会组织名义开展活动的非法社会组织，依法予以取缔。

（二）建设公共平台，完善公开标准

1.统一慈善信息公开标准、公开流程和公布平台。完善《慈善组织信息公开实施细则》，规范捐赠资金和物资分配、拨付、管理使用的数据格式，做到专账管理、专户存储、便于阅读。强化信息公开，定期公布捐赠款物接收使用情况，畅通公众监督渠道，确保捐赠资金合理配置、规范运行、高效使用。浙江等地已建立了社会组织数字化信息平台，将社会组织的登记、评估、执法结果以及重大活动、财务状况、捐赠资金的使用情况等信息全面公开。

2.建设具有行业约束力的信息公开平台。依托专业性强、中立性好的行业组织，融合慈善数字化赋能机构的技术方案，探索建设智慧慈善管理平台，建设权威的社会组织行业信息公开平台和慈善组织信息公开平台。同时开展面向全行业的数据规范培训，提升社会组织信息公开质量。

3.推动慈善组织向特定利益相关者公开信息。《中华人民共和国慈善法》规定要向特定对象募捐的捐赠人和受益人公开信息。这两类人群作为特定的利益相关者，对于捐赠和受助信息，享有知情权和监督权，也是进行问责的重要主体。但同时，也应尊重捐赠人、慈善信托委托人和受益人的意愿，依法保护个人信息。

（三）借助专业力量，促进行业自治

1.完善专业化、社会化第三方监督机制。建立健全社会组织第三方评估机制，确保评估信息公开、程序公平、结果公正。理顺社会组织管理部门、评估委员会和复核委员会以及第三方评估机构的关系，同时完善对第三方评估机构的遴选和监管方式，激发高等院校、科研单位、社会智库、会计师事务所、律师事务所、非政府组织等各方力量参与慈善事业发展评估的积极性。研发统一的社会组织评估标准，加强对评估等级的动态管理及对评估结果的应用。同时，将社会组织评估工作经费列入各级财政预算。

2.畅通社会公众投诉举报渠道。任何单位或个人发现任何组织或个人在慈善活动中有违法违规行为的，可以向该组织或个人所属的慈善领域联合性、行业性组织投诉，或向民政部门及其他政府部门举报。相关行业性组织要依据行业自律规则，在职责范围内及时协调处理投诉事宜。相关政府部门要在各自职责范围内及时调查核实，情况属实的要依法查处。切实保障捐赠人对捐赠财产使用情况的监督权利，捐赠人对慈善组织、其他受赠主体和受益人使用捐赠财产持有异议的，除向有关方面投诉举报外，还可以依法向人民法院提起诉讼。支持新闻媒体对慈善组织、慈善活动进行监督，对违法违规及不良现象和行为进行曝光，充分发挥舆论监督作用。

五、强化组织协调，建设善治中国

国务院2014年发布的《关于促进慈善事业健康发展的指导意见》指出：我国慈善事业存在政策法规体系不够健全、监督管理措施不够完善、慈善活动不够规范、社会氛围不够浓厚等问题，并确定到2020年的发展目标为：慈善监管体系健全有效，扶持政策基本完善，体制机制协调顺畅，慈善行为规范有序，慈善活动公开透明，社会捐赠积极踊跃，志愿服务广泛开展，全社会支持慈善、参与慈善的氛围更加浓厚。10年后的今天，距离上述发展目标仍有较大距离。

慈善事业发展滞后的根本原因，是思想认识有偏差、领导重视不到位、体制机制不顺畅。不少地方和部门"一把手"对推进新时代慈善事业高质量发展、推动社会力量参与基层治理的重要性认识不足，其表现就是仅仅将慈善工作当成民政部门常规性社会救助补充形式。同时，由于慈善事业的发展长期以来与宗教文化传播、公民社会发展紧密关联，根植中华文化的本土慈善理论体系还未建立，导致很多党政干部对慈善事业的发展把握不准，反映在具体工作中，就是对慈善事业、社会组织严加管控、限制发展。

贯彻落实党的十九届五中全会关于"发挥第三次分配作用，发展慈善事业，改善收入和财富分配格局"的重大部署，回应全国人大常委会的明确要求，需要从更高站位准确认识慈善事业的定位和功能，强化组织领导，明确发展目标，完善法规体系，建设智慧慈善，营造良好氛围，推动慈善事业实现跨越式发展。

（一）重构体制机制，加强组织领导

慈善事业涉及社会建设、社会保障、社会治理等多个领域，关系财政、税务、海关、经济管理、民生事务、宗教事务、群团工作等多个职能部门。推进新时代慈善事业高质量发展，必须加强党委政府的组织领导，改革领导体制和工作机制，改变当前民政部门在慈善事业发展上"小马拉大车"的局面。

优选方案是参照国务院妇女儿童工作委员会、国务院残疾人工作委员会的做法，设立国务院慈善事业发展委员会或国务院慈善工作委员会，作为国务院负责慈善事务的议事协调机构，同时在民政部设立国务院慈善工作委员会办公室；次优方案是由民政部牵头，建立国务院慈善工作部级联席会议制度。涉及慈善事业发展的法规政策、发展规划、人员编制、财政支持、考核问责等重大事项，均由国务院慈工委或联席会议研究部署，民政部承担办公室的具体执行工作。江苏省已在2019年7月正式建立由分管副省长担任总召集人、省政府分管副秘书长和省民政厅厅长担任召集人、41家有关职能部门、人民团体和慈善行业组织共同参与的慈善工作联席会议机制；顺德区政府专门为广东省和的慈善基金会建立了协调机制和由职能部门牵头的专责小组，这些做法都值得借鉴。

（二）制定专项规划，开展绩效考核

虽然《国务院关于促进慈善事业健康发展的指导意见》（国发〔2014〕61号）早就明确，各级政府要将发展慈善事业作为社会建设的重要内容，纳入国民经济和社会发展总体规划和相关专项规划。但在实际执行中，国家和地方层面的总体规划仅将慈善事业发展作为很小内容予以提及，基本都未独立成章。

建议各省区市依据各自的条件制定区域慈善事业发展规划，走出只注重发展社会救助、社会福利等与民政工作相关"小慈善"的误区，以《中华人民共和国慈善法》载明的6大类19项慈善活动的"大慈善"为纲，特别要重视编制与促进教育、科学、文化、卫生、体育等领域相关的慈善事业发展规划。建议参照浙江省《关于加快推进慈善事业高质量发展的实施意见》和广东省《推动慈善事业高质量发展若干措施》，在发展规划中明确设定具体发展指标，如慈善组织数量、慈善捐赠数额、慈善信托规模、慈善组织孵化基地、行业人才培育规模等。

同时，要把推进慈善事业高质量发展列入重要议事日程，列入地方党委和政府绩效考核内容和社会治理考评体系。考核和考评应当以慈善组织的发展数量与质量、慈善资源的动员能力和公众参与慈善活动的满意度作为核心评价指标，加大第三方机构评估在考核中的权重。

（三）完善政策法规，保障蓬勃发展

政策法规不完善、不稳定、不配套，管理条例严重不符合时代需要，重要事务规章和流程不明确，严重制约慈善事业高质量发展。从国家层面来看，在近些年国家层面发布的35个慈善事业相关文件中，民政部单独发布和与其他部门联合发布的文件居多，财政、税务、海关、银保监、网信、教育、宣传等多个重要相关部门的相关政策和实施细则滞后，《中华人民共和国慈善法》的相关规制难以落地。

建议成立专家小组，对现有法规政策进行整体梳理和研究分析，提出整体完善意见和立法规划，确保相关政策出台前有充分论证、出台后有客观评估，避免政策相互矛盾、前后不一。建议调整以慈善组织而非慈善行为作为税收优惠对象的规定，制定直接面向受助对象的慈善捐赠税收优惠操作办法。建议研究和完善广大高收入人群高度关心的家族慈善基金会制度，明确家族慈善基金会可以作为家族企业控股主体或非营利法人，给家族基金会更大的弹性空间。同时建议在充分调研的基础上，试点设立混合目的家族基金会，试点探索允许委托人设立以其信任的机构或个人为受托人的慈善信托。

（四）依托数字科技，建设智慧慈善

随着移动互联网应用的普及，我国慈善事业发展已经逐渐打破地理限制，越来越多的慈善活动新形态开始出现。以数字化技术为核心的互联网慈善为公众参与提供了新通道和新形式，降低了慈善活动的参与门槛，也让资金募捐和救助帮扶工作更加便捷高效。同时，由于监管机制尚不健全、监管规则尚不完善，互联网慈善影响行业公信力的案例时有发生，损伤了群众积极参与的主动性。

建议借鉴浙江省建设"全省慈善信息化平台"的经验，以数字化改革为驱动，大力推进慈善事业由传统慈善向智慧慈善转变。一是推进慈善数字化转型。在慈善领域开展"最多跑一次"改革探索，优化再造慈善业务流程，支持有条件地区构建全域慈善数字化应用系统，汇聚各类慈善主体力量，建立以大数据为基础的慈善行为记录制度，引导慈善资源合理流动，推动慈善服务融合发展。研究建立智能化的慈善活动监管预警机制，实现实时发现、实时处理。以志愿服务时长认证为核心，加快建设志愿服务数据化基础平台，完善志愿者注册、培训、服务时间记录、星级评定、激励回馈等制度。二是建立信息共享机制。支持有条件地区建立慈善信息统计发布制度，健全民政部门与慈善组织、社会服务机构之间的信息沟通共享、信用信息披露机制，实现慈善捐赠数据实时统计、权威发布。推动慈善事业与社保体系相融合，完善慈善救助体制机制，畅通慈善供需对接渠道，整合志愿服务力量，推动慈善活动精准发力，满足公众多样化、多层次慈善服务需求。三是推动互联网慈善。稳步推动"互联网+慈善"的模式创新，借助互联网推进"链上公益""指尖公益"，方便群众开展慈善公益活动。积极推动慈善组织和互联网企业申报建立网络公开募捐平台，鼓励慈善组织在网络募捐平台开设慈善网店，增强网络募捐能力。支持互联网公益慈善基地建设，培育互联网慈善理念，开发网络公益项目和公益产品。四是加快云计算、移动互联网、大数

据、区块链、人工智能等新一代信息技术创新应用，加强数字技术与慈善事业深度融合，探索推进慈善网络化、虚拟化、数字化、智慧化，实现慈善领域全面感知、深度认知、全程追踪、智能分析，让慈善管理更智能、慈善服务更智慧。

（五）提升共治共识，营造良好氛围

美国上世纪初的慈善家安德鲁·卡耐基发表的《财富的福音》，被看作是现代慈善事业的思想宪章。改革开放以来，我国慈善事业发展的不少理论和观点源自西方，特别是"第三部门""公民社会""抗衡政府""民间主导"等理念，在慈善界颇有影响。实际上，西方现代慈善事业已发展百年，但社会不平等仍然在日益加剧，美式慈善的发展面临诸多质疑和挑战。2015年，美国福特基金会现任总裁就指出，现代慈善基础理论的解释已经走到了尽头。

推动我国新时代慈善事业高质量发展，应当依托中华传统文化，构建本土慈善理论体系。只有植根我国本土的伦理道德和文化传统，真正激发社会组织和个人行善的使命感和内生动力，慈善事业才有可能真正具备长远发展的生命力。

中国是世界上最早倡行和发展慈善事业的民族之一。虽然从现有的文献来看，"慈善"一词的使用开始于南北朝时期，但是积德行善、济世救人的慈善思想却出现得更早。中华传统文化中儒家的仁爱思想、道家的为善思想、墨家的兼爱说、佛家的慈悲理念等，都是重要的善文化基因。中国慈善文化传统以亲友相济、邻里互助为基，强调恻隐之心人皆有之，崇尚推己及人、由近及远、由亲及疏，其核心是以仁为本的人性论、成贤成圣的人生理想及追求和谐的社会理想。建议充分发挥国家社科基金项目的导向性、权威性、示范性作用，设立中国现代慈善理论系列研究课题，推出一批以中国传统文化为根基、借鉴海外优秀思想的研究成果，为新时代慈善事业高质量发展提供理论支撑。

建议结合《中华人民共和国慈善法》普法宣传，建立更加包容的社会舆论环境。融合运用传统媒体和新兴媒体，讲好慈善故事，营造慈善生态，以群众喜闻乐见的方式，大力宣传各类慈行善举和正面典型，以及社会力量在参与基层治理、促进社会文明进步等方面的积极贡献。应从资金、设备、发行等环节，支持和鼓励新闻出版、影视娱乐、多媒体等机构创作慈善题材的文学影视作品，创造更多人人慈善、随手慈善的互联网慈善应用场景。通过开展"中华慈善日"主题

宣传活动、组织"慈善一日捐"等活动，培育以善为荣、以善为乐的慈善价值理念，引导社会力量全面、深入、可持续地参与基层治理。

后 记

我与广东佛山市顺德区的结缘，起自2018年11月我在深圳国际公益学院兼任教授时与顺德区创新创业公益基金会（现已更名为"佛山市顺德区和创公益基金会"）联合开展的大湾区青年创业者项目。这个项目连续开展了两期，在顺德、深圳、香港、澳门等地分别授课，培养了60多位立业为善的青年社会创新伙伴。在连续两年的合作中，这家由广东省和的慈善基金会捐赠3亿元人民币支持的资助型基金会的专业能力给我和团队留下了深刻印象。也是以这两次合作为起点，我带团队多次到顺德开展培训课程、举办专题研讨、组织分享活动，开始系统接触何享健家族捐赠创建的"和的慈善体系"，以及广东省国强公益基金会、顺德区慈善会、顺德区社会创新中心及众多当地社会组织等，并开始关注顺德区持续多年的行政体制改革和社会体制改革。

2023年3月，广东省和的慈善基金会理事长司徒颖、秘书长刘冲，曾任顺德区政协副主席的广东省德胜社区基金会副理事长郭祺等到访我们北京师范大学社会治理与公共传播研究中心，详细介绍了他们在促进顺德城乡基层治理创新方面的成果，其架构体系之新颖、发展理念之清晰、辐射范围之广泛、项目成果之丰富令人刮目相看。我和团队意识到，由"和的慈善信托计划"、广东省和的慈善基金会及其发起或支持设立的系列慈善基金会、慈善信托、民办非企业单位等组成的"和的慈善体系"，不仅打造了新时代我国民营企业及民营企业家回报社会的重要样本，而且开创了社会力量参与基层治理的创新模式，具有重要的研究意义和推广价值。

经与顺德区慈善会商议，自2023年7月起，我们启动了以德胜社区基金会为重点的慈善力量参与基层治理研究课题。一年多来，课题组先后四次到顺德城乡社区蹲点调研，深度访谈顺德区委、区政府与社会建设、社会治理、社会工作相关职能部门的负责人，多次与顺德区慈善会、德胜社区基金会、顺德区社会创新中心及部分镇街慈善会负责人座谈，访谈了众多顺德区社工机构、村（居）委会、社区社会组织、社区自组织及民俗社团负责人，收集了大量一手资料。

通过系统梳理和对比研究，课题组发现，和的慈善体系及德胜社区基金会能够在顺德基层治理中起到重要作用，固然是因其有较大的资源体量、纯正的慈善理念、完善的治理机制和独到的资助战略，但是，如果没有顺德持续深化改革形成的政社互动共识和制度安排，没有乐善好施、回馈乡梓的企业家社会责任担当，没有顺德区慈善会及各镇（街）慈善会、顺德区慈善组织联合会的支持赋能，没有全国独有的法定机构提供研究、倡导和协调支持，没有发育完善、协作顺畅的地方慈善生态，没有广府文化、乡贤文化、民俗文化的深厚根基，"和的慈善体系"及德胜社区基金会也很难释放应有的能量。经与合作方商议，我们将课题研究调整为以"和的慈善体系"和德胜社区基金会等为重点，系统呈现通过持续深化改革构建政社良性互动机制，推动和保障包括慈善组织在内的各类社会力量参与城乡基层治理的顺德路径，深入探讨新时代怎样建设党政引领、多元参与的基层治理共同体，构筑既充满活力又和谐有序的有机社会。

"社会力量参与基层治理的顺德路径"课题组由我担任组长，北京师范大学社会学院博士研究生董培担任课题组秘书。全书共十一章，分布如下：第一章"绪言"，介绍命题价值和顺德图景，概述研究目的和主要内容，撰稿人为北京师范大学社会治理与公共传播研究中心主任、北京师范大学社会学院教授傅昌波。第二章"完善体制，确立理念"，侧重分析顺德社会体制改革的探索与迭代，以及党政引领社会治理相关理念的确立，撰稿人为北京师范大学社会学院博士研究生董培。第三章"优化政策，激发活力"，围绕顺德如何通过政策手段激发社会活力、促进社会治理效能提升进行深入探讨，撰稿人为北京师范大学社会学院博士研究生简燕平、中共中央党校（国家行政学院）国家治理教研部博士研究生李莉。第四章"凝聚资源，长久支撑"，主要分析顺德丰富慈善资源的来源、保障慈善资源可持续性的机制，撰稿人为简燕平。第五章"建设行会，引领发展"，探讨顺德建设慈善行业和社会工作行业协会、提升社会力量参与基层治理能力的实践与创新，撰稿人为简燕平。第六章"引领陪伴，推动共建"，着重介绍德胜社区基金会促进政社良性互动、推动多元主体共建、促进治理创新的经验与启示，撰稿人为董培。第七章"广泛参与，成效卓著"，介绍顺德社会力量参与基层治理的宽泛领域及取得的积极成效，撰稿人为简燕平。第八章"创设机制，良性互动"，阐述顺德基层治理中政社互动、部门联动、社社互动等机制，撰稿人为傅昌波、北京师范大学社会学院硕士研究生马玉馨。第九章"依托智库，持续赋能"，聚焦顺德法定机构社会创新中心如何为社会力量参与基层治理持续赋能，撰稿人为傅昌波、马玉馨。第十章为"根植沃土，依靠主体"，讨论顺德如何依托本土文化，激发各类社会力量参与基层治理的主体意识，撰稿人为董培。第十一章为"拓宽善道，走向善治"，基于顺德路径的启示，对完善新时代我国共建共治共享的基层社会治理制度提出政策建议，撰稿人为傅昌波、董培。

  本课题研究及成果出版能够顺利推进，离不开众多师友的支持和帮助。感谢中国社会治理研究会会长、浙江工商大学社会政策研究院院长王杰秀教授拨冗为本书作序，从中国特色基层善治视角解读顺德路径。课题组调研过程中，得到顺德区委宣传部、顺德区委社会工作部、顺德区委政法委、顺德区委统战部、顺德区民政和人力资源社会保障局、顺德区民族宗教和外事侨务局、顺德区妇女联合会、顺德区社会创新中心及顺德区慈善会、顺德区慈善组织联合会、顺德区社会工作联合会、广东省和的慈善基金会、广东省德胜社区慈善基金会、顺德区女企业家协会、顺德区青年企业家（青商）协会以及顺德区部分镇（街道）慈善会、村委会、居委会的大力支持；郭祺、司徒颖、刘冲、李允冠、舒志勇、熊冬平等多次参与专题讨论，为课题研究提供了重要帮助；课题成果的顺利出版，离不开北京时代华文书局原总编辑宋启发先生的关心支持，在此，我代表课题组向各位表示衷心感谢！

  因课题组学力和视野局限，加上研究时间有限，本书呈现给读者诸君的，是课题研究的初步成果——比较系统、翔实地呈现顺德党政引领、社会协同、企业支持、公众参与的有机社会样貌及其建设路径。对社会力量参与基层治理之顺德路径的系统总结提炼，以及顺德模式对加强我国新时代基层治理体系和治理能力现代化建设的重要价值发掘，期待与有识之士一起，在后续研究中加以深化。

2024年10月于北京文津书院

附 录

一、佛山市顺德区党政机构改革方案
（内容来源：粤机编〔2009〕21号文件）

一、按照改革方案，大部制改革调整后，顺德区委下设机构为以下6个：

1. 区纪律检查委员会（区政务监察和审计局）

组建区政务监察和审计局，与区纪律检查委员会机关合署办公。将区监察局、审计局的职责整合划入区政务监察和审计局。不再保留区监察局、审计局。区信访局并入区政务监察和审计局，在区政务监察和审计局内设机构挂牌。

2. 区委办公室（区政府办公室）

区政府办公室与区委办公室合署办公，挂区决策咨询和政策研究室牌子。

3. 区委组织部（区机构编制委员会办公室）

区机构编制委员会办公室与区委组织部合署办公，将区人事局机关和事业单位人事管理的职责划入区委组织部（区机构编制委员会办公室）。

4. 区委宣传部（区文体旅游局）

组建区文体旅游局，与区委宣传部合署办公。将区文体广电新闻出版局（版权局）除文体许可及文化综合执法以外的职责、旅游局除旅游市场监管以外的职责划入区委宣传部（区文体旅游局）。不再保留区文体广电新闻出版局（版权局）、旅游局。

5. 区委政法委员会（区司法局）

区司法局与区委政法委员会合署办公。

6. 区委社会工作部（区民政宗教和外事侨务局）

组建区民政宗教和外事侨务局，与区委社会工作部合署办公，挂区港澳台工作办公室牌子。将区委统战部、区外事侨务局、区民族宗教局、工商业联合会机关的职责，区残疾人联合会机关除残疾人就业培训以外的职责，区农村工作部管理农村集体经济组织的职责，区民政局双拥优抚、基层政权建设、民间组织管理的职责，整合划入区委社会工作部（区民政宗教和外事侨务局）。不再保留区委农村工作部、统一战线工作部、区外事侨务局、民族宗教事务局。工、青、妇等群团组织归口区委社会工作部，按各自章程运作。

二、按照改革方案，大部制改革调整后，顺德区政府机构为以下10个：

1. 区发展规划和统计局

佛山市规划局顺德分局由市垂直管理调整为顺德区政府管理。将区发展和改革局（物价局）、佛山市规划局顺德分局、统计局的职责，区经济贸易局产业发展规划的职责，区环境保护局生态保护规划的职责，整合划入区发展规划和统计局。不再保留区发展和改革局、佛山市规划局顺德分局、统计局。区物价局在发展规划和统计局内设机构挂牌。

2. 区经济促进局

将区经济贸易局（对外经济贸易合作局）、科学技术局（知识产权局、信息产业局）、农业局（畜牧兽医局），整合划入区经济促进局。

3. 区教育局

进一步优化整合教育资源，做大做强教育事业。

4. 区公安局

佛山市公安局顺德分局由垂直管理调整为顺德区政府管理，更名为佛山市顺德区公安局。

5. 区财税局

佛山市顺德区地方税务局由垂直管理调整为顺德区政府管理。将区财政局、佛山市顺德区地方税务局的职责整合划入区财税局。不再保留区财政局、佛山市顺德区地方税务局。区财税局地税业务工作由省地方税务局直接领导。区财税局代表区政府联系佛山市顺德区国家税务局，区公有资产管理办公室由区财税局归口联系。

6. 区人力资源和社会保障局

将区劳动和社会保障局的职责、人事局除机关和事业单位人事管理以外的职责、民政局的社会救济和社会福利的职责、卫生局农村合作医疗管理的职责、总工会劳动竞赛的职责、残疾人联合会残疾人就业培训的职责，整合划入区人力资源和社会保障局。市社会保险基金管理局顺德分局由垂直管理调整为顺德区政府管理，更名为佛山市顺德区社会保险基金管理局，由区人力资源和社会保障局归口联系。不再保留区人事劳动和社会保障局。

7. 区国土城建和水利局

佛山市国土资源局顺德分局由市垂直管理调整为顺德区政府管理。将佛山市国土资源局顺德分局、区建设局（房产管理局）、水利局的职责，区交通局（港航管理局）的建设职责，整合划入区国土城建和水利局。不再保留佛山市国土资源局顺德分局、区建设局（房产管理局）、水利局。

8. 区卫生和人口计划生育局

佛山市顺德区食品药品监督管理局由省垂直管理调整为顺德区政府管理。将区卫生局、人口和计划生育局的职责，以及佛山市顺德区食品药品监督管理局除食品安全协调以外的职责，整合划入区卫生和人口计划生育局。不再保留区卫生局、人口和计划生育局。

9. 区市场安全监管局

佛山市顺德区工商行政管理局、质量技术监督局由垂直管理调整为顺德区政府管理。将佛山市顺德区工商行政管理局、质量技术监督局、安全生产监督管理局的职责，佛山市顺德区食品药品监督管理局的食品安全协调的职责，区卫生局的食品安全许可和餐饮业、食堂等消费环节食品安全监管职责，区文体广电新闻出版局（版权局）的文体许可及文化综合执法职责，区农业局的农业市场管理职责，区经济贸易局（旅游局）的旅游市场监管、生猪屠宰管理职责，整合划入市场安全监管局。不再保留佛山市顺德区工商行政管理局、质量技术监督局、区安全生产监督管理局、食品药品监督管理局。

10. 区环境运输和城市管理局

将区环境保护局、城市管理行政执法局的职责,区交通局(港航管理局)除交通建设以外的职责,区建设局的公用事业管理职责,整合划入区环境运输和城市管理局。不再保留区环境保护局、交通局(港航管理局)、城市管理行政执法局。佛山市顺德区气象局由垂直管理调整为顺德区政府管理,归口区环境运输和城市管理局联系,挂区地震办公室牌子。

二、中共顺德区委顺德区人民政府关于推进社会体制综合改革加强社会建设的意见
（顺发〔2011〕25号）

为落实省委十届九次全会精神，全面推进综合改革试验，加强社会建设，根据省委、省政府《关于加强社会建设的决定》（粤发〔2011〕17号）和省委办、省府办印发《关于加快推进社会体制改革建设服务型政府的实施意见》等七个加强社会建设文件的通知（粤办发〔2011〕22号）要求，结合顺德实际，现就我区推进社会体制综合改革提出如下意见。

一、指导思想和总体目标

（一）指导思想。坚持以中国特色社会主义理论体系为指导，紧紧围绕"城市升级引领转型发展、共建共享幸福顺德"的战略目标，以转变政府职能为先导，以实行党领导下的协同共治为核心，以创新社会管理机制和服务方式为手段，全面推进和深化重点领域改革，加强社会主义民主和法治建设，扩大社会和公众参与，激发全社会的能动性和创造力，共建共享安居乐业、公平正义、文明有序、充满活力的幸福顺德。

（二）总体目标。到2014年底，建立起具有中国特色的"大部制、小政府、大社会"治理模式雏形；到2016年底，奠定党委领导、政府负责、社会协同、公众参与的社会管理格局。公共服务日益完善，民生福祉显著增加，文明程度不断提高，公平正义更加彰显，走出一条社会建设与经济建设、政治建设、文化建

设、生态建设全面协调发展的新路子,为全省推进社会体制综合改革、建设幸福广东探索出新经验。

二、改革措施

(一)推进重点领域改革,提高公共治理水平。

1.加快政府职能转变。推动政府职能向经济建设与社会建设并重转变,加强社会管理和公共服务,并将社会建设的职能重点放在拟定方向和规划、完善制度和政策、加强监督以及提供核心社会服务,增强政府对经济社会发展的引领和保障能力。加大简政放权力度,实现政府职能从"划船"向"掌舵"转变,公共服务从政府单一提供为主向多元参与转变。制定政府年度转移社会管理和公共服务事项目录,健全政府购买社会服务制度。

2.完善党政运行机制。深化大部制改革和"简政强镇"事权改革,按照区委区政府负责重大决策和综合性政策制定,区属大部门主要负责专业性政策制定、完善和监督实施,法定机构、事业单位和镇(街道)负责执行的总体原则,进一步完善区镇两级的权责划分和人力、财力等资源配置,健全党政决策权、执行权、监督权既相互制约又相互协调的运行机制,建立"一级政府、两级管理、三级服务、社会参与"的扁平化行政管理模式和协同共治格局。

3.推进法定机构试点和事业单位改革。借鉴新加坡和我国香港地区经验,按照职责法定、运作独立、决策民主、执行高效、监管到位的原则,探索在专业性、行业性强的领域开展法定机构试点工作。借鉴法定机构的理念和运作模式,推进事业单位改革,构建依法独立运作、自我管理和承担责任、各利益相关方共同参与的管理机制。通过法定机构试点和事业单位改革,推进政府决策和执行职能相对分离,促进政策执行和公共服务的多元化、专业化、精细化。

4.加强社会领域法治建设。完善社会建设领域建章立制工作。重点加强法定机构试点、社会组织管理、城市管理、市场安全监管、市民权益保障等方面的规范建设,使依法依规管理成为社会管理的基本方式。加强对社会组织、自治组织和经济组织的指导,完善社会公约、社团章程、村规民约和行业标准。健全行政执法部门的协作机制及与刑事司法部门的衔接机制。完善多元化的矛盾纠纷调处机制，加强专业领域社会调解机构建设，加强法律援助和司法救助，推动各类矛盾纠纷首先通过社会机制和司法途径解决。大力开展法治宣传教育，引导全体社会成员自觉守法用法。

5.加强社会建设的规划和统筹。完善全区社会管理和公共服务规划，建立与经济发展相适应、适度超前、可持续的渐进式民生保障体系。实施社会建设行动计划，在教育、医疗卫生、食品安全、公共治安、就业服务和社会保障、公共交通等领域领先全省同级城市；加强弱势群体帮扶救助，培育社会中间阶层，实现共同富裕。鼓励和支持各镇（街道）集约建设家庭服务中心、社会组织孵化基地、慈善公益机构、文娱康乐中心等社区服务平台，打造社会服务综合体。探索在专业性强的公共服务领域试行区级统一规划、投入和管理体制，促进资源优化配置和共享，提高公共服务专业水平。

6.深化财政管理体制改革。建立社会体制综合改革财力保障机制，坚持新增财力向基本公共服务领域倾斜。推进财政资金透明规范管理，积极稳妥推进财政预算决算公开工作。试行参与式公共预算，在涉及公众切身利益的民生领域率先引入公众参与预算编制的机制。完善财政预算的人大审议制度。加大财政转移支付力度，扶持相对欠发达镇（街道）和村（社区）发展，缩小区域、城乡间基本公共服务差距。完善和创新财政绩效管理工作，提高财政资金使用效益。

7.建设高素质的行政管理团队。探索公务员分类管理模式，提升公务员管理的精细化、科学化水平。完善考核奖惩机制，加大竞争性选拔干部力度，完善公务员能进能出、能者上庸者下的用人机制。完善聘任制公务员制度，建立高级人才聘任制度，吸纳高级人才和专业人士加入政府管理团队。配套推进机关聘员制度改革。完善行政文化建设，加强公务员培训和廉洁自律教育，鼓励和支持公务员积极创新创造。

8.提升行政管理效率。组建效率促进机构，与部门和镇（街道）合作推进先导计划，加强社会调查，完善政府运作流程，创新工作模式。探索整合相关资源，建立全区统一的政务咨询和行政投诉服务平台。运用信息化创新社会公共服务，加快建设电子政府，完善政府网站的服务功能，建设网上审批服务大厅，方便企业和市民办事。

（二）完善社会参与机制，建立党领导下的协同共治格局。

9.完善社会主义民主政治实现机制。坚持以保证人民当家作主为根本，扩大社会主义民主，发展社会主义政治文明，切实保障人民群众的知情权、表达权、参与权和监督权。完善党代表大会常任制各项制度，支持和协助党代表履行职责，完善党内民主建设。支持人大、政协进一步依法履行职能，更好地发挥民主党派、群团组织和社会组织的作用，共同参与和监督社会建设。以党代表为牵头人，以党代表工作室为阵地，建立"两代表、一委员"倾听民意、联系社区制度。

10.推进民主科学决策。全面提高党政决策的社会参与度和透明度，让公共政策在社会各界的充分讨论、良性互动中得以完善优化，反映民意，吸纳民智，实现善治。出台重大行政决策程序性规定，把公众参与、专家论证、风险评估、合法性审查和集体讨论决定作为重大决策的必经程序。进一步落实人大常委会讨论决定重大事项规定，认真实施政治协商规程。全面开展决策咨询工作，区各部门、各镇（街道）和事业单位要组建社会代表广泛参与的决策和管理咨询机构。制定决策咨询工作规程，完善咨询机构的运作机制，促进决策咨询的制度化、常态化。重视和发挥互联网在公共事务治理中的重要作用，加强网络问计问政。

11.完善监督制度。加大政务公开力度，完善政务公开制度和平台建设。建立区属部门和镇（街道）工作年报及其公开制度。完善区属部门和镇（街道）绩效考评办法，逐步增加社会和公众意见在绩效考评中的权重。完善区属部门和镇（街道）领导问责制度。进一步落实区属部门和镇（街道）向区委区政府联席会议述职制度，增强纪检、监察、审计的独立性，对纪检监察派驻（出）机构实行全面统一管理，健全与大部制和"简政强镇"事权改革相适应的监督制度。完善和创新社会力量参与行政监察制度。加强舆论监督，规范和保障新闻媒体监督权，办好民生热线。

（三）创新社会管理方式，增强社会自治功能。

12.大力扶持社会组织发展。完善社会组织管理和监督体制，确保社会组织发展有制度保障、有资金扶持、有项目带动、有场地支撑、有舆论支持。降低准入门槛，简化登记办法，对公益慈善类、社会服务类、工商经济类等社会组织实行直接申请登记制。建立社会服务创新中心和社会组织孵化基地，积极引进新型社会组织，构建公益生态链，拓展社会服务范围和类别。拓宽社会组织融资渠道，建立健全公益慈善类社会组织向社会筹款或接受社会捐助制度。制定扶持行业协会（商会）发展政策，充分发挥其在宣传政策、提供服务、反映诉求、维护权益、加强自律等方面的作用。在政协设立新社会组织界别。

13.拓宽群团组织社会职能。增强群团组织提供社会援助、增加社会福利、反映服务对象诉求、维护群众合法权益等社会服务职责，推动群团组织服务向社区延伸。支持群团组织发挥枢纽作用，带动相关领域的社会组织积极参与社会管理和公共服务。重点探索工会体制改革，强化工会代表职工开展劳资谈判等职责，进一步完善独立运作机制。

14.构建互助合作的社区管理服务格局。坚持共驻共建，构建以基层党组织为核心、村（居）民自治组织为基础、社会组织和企业为补充、村（居）民广泛参与的社区工作合作机制。加强基层党组织建设，村（社区）党组织依托行政服务站强化先进性建设和为民服务能力，发挥在基层组织中的领导核心作用。强化村（居）委会的自治职能，完善各方参与的民主提事、议事、理事和监事机制。加大社区居委会对社区业主委员会、物业管理公司等指导监督力度。支持符合条件及有需求的住宅小区组建业主委员会，切实维护业主合法权益。大力培育社区社会组织，推动社区公益事业发展。强化辖区内单位的社区建设责任，推动公共设施和场所向社区居民开放，鼓励和支持各单位开展公益慈善活动。健全区、镇（街道）领导干部挂点联系村（社区）制度，下移工作重心，广泛听取民意，及早解决群众反映的热点、难点问题。

15.鼓励支持社会各界参与公共服务。建立政府与企业的社会服务合作关系，引导和支持企业履行社会责任，成立慈善基金会。设立"种子基金"，扶持社会企业创办。开展社会公益创意大赛，支持公益创业和公益创投。鼓励和支持市民参与志愿服务，建立公职人员及在校学生参与社会服务制度，充分发挥人的社会价值。做好宗教信教群众工作，发挥其在公益慈善等方面的积极作用。做好港澳台乡亲和海外侨胞工作，广泛利用海内外各种资源促进社会建设。建立社荣誉制度，表彰在社会服务方面有突出贡献的机构和人士。

16.加强社会工作人才队伍建设。坚持培育和引进并举，建设一支结构合理、素质优良的社会工作人才队伍。建立大专院校学历教育、专业培训、知识普及有机结合的社会工作人才培养体系，培育发展民办社会工作服务机构和人才培训基地，加强社会组织从业人员职业化和专业化建设。完善社工的薪酬福利、专业培训和职业发展体系，推行"社工+义工"的社会服务模式。培养社区骨干人才。加强与新加坡、我国香港等地的交流与合作，引进和培养社会工作专业人才，为顺德社会建设提供前沿理论支撑和实务督导。

17.建设社会诚信体系。坚持诚信为本、操守为重，建立和完善社会诚信体系和行为规范。加强政府诚信建设，提高施政公信力和运作透明度。加强企业和个人诚信建设，推进信用信息的记录和整合，健全信息共享、社会监督、信息披露和奖惩机制，打破信息孤岛，实现对信用行为的协同监管。开展"责任企业""诚信公民"等实践活动，营造重信誉、守信用、讲信义的良好社会环境。

18.加强公民教育。成立区公民教育委员会，创新公民教育方式，将树立社会主义核心价值观、弘扬顺德人文精神、传承优秀传统文化与开展普法教育、警示教育、社会服务实践和公民道德建设等有机结合，引导全体社会成员勇于创新、敢于负责、勤于务实、乐于奉献、严于自律，开展百米长卷共绘家园文化活动，提升市民文化素质、精神家园，共建共享幸福顺德。深入推进学习型社会建设，大力开展全民读书活动，提升市民文化素养和社会文明水平。建立具有社会教育功能的国家机关、事业单位、公立医院和学校等公共机构预约参观制度。

三、组织实施

（一）试点先行，稳步推进。2011年底至2012年初，完成社会体制综合改革各项政策和试点方案的制定，2012年上半年启动试点工作。在总结试点经验基础上，逐步扩大试点范围，稳步推进改革工作。

（二）加强组织领导。区社会建设与管理创新工作委员会负责统筹协调推进社会体制综合改革各项工作，区社会建设与管理创新咨询评审委员会参与决策咨询及绩效评议。区属有关部门和各镇（街道）要成立改革工作组，根据本意见和有关分工，制定改革工作的路线图和计划，主动承担起改革责任，积极投身改革。

（三）加强宣传和培训。加强本意见和各项配套政策的宣传和解读，统一思想，增强改革共识，营造良好的工作氛围。加强社会建设和社会体制综合改革知识的学习和培训，提高各级领导干部和公务员推进改革的能力。

（四）加强检查和监督。区社会建设与管理创新工作委员会要加强对各有关部门、各镇（街道）推进和落实改革任务的检查和督办，定期召开会议总结、部署改革工作，确保改革顺利高效推进。进一步发挥人大、政协和民主党派的职能，创造条件让社会各界共同参与和监督改革。

三、关于规范社会组织管理加快社会组织发展的实施意见
（顺办发〔2011〕50号）

为贯彻落实区委、区政府《关于推进社会体制综合改革加强社会建设的意见》（顺发〔2011〕25号）精神，促进我区社会组织规范发展，提升其参与社会管理和服务能力，结合工作实际制定本实施意见。

一、规范社会组织管理加快社会组织发展的重要意义、指导思想和目标任务

（一）重要意义。社会组织是指由自然人、法人和其他组织为满足社会需要设立的非营利性组织。党的十七大对发挥社会组织作为经济建设的重要力量、政治建设的重要基础、文化建设的重要载体、社会建设的重要依托、对外交流合作的重要桥梁等方面的功能和作用，提出了更高、更新、更全面的要求。当前，我区正全面开展社会体制综合改革工作，推动政府职能转变，建设公共服务型政府。实现这种转变，必须有社会组织作为载体。因此，在新形势下规范社会组织管理，扶持社会组织发展，对加快政府职能转变，加强社会管理，优化公共服务，促进我区经济社会全面、协调、可持续发展，具有重要的现实意义。

（二）指导思想。坚持以中国特色社会主义理论体系为指导，以推进社会体制综合改革为核心，以培育和发展新型社会组织为重点，以提升社会组织能力为主线，坚持"培育扶持、健全机制、规范管理、提升能力、发挥作用"的方

针，先行先试，推动各类社会组织规范、健康、有序发展，充分发挥社会组织在推动经济社会发展和构建和谐社会中的重要作用，力争在社会管理创新领域引领全省。

（三）目标任务。构建党委领导、政府负责、社会协同、组织自律、公众监督的社会组织管理格局，形成规范、有序、高效、透明的社会组织运行机制，逐步建立起政社分开、定位准确、功能齐全、运作规范、作用显著的社会组织发展体系。力争通过3到5年时间，培育一批综合能力强、社会公信力高的社会组织；提升一批具有顺德特色、与国际运行规则接轨的社会组织；创建一个政社互动、协同共治的合作平台，探索出一条新型社会组织发展道路。

二、加快政府职能转变

（四）明确政府职能转移事项。结合我区社会体制综合改革要求，以法律法规为依据，全面梳理和分解政府各部门、事业单位承担的职能事项，建立科学合理的行政审批管理体制，将行业行规制定以及协调、准入、评比等行业管理与协调性职能，法律服务、宣传培训、社区事务、公益服务等社会事务管理与服务性职能，业务咨询、统计分析、决策论证、资产项目评估、技术性监测检验等市场监督与技术性职能，通过授权、委托等方式依法转移给相关社会组织实施，充分发挥社会组织在行业管理与协调、社会事务管理与服务、技术服务与市场监督方面的作用，提高社会公共服务的供给水平和效率。

（五）逐步实施政务服务事项转移。选择代表性强、运作规范、条件成熟的社会组织（特别是行业协会、商会）作为试点，取得经验后逐步推广。对转移给社会组织承担的职能事项，设立一定指导期，切实加强对社会组织的资质审查、跟踪指导、服务协调和绩效评估，及时发现并解决问题。对不能正常履行承接职能，出现违法违纪行为的社会组织，按有关规定和程序收回相应职能。

（六）建立政府购买服务机制。将确定转移的公共服务及事务性政府职能事项，采取公开招标、项目发包、项目申请、委托管理等方式，向社会购买服务。政府确定购买服务模式和制定具体实施细则，把所需经费纳入年度预算。财税部门、政务监察和审计部门要加强对购买服务资金的监管，确保资金合法、合规和合理使用。

三、培育和扶持社会组织发展

（七）完善社会组织登记管理。对社会组织实行分类登记管理，简化登记程序，放宽准入条件，为其创造有利的发展环境。

1.建立社会组织直接登记制度。除民办教育机构和医疗机构等法律法规、政策文件规定须由政府有关部门进行前置审批外，其他社会组织的申请人可直接向登记管理机关申请登记为独立法人机构；其他政府部门不再担任社会组织的业务主管部门，其主要职责是依照各自职能对社会组织的业务活动实施指导和监督，实现由行政管理向业务指导监督转变，为社会组织发展创造宽松的环境。将以镇（街道）和村（社区）为活动范围的社会组织的登记和管理权限移交给各镇（街道）行使。探索建立以村（社区）为活动范围的社会组织备案管理制度。

2.鼓励社会组织充分竞争。监督、指导和促进各类社会组织合理布局和有序准入。登记管理机关也可根据实际情况批准成立业务范围相同或近似的社会组织，通过竞争提高服务质量。

（八）明确重点培育和扶持的社会组织。今后5年，在大力培育发展各类社会组织的基础上，结合顺德经济社会发展实际需要，重点培育和优先发展以下三类社会组织：

1.行业协会商会。根据我区经济社会发展的实际情况，以民间化、市场化为方向，以充分发挥职能作用为目标，以体制创新为突破口，大力培育和发展新型行业协会、商会，充分发挥它们在思想引导、发展经济、行业自律、协调关系、规范行为、促进和谐方面的作用，更好地促进我区经济社会全面发展。

2.公益及慈善类社会组织。拓宽社会公益及福利事业的资金筹集渠道，积极发展面向社会公众，具有社会性、保障性和非营利性特点的公益及慈善类社会组织，充分发挥公益及慈善类社会组织在救助灾害、救济贫困、劳动就业、教育培训、科学技术、文体事业、心理辅导、环境保护和公益捐赠等方面的作用。

3.社区社会组织。重点培育和发展以镇（街道）或村（社区）为活动范围，从事体育运动、文化娱乐、老年康乐、妇女保健、青少年帮教、社区服务、科普宣传、学术联谊等不以营利为目的，满足群众不同需求的社区社会组织，形成政府、基层自治组织与社会组织密切合作的现代社区治理机制，建设和谐社区。

（九）建立社会组织发展专项资金。加大财政支持力度，支持社会组织的培育和发展，落实国家规定的税收优惠政策。将社会组织发展专项资金列入财政预算，并建立相应的发展专项资金竞争性分配制度。探索建立社会组织发展定向捐赠制度，通过顺德慈善会或其他经依法授权的机构等平台，实现公益性捐赠税前扣除，鼓励热心市民、企业向公益及慈善类社会组织定向捐赠，促进社会慈善事业更好发展。

（十）建立社会组织孵化基地。以民间力量为主体，筹建顺德区社会服务创新中心，打造社会组织孵化基地，为进驻社会组织提供办公场地和人员培训、技术支持、管理咨询等服务，并优先满足公益及慈善类等社会组织。以孵化基地为依托，探索组建社会组织合作联盟，鼓励多元参与公益事业。

（十一）建立社会组织激励机制。建立社会荣誉制度，对贡献突出的社会组织给予表彰奖励，激励社会组织进行社会创新试验，引导社会组织履行社会责任。对在维护市场公平公正、保护环境、捐助公益和慈善事业等方面成果显著的社会组织，政府在职能转移、购买项目立项和资金资助等方面给予优先和政策优惠。

（十二）完善专业人才引进和培养制度。扶持推动本地职业学校（院）开设社会组织管理专业，加大对社会组织从业人员的培训力度，逐步实现社会组织的职业经理人管理，建立秘书长职业化制度。加大社会工作人才引进力度，研究制定符合社会组织特点的人员交流、入户、工资福利、职称评定、档案管理等政策，为社会组织吸纳专业人才创造条件。建立社会组织优秀人才备案制度。各级政府、企事业单位在选拔干部人才时对社会组织的优秀人才予以优先考虑。

（十三）加强社会组织对外合作交流。依法允许社会组织根据我区经济社会发展需要，吸收国内专家学者为顾问或会员。鼓励社会组织积极参与对外交流、与境内外社会组织建立友好合作关系。支持有实力的社会组织在外地建立分支机构。支持异地社会组织依法在我区开展社会公共服务。

四、加强社会组织能力建设

（十四）健全法人治理结构。建立以社会组织章程为核心的内部管理制度，健全责权明确、运转协调、有效制衡的法人治理结构和机制。完善会员代表大会、理事会、监事会和执行团队等内部运行机制，制定议事规则，明确决策、咨询、执行、监督等各类机构的权责，保障社会组织依法运行、有效治理。推动社会组织民间化，逐步实现社会组织自愿发起、自选会长、自筹经费、自聘人员、自主会务。

（十五）强化社会组织自律管理。加强社会组织诚信体系建设，推动社会组织依法按章程开展活动，建立健全民主选举、民主决策、民主管理、民主监督、规范运作、诚信执业、信息公开、公平竞争、奖励惩戒、自律保障等各项机制。杜绝利用职权强制入会、摊派会费等情况，不得擅自制定应由政府定价的收费项目和标准。探索组建社会团体联合会，为社会组织发展提供信息交流、人员培训等服务，加强社会组织行业自律和合法权益保障。

（十六）建立重大事项报告制度。凡社会组织需要开展各类评比、达标表彰以及有重大社会影响的活动，组团出国出境、与境外社会组织交流交往、接受境外捐款等涉外活动，须事先向登记管理机关报告，并按有关规定报批。

五、完善社会组织监督管理体系

（十七）实行社会组织分类评估制度。聘请专业评估机构，对我区社会组织进行分类评估，将社会组织评估等级作为其参与政府购买服务和承接政府职能转移的资质条件。通过实施社会组织评估，全面提升社会组织的能力建设，增强社会组织的公信力。

（十八）建立信息公开与公众监督机制。建立全区统一、高效、完整的社会组织监管信息系统和服务信息网络，构建全区社会组织公共服务信息平台和基础数据库。社会组织要主动公开服务程序、业务规程、服务项目和收费标准，以及重大活动、财务状况、接受捐赠的使用情况等信息，通过信息平台向社会公布，接受公众监督。

（十九）完善社会组织日常监管制度。对按照法律、法规应纳入登记而未登记的社会组织限期办理登记；对部分自律机制不健全、作用发挥不明显的社会组织进行整改，整改不到位的，依法予以撤销；对非法社会组织和扰乱社会组织正常工作的行为坚决予以打击。通过扶持一批、规范一批、清理一批、整合一批、提升一批社会组织，优化结构布局，促进社会组织可持续发展。

六、加强组织领导，健全社会组织工作协调机制

（二十）加强组织领导。各级党委、政府要高度重视规范社会组织管理和扶持社会组织发展工作，将社会组织改革发展与深化行政体制改革、事业单位改革有机结合起来，有计划、有步骤地指导和促进各类社会组织合理布局和有序发展。加强社会组织登记管理机关的力量，健全机构，充实人员，做好社会组织的培育发展和监督管理工作。登记管理机关应指导具备条件的社会组织在登记成立时同步设置党组织，注重发挥党组织在社会组织中的作用。

（二十一）建立联席会议制度。为推动规范社会组织管理和扶持社会组织发展工作，建立由区委社会工作部召集，区纪委、区委区政府办公室、区委组织部、宣传部、政法委、区发展规划和统计局、经济促进局、教育局、公安局、财税局、人力资源和社会保障局、国土城建和水利局、卫生和人口计划生育局、市场安全监管局、环境运输和城市管理局等单位和各群团组织组成的联席会议制度，定期召开联席会议，研究协调推进社会组织发展改革中碰到的重大问题和社会组织发展专项资金的使用问题。联席会议日常工作由区委社会工作部负责。

（二十二）营造社会氛围。宣传部门和新闻媒体要加大宣传力度，提供政策宣传、信息发布、舆论监督等平台，积极营造有利于转变政府职能、发展社会组织的舆论氛围，引导广大干部群众从贯彻落实科学发展观和构建和谐社会的高度，主动参与社会体制改革，焕发社会活力，开创我区社会管理新局面。

四、顺德区推动公益创新发展实施方案
（顺府办发〔2012〕96号）

为贯彻落实区委、区政府《关于推进社会体制综合改革加强社会建设的意见》（顺发〔2011〕25号），推动社会力量积极参与公益创业、公益创投和社会企业发展等公益创新事业，根据我区实际，制定本实施方案。

一、指导思想和总体目标

（一）指导思想。围绕"城市升级引领转型发展，共建共享幸福顺德"的战略目标，按照区委、区政府关于加强社会建设和管理创新的总体思路，鼓励、引导和支持社会各界参与公益创新，提升社会管理和公共服务的能力和水平，促进公益事业创新发展。

（二）总体目标。因应社会建设和管理的需要，营造公益文化氛围，建立系统综合的公益创新扶持和服务机制，调动社会资源参与公益事业，探索和发展具有本土特色的公益创业、公益创投和社会企业，引导市场经济和公益事业有效结合，促进公共服务不断丰富、升级和完善。同步推动社会福利事业发展和公益制度改革，将公益创新的先进理念和成功做法融入社会福利服务体系，增强社会救助和公益服务力量，满足群众需求，增加民生福祉。

二、鼓励发展公益创新的模式和领域

（一）公益创新模式。

1. 社会企业

社会组织、企业或个人通过合法创办和运营实体，其经营行为及所得利润主要用于支持公益事业或提供公益服务，有效帮助弱势群体，解决社会问题。

2. 公益创业

社会组织和企业在经营过程中，将社会价值和经济价值创造性融合，如包括非营利机构采用合理的商业运作模式提升社会效益，企业通过创造性地建立公益机制，履行社会责任，满足社会需求。

3. 公益创投

企业、社会机构、基金会不以获取经济利润为目的，为创业过程中的社会企业和公益性社会组织投入资金，提供服务和技术，促进社会企业及公益性社会组织发展成长。

4. 其他

能有效结合公益事业和市场经济，提高资金效益，节约社会成本，满足公益发展和公共服务的公益性创业、投资和经营行为。

（二）鼓励重点发展的公益创新领域。

1. 老人服务类。包括：为老年人提供助餐、助洁、助浴、助行、助医、助急等日间照料和居家养老服务，独居和纯老家庭的结对关爱、心理关怀、临终关怀，老年人的健康干预和健康促进，老年人维权和文化活动以及其他满足老年人实际需要的服务。

2. 助残服务类。包括：孤残儿童照料服务、残障人士康复服务、技能培训和就业扶助、社会融入辅导以及残障人士家庭支持、文化娱乐团队建设等服务。

3. 青少年服务类。包括：社区志愿者服务、社区青少年帮教、社区少年儿童课外教育以及异地务工人员子女助学助困等服务。

4. 救助帮扶类。包括：对贫困家庭、单亲家庭、异地务工人员、吸毒人员的救助帮扶，以及为其他生活困难的居民家庭提供帮扶支援和志愿者服务等。

5. 其他公益类。包括：为环境保护、劳动就业、教育培训、社会服务、家庭服务、科学技术、文化、体育、卫生事业提供资助和公益性服务，以及其他有助于宣扬公益理念、促进社会发展进步的公益项目。

三、政府扶持公益创新项目的基本要求

（一）社会需求广泛性。公益创新项目所涉及的社会需求具有广泛性，在项目实施区域乃至全区范围内，有相当比例的人群因项目开展而受益。

（二）现实需要的迫切性。公益创新项目所针对的社会问题需要迫切解决，能补充目前社会公共服务的不足和空白。

（三）目标定位公益性。公益创新项目服务指向清晰，受益群体明确，公益理念符合实际，有助于提升社会治理水平。

（四）项目理念创新性。公益创新项目的理念、实施及运作形式等具有明显的创造性。

（五）项目策划的科学性。公益创新项目的策划符合政府相关政策导向，经费预算合理，进度安排得当，评估标准科学，可操作性、可持续性和可复制性较强。

（六）实施主体专业性。公益创新项目团队建设到位，人员齐备，拥有运作和执行的专业技能和工作经验。

四、主要措施

按照"政府指导支持、社会多方参与"的发展思路，结合实际，合理调配和整合体制内外资源，充分发挥社会力量，逐步建立起针对性强、系统全面的公益创新扶持平台，满足公益创新各阶段及各方面发展需要，逐步建立起以下支持措施：

（一）政策支持。发挥社会体制综合改革优势，充分利用区社会创新中心等支柱平台和资源，争取更多扶持政策支持，包括税收优惠、放宽准入条件、审批绿色通道等，为公益创新提供更多便利。坚持解放思想，敢为人先，深化改革，确立公益创新在社会管理创新领域的重要位置。

（二）资金扶持。区政府出资设立"种子资金"，专项用于扶持公益创新发展。探索和推动慈善机构、福利彩票公益金等慈善公益资源参与公益创新的机制

建立。广泛发动社会力量支持公益创新,鼓励企业、个人以各种形式投资和捐助公益创业、公益创投和社会企业等公益创新实体。

(三)服务支持。举办公益创新大赛,征集优秀项目方案,开展多方面服务扶持,推动公益创新形成氛围,发挥效益,不断丰富公共服务实现形式,促使公益服务优先惠及弱势群体,解决社会问题。积极联动工会、共青团、妇联、残联、工商联等群团组织,发挥互补优势,争取更多社会资源和活动平台,助推公益创新项目扎根本土。支持公益组织争取政府购买服务,举办公益创新项目推广活动,向社会推广公益创意和服务项目。建立公益创新门户网站和信息数据库,强化信息公开,树立品牌形象。充分利用媒体资源,制作专题报道和公益节目,提升公益创新的知名度。

五、推进步骤

(一)区社会创新中心承办推进。

区社会创新中心作为推动公益创业和公益创投的承办机构,全面承担推动公益创新发展的各项具体工作事务。吸纳社会各界精英参与我区公益建设,确保公益创新各项工作开展得有声有色、公开透明、公正公平。

(二)筹集公益创新扶持资金。

区社会创新中心制定和实施公益创新扶持资金的具体筹措方案,通过联动和协调各相关部门相互配合,积极发动社会力量参与,最大限度为公益项目筹募资金,确保公益创新各项工作顺利开展。

1.种子资金扶持。区财政设立"种子资金",专项用于扶持优秀公益创新项目,专款专用,独立核算。

2.社会资助。广泛动员企业、慈善机构、基金会或个人对公益创新项目进行投资和资助。社会资金严格按照资助人意愿使用,做好配套服务,专项用于公益创新项目的发展和运作。通过赋予公益创新项目冠名权,提高社会各界参与投资和捐助的积极性。

(三)举办公益创新大赛。

每年举办公益创新大赛,广泛宣传公益创新的理念和做法,征集、评选和推介由种子资金及其他社会资助的公益创新项目，奖励优秀创意项目。区社会创新中心制定公益创新大赛实施方案，承担公益创新大赛的策划设计、组织实施、媒体品牌推广等工作，赛事经费根据实际需要向区财政提出预算，并积极发动企业捐助支持，通过财政和社会共同解决。

（四）对优秀公益创新项目进行全面扶持。

对通过公益创新大赛评选确定扶持的公益创新项目，由区社会创新中心负责研究制定项目实施综合扶持指导方案，确立扶持和资助关系，实施包括资金、技术、培训、服务等多方面的系统帮扶。

1.资金资助。"种子资金"对在公益创新大赛入选的公益创新项目提供资金支持或股权投资，期限原则上为一年，特殊情况可放宽至二年，单个项目最高可获资助或投资50万元。鼓励项目实施主体积极寻求社会投资和资助，在项目明确获得一定数额的社会资金基础上，由"种子资金"根据实际给予配套支持资金或股权投资。具体资助方式及标准由每年公益创新大赛具体实施方案确定。

2.市场开发。举办公益创新大赛成果展及公益创新项目推介会，向社会展示获奖项目和优秀创意，发动社会力量投资、捐助和参与公益创新项目，引导有实力的企业和社会精英运用商业手段经营公益创新，支持公益产业，开发公益市场，创造公益岗位，为公益创新建立长效发展机制。

3.培训指导。由区社会创新中心邀请公益研究机构、知名企业、公益团队等到本地开班授课，为项目负责人和相关工作人员开展系统培训，重点对公益项目的策划执行、财务管理、成本控制、团队建设、品牌运营、市场开发等多方面提供实务性指导。

4.品牌推广。积极发挥社会媒体力量，建立和推广公益创新门户网站，制作公益创新电视、电台专题节目，发动和配合媒体进行深入挖掘报道和系列跟踪采访。充分利用互联网和短信平台，开发公益博客、微博和短信等宣传资源，普及公益创新理念，推介公益创新项目，建立公益品牌形象，及时全面向社会公布公益创新项目的发展动态、资金运作、实施进度和效果评价，积极回应社会咨询和质疑，有效实现阳光公益，尽快建立和提升公众对公益创新的认知和信心。

5.开展合作。由区社会创新中心通过市民社会实践平台，积极联动党政机关、群团组织、社会组织及各镇（街道）、社区（村）、学校、企业等，探索和采取多种合作方式，协助公益创新项目解决场地、志愿者招募等实际需要，加快推动公益创新项目进社区、进学校、进企业，扎实服务基层，帮助弱势人群，发挥社会效益。

6.加强监管。委托专业评估机构研究制定评估公益创新项目实施运作和实际效益的标准和办法，监督扶持项目实施进度，定期对项目进行科学评估。区社会创新中心合理采取项目进度和资金划拨相挂钩，按项目实施情况、阶段实效等评估指标，分期拨付扶持资金，监督支出收入流向，督促工作改进，确保项目按照既定目标发展落实，同时以适当方式向社会公众公开有关信息。建立有效的信息互通机制，打通信息盲点和专业障碍，加强包括项目实施主体、区社会创新中心、投资（捐助）方、监管部门等相关单位、机构和企业的信息互动。

六、保障要求

（一）明确职责和分工。

区人力资源和社会保障局：负责指导区社会创新中心开展公益创新工作，督查具体工作落实。统筹协调区属有关部门、单位以及各镇（街道）人力资源和社会保障局做好相关配合工作。

区纪委（区政务监察和审计局）：负责监督公益创新各项工作规范开展，确保财务运作依法依规进行。

区委宣传部：协助开展公益创新的宣传推广，引导和协调新闻媒体开展专题报道，广泛宣扬公益理念，营造公益创新积极氛围。

区委社会工作部：协助开展公益项目推介会等活动，协助开展公益服务人才培训。统筹协调区总工会、团区委、妇联、残联、工商联等群团组织开展推动公益创业创投工作。协助培育各类公益社会组织发展。

区财税局：负责落实财政资金支持、种子资金管理等财务工作，协助解决公益创新各项具体工作所需的经费开支。宣传和落实好适用于社会企业及公益性社会组织的税收优惠政策。

区属其他相关部门（单位）：在职能范围内，协助推进公益创新相关工作，指导行业内公益创新项目的发展。

区社会创新中心：负责公益创新各项工作具体开展。举办公益大赛，并对优秀项目进行全面扶持。负责接收并管理用于公益创新项目的社会投资资金，根据扶持项目实施进度分期划拨政府及社会扶持资金。区社会创新中心理事会对公益创新工作进行决策和监督。

各镇人民政府（街道办事处）：统筹协调所属各职能部门，按照职能分工，积极协助，确保公益创新各项工作落实到位。

（二）落实经费和人员。

区人力资源和社会保障局根据推动公益创新发展各项具体工作需要拟定每年经费预算方案，向区财政提出专项经费申请，并落实管理，责任到人。各相关单位同时要配合做好有关工作，充分调动社会各方面的积极性，多渠道发动社会力量参与支持，确保推动公益创新各项工作能够顺畅开展。

（三）确保监督到位。

严格对公益创新各项目、各环节的评定标准和审议流程，确保公益创新各项活动及运作流程公开、公平、公正。对获得种子资金支持的公益项目，相关财务操作必须规范有据，保证资金用到实处。

五、顺德区政府职能向社会转移暂行办法
（顺办发〔2012〕35号）

为配合我区行政审批制度改革和社会体制综合改革，进一步转变政府职能，发动社会力量积极参与社会管理和公共服务，实现政府职能事项规范有序向社会转移，构建"小政府、大社会"，根据《关于全面深化行政审批制度改革的工作意见》（顺发〔2011〕17号）和《关于推进社会体制综合改革加强社会建设的意见》（顺发〔2011〕25号），制定本办法。

本办法所指的职能转移，是指以向社会简政放权、购买服务等方式，将原由政府履行的行政职能向社会转移。政府职能事项向社会转移要履行有关规定程序和签订合约。

一、指导思想和总体目标

贯彻落实科学发展观，加大简政放权力度，创新社会管理机制和公共服务方式，实行党领导下的协同共治，政府对社会建设的职能重点放在拟定方向和规划、完善制度和政策、加强监督和提供核心社会服务，将市场机制能够有效调节的，公民、法人及其他组织能够自主决定的，行业组织能够自律管理的事项转移出去，扩大社会和公众参与，实现公共服务从政府单一提供为主向多元参与的转变。

二、基本原则

（一）合法公平、公开透明。政府职能事项需要向社会转移的，应按有关规定通过公平、公正、公开、透明的方式转移给符合条件的单位承接。

（二）效能优先、注重实效。政府职能事项是否向社会转移，以转移后能否以更低的社会成本，使公民享受到更优质高效的公共服务，能否促进政府的管理和服务更科学、合理、高效作为判断标准。

（三）权责明确、监管到位。政府向社会转移职能事项，应明确双方的权责，确定公共服务应达到的水平，制定绩效评估方式与标准，明确对违反相关制度、标准的制约手段及退出机制。

（四）试点先行、稳步推进。选择代表性强、运作规范、执行和检验标准明确的职能事项作为试点，取得经验后逐步推广。对承接政府职能事项的社会组织或企业设立一定的指导期，加强对承接单位的资质审查、跟踪指导、服务协调。

三、转移事项的认定和承接方应具备的条件

（一）拟转移职能事项的认定条件。

1.职能事项转移给社会实施，有利于转变政府职能，提高工作效率和服务水平，降低行政成本；

2.职能事项转移给社会实施，有利于公民获得更优质高效的公共服务；

3.职能事项有明确的操作指引、操作流程、裁量标准、执行标准；

4.职能事项转移给社会后能实施有效的监管和评估。

（二）职能事项转移方式分类。

1.完整转移：职能部门将职能事项转移给承接单位行使，承接单位以自己的名义履行职责，承担相应的法律责任。

2.部分转移：职能部门将职能事项的部分环节（内容）转移给承接单位行使，承接单位就转移部分对职能部门承担责任，职能事项的法律责任仍由职能部门承担。

职能部门将职能事项向社会转移，不论是否涉及购买服务，均应公开承接服

务的条件、原则和绩效评估标准,按照政府采购制度确定承接单位。

(三)向社会转移职能事项的种类。

1.行业管理与协调职能。如:行规行约制定、行业准入审核、等级评定、公信证明、行业标准、行业评比、行业领域学术和科技成果评审等。

2.社会事务管理与服务职能。如:法律服务、宣传培训、社区事务、公益服务等。

3.技术服务与市场监督职能。如:业务咨询、行业调研、统计分析、决策论证、资产项目评估等。

4.行政审批职能。如:技术类的辅助审批事项、资格类辅助审批事项、以强化监管为目的的后续审批事项、便民服务类事项。

(四)承接单位应具备的条件。

1.可承接政府转移职能事项的单位包括:经各级民政部门注册登记的社会组织(根据国家民政部《社会组织评估管理办法》规定,获得3A以上评估等级的社会组织可以优先接受政府转移职能事项);经各级工商登记部门注册登记的企业法人;法定机构等其他组织。

2.组织完善、功能完备、运作规范,社会信誉良好,3年内没有违法行为。

3.具备承接政府职能事项所必需的设备和专业技术资质、人员。

四、政府职能事项向社会转移的程序

政府职能事项向社会转移,按照以下程序进行:

(一)社会调研和事项征集。每年3月,区行政审批制度改革工作委员会办公室(以下简称"审改办")就职能转移事项进行调研、了解社会需求,公开向社会了解可以承接、要求承接的政府职能事项,形成调研报告。

(二)部门拟定转移事项。职能部门提出拟转移事项,填写《拟转移给社会承接的职能事项情况表》(附件1),报区审改办,填报不受时间限制。

(三)综合评估。

1.区审改办在收到部门报送的《拟转移给社会承接的职能事项情况表》1个月内,联合区行政审批制度改革工作委员会(以下简称"审改委")有关成员单位按照职责分工进行审核。

2.区审改办就拟转移事项征求区行政审批制度改革咨询和评审委员会意见,必要时运用第三方咨询机构对事项转移的合理性、可行性进行调研论证。

3.区审改办出具综合审核意见,报区审改委核定。

(四)审核、公告。区审改委核定部门拟定事项是否向社会转移;同意转移的事项信息通过区政府网站、相关部门网站、《珠江商报》等信息渠道向社会发布。

(五)政府采购、确定单位。职能部门按照公开、公平和择优原则,通过政府采购方式确定承接单位,具体按照我区政府采购目录相关规定标准执行。

(六)签订合同。职能部门与承接单位签订转移职能事项协议,确定职能事项的执行标准、实施要求、监督评估方式等内容;协议书一式三份,职能部门、承接单位各执一份,报区审改办备案1份。

(七)监督评估。职能事项向社会转移后,职能部门应加强跟踪、监督检查,确保职能工作的质量和绩效。

五、转移事项经费的申请

各职能部门应将本部门向社会转移事项工作纳入年度工作计划和预算计划,于每年申报来年部门预算时一并考虑职能事项转移经费。

区财税局在对部门申报转移事项审核时应一并审核其涉及的经费预算:原由部门自行开展且财政安排专项预算的职能事项向社会转移的,原则上不增加经费(超出原职能事项范围的除外);承接单位按照约定收取服务费、收支能基本平衡的,原则上不安排经费;转移事项虽不涉及收费,但承接单位因承接事项后有其他效益的,原则上不安排经费;转移事项不涉及收费,承接单位因承接事项需增加人力、设备等投入的,应给予经费安排。

六、监督管理与绩效评估

(一)信息公开与制度建设。

职能部门在确定拟转移事项时应提供该事项的标准化实施方案和裁量办法,

具体包括《××事项办事指南》（或《××事项操作指引》）、《××事项服务流程》《××事项服务标准》《××事项裁量标准》和《××事项绩效评估指标和评估标准》，作为《拟转移给社会承接的职能事项情况表》的附件一并送区审改办。

职能部门应制定转移事项《监督管理办法》，内容包括：（1）明确的评估指标和评估标准，就如何对事项实施情况进行评估提出明确的方案；（2）明确的事项办理标准；（3）违规情况的处理，取消承接资格的规定；（4）明确定期监督检查、不定期业务抽查、承接单位定期汇报执行情况等制度。

以上资料需在公告程序中公开发布，让社会广泛知晓。

（二）诚信体系建设与社会监督。

承接单位承接政府职能工作情况纳入顺德区社会诚信体系平台，接受社会监督，依照履行职能绩效在信用评级中给予加分或减分。对按期按质完成职能事项的承接单位3年内继续参加政府采购事项时，可给予优先资格。

区审改办和职能部门应对外公布咨询、投诉渠道，包括热线电话、电子邮箱、网站留言等，接受社会咨询、监督和投诉。区审改办接到投诉后转交部门处理的，部门需将处理结果反馈给审改办备案。

（三）汇报制度与部门监管。

承接单位应建立信息公开制度，涉及政府职能转移事项应公开透明运作；承接单位应定期（如每季度，具体由职能部门确定）将职能事项运行情况向职能部门汇报，并按照职能部门要求定期公开事项办理情况的资料、数据，接受职能部门和社会监督。

职能部门应对承接单位工作人员进行必要的业务培训，对承接单位履行职能情况进行指导和监督检查，建立不定期抽查和定期检查制度，确保工作质量和绩效。职能事项完成后，部门需及时做好情况总结，整理档案材料。

事项实施过程中，承接单位如出现单位名称变更、负责人变更、投资方更改、办公地址迁移等重要变化时，必须及时报告职能部门。承接单位出现擅自更改项目内容和计划、无故不接受部门检查、未按计划进度和质量要求完成任务、经费使用严重违反财务制度等情况的，部门有权终止或撤销合同，并报区审改办备案，该承接单位3年内不得承接政府转移职能事项。

（四）绩效评估。

职能部门应广泛听取被服务对象的意见建议，通过问卷调查、座谈会等方法对承接单位办理事项的规范性、高效性进行测评。每年年终，承接单位应公开财务收支状况，并报职能部门备案。职能部门定期（至少一年一次）组成评估小组或引入社会评估机构对承接单位履职情况进行评估验收。

七、加强领导，明确职责

政府职能向社会转移工作在区审改委的领导下推进，办公室设在区审改办（行政服务中心）。

具体职责分工如下：

区审改办（行政服务中心）：（1）履行区审改委日常工作；（2）政府职能向社会转移政策文件的起草和完善；（3）协调、指导有关部门、镇（街道）开展职能事项转移工作；（4）每年年初通过区政府网站、《珠江商报》等媒介或运用第三方咨询机构公开向社会征集政府职能事项转移的意见和建议；（5）对部门拟转移事项出具综合审查意见报区审改委；（6）根据投诉举报渠道获得的信息，必要时联合纪委、监察、督察等相关部门对职能事项转移工作进行监督检查；（7）建立咨询、投诉渠道，负责咨询和举报投诉事项的收集、跟进，并及时发送相关职能部门。

区纪委（政务监察和审计局）：（1）对职能部门实施职能事项转移的整个过程实施监督检查；（2）指导职能部门制订政府职能向社会转移的考核评估办法；（3）将各部门完成转移职能事项工作的情况纳入绩效评估内容，事项转移获得良好社会效果的给予加分；涉及财政经费安排的，纳入审计范围。

区委区政府办：对职能事项转移进行合法性审查，配合出台政府职能事项转移工作的政策文件。

区委组织部（区编委办）：（1）对拟转移的职能事项进行性质界定，对其是否属部门职权、是否适合向社会转移进行审查；（2）推进法定机构试点和事业单位改革工作，协调法定机构和事业单位承接政府职能事项。

区委宣传部（区文体旅游局）：协调各新闻媒体积极配合，提供政策宣传、信息发布、舆论监督等平台，营造有利于社会承接政府职能事项的舆论氛围。

区委社会工作部（区民政宗教和外事侨务局）：（1）加大力度培育发展社会组织，规范社会组织管理，提升社会组织承接政府职能事项的能力；（2）加强社会组织等级评估工作；（3）将社会组织完成政府转移职能事项的绩效纳入年度检查和评估指标体系。

区财税局：（1）结合部门预算计划，对拟转移事项涉及的经费进行审核；（2）对批准转移事项配合落实财政资金；（3）加强职能事项转移的政府采购管理工作。

政府各职能部门：（1）充分调研分析本部门职能事项运行情况和社会承接能力，对如何创新社会管理机制和服务方式进行深入思考，统筹考虑全区范围内本部门适宜转移给社会承接事项情况；（2）掌握本领域中能够承接政府职能事项的社会组织和市场机构的情况；（3）按要求拟定转移职能事项报区审改办；（4）落实向社会转移职能事项的具体工作；（5）制定《转移职能事项评估办法》，加强业务指导和监督评估；（6）指导下级部门开展职能转移工作；（7）及时回复群众的咨询、投诉，并对咨询、投诉内容整合分析，发现问题及时处理。

八、其他

（一）政府各相关部门可根据本办法和部门实际，制定具体实施方案，细化相关文书等。

（二）为确保全区职能转移工作的统一协调，镇（街道）职能转移事项需报区审改办，经区审改办等职能部门审核同意后按照本办法执行。

（三）对政府部门不再承担，转由社会和市场自治的职能事项，政府部门主动退出，不属本办法规范范围；相关部门需按各自职能依据法律、法规、规章进行监管。

（四）本办法自发布之日起实施。

六、顺德区人民政府办公室关于建立和的慈善基金会联席会议制度的通知

（顺府办发〔2017〕156 号）

为统筹推进何享健家族慈善事业暨广东省和的慈善基金会工作，树立顺德慈善事业新标杆，引领我区公益慈善事业蓬勃发展，经区政府研究决定建立和的慈善基金会联席会议（以下简称联席会议）制度。现将有关事项通知如下：

一、组成人员

召集人：

招霞红 副区长

何剑锋 和的慈善基金会主席

副召集人：

李少玲 区委、区政府副秘书长

周培文 和的慈善基金会副理事长

成　员：

王崇曦 北滘镇镇长

陈炳宜 区民政和人力资源和社会保障局常务副局长

杨艳生 区经济和科技促进局副局长

李健荣 区国土城建和水利局副局长

欧伟中 区旅游局副局长

张春文 区农业局副局长

罗远光 区文化体育局副局长

汪跃云 和的慈善基金会秘书长

联席会议办公室设在区政府办公室，日常事务由区政府办公室企业服务促进科负责。结合现阶段工作进展，联席会议办公室下设四个专责组，负责协调具体项目的有关事项。

二、会议任务

联席会议研究解决慈善基金会在我区开展慈善项目过程中遇到的问题，督促各有关部门互相配合、互相支持、形成合力，推动相关慈善项目可持续发展。重点讨论研究以下事项：

（一）北滘和园项目。解决该项目报建等问题；推动和园文化保育基金落地、运营；推动和园申请设立国家二级博物馆，建设成为4A级景区；研究为该项目提供政策支持。

（二）善耆养老家园项目。推动该项目的工程建设、自主运营和可持续发展；推动德耆慈善基金会的规范管理与项目运作；研究为该项目提供政策支持。

（三）顺德社区慈善信托项目。推动社区基金会在社区开展基层治理人才培养及调研；协调社区基金会与区内其他枢纽型组织、资源型组织的错位发展；研究为该项目提供政策支持。

（四）顺德区创新创业公益基金会项目。推动基金会税收优惠政策落地，包括公益性税前捐赠扣除资格、非营利组织免税资格等；鼓励基金会创新股权资助模式，实现规范管理；研究为该项目提供政策支持。

三、工作规则

（一）联席会议原则上每季度召开一次，根据工作需要可临时召开全体会议或部分成员会议。

（二）联席会议办公室负责收集需提交联席会议研究解决的问题和事项，整理议题列表，呈联席会议召集人审定，由召集人确定会议时间、参会人员并主持会议。

（三）相关事项主责单位负责草拟会议纪要，经与会单位同意后报联席会议办公室印发，重大事项按有关程序报批。

（四）各成员单位按照职责分工，提前研究议题和内容，按要求参加联席会议，严格执行联席会议作出的各项决定，并及时向联席会议办公室反馈办理落实情况。

图书在版编目（CIP）数据

有机社会构筑之道 / 傅昌波等著. -- 北京 : 北京时代华文书局, 2024. 11. -- ISBN 978-7-5699-5808-9

Ⅰ . D63

中国国家版本馆CIP数据核字第2024VB1888号

YOUJI SHEHUI GOUZHU ZHI DAO

出 版 人：陈　涛
选题策划：宋启发　樊艳清
责任编辑：樊艳清
责任校对：薛　治
装帧设计：甄　好　迟　稳
责任印制：刘　银

出版发行：北京时代华文书局 http://www.bjsdsj.com.cn
　　　　　北京市东城区安定门外大街138号皇城国际大厦A座8层
　　　　　邮编：100011　电话：010-64263661　64261528

印　　刷：三河市嘉科万达彩色印刷有限公司
开　　本：710 mm×1000 mm　1/16　　成品尺寸：170 mm×240 mm
印　　张：24　　　　　　　　　　　　字　　数：408千字
版　　次：2025年2月第1版　　　　　　印　　次：2025年2月第1次印刷
定　　价：158.00元

版权所有，侵权必究
本书如有印刷、装订等质量问题，本社负责调换，电话：010-64267955。